Wechselspiele: Kultur und Nachhaltigkeit

Global zukunftsfähige Entwicklung –
Nachhaltigkeitsforschung in der Helmholtz-Gemeinschaft

15

Das Leitbild der Nachhaltigkeit ist gesellschaftlich weitgehend anerkannt. Es ist jedoch in vielen Feldern unklar oder umstritten, was dies im Einzelnen für politische oder gesellschaftliche Weichenstellungen bedeutet. Seit 1998 betreibt die Helmholtz-Gemeinschaft deutscher Forschungszentren umfangreiche Forschung mit dem Ziel, zur Operationalisierung des Leitbilds einer Nachhaltigen Entwicklung beizutragen. Konzeptionelle Grundlagen wurden im Helmholtz-Verbundprojekt „Global zukunftsfähige Entwicklung – Perspektiven für Deutschland" (1999–2002) gelegt. Seit 2003 widmen sich insbesondere die Helmholtz-Programme „Nachhaltige Nutzung von Landschaften" und „Nachhaltige Entwicklung und Technik" im Forschungsbereich „Erde und Umwelt" diesen Fragestellungen.

Die Reihe „Global zukunftsfähige Entwicklung – Nachhaltigkeitsforschung in der Helmholtz-Gemeinschaft" macht die Ergebnisse der Helmholtz-Forschungstätigkeit im Bereich der Nachhaltigkeit Interessenten aus Wissenschaft, Politik, Wirtschaft und Öffentlichkeit zugänglich und bildet ein Forum zur weiteren, durch Forschung unterstützten gesellschaftlichen Verständigung über Nachhaltige Entwicklung. Sie setzt die Vorgängerreihe „Global zukunftsfähige Entwicklung – Perspektiven für Deutschland" fort und erweitert dabei den thematischen Fokus.

Oliver Parodi
Gerhard Banse
Axel Schaffer (Hg.)

Wechselspiele: Kultur und Nachhaltigkeit

Annäherungen an ein Spannungsfeld

Bibliografische Information der Deutschen Nationalbibliothek

Die Deutsche Nationalbibliothek verzeichnet diese Publikation in der Deutschen Nationalbibliografie; detaillierte bibliografische Daten sind im Internet über http://dnb.d-nb.de abrufbar.

ISBN 978-3-89404-585-2

Druck: Rosch-Buch, Scheßlitz

Printed in Germany

Inhalt

Vorwort

Gemeinsamkeiten und Differenzen, Berührungspunkte und Interdependenzen von „Kultur“ und „Nachhaltigkeit“ – zweier Konzepte, die in ihrer thematischen Breite, Vielfalt und Komplexität kaum zu fassen sind – stehen im Erkenntnisinteresse dieses Bandes. Was bei diesem Unterfangen sichtbar wird und mit diesem Band dokumentiert ist, sind Wechselspiele. Farbig, schillernd, dynamisch, schwer zu fassen und doch offensichtlich und wirksam zeigen sich die Bedingungs- und Beeinflussungsverhältnisse zwischen Kultur und Nachhaltigkeit in Theorie und Praxis.

Nicht zuletzt wird es diese schwer zu greifende Vielfalt sein, dass die kulturelle Perspektive, bzw. die Beschäftigung mit Kultur, nur zögerlich Eingang in die nun bereits mehrere Jahrzehnte anhaltenden Debatten um eine nachhaltige Entwicklung findet. Der vorliegende Band leistet hierfür einen Beitrag aus wissenschaftlicher Sicht, indem er das Themenfeld „Kultur und Nachhaltigkeit“ in interdisziplinärer Weise öffnet und dabei auf vorschnelle Ab- und Ausgrenzungen verzichtet. Diesem Grundsatz folgend wird die Diskussion inhaltlich im Spannungsfeld von kulturellem Erbe, Globalisierung, Bildung und technologischem Wandel geführt. Gleichzeitig erfordert ein so junges Thema auch eine eingehende methodische Diskussion, die letztlich darauf abzielt, das aufgespannte Themenfeld angemessen einzugrenzen. Kulturwissenschaftliche Texte sind dabei ebenso unverzichtbar wie konzeptionelle Beiträge aus der Nachhaltigkeitsforschung.

Vielfach explizit oder zumindest implizit folgen die vorliegenden Aufsätze dem Wunsch, einen Beitrag zur Beantwortung der Frage zu leisten, wie es gelingen kann, einen Kulturwandel herbeizuführen, der unsere Gesellschaften auf den Pfad einer nachhaltigen Entwicklung einschwenken lässt. An dieser Stelle sei betont, dass mit den Begriffen „Kultur“ und „Nachhaltigkeit“ sowohl (ideale wie reale) Zustände als auch – und das steht im Vordergrund – Prozesse und Entwicklungen gefasst werden. Die Vernachlässigung des dynamischen, Veränderungen involvierenden Elements würde weder einem zeitgemäßen Verständnis von Kultur noch von Nachhaltigkeit gerecht werden.

Entstanden sind die Beiträge dieses Bandes auf Grundlage von Vorträgen und Diskussionen während zweier Weimarer Kolloquien, die im Oktober 2008 und November 2009 stattfanden. Das Thema beider Workshops lautete „Interdependenzen zwischen kulturellem Wandel und nachhaltiger Entwicklung“ und wurde zunächst in thematisch offener und dann in vertiefender Weise behandelt. Einen ersten Meilenstein in der Diskussion stellte dabei die gleichnamige Veröffentlichung (Banse/Parodi/Schaffer 2009; Wissenschaftliche Berichte FZKA

7497) dar, die als Tagungsband unmittelbar dem Weimarer Kolloquium 2008 entsprang und dem Weimarer Kolloquium 2009 als Grundlage diente.

Zudem speisen sich die Beiträge dieses Buches inhaltlich aus einem weiteren Workshop, der im Dezember 2009 am Karlsruher Institut für Technologie (KIT) zum Thema „Kultur und Nachhaltigkeit" stattfand. Organisiert wurde dieser Workshop von der Arbeitsgruppe „Kultur und Nachhaltigkeit" des KIT-Kompetenzfeldes „Kulturerbe und sozialer Wandel". Den an der Organisation und Durchführung dieser drei Workshops beteiligten Institutionen und Personen des KIT, dem Institut für Technikfolgenabschätzung und Systemanalyse (ITAS), dem Institut für Wirtschaftspolitik und Wirtschaftsforschung (IWW), dem Zentrum für Angewandte Kulturwissenschaft und Studium Generale (ZAK) – insbesondere der Direktorin Frau Professor Robertson-von Trotha – sowie dem Umwelt-Campus Birkenfeld der Fachhochschule Trier – insbesondere Frau Professorin Hartard (vormals Technische Universität Darmstadt) – sei an dieser Stelle herzlich gedankt. Ein weiteres Wort des Dankes gebührt der Vereinigung für Ökologische Ökonomie e.V., die nicht nur die beiden oben genannten Weimarer Kolloquien unterstützte.

Wie durch das Vorstehende bereits ersichtlich, ist das Erscheinen dieses Buches eingebunden in zahlreiche Aktivitäten eines Kreises von Wissenschaftlerinnen und Wissenschaftlern, denen auch viele der in diesem Band vertretenen Autoren angehören, und der von ITAS koordiniert bzw. als Gemeinschaft gepflegt wird. Zu den nächsten Schritten gehört die stärkere internationale Ausrichtung der Diskussion um das Thema. Das schlägt sich z. B. in einem mehrtägigen Workshop „Sustainability 2010: The Cultural Dimension" mit Teilnehmern voraussichtlich aus acht Ländern nieder, der im Juni 2010 in Berlin stattfinden wird.

Schließlich ist es den Herausgebern ein Bedürfnis, sich beim Verlag edition sigma für die reibungslose und stets angenehme Zusammenarbeit sowie bei den Autoren für das Bereitstellen ihrer Beiträge zu bedanken. Wir stellen sie hiermit der interessierten Öffentlichkeit zur Verfügung und hoffen auf anregende Rezeption und Diskussion.

Karlsruhe, im April 2010

Oliver Parodi
Gerhard Banse
Axel Schaffer

Einleitender Überblick

Renate Hübner

Rio 1992 – für viele Menschen der vermutlich wichtigste Umweltgipfel der Welt – steht für den Beginn eines neuen epochalen Projektes der Menschheit. Eigentliches Ziel der von der Weltgemeinschaft dort beschlossenen Vereinbarung war eine Abkehr von den Pfaden der vorwiegend nach industrieller Produktionslogik funktionierenden Wirtschafts- und damit Gesellschaftsentwicklung. Sämtliche unterzeichnende Staaten verpflichteten sich, dem Prinzip der Nachhaltigkeit folgend Maßnahmen umzusetzen, die zu einem anderen Umgang mit Ressourcen und Menschen führen sollen. Ein Umgang, der insofern anders sein soll, als er einerseits dem Prinzip der Verteilungsgerechtigkeit und andererseits dem Prinzip der ökologischen Tragfähigkeit des Planeten gerecht wird. Eine unglaubliche Vielfalt an Maßnahmen wurde seither entwickelt, nicht wenige davon auch lokal erfolgreich umgesetzt, wie z.B. ökologischere Produktionsweisen, ökologisches Produktdesign, Erweiterung der Herstellerverantwortung – und viele Aktivitäten im Zusammenhang mit Bildung und Bewusstseinsbildung. Aber an den gesellschaftlichen und wirtschaftlichen Grundsätzen hat sich bisher offensichtlich wenig geändert – wie die erschreckenden Zahlen über weltweiten Hunger, zunehmende Öffnung der Armutsschere auch in den wohlhabenden Ländern, Zunahme der Krankheiten, Zunahme der Abfallmengen und die Daten über den scheinbar unaufhaltsamen Klimawandel zeigen. Es genügt also nicht, sektor-spezifisch und disziplinär nach Lösungen zu suchen.

Änderungen, die alle Lebens- und Handlungsbereiche der Menschen betreffen – also Änderungen unserer Kultur –, sind notwendig. Rufe nach großen gesellschaftlichen Veränderungen gab es immer wieder in der Geschichte der Menschen, und eben deshalb weiß man auch, dass ein kultureller Wandel nicht steuerbar, nicht kontrollierbar – und eigentlich auch nicht abschließbar ist. Diese Erkenntnis bedeutet jedoch nicht, dass man sich mit dem Phänomen eines kulturellen Wandels nicht auch wissenschaftlich auseinandersetzen muss. Allerdings verlangt auch das neue Wege.

Die meisten Autorinnen und Autoren dieses Bandes haben sich bereits in früheren Publikationen umfassend um Analysen und Formen einer Zusammenführung der beiden großen Begriffe „Kultur“ und „Nachhaltigkeit“ bemüht, wie folgende Bücher zeigen:

– Im Jahr 2002 wurde von *Hildegard Kurt* gemeinsam mit *Bernd Wagner* der Band „Kultur – Kunst – Nachhaltigkeit. Die Bedeutung von Kultur für das Leitbild Nachhaltige Entwicklung“ herausgegeben, in dem Kultur, Kunst und Ästhetik in Berührung mit dem Leitbild nachhaltiger Entwicklung gebracht werden (vgl. Kurt/Wagner 2002).

- In den beiden Jahren 2005 und 2007 wurden von *Gerhard Banse* und *Andrzej Kiepas* unter dem Titel „Nachhaltige Entwicklung. Von der wissenschaftlichen Forschung zur politischen Umsetzung“ zwei Bände zur nachhaltigen Entwicklung in Deutschland und in Polen herausgegeben, in denen es vor allem darum geht, an konkreten Aktivitätsfeldern aufzuzeigen, wie Forschungsergebnisse auf lokaler wie nationaler Ebene politisch umgesetzt werden (vgl. Banse/Kiepas 2005, 2007).
- Im Jahr 2007 gaben *Larissa Krainer* und *Rita Trattnigg* das Buch „Kulturelle Nachhaltigkeit. Konzepte, Perspektiven, Positionen“ heraus, das im ersten Teil einen ausführlichen geschichtsphilosophischen Beitrag als theoretische Grundlegung zur kulturellen Nachhaltigkeit bietet (vgl. Krainer/ Trattnigg 2007). (Übrigens führte das diesem Buch zugrunde liegende Projekt zur Gründung des „Instituts für Interventionsforschung und Kulturelle Nachhaltigkeit“ an der Alpen-Adria-Universität Klagenfurt.)
- Im Jahr 2009 schließlich wurde von *Ryszard Janikowski* und *Kazimkierz Krzystofek* mit Unterstützung der polnischen UNESCO-Kommission der Band „Kultura a zrównoważony rozwój. Środowisko ład przestrzenny dziedzictwo“ („Nachhaltige Entwicklung. Umwelt, Raumordnung, kulturelles Erbe“) herausgegeben, der damit einmal mehr das Interesse der UNESCO am Zusammenhang von Kultur und Nachhaltigkeit belegt (vgl. Janikowski/Krzystofek 2009).

Der vorliegende Band knüpft an diese Diskussionen an, indem er das Themenfeld der kulturellen Nachhaltigkeit in interdisziplinärer Weise öffnet und dabei auf vorschnelle Ab- und Ausgrenzungen und Begriffsfestlegungen verzichtet. Gemeinsam ist allen Beiträgen das Anliegen, die Bedeutung und Schwierigkeit eines kulturellen Wandels in Hinblick auf die von der Weltgemeinschaft 1992 beschlossene nachhaltige Entwicklung zu reflektieren. Gemeinsam ist auch allen Beiträgen das Wissen, dass ein Schwenk Richtung Nachhaltigkeit Veränderungen in allen Bereichen des menschlichen Lebens und Handelns, Veränderungen gewohnter Denk- und Verhaltensmuster, Veränderungen auch der bestehenden Werte erfordert. Unterschiedlich sind die Zugänge infolge der völlig unterschiedlichen disziplinären Herkunft und der jeweiligen Forschungs- und Lebenserfahrung der Autorinnen und Autoren. Das gemeinsame Anliegen wurde ebenso wie diese Unterschiede in den Diskussionen im Rahmen der beiden Weimarer Kolloquien 2008 und 2009 spürbar, und es sind gerade diese Unterschiede, die wir in diesem Band sichtbar machen möchten, dessen vielfältigen Zugänge auch andere Leser anregen mögen, sich an diesem Diskurs zu beteiligen.

Die Struktur des Bandes spiegelt die drei sich im Zuge der Diskussionen ergebenden Fragen wider:

I Im ersten Block *Kultur im Kontext der Nachhaltigkeitsdebatte* geht es um die Frage, wie sich der ohnehin schwer greifbare Kulturbegriff im Kontext der Nachhaltigkeit adäquat fassen lässt.

II Der zweite Block *Kultur, Nachhaltigkeit und wie sie manifest werden* enthält Beiträge die der Fragen nachgehen, wie die Nicht-Nachhaltigkeit bzw. die Nachhaltigkeit von Kultur im Alltag, in der gesellschaftlichen Praxis erkenn- und begreifbar wird.

III Im dritten Block *Kultur und Nachhaltigkeit zwischen bewahren und gestalten* schließlich werden Antworten auf die Frage nach individuellen und kollektiven Kompetenzen gesucht, deren ein kultureller Wandel bedarf.

Wie jede Kategorisierung wird auch diese dem breiten Themenbogen der neunzehn Beiträge nicht zur Gänze gerecht. Dieser einleitende Überblick ist ein Angebot an die Leserinnen und Leser, sich anhand eines roten Fadens (der Begriff stammt übrigens aus Goethes „Wahlverwandtschaften", also auch ein Weimarer Ergebnis) je nach Lust und Zeit den verschiedenen Beiträgen zu widmen.

Der ersten Frage widmen sich fünf Beiträge, die die beiden zentralen Begriffe „Nachhaltigkeit" und „Kultur" beleuchten, deren jeweilige Widersprüchlichkeiten herausarbeiten und Lösungsvorschläge entwickeln, die im Zuge der Diskussionen als spannende und gangbare Wege befunden wurden.

Mit einer spannenden Begriffs- und Beziehungsarbeit eröffnen der Kulturwissenschaftler *Robert Hauser* und der Technikphilosoph *Gerhard Banse* den Band mit einer Analyse der „Beziehung zwischen Nachhaltigkeit und Kultur" und warten mit einem dem Thema angemessenen Kulturverständnis auf. Der Beitrag schließt mit Überlegungen zum Verhältnis von Kultur und Nachhaltigkeit unter der besonderen Berücksichtigung normativer Setzungen.

Diese Beziehungsarbeit setzt Volkswirt *Jürgen Kopfmüller* fort, indem er die Defizite im „Verhältnis" zwischen Kultur und Nachhaltigkeit aufzeigt – also eben deren „Nicht-Verhältnis". Eine Kultur der nachhaltigen Entwicklung braucht dringend eine Annäherung an die „großen Fragen" etwa nach der Definition von Wohlstand oder Lebensqualität, um Nachhaltigkeit zu „veralltäglichen", also zu einem selbstverständlichen Teil unserer Kultur zu machen.

Der Sozioökonom und „Gesamtrechner", wie *Carsten Stahmer* sich selbst bezeichnet, geht in dieser Beziehungsarbeit weiter, indem er nun den kombinierten Begriff der Kulturellen Nachhaltigkeit und dessen Vielzahl von Deutungsmöglichkeiten sachlich und zunehmend skeptisch betrachtet. Er schlägt in der Folge die Verwendung des Begriffs „Nachhaltigkeitskultur" vor, womit das Bestreben einer Gesellschaft ausgedrückt wäre, ein allgemein günstiges „Klima" für die Realisierung von Nachhaltigkeit zu schaffen.

Bereits im Rahmen der bisherigen Beiträge wird deutlich, wie sehr der Kulturbegriff von Widersprüchen geprägt ist und dass dessen Verknüpfung mit einer nachhaltigen Entwicklung bisher eher noch zu neuen Widersprüchlichkeiten als zu Lösungen führt. Die Philosophin und Medienethikerin *Larissa Krainer* stellt in ihrem Beitrag den Kulturbegriff daher als dialektische Herausforderung einerseits und als Prozessbegriff andererseits dar und schlägt einen Kulturbegriff vor, der Reflexion ermöglicht, veränderbar gefasst wird und Wege der kollektiven und bewussten Entscheidungsfindung im Dienste der Nachhaltigkeit unterstützt.

Einen in der Praxis gangbaren Weg, der auch das Ausbalancieren von Widersprüchen ermöglicht, schlägt der zum Philosophen mutierte Ingenieur *Oliver Parodi* mit seinem Dreischritt vor. Die drei Schritte, die trotz ihrer verschiedenen Richtungen auf eine Kultur der Nachhaltigkeit hinführen sollen, betreffen das Verhältnis Kultur und Natur, die Kultivierung der Technik und schließlich die individuelle, subjektive Bewältigung der Herausforderung einer nachhaltigen Entwicklung.

So gut dieser Vorschlag klingt, so stellt sich doch sogleich die Frage, wie sich das in der Praxis verwirklichen lässt. Es ist ja just die kulturelle Praxis, die in Form von Technik, Gütern und Wirtschaft manifest wird und zu jenen menschengemachten Sachzwängen führt, die einen kulturellen Wandel nicht unbedingt erleichtern – mit allen Vor- und Nachteilen. Die sechs Beiträge des zweiten Blocks verdeutlichen dies:

Der Umgang mit Technik, mit materiellen Gütern ist Ausdruck von Kultur, der derzeit sehr verschwenderische Umgang Indiz für die Nicht-Nachhaltigkeit unserer Kultur. Die desertierte Wirtschaftspädagogin *Renate Hübner* geht in ihrem Beitrag der Frage nach, wieso dies so ist, stellt Kultur als Bündel von Bedeutungszusammenhängen vor und macht klar, dass der Umgang mit Gütern von deren Bedeutung oder eben von deren Bedeutungslosigkeit abhängt. Damit stellt sich die Frage, wie Bedeutung in einer Kultur zustande kommt bzw. vernichtet wird.

Dass die Technik stets der entscheidende Treiber für gesellschaftliche Veränderungen war, stellt der Technikwissenschaftler *Michael Jischa* fest. Durch die beschleunigte Dynamik des technischen Fortschritts ist die Eindringtiefe der Technik – abhängig von der jeweiligen Kultur – ständig gewachsen. Aber Kulturen werden nicht nur von Technik geprägt, sie prägen umgekehrt auch den technischen Fortschritt in unterschiedlicher Weise, wodurch sich weitere, wesentliche Wechselspiele zwischen kulturellem Wandel und Nachhaltigkeit erkennen lassen.

Die Agrarökonomin und Umwelttechnologin *Susanne Hartard* zeigt in ihrem technik-kritischen Beitrag die „Krankheitssymptome Technischer Systeme" und den damit verbundenen Auslastungszwang einerseits und die neuen Technikkonflikte aufgrund neuer Nutzungskonkurrenzen und Technikfolgen andererseits auf. Daraus logisch abgeleitet werden jene Anforderungen, die eine nach ökologischen Kriterien eingebettete Technikkultur nach Prinzipien der Industriellen Ökologie braucht.

Technik und auch die Ökonomie, wesentliche Elemente und Ausdruck unserer Kultur, führen zunehmend zu internationalen Verflechtungen und zu soziokultureller Globalisierung. Ihre Bedeutung für das ökonomische Wachstum ist weitgehend unbestritten, stellen die beiden Wirtschaftswissenschafter *Jan Kowalski* und *Axel Schaffer* fest, gehen allerdings der Frage nach, welche Bedeutung die zunehmende Globalisierung für die Lebenszufriedenheit der Menschen hat.

Nachhaltige Entwicklung muss zu in der Praxis erkennbarer Wirkung führen. Bauprojekte und landschaftliche Veränderungen sind aufgrund ihrer Sichtbarkeit als Fallstudien gut geeignet, um zu zeigen, wie Kultur und Nachhaltigkeit auf verschiedenen Ebenen manifest werden und welche unterschiedlichen methodischen Zugänge möglich bzw. erforderlich sind:

- Bauprojekte haben meist eine nachhaltigere Wirkung als viele andere Interventionen, dies zwingt praktisch zur Auseinandersetzung mit Nachhaltigkeit und kann auch zu Veränderungen in der Verfahrenskultur führen, wie die Architektin *Hanna Hinrichs* in ihrem Beitrag über die Stadtausstellung für Karlsruhe aufzeigt.
- Entwicklung wird durch den Unterschied zum Vergangenen erkennbar. Wie Zukunft von Vergangenheit abhängt, zeigen die beiden Architekten und Landschaftsplaner *Rita Colantonio* und *Flavio Venturelli* am Beispiel der historischen Villen am Comer See.
- Land- bzw. Stadtnutzung als Ausdruck von Kultur sind auch Ausgangspunkt des Methoden reflektierenden Beitrags des Geografen *Volker Stelzer*, in welchem die Stellung von Kultur in der systematischen Nachhaltigkeitsbewertung durch Anwendung fünfzehn sogenannter substanzieller Regeln einer nachhaltigen Entwicklung aufgegriffen und analysiert wird.

Nachdem bisher mögliche Ansatzpunkte und Wege aufgezeigt wurden, wie ein kultureller Wandel in Hinblick auf eine nachhaltige Entwicklung initiiert und prozessiert werden kann, stellt sich nun die Frage, welche Kompetenzen erforderlich sind, um Vergangenheit nicht zu zerstören, sondern für die Zukunft nutzbar zu machen, um die auftretenden Widersprüche als Individuum und als Kollektiv auszubalancieren, welche Kompetenzen erforderlich sind, um Veränderungsprozesse zu initiieren und zu begleiten, diese im Sinn einer nachhaltigen Entwicklung zu unterstützen, ohne auf den Fundus der Strategien des „command and control“ der früheren Umweltpolitik zurückzugreifen. Wie anders diese Fähigkeiten sind im Vergleich zu unseren bisherigen Lehr- und Lernkonzepten, wird in den Beiträgen des dritten Blockes nachvollziehbar:

Die innere Dialektik von Bewahren und Wandel diskutiert die Kulturwissenschaftlerin und Philosophin *Caroline Y. Robertson-von Trotha.* Es wird darin deutlich, wie das Thema „Kulturerbe und sozialer Wandel" im Programm des Schutzes kulturellen Erbes der UNESCO und in Studiengängen in Deutschland eingebettet ist.

Die Kompetenzen um die Widersprüche zwischen Schützen und Entwickeln werden auch im Beitrag der Kulturwissenschaftlerin *Verena Holz* deutlich. Der Schutz der Kulturellen Vielfalt braucht andere Zugänge und Fähigkeiten als jene zum Erhalt biologischer Vielfalt. Der Beitrag analysiert die Rolle, die diese Konzepte im Diskurs der Bildung für eine nachhaltige Entwicklung im Rahmen der UNESCO-Dekade spielen.

Eine weitere Dialektik macht die Sozialwissenschaftlerin *Ute Stoltenberg* im Zusammenhang mit Bildung sichtbar: Bildung ist Voraussetzung und Bestandteil nachhaltiger Entwicklung zugleich. Bildung ist an der Suche nach zukunftsfähigen Verhältnissen von Mensch und Natur ebenso beteiligt wie an Verhältnissen der Menschen untereinander in dieser Einen Welt. Kultur wird als eine Dimension verstanden, in der nicht-nachhaltige Entwicklungen, aber auch Gestaltungsmöglichkeiten und zentrale Akteure für eine nachhaltige Entwicklung identifiziert werden können.

Auch die im Kulturbegriff enthaltene Widersprüchlichkeit, einerseits Konzept zur Bewältigung von Natur und andererseits Teil der (menschlichen) Natur, wird im Beitrag des Naturwissenschaftlers und Planers *Wilfried Wittenberg* deutlich. Die Erfahrungs-Fähigkeiten, die einem Individuum bewusstmachen, dass der Lebensvorgang und damit auch die eigene Existenz in eine natürliche Umgebung eingebettet sind und von dieser getragen werden, müssen wieder verstärkt vermittelt und gepflegt werden.

Diese bisher angeführten Widersprüche greift der Politikwissenschaftler und Soziologe *Karl Heinz Hörning* auf und zeigt, wie eng kultureller und ökologisch-nachhaltiger Wandel miteinander verzahnt sind. Anhand der beiden beispielhaften sozialen Praktiken des Wohnens und des Sich-Ernährens verliert Nachhaltigkeit seine Eigenschaft als abstraktes Prinzip und tritt hervor als offener Such-, Lern- und Erfahrungsprozess, der auf einer Vielfalt von kulturellen Vorannahmen und Wissensbeständen aufliegt.

Ein kultureller Wandel, der in Hinblick auf eine allgemein gewünschte, nämlich nachhaltige Entwicklung erfolgen soll, braucht schließlich auch Fähigkeiten und Kompetenzen, um kollektive Prozesse zu ermöglichen, zu gestalten und zu begleiten, wie im Beitrag des Juristen *Thomas Haderlapp* und der Expertin für nachhaltige Entwicklung des österreichischen Umweltministeriums *Rita Trattnigg* deutlich wird. Im Mittelpunkt ihrer Betrachtung stehen die beiden kulturprägenden Akteure *Politik* und *Zivilgesellschaft*, deren Verhältnis zueinander und Anforderungen an zukünftige Formen der Zusammenarbeit im Sinne der Zukunftsfähigkeit.

Beide großen Überlebensthemen – Kultur und nachhaltige Entwicklung – kommen ohne das „Geistige“ nicht aus. Die Kulturwissenschaftlerin *Hildegard Kurt* meint damit im abschließenden Beitrag eine im Kandinskyschen Sinne offene Chiffre für ein Denken und Handeln, das über die bloße Ratio, über das Akademisierende hinaus Verbindendes und Verbindlichkeit schafft.

Abschließend bleibt die Frage, wie ein gesellschaftlich relevantes Thema in der Gesellschaft Aufmerksamkeit und Wirkung erzielt. Dazu müssen zwei Kriterien zusammentreffen: Es muss spannend und attraktiv für verschiedene Vertreter der Gesellschaft sein *und* es muss von mehreren – voneinander unabhängigen – Personen gleichzeitig als relevant eingeschätzt werden. Wie wichtig das Thema inzwischen auch international angesehen wird, zeigt der aktuelle Bericht des Worldwatch Instituts „Zur Lage der Welt“ (vgl. WWI 2010), in dem explizit darauf hingewiesen wird, dass eine nachhaltige Entwicklung kein „Selbstläufer“ ist, sondern Anstrengungen kultureller Art erfordert. Ob nachhaltige Entwicklung nun *auch* oder *vor allem* eine Frage der entsprechenden Kultur ist, ist jene Frage, die den Diskurs auf verschiedenen Ebenen eröffnet.

Die „Wechselspiele: Kultur und Nachhaltigkeit“ werden gerade durch die immanenten Widersprüche und daher notwendigen dialektischen Zugänge auf neue Art spannend und laden zum „Mitspielen“ im Sinn von Mitdiskutieren, Mitentscheiden und Mitgestalten ein, auch wenn eine Entwicklung ein offener und grundsätzlich nie abschließbarer Prozess ist. Es gibt noch viel an Verbindungen und möglicherweise auch an Widersprüchen zwischen den Beiträgen des vorliegenden Buches und (zu) bestehenden Diskussionssträngen zu entdecken. Es gäbe auch noch viel an Defiziten und Dringlichkeiten in der Verknüpfung von Kultur und nachhaltiger Entwicklung anzuführen, ebenso fallen vermutlich Ihnen als Leser und auch uns als Autor/inn/en noch viele weitere interessante Beispiele aus eigenen und anderen Projekten ein, anhand welcher das spannende Wechselspiel zwischen Bewahren und Verändern so deutlich wird, dass das große aktuelle Projekt der Menschheit, nämlich eine nachhaltige Entwicklung, eine hoffentlich immer größer werdende Gruppe von Wissenschaftlern, Politikern, Bürgern und Konsumenten attrahiert – und so ein kultureller Wandel sozusagen auf natürlichem Weg entsteht.

Literatur

Banse, G.; Kiepas, A. (Hg.) (2005): Nachhaltige Entwicklung: Von der wissenschaftlichen Forschung zur politischen Umsetzung. Berlin (Global zukunftsfähige Entwicklung – Perspektiven für Deutschland, Bd. 10.1; Bd. 10.2 in polnischer Sprache)

Banse, G.; Kiepas, A. (Hg.) (2007): Nachhaltige Entwicklung in Polen und Deutschland. Landwirtschaft – Tourismus – Bildung. Berlin (Global zukunftsfähige Entwicklung – Nachhaltigkeitsforschung in der Helmholtz-Gemeinschaft, Bd. 13.1; Bd. 13.2 erschien 2009 in polnischer Sprache)

Janikowski, R.; Krzystofek, K. (red.) (2009): Kultura a zrównoważony rozwój. Środowisko ład przestrzenny dziedzictwo (Kultur und nachhaltige Entwicklung. Umwelt, Raumordnung, kulturelles Erbe). Warszawa (poln.)

Krainer, L.; Trattnigg, R. (Hg.) (2007): Kulturelle Nachhaltigkeit – Konzepte, Perspektiven, Positionen. München

Kurt, H.; Wagner, B. (Hg.) (2002): Kultur – Kunst – Nachhaltigkeit. Die Bedeutung von Kultur für das Leitbild nachhaltige Entwicklung. Essen

WWI – Worldwatch Institute (Hg.) (2010): Einfach besser leben. Nachhaltigkeit als neuer Lebensstil. München

I.
Kultur im Kontext der Nachhaltigkeits-debatte

Kultur und Kulturalität

Annäherungen an ein vielschichtiges Konzept

Robert Hauser, Gerhard Banse

1 Kulturbegriffe – Die Pluralität des Kulturbegriffs

Kultur nimmt bereits in der Antike eine zentrale Position im okzidentalen Denken ein.* Der Kulturbegriff in seiner ursprünglichen antiken Bedeutung des lateinischen *cultūra* bezieht sich auf die Pflege des Ackers (vgl. etwa auch „Agrikultur"), Bearbeitung, Bestellung, Anbau, Landbau sowie geistige Pflege und Ausbildung intellektueller Fähigkeiten (vgl. Pfeiffer 1997, S. 743). Im Mittelalter spielt der Begriff im „deutschen" Sprachraum kaum eine Rolle, erst gegen Ende des 17. Jahrhunderts wird der Begriff Kultur – nachdem er schon vorher in lateinisch flektierter Form in deutschen Texten auftaucht – ins Deutsche integriert und gewinnt als Konzept (allerdings mit zum Teil sehr unterschiedlichen Bedeutungen) an Einfluss.

Darin liegt auch schon eine Schwierigkeit bei der Beschäftigung mit dem Kulturbegriff. Aufgrund der langen Begriffstradition existiert in den verschiedenen geistes- und sozialwissenschaftlichen Teildisziplinen heute eine Vielzahl von Kulturbegriffen nebeneinander, die in unterschiedlicher Weise definiert und benutzt werden (vgl. Gerhards 2000, S. 16). Der Kulturbegriff ist daher auch in der einschlägigen Literatur alles andere als klar umrissen. So unterschiedliche Disziplinen wie Philosophie, Soziologie, Anthropologie, Kulturwissenschaft und interdisziplinäre Schulen wie die „Cultural Studies" haben das, was aus ihrer Perspektive unter „Kultur" zu verstehen ist, zu beschreiben und zu charakterisieren versucht. Die erkenntnistheoretische Forschung auf diesem Gebiet ist, historisch gesehen, vielfältig und wächst ständig weiter.

Die Vielfalt ist auch deshalb so groß, da es je nach Untersuchungsziel, -gegenstand und -methode sinnvoll sein kann, einen anderen Kulturbegriff zu wählen. Generell lassen sich daher Kulturverständnisse hinsichtlich des Zugangs (qualitaitv und quantitativ bzw. Mischformen) sowie der Untersuchungsebene (Mikro-, Meso- und Makroebene) unterscheiden. Selbst innerhalb der einzelnen Fachdisziplinen bleibt der Kulturbegriff jedoch oft vage und ambivalent. Die theoretischen Schwierigkeiten beginnen mit den vielen Formen, die Kultur an-

---

* Der vorliegende Beitrag basiert zu großen Teilen auf Hauser 2009.

nehmen kann, und enden mit den Paradoxien, auf die man unweigerlich bei der wissenschaftlichen Betrachtung des Phänomens Kultur stößt.

Schwierigkeiten bereiten dabei vor allem drei (scheinbar) widersprüchliche Eigenschaften von Kultur (vgl. Demorgon/Molz 1996, S. 43f.):

(1) *Kontinuität und Wandel:* Während Kultur auf der einen Seite durch Traditionen (Festtage, Gedenktage etc.) die Bewahrung des kulturellen Erbes sichert. entstehen, oft durch bestimmte Einflüsse initiiert, immer auch beständige neue Kulturmuster, -techniken und -praxen.

(2) *Vereinheitlichung und Differenzierung:* Kultur wird häufig als Orientierung oder Standardisierung von Werten oder Verhalten – und damit als einheitlich – beschrieben, auf der anderen Seite finden sich aber auch individuelle Variationsspielräume, Subkulturen und Kleinstkollektive, die Kulturen divergent erscheinen lassen.

(3) *Öffnung und Abgrenzung:* Kulturen – als Nationalkulturen verstanden – sind auf der einen Seite offen für andere Kulturen und kulturelle Strömungen (die auch ihren Wandel bewirken können), gleichzeitig stellen sie aber auch Abgrenzungen einer Gemeinschaft dar: nur wer die gemeinsamen Symbole, z.B. der Sprache, der Geschichte und der Institutionen, kennt und versteht, kann sich orientieren und sich entsprechend verhalten. Durch kulturadäquates Verhalten zeigt sich, wer dazu gehört und wer nicht.

2 Historisches – Die Genese des Kulturbegriffs

War das antike Kulturverständnis noch auf die Kultivierung (des Bodens, der Pflanzen oder auf die Ausbildung von Menschen) gerichtet, wird der Begriff ab dem 17. Jahrhundert erweitert und zum Teil neu definiert. In der Folgezeit wird der Kulturbegriff mit den drei großen Begriffen des aufklärerischen Denkens Kultur/Natur (vgl. Pufendorf 2002), Kultur/Zivilisation (vgl. Kant 1977) und Kultur/Leben (vgl. Freud 1989) in Beziehung gesetzt (vgl. Reckwitz 2000, S. 66ff.; vgl. auch Hubig 2010). In der Abgrenzung und Gegenüberstellung mit diesen erhält er jeweils eine andere konkrete Bedeutung. Die sich hieraus ergebenden Kulturdefinitionen können auch als „enge“ Kulturbegriffe bezeichnet werden. Sie benennen keine ontische Differenz, sondern lediglich verschiedene Aspekte ein und desselben Gegenstandes (vgl. Janich 2005, S. 21).

In der Aufklärung erfährt der Begriff durch Immanuel Kant und Johann Gottfried Herder einen Popularisierungsschub im philosophischen Denken und wird zum Schlagwort. Gerade der zivilisatorische Kulturbegriff lässt sich auch heute noch im Alltagsverständnis von Kultur finden. So werden auch heute noch die „zivilisatorischen Errungenschaften“ wie etwa Theater, Kino oder Bücher als Kulturprodukte oder gar als Hochkultur bezeichnet. Darin spiegelt sich nicht zuletzt das westeuropäische Denken des späten 19. Jahrhunderts wider, als man Völker noch nach ihren zivilisatorischen Errungenschaften bewertete, stets natürlich vor dem Hintergrund der eigenen „Kulturleistungen“ als Vergleich: Demnach gab es hoch entwickelte Kulturen und weniger bzw. gar nicht entwickelte Kulturen – in der Regel meinte man damit afrikanische oder amerikanische Ureinwohner. Diese waren nicht nur religionslos, also heidnisch, sondern eben auch kulturlos, also ohne Zivilisation.

Während Kant den Kulturbegriff in Verbindung mit dem Sittlichen normativ „auflädt“ und ihn an die Zivilisation koppelt, entwickelt Herder aus Konzepten der Völkerpsychologie den historisch-holistischen Kulturbegriff und rekontextualisiert diesen damit (vgl. Herder 1989):

> „Der holistische Kulturbegriff entuniversalisiert das Kulturkonzept, er kontextualisiert und historisiert es. Kultur ist keine ausgezeichnete Lebensform mehr, Kulturen sind vielmehr spezifische Lebensweisen einzelner Kollektive in der Geschichte, und der Kulturbegriff kommt konsequenterweise im Plural vor, er bezieht sich auf die Diversität der Totalitäten menschlicher Lebensformen in verschiedenen ‚Völkern', ‚Nationen', ‚Gemeinschaften', ‚Kulturkreisen'.“ (Reckwitz 2005, S. 95)

Herder etabliert damit als Erster ein breiteres Kulturverständnis, das weder nur auf Mensch und Natur noch hauptsächlich normativ auf Zivilisation bezogen ist:

> *„Die Kultur eines Volkes ist die Blüte seines Daseins, mit welcher es sich zwar angenehm, aber hinfällig offenbaret.* Wie der Mensch, der auf die Welt kommt und nichts weiß – muß, was er Wissen will, lernen –, so lernt ein rohes Volk durch Übung, für sich oder durch den Umgang mit anderen. Nun aber hat jede Art der menschlichen Kenntnisse ihren eigenen Kreis, d. i. ihre Natur, Zeit, Stelle und Lebensperiode [...].“ (Herder 1989, S. 571; Herv. im Original, R.H./G.B.)

Kultur bezeichnet bei Herder wertneutral die Gesamtheit einer historisch spezifischen kontextualisierten Lebensweise eines Kollektivs im Unterschied zu anderen Kollektiven. Dies wird auch in der Kritik des Kulturverständnisses seiner Zeit deutlich, wenn er klagt: „Nichts ist unbestimmter als dieses Wort, und nichts ist trüglicher als die Anwendung desselben auf ganze Völker und Zeiten“ (Herder 1989, Vorrede, S. 39). Der in dieser Weise von Herder geprägte Kulturbegriff hatte besonders auf die damals noch junge Disziplin der Anthropologie große Wirkung. In ihren Studien von sogenannten Naturvölkern stellten die Anthropologen nicht nur fest, dass diese zum Teil differenzierte Gesellschaften hervorgebracht hatten, sondern auch über vielfältige Riten, Traditionen, Feste, Weltdeutungen und „Kulturprodukte“ wie etwa Schnitzereien oder ähnliches verfügten. Sie verfügen demnach sehr wohl über Kultur(en), auch wenn diese nach anderen Mechanismen funktionieren und andere Werte und Normen das Handeln prägen. Das Kulturverständnis begann sich mit diesen Forschungserkenntnissen zu wandeln.

In der Folgezeit näherten sich die in der Anthropologie entwickelten Kulturbegriffe, auch beeinflusst durch das Aufkommen der Cultural Studies, dann immer stärker der Bedeutung des angelsächsischen „culture" – im Sinne von „Alltagskultur" – an, womit sich ein erweiterter Kulturbegriff durchzusetzen begann. Damit ist auch heute noch all das gemeint, was für das alltägliche menschliche Leben von Bedeutung ist. Sowohl Geistiges als auch Materielles wird als Kultur verstanden oder ist von Kultur geprägt. Dieser erweiterte Kulturbegriff (im Folgenden als „weiter" Kulturbegriff bezeichnet) wird erkenntnistheoretisch vor allem reflexiv verwendet, d.h. er dient in erster Linie dem Vergleich von Alltagskulturen. Kultur ist in diesem Verständnis das, was sich in den Lebensweisen von Menschen unterscheiden lässt und beruht demnach vor allem auf der Erkenntnis, dass Menschen verschiedene Lebensweisen entwickelt haben, anhand derer sie sich unterscheiden (vgl. Cappai 2005, S. 50ff.; Reckwitz 2005, S. 95). Dabei entwickelt sich ein pluralistischer Kulturbegriff, der sich nicht auf die *Kultur* per se bezieht, sondern in Abgrenzung vom zivilisatorisch-normativen Verständnis zwischen gleichwertigen, aber dennoch voneinander verschiedenen Kulturen differenziert. Eine jede Kultur erscheint hier verankert in dreierlei Einheiten:

> „[...] in einem Kollektiv von Personen (häufig als *Gemeinschaft* gedacht), in einem *geteilten* Raum – Kulturen werden gebunden an geografische Räume – und in einer Kontinuität der Zeit – Kulturen erscheinen gebunden an eine *historische Tradition*" (Reckwitz 2005, S. 95; Herv. u. Klammern im Original, R.H./G.B.).

Im 20. Jahrhundert entwickelt sich parallel zu „engen" und „weiten" Kulturverständnissen ein differenzierungstheoretischer Kulturbegriff, der vor allem die Sozialwissenschaften stark beeinflusste. Als systematisch ausgearbeitetes Konzept findet sich dieser Kulturbegriff zum ersten Mal im systemtheoretischen Konstruktivismus, wie ihn Talcott Parsons in seiner evolutionstheoretischen Abhandlung über funktionale Differenzierung von modernen Gesellschaften beschrieben hat (vgl. Reckwitz 2005, S. 95). Hier wird Kultur als funktionales gesellschaftliches Subsystem dargestellt, als ein „Treuhändersystem", das vor allem in der Kunst und Bildung institutionalisiert ist und dem die Aufgabe der Tradierung und Neuentwicklung von Weltdeutungen zukommt (vgl. Parsons 1977).

Mitte des 20. Jahrhunderts kam es im Anschluss an den „linguistic turn" in den Sprachwissenschaften zum „cultural turn": Einer Abkehr vom engen normativen Kulturverständnis hin zu einem weiteren, auf Bedeutungszusammenhängen fokussierenden Kulturverständnis. Im Alltagssprachgebrauch kann man auch heute noch (insbesondere in der Öffentlichkeit und in den Feuilletons) einem sehr engen Kulturverständnis begegnen, das im Wesentlichen an die Repräsentanten von Kultur und damit an kulturelle Artefakte wie z.B. Bücher, Filme, aber auch Theaterstücke, Opern usw. gebunden ist. Hier ist das Kulturverständnis ganz im Kantschen Sinne an Zivilisation bzw. die Errungenschaften von Zivilisation geknüpft.

In den Geisteswissenschaften kam es etwa in der Mitte des 20. Jahrhunderts zu einem Bruch mit dieser Vorstellung von Kultur. Dieser Bruch, der sich in verschiedenen wissenschaftlichen Disziplinen unter verschiedenen Begrifflichkeiten zeigt, wurde zuerst in den linguistischen Arbeiten von Ludwig Wittgenstein deutlich. In seinen Werken zeigt er sich erkenntnistheoretisch zwischen Arbeiten aus der frühen (vgl. Wittgenstein 2003) und der späten (vgl. Wittgenstein 2001) Periode und findet in der Linguistik schließlich seinen Ausdruck in der „Krise der Repräsentation" (vgl. auch Mersch 1999). Der grundlegende Unterschied besteht darin, dass erkannt wurde, dass Worte als Elemente sprachlicher Systeme ihre Bedeutung nicht aus einer direkten Korrespondenz mit der gegenständlichen Welt beziehen, auf deren Elemente sie verweisen, sondern dass sich ihre Bedeutung aus ihrer Position und ihrem Verhältnis zu anderen Elementen der Sprache ableitet. Dieser bedeutende Unterschied, der als erkenntnistheoretische Wende angesehen und später als „linguistic turn" (vgl. Rorty 1967) bezeichnet wird, bedeutete eine Loslösung der Bedeutung des Wortes vom gegenständlichen Repräsentanten und betont stattdessen Kontexte bzw. Referenzzusammenhänge innerhalb eines Sprachsystems.

Dieser Bruch wurde auch in Bezug auf den Kulturbegriff vollzogen und fand seinen Ausdruck im „cultural turn" (vgl. u.a. Reckwitz 2000, 2005). Gemeint ist damit eine Abwendung vom Verständnis von Kultur als Zivilisation oder Hochkultur, das an die materiellen oder immateriellen Hervorbringen dieser Hochkulturen geknüpft war, und eine Hinwendung zu einem Kulturverständnis, das unter Kultur kontext- bzw. bedeutungsabhängige Wissens-, Kommunikations- und damit soziale respektive kulturelle Praktiken versteht (vgl. Reckwitz 2005, S. 96). Diese Praktiken stehen in Wechselwirkung mit der Lebens- und Daseinsumwelt des Menschen.

3 Kulturbegriffe – Kulturkonzeptionen in der aktuellen Forschungspraxis

In der aktuellen Forschungspraxis der Kulturwissenschaften selbst, aber auch in inter- und transdisziplinärer Forschung lassen sich, sofern Kultur überhaupt als Begriff oder Konzept expliziert wird, nach Jürgen Bolten drei methodologische Richtungen bzw. Typen von Kulturkonzepten des „weiten" Kulturbegriffs definieren: *„Materiale" Kulturtheorien* orientieren sich im Wesentlichen semiotisch an der Gesamtheit von Artefakten als real hervorgebrachten, Sinn repräsentierenden Leistungen einer Gesellschaft. Unter Artefakten versteht man Monumente und Denkmäler genauso wie Fabrikgebäude, Handwerkszeug oder Kleidung (vgl. Bolten 1997, S. 488). *„Mentalistische" Ansätze* fassen im Sinne der kognitiven Anthropologie (vgl. z.B. Goodenough 1971) Kultur konsequent als immateriell auf. Ihr Interesse gilt weniger der kulturellen „Perceptus" als vielmehr der kulturellen „Konceptas". „Verstanden werden unter ‚Konceptas' kollektiv geteilte Werte, Einstellungen und Normen, die als Handlungs- und Verhaltensursachen nicht unmittelbar beschrieben werden können, sondern auf die – beispielsweise über die beobachtbare Realität – zurückgeschlossen werden muß. Es ist gleichsam das ‚kulturelle Gedächtnis' oder der ‚Wissensvorrat', aus dem sich Kommunikationsteilnehmer, indem sie sich über etwas in der Welt verständigen, mit Interpretationen versorgen" (Bolten 1997, S. 488; vgl. auch Reckwitz 2005, S. 97). *„Funktionalistische" Kulturtheorien* betonen den Aspekt des „Sich-Verständigens". Dies bezeichnet bereits eine funktionalistische Perspektive, aus der sich die Bedeutung des Kulturbegriffs wiederum verändert – Kultur erhält eine handlungstheoretische Fundierung. „Kultur" in funktionalistischer Lesart lässt sich demzufolge verstehen als Orientierungssystem, das für die soziale Praxis einer Gesellschaft, Organisation oder Gruppe konstitutiv und notwendig ist. In engem Zusammenhang hiermit steht der Begriff „Normalität" in der Gruppe: Erst dadurch, dass bestimmte Konventionen sozialen Handelns bestehen, kann sich konkretes Alltagshandeln auf Normalitätsannahmen berufen, die unhinterfragt vorausgesetzt werden (vgl. Bolten 1997, S. 488).

Die oben dargestellten makrotheoretischen Ansätze (sofern man sie eindeutig zuordnen kann) lassen sich unter Typ drei einordnen. Die mikrotheoretischen Ansätze hingegen tendieren zu Typ zwei und beziehen Kultur auf Werte und Normen als Interpretation von Symbolsystemen. Die drei Varianten des erweiterten Kulturbegriffs sind aber keineswegs als sich gegenseitig ausschließend anzusehen, im Gegenteil: „Man neigt heute eher zu einer integrierenden Sichtweise, derzufolge Kultur als Interaktions- und Orientierungssystem verstanden wird, das über die ‚Perceptus' beschreibbar und als ‚Konceptas' erklärbar wird" (Bolten 1997, S. 489).

Wissenschaftstheoretisch liegt das Grundproblem der geistes- und sozialwissenschaftlichen Kulturtheorie darin zu definieren, was genau unter den jeweils historisch gegebenen Umständen unter kulturellen Differenzen verstanden werden soll (vgl. Reckwitz 2005, S. 96). Die Frage, wie man Unterschiede konzeptionell fassen kann, kann erst beantwortet werden, wenn die Basis des Vergleichs, d.h. das zu vergleichende Element, definiert ist. Im Wesentlichen kann man hier, so Andreas Reckwitz, drei verschiedene Diskurse unterscheiden, die im Folgenden zur Übersicht und Einordnung kurz dargestellt werden sollen (vgl. Reckwitz 2005).

Der *„sozialtheoretische" Diskurs* versucht, die Differenzen in „Kulturtheorien" zu fassen (vgl. Reckwitz 2005, S. 93ff.). Es sind zumeist sozialkonstruktivistische Ansätze, die eine allgemeine Theorie für die Entstehung von sozialer Ordnung durch menschliches Denken und Handeln formulieren (wie z.B. Berger/Luckmann 2000). Dabei werden dem Handeln, Denken und Wahrnehmen symbolische Ordnungen zugrunde gelegt, die gleichzeitig konstitutiv für die Wahrnehmung von Wirklichkeit, und in letzter Konsequenz auch für die Gestaltung von (sozialer bzw. kultureller) Wirklichkeit, sind. Zu dieser Gruppe können die Ansätze von der Sozialphänomenologie über Pierre Bourdieu, Michel Foucault und der symbolistischen Ethnologie bis hin zum systemtheoretischen Konstruktivismus von Parsons und Niklas Luhmann gezählt werden.

Im *methodologischen* bzw. *wissenschaftstheoretischen Diskurs* standen insbesondere die spezifischen Bedingungen und Hindernisse des Fremdverstehens von Kultur im Vordergrund. Dabei gaben vor allem die Diskussionen in der Ethnologie, hier besonders die „writing culture" und Post-Kolonialismus-Debatte (vgl. Clifford/ George 1986), sowie die sozialphilosophische Hermeneutik wichtige Impulse.

Im Kontext des *gesellschaftstheoretischen Diskurses* ist die Frage nach kulturellen Differenzen in jüngster Zeit vor allem in den Globalisierungstheorien (vgl. z.B. Castells 2001; Giddens 1990) bearbeitet worden. In Bezug auf die Verhältnisse der westlichen Welt wurden kulturelle Differenzen darüber hinaus aber auch in Theorien zu Lebensstilen (vgl. Hradil 1997) und Subkulturen sowie zu Geschlechteridentitäten dargestellt. In der neueren post-foucaultianischen Kulturgeschichte sind diese Fragen auch mit Blick auf kulturelle Brüche in der Geschichte thematisiert worden. Die Frage nach den Differenzen und Grenzen von Kulturen wird in all diesen, nicht scharf voneinander trennbaren Diskursen im Zusammenhang mit dem abstrakten Problem der „Wesenheit von Kultur" bzw. dem, „was Kultur ausmacht", diskutiert.

Einen besonders großen Einfluss übten die auf dem breiteren pluralistischen Kulturverständnis aufsetzenden Kulturverständnisse der Anthropologie auf die Genese des Kulturbegriffes aus. Besonders einflussreich war dabei die Argumentation des US-amerikanischen Anthropologen Florence Kluckhohn, der glaubte, dass alle Kulturen auf der Welt Grundprobleme der menschlichen Existenz verbergen, die man in Dimensionen bzw. Kategorien fassen kann:

> „All cultures constitute [...] answers to essentially the same questions posed by human biology and by the generalities of the human situation. [...] Every society's pattern for living must provide approved and sanctioned ways for dealing with such universal circumstances as the existence of two sexes; the helplessness of infants; etc." (Kluckhohn 1962, pp. 17f.).

Diese Definition Kluckhohns war weit genug, um von verschiedenen Kulturen verschieden ausgefüllt zu werden. Makrotheoretische Sichtweisen versuchten darauf aufbauend, zunächst die wichtigsten Dimensionen der menschlichen Existenz zu bestimmen, um dann in verschiedenen empirischen Studien im Vergleich zu zeigen, dass diese Dimensionen in verschiedenen Kulturen verschieden ausgefüllt werden bzw. Kulturen innerhalb dieser Dimensionen variieren.

4 Kulturkonzeptionen der Makro- und der Mikroebene

Diese Ansätze, die auch heute noch sehr einflussreich sind und vor allem in empirischen Studien zur Kultur oder zu Kulturvergleichen verwendet werden, sollen im Folgenden kurz auf ihr erkenntnistheoretisches Potenzial für einen Kulturvergleich überprüft werden. Die bekanntesten makrotheoretischen Kulturtheorien sind u.a. folgende: von Harry C. Triandis (vgl. Triandis 1975, 1984), John Galtung (vgl. Galtung 1988), Edward T. und Mildred Hall (vgl. Hall 1969; Hall/ Hall 1983, 1990), Geert Hofstede[1] (vgl. Hofstede 1980, 1993) sowie Robert Hettlage (vgl. Hettlage 1990). In diesen und anderen makrotheoretischen Ansätzen erfolgt typischerweise eine starke Reduktion des Kulturbegriffs auf wenige Kategorien oder Dimensionen. Diese wird oft damit begründet, dass sich Kultur (in der o.g. weitgefassten Bedeutung des weiten Kulturbegriffs) als Gegenstandsbereich der Wissenschaft in ihrer Komplexität nur schwerlich als Ganzes erfassen lässt (vgl. Bolten 2001, S. 128). Anhand dieser Dimensionen oder Kategorien sollen, so die Idee, Kulturen miteinander vergleichbar werden. Viele makrotheoretische Ansätze versuchen daher, verschiedene Kulturdimensionen zu entwickeln und die Auswahl und Gewichtung der jeweils dominanten Aspekte erkenntnistheoretisch zu begründen. Obwohl diese Modelle für den Kulturvergleich sehr gut geeignet erscheinen (und dafür auch zumeist konzipiert wurden), lassen sich wesentliche Einwände gegen eine solche Konzeption von Kultur vorbringen: So wird von Kritikern häufig angeführt, dass diese Art von makrotheoretischen Modellen zu einem hohen Grad von Stereotypisierung und damit Vereinfachung führe, wodurch viele Phänomene nicht mehr erfasst werden könnten (vgl. Bolten 2001, S. 130).[2] Bei dem Versuch, Kultur in eine überschaubare Anzahl von Kategorien oder Dimensionen zu zwängen, wird lediglich ein – von der Fassung der Dimensionen abhängiger – Teil der „Oberfläche“ von Kulturen sichtbar. Als Ergebnis solcher makrotheoretischen Betrachtungen erhält man daher zumeist nur abstrakte Durchschnittswerte, die wenig oder nichts über das konkrete Handeln von Individuen aussagen (vgl. Bolten 2001, S. 130). Der lebensweltliche Zusammenhang zwischen Individuum und Kultur bleibt dabei un-

1 Vgl. ausführlich zur Kritik an Hofstede Hansen 2003, S. 281f., sowie Bolten 2001, S. 130f.

2 Vgl. ausführlich zur Kritik an makrotheoretischen Kulturkonzepten Bolten 1997 sowie Demorgon/Molz 1996.

terbeleuchtet, und es stellt sich oft die Frage, nach welchen Kriterien die Kategorien oder Dimensionen ausgewählt wurden.

Der makrotheoretischen Perspektive stehen verschiedene Konzepte gegenüber, die kulturelle Charakteristika aus Detailanalysen abstrahieren, also von der Mikroebene ausgehend deduktiv vorgehen. Diese Konzepte können daher als mikroanalytisch bzw. mikrotheoretisch bezeichnet werden. Hierzu gehören Konzepte wie die „Dichte Beschreibung" von Clifford Geertz (vgl. Geert 1987), die Kultur als „Text" versteht, den man „lesen" können muss, und die „Cross Cultural Psychology" u.a. bei Alexander Thomas (vgl. Thomas 1993) sowie die „Activity Theory"[3] und das „Cognitive Traits"-Konzept, die in den Cultural Studies entwickelt wurden. Weitere Konzepte dieses Typs kommen aus dem (Querschnitts)Bereich der Wirtschaftswissenschaften und werden oft unter der Überschrift „interkulturelle Kommunikation" zusammengefasst.

Aber auch diese Perspektive bringt ontologische Probleme mit sich. So haben die deduktiven Modelle oft eine geringe Aussagekraft, da auf ihnen fußende Ergebnisse nicht generalisierbar sind. Denn, so Bolten, je „detailorientierter (Sub)kulturen untersucht werden, desto weniger komplex dürfen sie sein, damit überhaupt noch Aussagen über sie möglich sind" (Bolten 2001, S. 131). Solche Mikroanalysen eigneten sich nach Bolten beispielhaft für interkulturelle Coachings oder Mediationen, aber nicht zur Theorienbildung (vgl. Bolten 2001). Oftmals könnten einzelfallorientierte Ansätze den kulturellen Kontext, in dem die kulturspezifischen Elemente z.B. im „Text" (im Sinne von Kultur als Text, siehe oben) erscheinen, nicht ausreichend beschreiben (vgl. Bolten 2001). Es besteht daher die Gefahr, dass über die Betrachtung von kulturellen Details der Gesamtzusammenhang vernachlässigt werde. Eine weitere Schwierigkeit im Zusammenhang mit mikroanalytischen Ansätzen liege darin, dass sie einseitig den dynamischen Aspekt von Kultur betonten. Sie neigten deswegen zur einseitigen Übersteigerung des Pols „Wandel" (gegenüber Persistenz als Gegenpol), in dem Sinne, „daß der Mensch alles aus sich machen könne, wenn er nur will" (Demorgon/Molz 1996, S. 69).

Wie an dieser kurzen einordnenden Zusammenfassung und der ebenso kurzen (und sicher oftmals aufgrund der Kürze pauschal wirkenden) Kritik gezeigt wurde, sind weder die makrotheoretischen noch die mikrotheoretischen Konzepte konzeptionell in der Lage, Kultur so differenziert wie möglich und so komplex wie nötig – zumindest für einen empirischen Kulturvergleich – zu beschreiben. Es finden sich daher in der aktuellen empirischen Kulturforschung oft Mischformen verschiedener Makro- oder Mikroansätze. Dabei werden die oben dargestellten anthropologischen Kulturtheorien (vgl. z.B. Hall/Hall 1983, 1889; Hofstede 1993; Kluckhohn 1962) zum Teil abgewandelt und anders konnotiert,

3 Vgl. zur Activity-Theorie Engeström et al. 1999.

rekontextualisiert und in ein der aktuellen Entwicklung entsprechendes Sinngefüge eingeordnet. Durch die Vermischung und Kombination verschiedener Kulturkonzepte sollen die oben genannten Defizite sowohl der makro- als auch der mikrotheoretischen Perspektive wenn nicht behoben, so doch zumindest abgeschwächt werden.

Diese Vorgehensweise der Vermischung von verschiedenen Ansätzen ist jedoch problematisch, da die Ansätze dafür konzeptionell stark abgewandelt werden müssen. Dabei besteht die Gefahr, dass die ursprüngliche Intention eines Konzeptes verloren geht. Die Folge ist, dass viele Forschungsvorhaben, die sich mit dem Kulturbegriff auseinandersetzen (müssten), sich auf ein Verständnis zurückziehen, das weit genug ist, um die Verschiedenheit menschlicher Handlungsweisen in bestimmten Feldern, wie z.B. Kommunikation, Verhalten, Konsum, Wissen, Technik etc., zu erfassen, dann aber mit Hilfe von Versatzstücken anderer Kulturmodelle oder konzeptioneller Bausteine versuchen müssen, diesen auf den eigentlichen Gegenstand hin zu präzisieren (vgl. z.B. Paschen et al. 2002).

5 Ein evolutionistisches Kulturverständnis

Ein weiterer – vor allem durch die Anthropologie beeinflusster – Zweig von Kulturverständnissen versteht Kultur als Anpassungsstrategie des in Gruppen lebenden Menschen an seine Umwelt. Unter „Umwelt" ist hierbei nicht nur die natürliche Umwelt, die Natur, zu verstehen, sondern auch die vom Menschen gemachte soziale, materielle sowie symbolische Umwelt. Auch die Herausbildung von sozialen Verbänden, bis hin zu komplexen, funktional ausdifferenzierten Gesellschaften, ist demnach ein kultureller Akt, der durch Anpassung das Leben bzw. Überleben erleichtert bzw. überhaupt erst ermöglicht. Die „Umwelten", in denen Menschen leben und die sie zum Teil durch Kultur selbst geschaffen haben, unterscheiden sich deutlich, und damit auch die Kulturen, die in einem dialektischen Verhältnis zu diesen Umwelten stehen.

Ein solches Kulturverständnis orientiert sich maßgeblich an den praxeologischen Kulturkonzepten, die Kultur als umwelt- und wissensabhängige „Theorie der Praxis" – wie sie Bourdieu und andere beschrieben haben (vgl. z.B. Bourdieu 1979) – auffasst, in denen die soziale und symbolische Umwelt als ein vom Menschen gemachtes Kulturprodukt verstanden wird und gleichzeitig als wissensabhängige, handlungs- und bewusstseinsrelevante Objektivität auftritt (vgl. Schütz 1974 sowie darauf aufbauend Berger/Luckmann 2000). Handlungspraxen und Wissen sind dabei abhängig von Kommunikation und deren (zum Teil auch technisierten) Medien, die gleichzeitig sowohl Hauptvoraussetzung als auch Hauptfunktion von Kulturen sind. In diesem Verständnis entwickeln Menschen ihrer Umwelt und ihrem Wissen gemäß kulturelle Habite, die in ihrem näheren oder weiteren Lebensumfeld nützlich sind. Dies schließt auch die Art der Benutzung von Technik mit ein.

Der Mensch als unvollkommenes Wesen, als „Mängelwesen“, der im Vergleich zu den Tieren beinahe ohne Instinkte ins Leben findet (vgl. Gehlen 1941, S. 34ff.), ist auf die Hervorbringung einer technischen Kultur im Sinne der kreativen Erschaffung, d.h. das Produzieren einer – symbolisch besetzten – artifiziellen (Um-)Welt (wie z.B. Behausungen, Straßen, Brücken) mit Hilfe von technischen Artefakten (Werkzeuge, Geräte, Maschinen etc.), zum Überleben in den vorgefundenen Naturzuständen und sonstigen Umweltzuständen angewiesen (vgl. Metzner 2002, S. 231). Die dadurch gewährleistete große Flexibilität bei Umweltanpassungsprozessen ermöglichte dabei nicht nur das (fast weltweite) Vordringen des Menschen und die Erschließung immer neuer Lebensräume, sondern führte, zusammen mit den dadurch evozierten Rückkopplungen der vorgefundenen Naturzustände, auch zu einer hohen Kontingenz kultureller Ausprägungen, wie z.B. verschiedenen Kulturpraktiken und Sprachen oder, hinsichtlich der Vergesellschaftung, zu mannigfaltigen sozialen Strukturen. Kulturen in diesem Sinne als „evolutionär“ verstanden, können daher in einer ersten Annäherung folgendermaßen definiert werden: Sie sind das Ergebnis menschlicher Lebens- und Daseinsbewältigung in einer Handlungs- und Kommunikationsgemeinschaft in einer bestimmten „Umwelt“ (vgl. Banse/Metzner-Szigeth 2005, S. 33).

Anknüpfend an dieses evolutionistische Kulturverständnis kann Kultur als erweiterter Kontext des menschlichen Daseins aufgefasst werden. Damit wird die ganze Breite der menschlichen Anpassungsreaktionen erfasst. Die so erschaffenen Kontexte sind zu vielfältig und Komplex, um sie in ein operationalisierbares Konzept überführen zu können. Die wichtigsten Kontexte kondensieren jedoch in drei menschlichen Hervorbringungen, der Sprache, der Geschichte und der Institutionen. Als funktional sind sie deshalb zu betrachten, da sich hierin menschliche Gruppen voneinander unterscheiden lassen. Als eine etwas konkretere, aber immer noch generelle Kulturdefinition lässt sich daher formulieren: Kultur wird sichtbar und spielt dann eine Rolle, wenn verschiedene Gruppen von Menschen unterschiedlich handeln und die Gründe dafür auf Unterschiede in der Geschichte, der Sprache und den (sozialen) Institutionen dieser Gruppen zurückgeführt werden können.

Das dieser Definition zugrunde liegende Kulturkonzept von Klaus P. Hansen (vgl. Hansen 1995, 2003) soll im Folgenden detaillierter dargestellt und damit aufgezeigt werden, dass Kultur trotz aller Widersprüche und Komplexität in ein differenziertes und operationalisierbares Konzept (zur empirischen Erfassung) von Kultur(en) gefasst werden kann.

6 Das differenzlogische Kulturverständnis von Hansen

Häufig wird Kultur als Orientierung an oder Standardisierung von Werten oder Verhalten beschrieben – und damit als einheitlich bzw. holistisch. Auf der anderen Seite finden sich aber auch individuelle Variationsspielräume, Subkulturen und Kleinstkollektive, die Kulturen divergent erscheinen lassen (vgl. Demorgon/ Molz 1996, S. 43ff.). Anstatt Kultur als holistisches Ganzes zu betrachten, legt Hansen ein Kulturverständnis zugrunde, das die Widersprüchlichkeit von Einheit und Differenziertheit von Kultur aufzulösen vermag (vgl. Hansen 1995). Sein Kulturverständnis wird daher als differenzlogisches Kulturkonzept bezeichnet. Hansen erläutert dies am Beispiel „Deutschland": Man findet innerhalb der deutschen Kultur eine Vielzahl von unterschiedlichen Lebensweisen. Schaut man sich z.B. die Lebensweise eines niederbayrischen Tischlers im Vergleich zu einem Manager an der Frankfurter Börse an, würde es auf den ersten Blick schwer fallen, viele Gemeinsamkeiten in ihrem Lebensalltag zu finden. Viel eher könnte man die Unterschiede beschreiben. Dennoch bestehen zwischen den beiden, so unterschiedlich ihre Lebensweise und ihr Alltag im Einzelnen erscheinen, gewisse Gemeinsamkeiten, die sie als Mitglieder ein und derselben Kultur kennzeichnen. Diese Gemeinsamkeiten, die Hansen auch als „Kitt" bezeichnet, fördern den Zusammenhalt (Kohäsion) innerhalb einer Nationalkultur und grenzen sie nach außen hin ab. Dies sind die die gemeinsam erlebte bzw. tradierte Geschichte, die gemeinsam gesprochene Sprache und die gemeinsam geteilten Institutionen (vgl. Hansen 1995, S. 179).

Diese drei konstitutiven Elemente von Nationalkultur und deren Bedeutung als Kulturdimensionen im Rahmen des differenzlogischen[4] Kulturkonzepts sollen im Folgenden näher beschrieben werden: Geschichte stellt eine eigene Bedeutungssphäre dar.

> „Menschliche Gesellschaften müssen sich sowohl materiell wie symbolisch reproduzieren können, um ihre Fortexistenz in der Zeit zu garantieren. Die symbolische Reproduktion stellt Gesellschaften die Aufgabe, ihre kulturellen Gehalte, ihre Praktiken, Sprachen, Institutionen, Normen, Werke von früheren Generationen aufzunehmen und an die nächste Generation weiterzugeben. Hierzu bedarf es, neben dem unverzichtbaren Beistand der Natur, auch eigener ‚kultureller Strategien der Dauer'." (Assmann 1999, S. 88)

Diese „kulturellen Strategien der Dauer" sind Überlieferungsstrategien und Traditionen. Geschichte wirkt somit in Form von Traditionen sowie tradierten kollektiven oder individuellen Schicksalen in die reale Lebenswirklichkeit hinein und beeinflusst nachhaltig Denken und Handeln der Menschen, die sich mit diesen Traditionen identifizieren. Entsprechend definiert Aleida Assmann Tradi-

4 Zum Begriff vgl. ausführlich Drechsel et al. 2000, S. 16ff.

tion als „eine auf Dauer gestellte kulturelle Konstruktion von Identität. Diese Dauer muss permanent der Zeit als Dimension des Abbruchs, des Vergessens, der Veränderung, der Relativierung abgerungen werden" (Assmann 1999, S. 90). Eine gemeinsame Geschichte (historische Fakten) führt zwar nicht zwangsläufig zu gemeinsamen Ansichten über diese, sie bildet aber den Ausgangspunkt und einen gemeinsamen Bezugspunkt bzw. Bewertungsrahmen für diese Ansichten (vgl. Hansen 1995, S. 146).

Sprache ist nicht nur ein Übertragungsmedium, das verbale Kommunikation ermöglicht, sondern sie ist eng mit der Wahrnehmung und dem Verstand verbunden. Jede Sprachgemeinschaft besitzt eine eigene, über ihre Sprache hergestellte, bedeutungsspezifische Wahrnehmung von Lebenswirklichkeit (vgl. Hansen 2003, S. 73ff., Berger/Luckmann 2000, S. 24ff.). Diese fördert die Kohäsion dieser Gemeinschaft und fungiert als Ein- und Ausgrenzungskriterium. Geschichte und Sprache bedingen sich gegenseitig: Zum einen, weil Geschichte durch Sprache tradiert wird, zum anderen, weil Sprache selbst historisch gewachsen ist und durch historische Ereignisse verändert und geformt wird. Trotz ihrer Differenziertheit lassen sich Kulturen mit Hilfe ihrer Sprache und ihrer Geschichte als Ganzes, im Sinne von Nationalkulturen, beschreiben. Diese Nationalkulturen sind weniger auf Ländergrenzen bezogen zu verstehen, als vielmehr auf einen ihnen gemeinsamen Sprach- und Geschichtsraum (vgl. Hansen 2003, S. 179), der sich von dem durch Ländergrenzen definierten Raum erheblich unterscheiden kann.[5] Dieser bildet einen ersten prägenden Hintergrund für das Individuum, wenn auch im Normalfall „unfreiwillig", da er qua Geburt festgelegt ist. Später erfolgt (ebenfalls meist unfreiwillig) die Sozialisation der Individuen. Durch Sozialisation – hier im Sinne von Bildung und Erziehung – erlernt das Individuum die Muttersprache und erfährt etwas über die spezifische, für seine Gemeinschaft relevante Geschichte. Die Sprache – ist sie erst einmal erlernt – spielt dabei eine tragende Rolle. Sie versorgt die neu in eine Gesellschaft oder in einen Kommunikationsraum hineingeborenen Individuen mit „Vorfabrikationen" objektivierter menschlicher Erfahrung und ermächtigt damit gleichzeitig die so sozialisierten Individuen, selbst Objektivationen zu erschaffen (vgl. Berger/Luckmann 2000, S. 40ff.). Durch Sozialisation erfolgen auch die Einführung und Eingliederung in die gesellschaftliche Organisation und ihre Institutionen.

Der von Hansen benutzte Institutionenbegriff ist von Gehlen entlehnt (vgl. Gehlen 1962) und sehr weit gefasst. Damit sind im weitesten Sinne verfestigte und demzufolge institutionalisierte Gewohnheiten gemeint:

5 Ländergrenzen sind willkürliche politische Gebilde, die deshalb nicht zwingend Kulturräume definieren, was man z.B. am Balkan oder in Afrika sieht.

> „Man kann geradezu sagen, wie die tierischen Gruppen und Symbiosen durch Auslöser und Instinktbewegungen zusammengehalten werden, so die menschlichen durch Institutionen und die darin erst ‚sich feststellenden' quasi-automatischen Gewohnheiten des Denkens, Fühlens, Wertens und Handelns, die allein als institutionell gefasste sich vereinseitigen, habitualisieren und sich stabilisieren. Erst so werden sie in ihrer Vereinseitigung gewohnheitsmäßig und einigermaßen zuverlässig d.h. voraussehbar." (Gehlen 1962, S. 79)

Unter Institutionen werden daher nicht nur staatliche bzw. gesellschaftliche Institutionen verstanden, sondern auch soziale und symbolische Institutionen wie z.B. das Weihnachtsfest oder Geburtstage. Zieht man das Institutionenkonzept von Berger und Luckmann hinzu (vgl. Berger/Luckmann 2000), lassen sich zudem Institutionalisierungsprozesse stufenweise beschreiben. Institutionen können dabei erkenntnistheoretisch als Objektivationen höherer Ordnung beschrieben werden. Am Anfang der Institutionalisierung steht die Objektivation. Diese erfolgt durch Sprache bzw. Handlungen, die durch Wiederholung habitualisiert werden. In einem zweiten Schritt werden diese Handlungen durch Typisierung von Verhalten (etwa in sozialen Rollen) weiter verfestigt. Am Ende dieses Prozesses steht die Erhärtung des typisierten Verhaltens, in dem es institutionalisiert wird. Es findet sich demgemäß bei Berger und Luckmann folgende Definition für Institutionalisierung:

> „Institutionalisierung findet statt, sobald habitualisierte Handlungen durch Typen von Handelnden reziprok typisiert werden. Jede Typisierung, die auf diese Weise vorgenommen wird, ist eine Institution." (Berger/Luckmann 2000, S. 58)

Wenn also ein bestimmtes Kollektiv eine bestimmte Handlung habitualisiert, dann wirken die Handelnden (als Gemeinschaft) und das habitualisierte Handeln (als sich entwickelnde Konvention) gegenseitig verstärkend (reziproke Typisierung), so dass es zu einer Institutionalisierung des Handelns kommt. Über das Zusammenwirken verschiedener Institutionen einer Gemeinschaft entwickelt und strukturiert sich gleichzeitig ihre Organisationsform. Obwohl Institutionen das Produkt kollektiven Handelns sind, stehen sie dem Individuum dabei grundsätzlich als objektive Faktizitäten (unabweisbar) gegenüber und haben direkten Einfluss auf das alltägliche Leben (vgl. Berger/Luckmann, S. 49ff.).

Nach einem solchen Institutionenbegriff können auch realweltliche, imaginäre oder historische Personen als Institutionen wirken. Eine solche Person kann dann eine Institutionenfunktion haben, wenn sie durch ihre, von anderen ihr zugeschriebene Bedeutung, als Resultat ihres Handelns oder ihres Schicksals einen signifikanten Einfluss auf Gesellschaftsbereiche oder Gruppen ausübt und daher quasi wie eine Institution wirkt (z.B. Rudi Dutschke für Studentenbewegung der 1960er Jahre). Geschichte, Sprache und Institutionen sorgen über den Prozess der Sozialisation für Kontinuität in einer Gemeinschaft. Sie sind die nach außen sichtbaren und somit empirisch fassbaren Zeichen des Wirkens von Kultur(en). Sie sind Aushängeschilder von Kultur(en) und (funktional) Identifikationspole für ihre Mitglieder.

7 Standardisierungsbereiche

Kernstück des Hansenschen Kulturbegriffs sind die Standardisierungen, die im Prinzip als Konventionen betrachtet werden können.[6] Er teilt die verschiedenen kulturellen Standardisierungen zur analytischen Unterscheidung in vier Bereiche: Kommunikation, Denken, Empfinden sowie Verhalten und Handeln. Kulturelle Standardisierungen bzw. Konventionen sind an Kollektive gebunden, umgekehrt konstituieren sich Kollektive über Standardisierungen. Eine Ausnahme davon bilden Dachkollektive, die sich weitaus stärker über die gemeinsame Sprache, Geschichte und Institutionen definieren. Kollektivität kann hierbei zunächst ganz allgemein als ein Gemeinschaftsgefühl aufgefasst werden, das sich durch das Leben nach gemeinsamen Konventionen herausbildet und dadurch ein Kollektiv konstituiert. Das Bedürfnis, physisch, aber auch psychisch Teil einer Gemeinschaft zu sein (vgl. Tomasello 2007), ist eine der Triebfedern des spezifisch menschlichen Zusammenlebens, die dieses überhaupt erst ermöglicht. Zudem bieten Kollektive dem einzelnen Individuum die Möglichkeit zur Identifikation und wirken damit identitätsstiftend. Durch die Gemeinsamkeit der Konventionen wirken Gemeinschaften sinnbestätigend, bei ihren Mitgliedern entsteht Sicherheit (vgl. Hauser 2007, S. 682). In der Soziologie wird dies mit dem Begriff der „Erwartungssicherheit" gefasst (vgl. Bonß 1995, S. 90).

Damit kann auch hierin an Gehlens Institutionsbegriff angeschlossen werden, der auf den entlastenden „Abbau" von Verhaltensunsicherheiten durch die Herausbildung von Verhaltensnormen rekurriert (vgl. Metzner-Szigeth 2004, S. 392). Hieraus ergeben sich weitere Annahmen über die Bedeutung kultureller Standardisierungen für Kollektive:

> „(1) Effizienz: Bereits erprobtes Verhalten birgt geringeres Misserfolgsrisiko. (2) Akzeptanz: Standardisiertes Verhalten riskiert keine [bzw. weniger; A.d.V – R. H., G. B.] negativen Sanktionen. (3) Antizipation: Durch Konformität wird mein und das Verhalten der anderen antizipierbar. (4) Normalität: Bestehende Konven-

---

6 Obwohl Hansen den Begriff Konventionen nur selten benutzt, können unter Standardisierungen im Prinzip Konventionen verstanden werden. Während der Begriff der Standardisierung zwar präziser, aber zu technisch bzw. abstrakt scheint, ist Konvention zwar anschaulicher, aber zu unbestimmt. Für erkenntnistheoretische Überlegungen ist daher der Begriff Standardisierung geeigneter, während für beispielhafte Veranschaulichung real existierende Konventionen heranzuziehen sind; vgl. auch zu kulturellen Konventionen Hauser 2007; für ausführliche Kritik vgl. Altmayer 1996.

tionen vereinfachen die Komplexität der Umwelt und reduzieren so die kognitive Belastung. (5) Sinnstiftung: Wenn mehrere Menschen sich so verhalten wie ich, ist mein Verhalten wahrscheinlich sinnvoll. (6) Kollektivität: Wenn ich mich so verhalte wie die anderen, fühle ich mich der Gruppe zugehörig.“ (Hauser 2007, S. 682)

Kollektive zu bilden hat demnach subjektive und objektive Vorteile für das Individuum. Verschiedene Kollektive können über die jeweils dort anzutreffenden Standardisierungen, die sich als Gemeinsamkeiten der Individuen dieser Kollektive zeigen, unterschieden werden. Das bedeutet, dass die Unterteilung in verschiedene Kollektivzusammenhänge (innerhalb eines Dachkollektivs) sich unmittelbar von der Reichweite der jeweils anzutreffenden Standardisierungen ableitet. D.h. dort, wo ähnliche Standardisierungen auftreten, existiert vermutlich auch ein Kollektivzusammenhang (auf der Ebene der Mono-, Multi- oder Dachkollektive). Die Reichweite von Standardisierungen, die gleichzeitig die Grenzen von Kollektivzusammenhängen markiert, kann in Anlehnung an Hansen als „Partialitätsgrad“ (vgl. Hansen 2004) bezeichnet werden. So gelten bestimmte Standardisierungen nur innerhalb von bestimmten Monokollektiven, während andere Standardisierungen übergreifend auf der Ebene der Multikollektive auftreten oder gar bis auf die Ebene der Globalkollektive reichen. Dementsprechend gibt es auch universelle Standardisierungen, die global verbreitet sind, und über die sich Globalkollektive konstituieren können.

Da Standardisierungen jedoch dem Wandel der Zeit unterliegen und von vielen Einflüssen, sowohl innerhalb von Kollektiven als auch externen Umwelteinflüssen, abhängig sind, können sich sowohl die Standardisierungen als solche als auch ihr Partialitätsgrad ändern – und damit auch Segmentierungsgrenzen. Standardisierungen als Konventionen verstanden entstehen nicht spontan, sondern entwickeln sich, durch Aushandlungsprozesse sowohl innerhalb eines Kollektivs als auch zwischen mehreren Kollektiven, über einen bestimmten Zeitraum hinweg und unter bestimmten Umwelt- bzw. Rahmenbedingungen. Kommunikation, Denken, Handeln und Fühlen von Individuen sind deshalb nicht nur durch das Kollektiv bzw. die Kollektive, an denen es partizipiert, geprägt, sondern zudem historisch, sprachlich und institutionell, kurz „kulturraumgeprägt und auch nur vor dem kulturellen Hintergrund verstehbar“ (Holz-Mänttäri 1984, S. 32f.). Dem einzelnen Individuum sind diese kulturellen Prägungen jedoch nur teilweise bewusst und nur in dem Maße auch steuerbar. Dies müssen sie sein, damit dem Individuum eine Anpassung (und damit Teilnahme) an verschiedenen bzw. auch neuen Kollektiven möglich ist. Das Spektrum und die Varianz der jeweils beherrschten Konventionen hängen dabei stark von der Sozialisation des Individuums, seiner Bildung und anderen Umweltfaktoren ab.

8 Kultur und Nachhaltigkeit

Ohne den anderen Beiträgen in diesem Band etwas vorweg nehmen zu wollen, sollen in diesem letzten Abschnitt noch einige generelle Gedanken und Bemerkungen zum Verhältnis von Kultur und Nachhaltigkeit aus kulturwissenschaftlicher Sicht angeführt werden. Es stellt sich hierbei zunächst die Frage, ob Kultur(en) nachhaltig sind oder überhaupt sein können? Kulturen sind zunächst in dem Sinne nachhaltig, dass sie sehr effektiv funktionieren und äußert langlebig sind. Kulturelle Mechanismen sind dafür ausgelegt, Stabilität und Kohärenz zu fördern. Dies wäre nun aber ein völlig wertneutrales Verständnis von Nachhaltigkeit, wie es eher dem Alltagsverständnis entspricht, das auch oft in den Medien verwendet wird. Legt man aber ein normatives Verständnis von Nachhaltigkeit zugrunde, etwa das integrative Nachhaltigkeits-Konzept der Helmholz-Gemeinschaft (vgl. Kopfmüller et al. 2001), bei dem eine erstrebenswerte nachhaltige Entwicklung nur erreicht werden kann, wenn vielfältige normative Indikatoren erfüllt sind, dann können Kulturen oder kulturelle Mechanismen nicht per se nachhaltig sein. Ein kleines Beispiel soll dieses Problem verdeutlichen: Die Kultur eines Naturvolkes, das seit Jahrhunderten im Einklang mit der Natur lebt und die natürlichen Ressourcen nur soweit nutzt, dass diese sich regenerieren können, kann dann als nachhaltig bezeichnet werden, wenn man den Wert der Ressourcennutzung bzw. -schonung als Maßstab nimmt. Im Vergleich dazu sind westliche Kulturen nicht nachhaltig, weil sie die natürlichen Ressourcen über das Maß beanspruchen bzw. ausbeuten, ihre Umwelt verschmutzen und sich damit zunehmend ihrer Lebensgrundlage berauben. Nimmt man nun aber Werte wie Lebensdauer, Kindersterblichkeit, Ernährung oder die Fähigkeit, sich auf wechselnde Umweltbedingungen einzustellen, als Indikator für Nachhaltigkeit, so würde das fiktive Naturvolk im Vergleich zu den westlichen Kulturen wohl schlechter abschneiden. Die Antwort auf die Frage, ob Kulturen in einem normativen Sinne nachhaltig sind, hängt daher stark von dem in Anschlag gebrachten Verständnis von Nachhaltigkeit ab. Sie können daher nicht per se als nachhaltig bezeichnet werden. Das Anlegen von Wertmaßstäben an Kulturen, bringt jedoch noch ein weiteres Problem mit sich – es ist nicht vereinbar mit einem zeitgemäßen Kulturverständnis. Zeitgemäße Kulturverständnisse betonen ja gerade die Wertneutralität von Kulturen, um nicht in veraltete westliche hegemoniale Kategorien wie Zivilisation oder Hochkultur abzugleiten, die die eigene Kultur über die Anderer stellen (vgl. oben den „engen“ Kulturbegriff).

Das Nachdenken über das Verhältnis von Kultur und Nachhaltigkeit kann aber dennoch fruchtbar sein, und zwar in zwei Richtungen: *Zum einen* kann es so (auf)gefasst werden, dass sich mit der Herausbildung von normativen Nachhaltigkeitskonzepten selbst eine kulturelle Strömung gebildet hat, die als Institution (nach dem Konzept von Hansen) Teil der jeweiligen Kultur ist und diese beeinflusst. Die Frage wie sich solche Strömungen oder Bewegungen als kulturelle Institutionen langsam durchsetzen und zu einem bestimmenden (bzw. prägenden) Element von Kultur werden, wirft aus kulturwissenschaftlicher Perspektive interessante Aspekte und weitere Forschungsfragen auf. Die *zweite* – und für diesen Band die relevantere – Richtung ist, die Frage zu stellen, wie kulturelle Aspekte in bestehende normative Konzepte von Nachhaltigkeit integriert werden können. Bisher ist dies kaum geschehen: zwar taucht der Begriff Kultur oft in den Konzepten als relevantes Element von nachhaltiger Entwicklung auf, in den seltensten Fällen wird er aber explizit (siehe den Beitrag von Kopfmüller in diesem Band). Die hohe Relevanz kultureller Kontexte für die Etablierung von Problemlösungen (z.B. technischer oder organisatorischer Art), die eine nachhaltige Entwicklung fördern sollen, ist in der Fachcommunity der „Nachhaltigkeitsforscher" bisher kaum reflektiert worden. Ein Blick in die Kultur- und Technikforschung würde zeigen, dass technische Sachsysteme in kulturelle Kontexte eingebettet sind, mit denen sie in Wechselbeziehung stehen (vgl. Hauser 2010). Insbesondere Beispiele aus dem Bereich Techniktransfer zeigen, dass, wenn diese Kontexte nicht oder zu wenig beachtet werden, dies häufig zum partiellen oder kompletten Versagen der Technik führt (vgl. Hermeking 2001). Ähnliches gilt sicher auch für Organisationsstrukturen, obwohl diese Frage noch wenig beforscht ist.

Dass kulturelle Faktoren bisher nur als Platzhalter in den Nachhaltigkeitskonzepten auftauchen, liegt sicherlich zum Teil auch daran, dass das Feld der Kulturbegriffe so groß und die Zeit der Wissenschaftler so begrenzt ist. Zum anderen gab es auch bisher kaum überzeugende Versuche, Kultur so zu konzeptionalisieren, dass sie operationalisierbar wird, um in bestehende Nachhaltigkeitskonzepte integriert werden zu können. Mit dem in diesem Artikel vorgestellten Kulturkonzept von Hansen und der Konzeptionalisierung von Kultur als Kontext und als Handlungskonventionen scheinen nun bessere Voraussetzungen für diesen Schritt zu bestehen. Es bleibt dennoch eine interdisziplinäre Aufgabe, die kulturellen Aspekte sinnvoll in Konzepte von Nachhaltigkeit zu integrieren.

Literatur

Altmayer, C. (1996): Rezension: Klaus P. Hansen. Kultur und Kulturwissenschaft. Eine Einführung. Rezensiert von Claus Altmayer. In: Zeitschrift für Interkulturellen Fremdsprachenunterricht [Online] 1(2) (URL: http:/; http://spz1.spz.tu-darmstadt.de/projekt_ejournal/jg-01-2/beitrag/altmeenh.htm; 26.10.2008)

Assmann, A. (1999): Zeit und Tradition. Kulturelle Strategien der Dauer. Köln

Assmann, J. (2007): Das kulturelle Gedächtnis. Schrift, Erinnerung und politische Identität in frühen Hochkulturen (6. Aufl.). München

Banse, G.; Metzner-Szigeth, A. (2005): Veränderungen im Quadrat: Computervermittelte Kommunikation und moderne Gesellschaft – Überlegungen zum Design des europäischen Forschungs-Netzwerks „Kulturelle Diversität und neue Medien“. In: In: Banse, G. (Hg.): Neue Kultur(en) durch Neue Medien (?). Das Beispiel Internet. Berlin, S. 17-46

Berger, L.; Luckmann, Th. (2000): Die gesellschaftliche Konstruktion der Wirklichkeit (17. Aufl.). Frankfurt/M.

Bolten, J. (1997): Interkulturelle Wirtschaftskommunikation. In: Walter, R. (Hg.): Wirtschaftswissenschaften. Eine Einführung. Paderborn, S. 469-497

Bolten, J. (2001): Kann man Kulturen beschreiben oder erklären, ohne Stereotypen zu verwenden? Einige programmatische Überlegungen zur kulturellen Stilforschung. In: Bolten, J.; Schröter, D. (Hg.): Im Netzwerk interkulturellen Handelns. Theoretische und praktische Perspektiven. Sternenfels, S. 128-142

Bonß, W. (1995): Vom Risiko. Unsicherheit und Ungewißheit in der Moderne. Hamburg

Bourdieu, P. (1979): Entwurf einer Theorie der Praxis (auf der ethnologischen Grundlage der kabylischen Gesellschaft). Frankfurt/M.

Bourdieu, P. (1987): Die feinen Unterschiede. Kritik der gesellschaftlichen Urteilskraft. Frankfurt/M.

Cappai, G. (2005): Der interkulturelle Vergleich. Herausforderungen und Strategien einer sozialwissenschaftlichen Methode. In: Srubar, I.; Renn, J.; Wenzel, U. (Hg.): Kulturen vergleichen: Sozial- und kulturwissenschaftliche Grundlagen und Kontroversen. Wiesbaden, S. 48-79

Clifford, J.; George E. M. (eds.) (1986): Writing Culture. The Poetics and Politics of Ethnography. Berkeley/CA

Demorgon, J.; Molz, M. (1996): Bedingungen und Auswirkungen der Analyse von Kultur(en) und interkulturelle Interaktion. In: Thomas, A. (Hg.): Psychologie interkulturellen Handelns. Göttingen, Bern, S. 43-80

Drechsel, P.; Schmidt, B.; Gölz, B. (2000): Kultur im Zeitalter der Globalisierung. Von Identität zu Differenzen. Frankfurt/M.

Engeström, J.; Miettinen, R.; Punamäki-Gitai, R.-L. (1999): Perspectives on Activity Theory. Cambridge

Freud, S. (1989): Das Unbehagen in der Kultur [1930]. In: Freud, S.: Studienausgabe in zehn Bänden. Bd. 9. Frankfurt/M., S. 191-270

Galtung, J. (1988): The Peace Movement: A Structural-Functional Exploration. In: Galtung, J.: Transarmament and the Cold War. Copenhagen, pp. 322-342 (Essays in Peace Research, vol. VI)

Galtung, J. (1998): Frieden mit friedlichen Mitteln. Friede und Konflikt, Entwicklung und Kultur. Opladen

Geertz, C. (1987): Dichte Beschreibung. Beiträge zum Verstehen kultureller Systeme (5. Aufl.). Frankfurt/M.

Gehlen, A. (1941): Der Mensch. Seine Natur und seine Stellung in der Welt (2. Aufl.). Wiebelsheim

Gehlen, A. (1953): Die Technik in der Sichtweise der Anthropologie. In: Merkur, H. 7, S. 626-636

Gehlen, A. (1956): Urmensch und Spätkultur. Bonn

Gehlen, A. (1962): Der Mensch. Seine Natur und seine Stellung in der Welt (7. Aufl.). Frankfurt/M.

Gerhards, J. (2000): Die Vermessung kultureller Unterschiede. Deutschland und USA im Vergleich. Opladen

Hall, E. T. (1969): The Hidden Dimension. New York

Hall, E. T.; Hall, M. R. (1983): Verborgene Signale. Studien zur internationalen Kommunikation: Über den Umgang mit Amerikanern. Hamburg

Hall, E. T.; Hall, M. R. (1990): Understanding Cultural Differences: Germans, French and Americans. Yarmouth

Hansen, K. P. (1995): Kultur und Kulturwissenschaft (1. Aufl.). Tübingen, Basel

Hansen, K. P. (2003): Kultur und Kulturwissenschaft (3. Aufl.). Tübingen, Basel

Hansen, K. P. (2004). Die Kulturen der Beschäftigung mit Nationalkultur (URL: http://www. germanistentag2004.unimuenchen. de/abstracts/wslandeskunde/hansen.doc.; 13.06.2007)

Hauser, G. (2007). Ein Kulturmodell für Translatoren. In: Schmitt, P. A.; Jüngst, H. E. (Hg.): Translationsqualität. Frankfurt/M., S. 680-695

Hauser, R. (2010): Technische Kulturen oder kultivierte Technik? Das Internet in Deutschland und Russland. Berlin (zugleich Dissertation. Karlsruhe [Universität] 2009)

Herder, J. G. (1989): Ideen zur Philosophie der Geschichte der Menschheit [1784/91]. Frankfurt/M.

Hermeking, M. (2001): Kulturen und Technik. Techniktransfer als Arbeitsfeld der Interkulturellen Kommunikation. Beispiele aus der arabischen, russischen und lateinamerikanischen Region. München u.a.O.

Hettlage, R. (1991): Rahmenanalyse – oder die innere Organisation unseres Wissens um die Ordnung der Wirklichkeit. In: Hettlage, R.; Lenz, K. (Hg.): Erving Goffman – ein soziologischer Klassiker der zweiten Generation. Bern, Stuttgart, S. 95-156

Hofstede, G. (1993): Interkulturelle Zusammenarbeit. Kulturen – Organisation – Management. Wiesbaden

Holz-Mänttäri, J. (1984): Translatorisches Handeln. Theorie und Methode. In: Annales Academiae Scientiarum Fennicae, Helsinki, B 226

Hubig, Chr. (2010): Kulturbegriff – Abgrenzungen, Leitdifferenzen, Perspektiven. In: Banse, G.; Grunwald, A. (Hg.): Technik und Kultur. Bedingungs- und Beeinflussungsverhältnisse. Karlsruhe, S. 55-71

Janich, P. (2005): Beobachterperspektive im Kulturvergleich. In: Renn, J.; Srubar, I.; Wenzel, U. (Hg.): Kulturen vergleichen. Sozial- und Kulturwissenschaftliche Grundlagen und Kontroversen. Wiesbaden, S. 18-37

Kant, I. (1977): Idee zu einer allgemeinen Geschichte in weltbürgerlicher Absicht [1784]. In: Kant, I.: Werkausgabe in zwölf Bänden. Hg. v. W. Weischedel. Bd. XI. Frankfurt/M., S. 33-41

Kluckhohn, C. (1962): Universal Categories of Culture. In: Tax, S. (ed.): Anthropology Today. Chicago

Kopfmüller, J.; Brandl, V.; Jörissen, J.; Paetau, M.; Banse, G.; Coenen, R.: Grunwald, A. (2001): Nachhaltige Entwicklung integrativ betrachtet. Konstitutive Elemente, Regeln, Indikatoren. Berlin

Mersch, D. (1999): Das Sagbare und das Zeigbare. Wittgensteins frühe Theorie einer Duplizität im Symbolischen. In: Prima Philosophia, H. 4, S. 85-94

Metzner, A. (2002): Die Tücken der Objekte. Über die Risiken der Gesellschaft und ihre Wirklichkeit. Frankfurt/M., New York

Metzner-Szigeth, A. (2003): Zwischen Systemkomplexität und Akteursverantwortung. In: Kornwachs, K. (Hg.): System – Technik – Verantwortung. Münster, London, S. 391-409

Parsons, T.; Toby, J. (1977): The Evolution of Societies. Englewood Cliffs/NJ

Paschen, H.; Wingert, B.; Coenen, Chr.; Banse, G. (2002): Kultur – Medien – Märkte. Medienentwicklung und kultureller Wandel. Berlin

Pufendorf, S. von (2002): Eris Scandica [1686]. In: Pufendorf, S. von: Gesammelte Werke. Hg. v. W. Schmidt-Biggemann. Bd. 5. Hg. v. F. Palladini. Berlin

Rammert, W. (1999): Technik. Stichworte für ein Lexikon (URL: http://www.hyperkommunikation.ch/literatur/texte/rammert_technik.htm; 22.11.2007)

Reckwitz, A. (2000): Die Transformation der Kulturtheorien. Zur Entwicklung eines Theorieprogramms. Weilerswist

Reckwitz, A. (2005): Kulturelle Differenzen aus praxeologischer Perspektive: Kulturelle Globalisierung jenseits von Modernisierungstheorie und Kulturessentialismus. In: Srubar, I; Renn, J.; Wenzel, U. (Hg.): Kulturen vergleichen. Sozial- und kulturwissenschaftliche Grundlagen und Kontroversen. Wiesbaden, S. 92-112

Schütz, A. (1974): Der sinnhafte Aufbau der sozialen Welt. Eine Einleitung in die verstehende Soziologie. Frankfurt/M.

Thomas, A. (Hg.) (1993): Kulturvergleichende Psychologie. Eine Einführung. Göttingen

Tomasello, M. (2007): Personal Communication. Leipzig

Triandis, H. C. (1975): Culture Training: Cognitive Complexity and Interpersonal Attitudes. In: Brislin, R. W; Bochner, S.; Lonner, W. J. (eds.): Cross-Cultural Perspectives on Learning. New York, pp. 39-77

Triandis, H. C. (1984): A Theoretical Framework for the More Efficient Construction of Culture Assimiliator. In: International Journal of Intercultural Relations, no. 8, pp. 301-330

Wittgenstein, L. (2001): Philosophische Untersuchungen [1935/1949]. Kritisch-genetische Edition. Hg. v. J. Schulte, H. Nijman, E. v. Savigny, G. H. v. Wright. Frankfurt/M.

Wittgenstein, L. (2003): Tractatus logico-philosophicus. Logisch-philosophische Abhandlung [1921]. Frankfurt/M.

Von der kulturellen Dimension nachhaltiger Entwicklung zur Kultur nachhaltiger Entwicklung

Jürgen Kopfmüller

Wenn man sich mit den Begriffen „Nachhaltige Entwicklung“ und „Kultur“ beschäftigt, ist es zunächst erforderlich, ihre Definition und Bedeutung zu klären. Schnell zeigt sich dabei, dass dies für den Kulturbegriff in ähnlicher Weise komplex, schwierig und daher häufig kontrovers ist wie für den Nachhaltigkeitsbegriff. Da dieser Frage in anderen Beiträgen dieses Bandes detaillierter nachgegangen wird, möchte ich mich hier darauf beschränken, zunächst zwei Definitionen zu unterscheiden: einmal diejenige, die im engeren Sinn Kultur als den geistig-künstlerischen Bereich einer Gesellschaft versteht, also Musik, Literatur, Theater, Malerei, aber auch Bildung und Wissen. In der anderen, weiteren Definition, die auch in diesem Beitrag zugrunde gelegt werden wird, schließt Kultur all das ein, was Menschen geschaffen haben und umfasst alle Prozesse des Umgangs der Menschen mit sich und der natürlichen Umwelt. Es geht hier also auch um Grundhaltungen und Werte, Traditionen, Lebensstile, Ethik, Religion, aber auch die Rechts-, Wirtschafts-, Sozial- und Politikordnung einer Gesellschaft.

Unter „Kultur“ wäre demnach zu verstehen, wie wir leben bzw. leben wollen und wie wir gesellschaftliche Entwicklung gestalten. Zur Einordnung dieses Kultur-Begriffs mag ein Beispiel anhand des uns allen vertrauten Gegenstands der Zahnbürste dienen: „Zivilisation“ bedeutet, eine Zahnbürste zu besitzen, „Kulturtechnik“, sie benutzen zu können, und „Kultur“, sie auch tatsächlich zu benutzen, d.h. also die Fähigkeit und Bereitschaft, als richtig erkennte Dinge auch in die Praxis umsetzen zu können bzw. zu wollen.

In der mittlerweile über 20 Jahre geführten Debatte um die Definition und Umsetzung des Nachhaltigkeitsleitbilds lassen sich einige herausragende Meilensteine identifizieren:

(1) Der Bericht der Brundtland-Kommission der Vereinten Nationen von 1987 (vgl. Hauff 1987) mit seiner nach wie vor zentralen und viel zitierten Definition, die nachhaltige Entwicklung als realisiert ansieht, wenn sie die Bedürfnisse gegenwärtiger Generationen befriedigt, ohne zu riskieren, dass künftige Generationen ihre Bedürfnisse nicht mehr befriedigen können.
(2) Die UN-Konferenz für Umwelt und Entwicklung 1992 in Rio mit den dort verabschiedeten Dokumenten der Rio-Deklaration und der Agenda 21.
(3) Der Weltgipfel für nachhaltige Entwicklung 2002 in Johannesburg mit dem dort verabschiedeten „Plan of Implementation“.

Aus diesen Dokumenten und aus der bisherigen Nachhaltigkeitsdebatte heraus lassen sich einige zentrale Herausforderungen für die Umsetzung des Nachhaltigkeitsleitbilds benennen:

- Es geht um nicht weniger als die Entwicklung einer „neuen Ethik des menschlichen Überlebens" und ein darauf aufbauendes „weltweites Programm des Wandels" – Begriffe, die die Motivation wie auch die Leitorientierung des Brundtland-Berichts darstellten (vgl. Hauff 1987).
- Die zentrale Orientierung hierfür bildet die Umsetzung des Gerechtigkeitspostulats, in gleichberechtigter Weise in der inter- wie der intragenerativen Perspektive. Mit anderen Worten: im Mittelpunkt steht die Umsetzung des Verantwortungsprinzips bezogen auf künftig wie auch heute lebende Menschen.
- Damit geht es ganz wesentlich um die Reflexion und vor allem die Lösung von Verteilungsfragen, bezogen auf die verschiedenen Umweltressourcen, Einkommen und Vermögen, aber auch auf Nutzen und Belastungen infolge von politischen Maßnahmen.
- Der Fokus auf das Gerechtigkeitspostulat impliziert eine Konkretisierung und Operationalisierung des Leitbilds in einer ganzheitlichen Weise, die die ökologischen, ökonomischen, sozialen, institutionellen oder auch kulturellen Aspekte gesellschaftlicher Entwicklung angemessen reflektiert.
- Aus all dem resultieren der Anspruch und zugleich der Auftrag, gesellschaftliche Entwicklung in Richtung Nachhaltigkeit zu gestalten. Angesichts der Vielzahl und Intensität bestehender Problemlagen wird dies zum Teil sehr weit reichende Veränderungen in den bestehenden Produktions- und Konsummustern wie auch veränderte politisch-institutionelle Rahmenbedingungen erfordern.

1 „Kultur" in den Kern-Dokumenten der Nachhaltigkeitsdebatte

Betrachtet man die oben genannten Meilensteine der Nachhaltigkeitsdebatte, dann zeigt sich, dass der Begriff und das Themenfeld Kultur dort keine zentrale Rolle spielen. Im Brundtland-Bericht kommt er praktisch nicht, in den anderen Dokumenten nur punktuell vor. In der Rio-Deklaration[1] mit ihren 27 Entwicklungsleitlinien „für eine neue, gerechte und weltweite Partnerschaft" stehen das Recht auf Entwicklung für alle Menschen weltweit und Themen wie Armutsminderung, Partizipation, neues Weltwirtschaftssystem oder die Rolle von Frauen im Mittelpunkt. Einzig Leitlinie 22 weist einen konkreten Bezug zur Kulturthematik auf, wenn die Anerkennung der Identität, Kultur und Interessen indi-

1 Vgl. http://www.un.org/Depts/german/conf/agenda21/rio.pdf.

gener Bevölkerungsgruppen gefordert wird. Die Agenda 21 als das globale Aktionsprogramm zur Umsetzung der Leitlinien der Deklaration[2] besteht aus 40 Kapiteln zu verschiedenen Themenfeldern, von denen sich keines eigenständig auf das Thema Kultur bezieht (vgl. z.B. Jerman 2001). Daneben taucht der Kulturbegriff verschiedentlich auf, vorwiegend in Form von Begriffen wie Anbau-, Aqua- oder Marikultur, mitunter geht es um die kulturelle Multifunktionalität von Wäldern, und in verschiedenen Kapiteln wird von der Erfordernis gesprochen, kulturelle Faktoren und Eigenheiten bei der Umsetzung der jeweiligen Ziele zu berücksichtigen. Im Johannesburg Plan of Implementation, der insbesondere auf die Themen Armutsbekämpfung, Ressourcenschutz, Finanzierung von Entwicklung und Good Governance fokussiert, wird der Kulturbegriff primär im Sinne der Bedeutung der Erhaltung von kultureller Vielfalt und kulturellem Erbe für nachhaltige Entwicklung verwendet, und dabei vor allem mit Blick auf indigene Bevölkerungsgruppen.

Insgesamt lässt sich feststellen, dass die ohnehin sehr begrenzte Thematisierung kultureller Aspekte in den genanten Dokumenten vorwiegend in funktional-instrumenteller Weise, d.h. primär mit Blick auf andere Ziele, stattfindet, ohne ihnen eine eigenständige Umsetzungsperspektive zu verleihen. Es wird auch selten konkretisiert, was mit „Kultur" bzw. kulturellen Aspekten genau gemeint ist. Ebenso auffällig ist, dass die wenigen Konkretisierungen vorwiegend in Richtung Erhaltung kultureller Vielfalt gehen und dass dabei meist die Länder des „Südens" bzw. die dortige indigene Bevölkerung in den Blick genommen werden. Spezifische Akteure aus dem Kulturbereich werden nicht explizit angesprochen.

2 Kultur in den Nachhaltigkeitskonzepten

Ein ähnliches Bild ergibt sich auch bezogen auf die existierenden (wissenschaftlichen) Nachhaltigkeitskonzepte. Dabei lassen sich in der deutschen Debatte, wie im Prinzip auch in der vieler anderer Staaten, die sogenannten „Ein-Säulen-Konzepte", meist fokussiert auf die ökologische Dimension nachhaltiger Entwicklung, die „Drei-" bzw. „Vier-Säulen-Konzepte" sowie transdimensionale, integrative Konzepte unterscheiden.

Bei den „Ein-Säulen-Konzepten" seien hier drei Dokumente erwähnt. In der Studie „Zukunftsfähiges Deutschland" des Wuppertal-Instituts (vgl. BUND/Misereor 1996), der ersten relativ breite öffentliche Resonanz erzeugenden Nachhaltigkeitsstudie in Deutschland, steht das Thema globale ökologische Gerechtigkeit im „globalen Umweltraum" im Mittelpunkt, woraus für Deutschland weit

2 Vgl. http://www.un.org/Depts/german/conf/agenda21/agenda_21.pdf.

reichende Zielwerte für ökologische Leitindikatoren abgeleitet werden. Zu deren Erreichung werden verschiedene Leitbilder formuliert („Rechtes Maß für Zeit und Raum“ oder „Gut leben statt viel haben“), der Kultur-Begriff wird dabei jedoch nicht explizit verwendet. In der vor kurzem erschienenen quasi Folgestudie werden diese Leitbilder ergänzt und modifiziert. Es wird u.a. auf den sogenannten Sozialpakt der Vereinten Nationen hingewiesen, der in Ergänzung zu den politischen und bürgerlichen Menschenrechten (Zivilpakt) die wirtschaftlichen, sozialen und *kulturellen* Menschenrechte definiert (vgl. Brot für die Welt et al. 2008a). Darüber hinaus sprechen die Autoren der Studie von der „kulturellen Hilflosigkeit“ in der Gesellschaft, die erforderliche Wandelsprozesse blockiert, und meinen damit beispielsweise die festgefahrenen – etwa auf fossilen Brennstoffen basierenden – Muster unserer Bedürfnisbefriedigung (Brot für die Welt et al. 2008b). Auch in den beiden Studien des Umweltbundesamts von 1997 und 2002, die Wege zu einer dauerhaft umweltgerechten Entwicklung aufzeigen, fand der Kultur-Begriff wenig explizite Erwähnung. Gleichwohl wurde darin vergleichsweise umfassend das Thema behandelt, welche Rolle unser Konsumverhalten zur Erreichung von Umweltzielen spielt und welche Veränderungen hier sinnvoll wären.

Bei den „Drei-“ bzw. „Vier-Säulen-Konzepten“ seien hier zunächst die beiden in Deutschland bekanntesten herausgegriffen. Während in der von der gewerkschaftsnahen Hans-Böckler-Stiftung in Auftrag gegebenen Studie „Arbeit und Ökologie“ der Kultur-Begriff kaum eine Rolle spielte (vgl. DIW et al. 2000), war der Schlussbericht der Enquete-Kommission des 13. Deutschen Bundestags „Schutz des Menschen und der Umwelt“ (vgl. DBT 1998) durch eine etwas weiter gehende Reflexion des Kulturbegriffs gekennzeichnet. Zunächst wurden hier neben den drei Kern-Dimensionen Ökologie, Ökonomie und Soziales die Bereiche Kultur und Bildung als quasi begleitende Aspekte reflektiert, denen im Rahmen von Strategien zur Umsetzung von Zielen in den drei Dimensionen eine wichtige Bedeutung zugemessen wurde. Zusätzlich zu dieser instrumentellen Sicht auf kulturelle Aspekte wurden hier über die ökologischen oder sozialen Problemfelder hinaus auch korrigierendes Handeln erfordernde kulturelle Probleme angesprochen und es wurden Themen wie soziale Stabilität oder Solidarität als wichtige kulturelle Faktoren charakterisiert.

Schließlich sei noch die United Nations Commission on Sustainable Development erwähnt, die in ihrem verschiedene Teststaaten einbeziehenden und viel zitierten Prozess der Entwicklung eines Nachhaltigkeitsindikatorensystems erstmals eine Erweiterung der drei klassischen Dimensionen um eine vierte institutionelle Dimension umgesetzt hatte (vgl. BMU 2000). Gleichwohl wurde dabei kein expliziter Bezug zu kulturellen Themen hergestellt, wurden keine eigenständigen Indikatoren hierfür benannt, sondern es wurden auch hier kulturelle

Aspekte nur in ihrer möglichen unterstützenden Funktion für die Umsetzung von Strategien bezogen auf die anderen Indikatoren thematisiert.

Im Rahmen dieses „Säulen"-orientierten Denkmusters wurde und wird die Frage, wie „Kultur" hierin integriert werden könne, im Wesentlichen in drei Alternativen diskutiert: in Form der Zuordnung zu einer der „klassischen" Säulen, als zusätzliche eigenständige vierte oder fünfte Säule (vgl. z.B. Wehrspaun/ Schoemps 2002) oder als Querschnittsthematik. Allerdings sind bislang kaum dahingehende konkretisierende Aktivitäten umgesetzt worden.

Aus der Kritik an den entlang der einzelnen Dimensionen konzipierten Ansätzen sind dann schließlich die „trans-dimensionalen", integrativen Ansätze entstanden. Zu nennen sind hier das Integrative Nachhaltigkeitskonzept der Helmholtz-Gemeinschaft (HGF; vgl. Kopfmüller et al. 2001) sowie die Nachhaltigkeitsstrategie der deutschen Bundesregierung (vgl. Bundesregierung 2002). Ausgangspunkt für die Entwicklung des integrativen Konzepts, das bislang in einer Vielzahl von Forschungsprojekten innerhalb und außerhalb der HGF zu Anwendung gekommen ist (vgl. Kopfmüller 2006), waren nicht die einzelnen Entwicklungsdimensionen, sondern die für eine nachhaltige Entwicklung als konstitutiv angesehenen Elemente: das Postulat der intra- und intergenerativen Gerechtigkeit, die globale Perspektive und der anthropozentrischer Ansatz. Aus diesen drei Elementen, insbesondere aus dem Gerechtigkeitspostulat, leitet sich ein ganzheitliches, integratives Verständnis von nachhaltiger Entwicklung ab, in dem ökonomischen, ökologischen, sozialen, institutionellen und kulturellen Aspekten gesellschaftlicher Entwicklung angemessen Rechnung getragen wird.

Diese konstitutiven Elemente wurden zunächst in drei übergeordnete, Dimensionen übergreifende Nachhaltigkeitsziele „übersetzt":

(1) Die Sicherung der menschlichen Existenz,
(2) die Erhaltung des gesellschaftlichen Produktivpotenzials und
(3) die Bewahrung der Entwicklungs- und Handlungsmöglichkeiten der Gesellschaft.

Diese Ziele wurden in einem nächsten Schritt anhand von Handlungsleitlinien bzw. Regeln konkretisiert, die den Kern des Konzepts darstellen (siehe Tab. 1). Sie umfassen zum einen substanzielle Regeln, die Mindestanforderungen für die Realisierung der generellen Ziele darstellen, zum anderen instrumentelle Regeln, die Wege zur Umsetzung dieser Mindestanforderungen beschreiben.

Zwei der substanziellen Regeln dieses Konzepts beziehen sich explizit auf den kulturellen Bereich. Zum einen die Regel zur „Erhaltung des kulturellen Erbes und der kulturellen Vielfalt". In Anlehnung an die Prinzipien des 1991 erschienenen „World Report of Culture and Development" einer von der UNESCO eingesetzten Kommission (vgl. WCCD 1991), werden hier der Kultur zwei gleich-

Tab. 1: System von Nachhaltigkeitsregeln

Substanzielle Regeln		
Sicherung der menschlichen Existenz	*Erhaltung des gesellschaftlichen Produktivpotenzials*	*Bewahrung der Entwicklungs- und Handlungsmöglichkeiten*
1.1 Schutz der menschlichen Gesundheit	2.1 Nachhaltige Nutzung erneuerbarer Ressourcen	3.1 Chancengleichheit im Hinblick auf Bildung, Beruf, Information
1.2 Gewährleistung der Grundversorgung (Nahrung, Bildung, ...)	2.2 Nachhaltige Nutzung nicht erneuerbarer Ressourcen	3.2 Partizipation an gesellschaftlichen Entscheidungsprozessen
1.3 Selbstständige Existenzsicherung	2.3 Nachhaltige Nutzung der Umwelt als Senke	3.3 Erhaltung des kulturellen Erbes und der kulturellen Vielfalt
1.4 Gerechte Verteilung der Umweltnutzungsmöglichkeiten	2.4 Vermeidung unvertretbarer technischer Risiken	3.4 Erhaltung der kulturellen Funktion der Natur
1.5 Ausgleich extremer Einkommens- und Vermögensunterschiede	2.5 Nachhaltige Entwicklung des Sach-, Human- und Wissenskapitals	3.5 Erhaltung der sozialen Ressourcen
Instrumentelle Regeln		
– Internalisierung der externen ökologischen und sozialen Kosten – Angemessene Diskontierung – Begrenzung der Staatsverschuldung – Faire weltwirtschaftliche Rahmenbedingungen – Internationale Kooperation – Resonanzfähigkeit gesellschaftlicher Institutionen – Reflexivität gesellschaftlicher Institutionen – Steuerungsfähigkeit – Selbstorganisationsfähigkeit – Machtausgleich		

Quelle: Kombiniert nach Kopfmüller et al. 2001, S. 172, 174

berechtigte Funktionen zugeschrieben: zum einen die bereits angesprochene instrumentelle Funktion in dem Sinne, dass kulturelle Fähigkeiten und Kapazitäten wichtige Instrumente für die sozioökonomische Entwicklung von Gesellschaften sein können; zum anderen wird Kultur aber auch ein Eigenwert zugeschrieben. Sie dient nicht nur der Verwirklichung anderer Ziele, sondern ist selbst die soziale Basis dieser Ziele. Kultur bestimmt unter anderem, wie Menschen zusammenleben oder zusammenarbeiten und wie sie mit ihrer natürlichen Umwelt umgehen. In diesem Verständnis ist Kultur die wichtigste Quelle für Kreativität – ein unbestreitbar wichtiger Faktor für nachhaltige Entwicklung – und ist daher in ihrer Vielfalt zu erhalten, gegen die vielfältigen Bedrohungen in Form von Globalisierung und internationaler kultureller Uniformierung. Dabei wird Kultur nicht als statisches Konzept, sondern als dynamischer Prozess verstanden: das, was als erhaltenswert anzusehen ist, muss in gesellschaftlichen Kommunikations- und Aushandlungsprozessen festgelegt werden.

Die zweite auf den Kulturbereich bezogene Regel ist die zur „Erhaltung der kulturellen Funktion der Natur“. Hier geht es im Kern darum, neben der lebenserhaltenden Funktion der Natur als Rohstofflieferant und Schadstoffsenke auch ihre lebensbereichernde Funktion als Gegenstand sinnlicher, kontemplativer oder ästhetischer Erfahrungen in den Blick zu nehmen. Trotz aller kulturbedingter Unterschiedlichkeiten können hierfür einige quasi allgemeingültige Wertkategorien für Natur benannt werden: der Erlebnis- bzw. Erholungswert, der Existenzwert (der bereits aus dem bloßen Wissen um die Existenz bestimmter Naturgüter entspringt), der Symbolwert, der Erinnerungswert (der stark mit individuellen oder Gruppenidentitäten verbunden ist) sowie der Seltenheitswert als ein Kriterium für Schutzwürdigkeit. Was beispielsweise als erhaltenswerte oder schutzwürdige Natur- und Kulturlandschaften gelten soll, wird in weiten Teilen durch internationale Vereinbarungen geregelt, möglichst unter Einbeziehung der betroffenen Bevölkerung und wichtiger zivilgesellschaftlicher Gruppen.

Mit diesen beiden Regeln wird in der Logik des integrativen Konzepts der HGF kulturellen Aspekten nachhaltiger Entwicklung eine eigenständige und den anderen Aspekten gleichwertige Funktion zugeschrieben.

3 Die politisch-gesellschaftliche Ebene

Auch in der ebenso als integrativer Ansatz einzuordnenden Nachhaltigkeitsstrategie der Bundesregierung (vgl. Bundesregierung 2002) bilden nicht die einzelnen Dimensionen den Ausgangspunkt und Strukturierungsrahmen, sondern stattdessen vier querschnitthafte Prinzipien:

(1) Generationengerechtigkeit,
(2) Lebensqualität,
(3) sozialer Zusammenhalt sowie
(4) internationale Verantwortung,

die dann in Form von Themenfeldern und Indikatoren konkretisiert werden. Verglichen mit anderen nationalen Nachhaltigkeitsstrategien und anderen Dokumenten wird in dieser Strategie das Thema Kultur und Nachhaltigkeit recht reflektiert behandelt. Es wird davon gesprochen, dass die Umsetzung nachhaltiger Entwicklung kreative Potenziale in einer Gesellschaft herausfordere, die in entscheidender Weise auf kulturellen Fähigkeiten basierten. Daher sei eine „Kultur der Nachhaltigkeit“[3] zu entwickeln, die darin bestehe, mit Phantasie und Kreativität zu Visionen zu gelangen, die über die herkömmlichen technischen und effizienzorientierten Ansätze hinausgehen. Kultur wird als wichtiger Teil von Lebensqualität gesehen und kulturelle Vielfalt als ebenso wichtig wie biologische.

3 Nach Einschätzung des Autors taucht dieser Begriff hier in einem offiziellen Dokument erstmals in dieser Klarheit auf.

Es wird von der für eine Umsetzung nachhaltiger Entwicklung erforderlichen „Kultur des Miteinander" gesprochen, und den Beiträgen zeitgenössischer Kunst wird eine wichtige Funktion im Prozess zu einer nachhaltigen Entwicklung zugeschrieben. Damit ist die bundesdeutsche Strategie eines der ganz wenigen Dokumente, die diesem Kultursektor einen expliziten Stellenwert für die Schaffung eines breiteren Bewusstseins in diesem Bereich einräumt.

Betrachtet man jedoch die faktische Konkretisierung der vier Leitprinzipien in die 21 Themenfelder und 25 Indikatoren, also den eigentlichen Kern der Strategie (siehe Tab. 2), dann zeigt sich schon hier, dass die in den einleitenden Teilen angesprochene „Philosophie" dort nicht entsprechend umgesetzt wurde. Auch in den verschiedenen herausgehobenen Schwerpunktthemen (Klimaschutz, Mobilität oder Flächenverbrauch), die in den zweijährlichen Fortschrittsberichten zur Strategie teilweise modifiziert und ergänzt wurden, und den hierzu skizzierten und in den Fortschrittsberichten aufgegriffenen strategischen Ansätzen finden diese Aspekte kaum noch einen Niederschlag. Hierin wird erneut ein nach wie vor zu diagnostizierendes Phänomen in der Nachhaltigkeitspolitikdebatte deutlich: die Diskrepanz zwischen Ankündigung und Umsetzung, zwischen Theorie und der täglichen realpolitischen Praxis.

Tab. 2: Struktureller Aufbau der deutschen Nachhaltigkeitsstrategie

4 Leitprinzipien			
Generationengerechtigkeit	Lebensqualität	Sozialer Zusammenhalt	Internationale Verantwortung
21 Themenfelder 25 Indikatoren			
– Ressourcenschonung – Klimaschutz – Erneuerbare Energien – Flächenverbrauch – Artenvielfalt – Staatsverschuldung – Wirtschaftliche Zukunftsvorsorge (Investitionen) – Innovation – Bildung	– Wirtschaftlicher Wohlstand (BIP) – Mobilität – Ernährung – Luftqualität – Gesundheit – Kriminalität	– Beschäftigung – Perspektiven für Familien – Gleichberechtigung – Integration ausländischer Mitbürger	– Entwicklungszusammenarbeit – Märkte öffnen
Schwerpunktthemen: Energieeffizienz/Klimaschutz; Mobilität; Ernährung/Gesundheit; Gestaltung des demographischen Wandels; Bildungsoffensive; Innovation in Unternehmen; Flächenverbrauch			

Quelle: Bundesregierung 2002

Angesprochen sei in diesem Zusammenhang auch noch die Ebene der Lokale Agenda 21-Initiativen, die seit Beginn des sogenannten Rio-Folgeprozesses Anfang der 1990er Jahre lange Zeit eine Vorreiterrolle für die Umsetzung des Leitbilds innehatten. Diese Funktion hat sich seit einigen Jahren, spätestens mit dem Erscheinen der nationalen Nachhaltigkeitsstrategie, relativiert. Während bis Ende der 1990er Jahre in Deutschland und anderen Staaten noch eine Wachstumsphase zu verzeichnen war, was die Anzahl lokaler Initiativen anbelangt, findet seither quasi eine Bereinigungs- bzw. Konsolidierungsphase statt. Sie ist bedingt auch durch das allmähliche Versanden zahlreicher Initiativen, aber gleichzeitig verbunden mit einer Qualitätssteigerung bei einigen der verbleibenden. Zum Ausdruck kommt dies insbesondere in einem Paradigmenwechsel weg von einer starken Fokussierung auf Umwelt- und klassische Wirtschaftsthemen und eher in Richtung lokale Nachhaltigkeitsstrategien. Hier wird ein deutlich erweitertes Ziel- und Kriteriensystem, das sich häufig an existierenden „übergeordneten Strategien“ auf der Bundesländer- oder der nationalen Ebene orientiert. In einigen noch sehr seltenen Ausnahmefällen wird mittlerweile ein systematisches kommunales Nachhaltigkeitsmanagement aufgebaut, das u.a. auf systematischeren qualifizierten Partizipationsprozessen, dem Leitbild der „Bürgerkommune“, „Good Governance“-Ansätzen und klaren „Roadmaps“ für konkrete Umsetzungsstrategien basiert.

Gleichzeitig sind hier zwei sich neu entwickelnde Tendenzen bzw. Perspektiven auf die lokale Ebene erkennbar, einerseits in Richtung sogenannter Metropolregionen, die als ein möglicher Weg zu einer verbesserten Positionierung von Regionen in den globalen Entwicklungs- und Wettbewerbsprozessen gesehen werden, andererseits in Richtung eines verstärkten Blicks auf Kleinstädte und ihre Rolle und Potenziale für eine nachhaltige Entwicklung. Im Mittelpunkt stehen hier die Bedeutung dieser Städte in regionalen Wirtschaftssystemen und ihre Möglichkeit, als „substanzielle Nische“ in globalisierten Prozessen zu fungieren. Zugleich wird hier auch die Chance gesehen, lokale Traditionen, Identitäten und Kulturen in ihrer Bedeutung stärker wahrzunehmen und in ihrer Vielfalt zu erhalten und damit Kleinstädte potenziell als „Kernzellen“ von Nachhaltigkeit zu entwickeln.

Gleichwohl ist insgesamt festzuhalten, dass zwar Regionen und Kommunen schon sehr früh als geeignete Orte für Kulturentwicklung – und damit auch für nachhaltige Entwicklung – gesehen wurden, dass aber dennoch auch auf dieser Ebene kulturellen Aspekten bis heute keine zentrale Bedeutung zukommt. Kulturfragen werden eher einer anderen Dimension zugeordnet (meist dem „Sozialen“) und nicht als eigenständiger Bereich konstituiert. Die verwendeten Kriterien und die behandelten Themen drehen sich eher um die Frage, wie die Ausstattung mit Theater oder Kinos beschaffen ist oder wie viele Museumsbesuche pro Kopf zu verzeichnen sind, nur in selteneren Fällen um die Suche nach oder Stärkung von regionalen Identitäten, um Wege eines angemessenen gesellschaftlichen Zusammenlebens o.ä. Schließlich lassen sich auch hier bislang nur wenige Beispiele für gelungene politische Implementierungen getroffener Absichtserklärungen finden.

Neben dem erwähnten existieren noch verschiedene weitere Dokumente und Aktivitäten, die zeigen, dass das Thema nachhaltige Entwicklung und Kultur bereits durchaus reflektiert angegangen worden ist. Drei seien an dieser Stelle erwähnt: zum einen der auf dem bereits oben angesprochenen World Report von 1991 aufbauende Bericht der UN-Weltkommission „Kultur und Entwicklung" von 1996 mit dem Titel „Unsere kreative Vielfalt" (vgl. WCCD 1996). Darin wird die Suche nach und die Formulierung einer „globalen Ethik" als wichtiger Schritt und als Ergebnis einer globalen kulturellen Entwicklung gesehen. Eine solche Ethik soll Werte wie Menschenrechte, Demokratie oder Transparenz beinhalten ebenso wie Toleranz und Solidarität. Es wird darin auch bessere Umsetzung auf politischer Ebene gefordert, insbesondere eine stärkere Gewichtung von kulturellen Aspekten in der Entwicklungspolitik, eine stärkere Betonung von Vielfalt und Ausgleich anstatt entsprechender Besonderheiten sowie die Erarbeitung eines dahingehenden Aktionsplans. Letzterer wurde dann von der UNESCO 1998 unter dem Titel „The Power of Culture" veröffentlicht mit dem Ziel, Kulturpolitik enger mit Entwicklungsfragen und Entwicklungspolitik zu verknüpfen (vgl. UNESCO 1998). In diesem Aktionsplan wird die Erstellung kultursensiblerer Entwicklungsstrategien als Kernaufgabe festgehalten, basierend auf dem Grundverständnis, dass sich nachhaltige Entwicklung und kulturelle Kreativität, Vielfalt und Entfaltung gegenseitig bedingen. Dies beinhaltet die klarere Definition von kulturellen Rechten als Menschenrechte, aber auch Themen wie etwa den chancengleichen Zugang von Menschen zu den verschiedenen Medien. Als zentrale Aufgaben von Kulturpolitik werden demzufolge festgestellt, Zielvorgaben (wenn möglich auch quantitativer Art) zu erstellen und die strukturellen Voraussetzungen und die Mittel für die Entstehung menschlicher Kreativität und entsprechende Selbstentfaltung zu schaffen.

In Deutschland wurde zu diesem Themenfeld 2001 das „Tutzinger Manifest für die Stärkung der kulturell-ästhetischen Dimension von Nachhaltigkeit" veröffentlicht.[4] Ursprung dieser Initiative war die Tagung „Ästhetik der Nachhaltigkeit", veranstaltet u.a. von der Evangelischen Akademie Tutzing. Ziel der Tagung und des Manifests war es, ein stärkeres öffentliches Bewusstsein dafür anzustoßen, dass nachhaltige Entwicklung als eine kulturelle Herausforderung zu verstehen ist und dass Nachhaltigkeitspolitik und Kulturpolitik enger miteinander zu verknüpfen sind. Wesentliche Herausforderungen werden darin gesehen, dass die Umsetzung des anspruchsvollen Nachhaltigkeitsleitbilds substanzielle Veränderungen in gesellschaftlichen Normen, Werten und Handlungsmustern erfordern wird und dass es gelingen muss, Kultur stärker als Mittel zur Refle-

---

4 Vgl. http://www.kupoge.de/ifk/tutzinger-manifest/.

xion von Wertorientierungen und zur Abwägung zwischen verschiedenen Kriterien und Interessen zu begreifen und einzusetzen. Hierfür wird es als erforderlich gesehen, die Ansätze in den verschiedenen Agenda 21-Prozessen und in der Kulturpolitik stärker zusammenzuführen und Kultur dabei als quer liegende Dimension zu den anderen Dimensionen zu verstehen. Des Weiteren wird in diesem Manifest in besonderer Weise die Notwendigkeit betont, nach spezifischen Formen, Mustern und Ästhetiken der Nachhaltigkeit zu suchen und diese im Sinne einer Steigerung der Faszination und Attraktivität des Leitbilds für die Menschen umzusetzen. Es geht darum, die Bedeutung der Wechselbeziehung zwischen natur- und sozialwissenschaftlichen Strategien und kulturell-ästhetischer Gestaltungskompetenz für das „Projekt Nachhaltigkeit" zu verdeutlichen und dies durch die Einbeziehung kompetenter Akteure für die Menschen erkennbarer und sinnlich wahrnehmbarer zu machen.

Schließlich entstand 2006 das Manifest „Kultur und Kunst für nachhaltige Entwicklung", getragen u.a. von der Kulturpolitischen Gesellschaft Bonn, der Evangelischen Akademie Iserlohn und Pan y Arte e.V. Münster.[5] Ziel dieses Dokuments ist es, für eine engere Zusammenarbeit zwischen auswärtiger Kulturpolitik und Entwicklungspolitik einzutreten und hierfür Umsetzungsvorschläge zu machen. Es basiert auf dem Grundverständnis, dass interkulturelle Kooperation sowie die Wahrnehmung von und die Auseinandersetzung mit Weltbildern anderer Kulturen eine wichtige Voraussetzung für eine gemeinsame Wahrnehmung globaler Verantwortung und eine gemeinsame globale nachhaltige Entwicklung darstellen. Auf dieser Basis wurden Leitsätze für eine erweiterte kulturelle Außenpolitik Deutschlands formuliert. Sie beziehen sich auf die Bedeutung von Kultur als zusätzliche fünfte Dimension zum entwicklungspolitischen Viereck, auf die dafür erforderliche Zusammenarbeit zwischen Staat und Zivilgesellschaft, auf die Rolle von Bundesländern und Kommunen in diesem Prozess, auf die verstärkte Kooperation zwischen Nichtregierungsorganisationen in Deutschland und Entwicklungsländern, bis hin zur Forderung, kulturbezogene Ziele in den Katalog der Millenniums-Entwicklungsziele der Vereinten Nationen aufzunehmen.

4 Fazit und Perspektiven

All diese Beispiele zeigen, dass wir es beim Thema Nachhaltige Entwicklung und Kultur mit einem zweifachen Defizit zu tun haben (vgl. Kurt/Wagner 2002; RNE 2002): zum einen mit einem nach wie vor deutlichen Defizit in der Berücksichtigung kultureller Aspekte in der Nachhaltigkeitsdebatte auf praktisch

5 Vgl. http://www.kulturbewegt.org.

allen Ebenen. Die Gründe hierfür sind vielfältig. Dazu zählt sicher, dass in einer durch funktionale Differenzierung, Pluralisierung von Lebensformen und Individualisierung von Lebensstilen charakterisierten modernen Gesellschaft ein so komplexes Leitbild wie nachhaltige Entwicklung oder auch die komplexen Ursache-Wirkungs-Zusammenhänge von Umweltproblemen nur schwer durch eingängige Bilder vermittelbar und ins Bewusstsein zu rufen sind. Zudem kollidieren Aufforderungen zu individuellen Verhaltensänderungen mit elementaren und lieb gewonnenen Verhaltensmustern und die Möglichkeiten, durch individuelles Verhalten Probleme lösen zu können, werden als Tropfen auf den heißen Stein wahrgenommen. Ein weiteres Defizit In der Nachhaltigkeitsdebatte besteht darin, dass nach wie vor in vielen Fällen eine Verengung auf Umweltaspekte, auf technische Problemlösungsansätze oder auf eine Orientierung am Effizienzleitbild stattfindet.

Zum anderen haben wir es auch mit einem Defizit in der Reflexion der Nachhaltigkeitsthematik bei Akteuren und Politik im Kulturbereich zu tun. Wenn das Leitbild im Kultur- und Kunstsektor denn überhaupt behandelt wird, ist dabei häufig eine Verengung auf Umweltaspekte zu diagnostizieren.

Die Beispiele zeigen aber auch, dass zumindest Ansätze für einen reflektierteren und weitergehenden Umgang mit der kulturellen Dimension sowie Vorschläge für konkrete Umsetzungsschritte durchaus vorhanden sind und eine entsprechende Debatte in Gang gekommen zu sein scheint. Es mangelt allerdings vielfach vor allem an entsprechenden politischen Umsetzungsschritten wie auch an wirksamen zivilgesellschaftlichen Aktivitäten auf nationaler und lokaler, aber auch auf internationaler Ebene.

Festzuhalten bleibt, dass das Nachhaltigkeits-Leitbild in der Gesellschaft nach wie vor nur unzureichend reflektiert und verankert ist und dass das, was man als Nachhaltigkeitspolitik bezeichnen könnte, erhebliche Defizite aufweist. In vielen Fällen existieren keine klaren Zielorientierungen, und dort, wo es solche gibt, fehlt es häufig an daran ausgerichteten politischen Maßnahmen. Dies geht in vielen Problemfeldern einher mit entsprechend unzureichenden Lösungsergebnissen, Problemfeldern, die ja nicht vom Himmel gefallen, sondern in der Regel durch bestimmte – kulturelle – Verhaltensmuster verursacht sind.

Erforderlich wäre also eine „Kultur nachhaltiger Entwicklung“ bzw. ein kultureller Wandel in Richtung Nachhaltigkeit in dem Sinne, dass das Leitbild integraler Bestandteil von Denk- und Verhaltensweisen sowie von politischen Entscheidungen wird. In Analogie zum eingangs erwähnten „Zahnbürsten-Beispiel“ könnte man also sagen, wir „besitzen“ eine solche „Kultur nachhaltiger Entwicklung“ (es existieren ja bereits Ansätze dazu), wir „können“ sie auch anwenden (denn wir wissen zumindest theoretisch, wie es ginge), aber – anders als bei der Zahnbürste – wir tun es nicht, zumindest nicht in dem erforderlichen Maße.

Warum dies so ist, kann an dieser Stelle nicht erörtert werden. Es sollen jedoch einige wesentliche Elemente skizziert werden, die eine solche „Kultur der nachhaltigen Entwicklung“ ausmachen müssten. Zunächst wäre hier die Notwendigkeit „veränderter Kulturen“ in den gesellschaftlichen Akteursgruppen zu nennen. Im Bereich der Wissenschaft, die ja als ein wesentlicher Orientierungs- und Ratgeber für die Gesellschaft fungiert, würde ein ganz zentrales Element darin bestehen, dass die inter- und transdisziplinäre Bearbeitung von Fragestellungen den Regel- anstatt den Ausnahmefall bildet, wofür natürlich die entsprechenden institutionellen, strukturellen, organisatorischen und auch finanziellen Voraussetzungen zu schaffen wären. Im Bereich der Wirtschaft ginge es insbesondere darum, mehr Bewusstsein und geeignete Anreize für ein im Sinne der Nachhaltigkeit verantwortliches Handeln in Unternehmen zu schaffen, das sich an möglichst standardisierten Kriterien messen lässt und in seinen Ergebnissen transparent gemacht und veröffentlicht wird. Schließlich müsste es auch gelingen, Bedingungen dafür zu schaffen, dass Nachhaltigkeitskriterien stärker in die persönlichen Entscheidungskalküle der Menschen integriert werden.

Für all dies müsste ein angemessenes „Regelwerk“ in Form von politisch-institutionellen Rahmenbedingungen geschaffen werden. Diese müssten die Festlegung von Zielwerten, die Durchführung zielorientierter Maßnahmen und entsprechende Kontrollmechanismen umfassen, aber auch ein so wichtiges Element wie die systematische Prüfung von Gesetzen und Gesetzesentwürfen auf ihre möglichen Nachhaltigkeitswirkungen. Damit einhergehen müsste auch eine veränderte Kultur gesellschaftlicher Entscheidungsprozesse, etwa was die angemessene Beteiligung betroffener Gruppen oder die Frage der jeweils zuständigen räumlich-politischen Ebene im Sinne des Subsidiaritätsprinzips anbelangt.

Darüber hinaus müssten auch einige der „großen Fragen“ wieder oder in veränderter Weise gestellt und möglichst auch beantwortet werden. Zu nennen wäre hier insbesondere die Frage, welche Rolle quantitatives Wirtschaftswachstum in einer ressourcenbezogen endlichen Welt künftig noch spielen kann und wie Gesellschaften bzw. Wirtschaftssysteme aussehen könnten, die mit deutlich weniger oder ohne Wachstum funktionieren können. In diesem Zusammenhang geht es dann auch darum, das neu zu definieren, was wir unter „Fortschritt“, „Wohlstand“ oder „Lebensqualität“ verstehen und wie wir dies messen wollen. Die bereits in den 1970er Jahren geführte Debatte über die Notwendigkeit und Gestaltung einer Neuen Weltwirtschaftsordnung zählt dann ebenso zu den zu klärenden Fragen wie die nach einer praktikablen Global Governance Architektur für eine angemessene Gestaltung der Globalisierungsprozesse in Wirtschaft, Politik und Gesellschaft.

Damit einhergehen müsste auch die Vermittlung und Popularisierung relativ neuer Begriffe und der damit verbundenen Ideen. Beispiele hierfür sind etwa die „Kultur des maßvollen Wirtschaftens“, das auf die verschiedenen begrenzenden

Faktoren ebenso achtet wie auf die Folgen wirtschaftlicher Aktivitäten, oder auch die „Kultur des Marktes“ im Sinne einer „Moralisierung der Märkte“, was bedeutet, dass über die klassischen angebots- und nachfrage-bezogenen Kriterien von Marktsteuerung hinaus etwa der Frage der sozioökonomischen Verteilung von über Märkte gehandelten Gütern und Dienstsleistungen eine angemessenere Bedeutung zukommt.

Die eigentliche Herausforderung stellen dabei weniger die einzelnen Elemente einer solchen Kultur nachhaltiger Entwicklung dar, von denen einige hier aufgeführt wurden und die für sich genommen selten völlig neu sind, als vielmehr die Notwendigkeit, all dies möglichst gemeinsam zu realisieren bzw. die Voraussetzungen hierfür zu schaffen.

Bei der Frage nach den Bedingungen und Umsetzungsmöglichkeiten eines solchen kulturellen Wandels im eingangs definierten weit verstandenen Sinn des Kulturbegriffs geht es zum einen darum, hierfür ein sinnvolles Maß an Objektivierbarkeit zu finden, um die Vereinbarkeit von wirtschaftlichen oder sozialen Entwicklungen mit den gesetzten Zielen dieses kulturellen Wandels beurteilen und gegebenenfalls steuernd eingreifen zu können. Zum anderen geht es jenseits aller Objektivierbarkeit aber auch darum, in einer Gesellschaft stetig daran zu arbeiten, dass das Nachhaltigkeitsleitbild in die verschiedenen Handlungssysteme integriert wird. Die „Kultur der nachhaltigen Entwicklung“ würde dann die lebensweltliche wie auch die funktionssystemspezifische „Veralltäglichung“ des Leitbilds bedeuten (vgl. Wehrspaun/Schoembs 2002). Nicht zuletzt hierfür ist die Unterstützung der Akteure aus Kunst und Kultur im engeren Sinn von erheblicher Bedeutung. Daher wäre eine verstärkte Initiierung und bessere Förderung guter Praxisbeispiele dringend erforderlich, in denen es gelingen kann bzw. gelungen ist, in Richtung einer besseren sinnlichen Wahrnehmung und Alltagstauglichkeit des Nachhaltigkeitsleitbilds zu wirken, um damit die angestrebte verbesserte Breitenwirkung zu erzielen.

Literatur

BMU – Bundesministerium für Umwelt, Naturschutz und Reaktorsicherheit (2000): Bericht zur internationalen Testphase des CSD-Indikatorensystems. Berlin

Brot für die Welt; BUND – Bund für Umwelt und Naturschutz Deutschland; EED – Evangelischer Entwicklungsdienst (Hg.) (2008a): Wegmarken für einen Kurswechsel. Zusammenfassung der Studie „Zukunftsfähiges Deutschland in einer globalisierten Welt“. Stuttgart, Berlin, Bonn

Brot für die Welt; BUND – Bund für Umwelt und Naturschutz Deutschland; EED – Evangelischer Entwicklungsdienst (Hg.) (2008b): Zukunftsfähiges Deutschland in einer globalisierten Welt. Einblicke in die Studie des Wuppertal-Instituts für Klima, Umwelt, Energie. Stuttgart, Berlin, Bonn

BUND – Bund für Umwelt und Naturschutz Deutschland; Misereor (Hg.) (1996): Zukunftsfähiges Deutschland. Ein Beitrag zu einer global nachhaltigen Entwicklung. Basel

Bundesregierung (2002): Perspektiven für Deutschland. Unsere Strategie für eine nachhaltige Entwicklung. Berlin

DBT (1998): Enquete-Kommission des 13. Deutschen Bundestags „Schutz des Menschen und der Umwelt“: Konzept Nachhaltigkeit. Vom Leitbild zur Umsetzung. Abschlussbericht. Bundestagsdrucksache 13/11200. Bonn

DIW – Deutsches Institut für Wirtschaftsforschung; Wuppertal-Institut; WZB – Wissenschaftszentrum Berlin (Hg.) (2000): Arbeit und Ökologie. Projektabschlussbericht. Düsseldorf

DUK – Deutsche UNESCO-Kommission (1997): Unsere kreative Vielfalt. Kurzfassung des Berichts der Weltkommission Kultur und Entwicklung. Bonn

Hauff, V. (Hg.) (1987): Unsere gemeinsame Zukunft. Der Brundtland-Bericht der Weltkommission für Umwelt und Entwicklung. Greven

Jerman, T. (Hg.) (2001): ZukunftsFormen. Kultur und Agenda 21. Essen

Kopfmüller, J. (Hg.) (2006): Ein Konzept auf dem Prüfstand. Das integrative Konzept nachhaltiger Entwicklung in der Forschungspraxis. Berlin

Kopfmüller, J.; Brandl, V.; Jörissen, J.; Paetau, M.; Banse, G.; Coenen, R.; Grunwald, A. (2001): Nachhaltige Entwicklung integrativ betrachtet. Konstitutive Elemente, Regeln, Indikatoren. Berlin

Kurt, H.; Wagner, B. (2002): Einführung. In: Kurt, H.; Wagner, B. (Hg.): Kultur – Kunst – Nachhaltigkeit. Die Bedeutung von Kultur für das Leitbild nachhaltige Entwicklung. Essen, S. 13-30

RNE – Rat für Nachhaltige Entwicklung (2002): Kultur und Nachhaltigkeit. Thesen und Ergebnisse aus einem Ideenworkshop. Berlin

UBA – Umweltbundesamt (2002): Nachhaltige Entwicklung in Deutschland. Die Zukunft dauerhaft umweltgerecht gestalten. Berlin

UBA – Umweltbundesamt (1997): Nachhaltiges Deutschland. Wege zu einer dauerhaft umweltgerechten Entwicklung. Berlin

UNESCO – United Nations Educational, Scientific and Cultural Organization (1998): The Power of Culture. Aktionsplan Kulturpolitik für Entwicklung. Verabschiedet auf der UNESCO-Konferenz „Kulturpolitik für Entwicklung“ in Stockholm. Paris, Bonn

WCCD – World Commission on Culture and Development (1991): World Report of Culture and Development. Paris

WCCD – World Commission on Culture and Development (1996): Our Creative Diversity. Report of the World Commission on Culture and Development. Paris

Wehrspaun, M.; Schoemps, H. (2002): Schwierigkeiten bei der Kommunikation von Nachhaltigkeit. Ein Problemaufriss. In: Kurt, H.; Wagner, B. (Hg.): Kultur – Kunst – Nachhaltigkeit. Die Bedeutung von Kultur für das Leitbild nachhaltige Entwicklung. Essen, S. 43-57

Kulturelle Nachhaltigkeit – vom magischen Dreieck zum magischen Viereck?

Carsten Stahmer

1 Einblicke

Es ist nicht mehr selbstverständlich, bei der Diskussion über eine nachhaltige, d.h. zukunftsfähige Gesellschaft seine ökologischen, ökonomischen und sozialen Aspekte in einem „magischen" Dreieck aufzuspannen (vgl. Stahmer 2001, 2004). Dieses „Drei-Säulen-Konzept" wurde kritisiert, weil es dazu verleiten könnte, die Teilbereiche Ökologie, Ökonomie und Soziales isoliert zu betrachten (vgl. Grunwald/Kopfmüller 2006). In einem großen Projekt der Helmholtz-Gemeinschaft Deutscher Forschungszentren wurde ein integrativer Ansatz entwickelt, der von generellen Zielen nachhaltiger Entwicklung ausgeht (vgl. Kopfmüller et al. 2001).

Aus meiner Sicht erscheint es sinnvoll, beide Konzepte miteinander zu kombinieren. Ökonomen, Umweltforscher und Sozialwissenschaftler sollten in einem ersten Schritt die Freiheit haben, Zielvorstellungen der Nachhaltigkeit für ihr eigenes Spezialgebiet zu entwickeln, ohne auf Interdependenzen mit anderen gesellschaftlichen Aspekten achten zu müssen. Erst in einem zweiten Schritt sollte dann ein gesellschaftlicher Diskurs in Gang gesetzt werden, der zu einem gemeinsamen integrativen Zielsetzungssystem führen kann (und sollte), zum „Meeting Point" der Nachhaltigkeit. Dieser Prozess kann natürlich nur dynamisch interpretiert werden. Sowohl bei der eigenen Zielfindung als auch bei der gemeinsamen Zielformulierung vergeht Zeit, in der sich die gesellschaftliche Ausgangssituation und das Bewusstsein der Experten ändern können (vgl. Stahmer 2001, 2004).

Neben Überlegungen, statt des Drei-Säulen-Konzepts der Nachhaltigkeit ein integratives Konzept zu verwenden, stehen seit längerer Zeit Bemühungen, die drei Dimensionen der Nachhaltigkeit um weitere Zielsysteme zu erweitern. Vor allem wurde diskutiert, ob nicht auch institutionelle Nachhaltigkeit nötig wäre. Aus meiner Sicht sind geeignete Institutionen für die Umsetzung von sozialen, ökologischen und ökonomischen Nachhaltigkeitszielen unverzichtbar. Sie sollten aber nicht selbst als Ziele definiert werden, sondern bleiben Instrumente zum Erreichen der gesetzten Zielvorgaben.

Anders erscheint es bei der neuerdings ins Spiel gebrachten kulturellen Nachhaltigkeit als Kandidatin für eine zusätzliche Dimension des Zielsystems von Nachhaltigkeit.[1] Auf den ersten Blick könnte man eine derartige Erweiterung des Drei-Säulen-Schemas nur begrüßen. Wir alle wünschen, als Kulturwesen leben zu können und möchten, dass dies auch den nächsten Generationen und Menschen in anderen Regionen der Welt möglich ist. Auf den zweiten Blick ergeben sich aber große Schwierigkeiten. Ist schon die Begriffswelt von Nachhaltigkeit inzwischen fast unübersehbar, so gilt das in noch viel größerem Maße für den Begriff der Kultur. Schon Johann Gottfried Herder hat 1784 über den Kulturbegriff geklagt: „Nichts ist unbestimmter als dieses Wort, und nichts ist trüglicher als die Anwendung desselben auf ganze Völker und Zeiten" (Herder 1989, S. 8). Inzwischen sind das Schrifttum und die Definitionslust zum Thema Kultur noch erheblich angestiegen.[2] Max Horkheimer und Theodor W. Adorno haben sogar in ihrem berühmten Buch *Dialektik der Aufklärung* ein allgemeines Verdikt über alle Versuche der Begriffsklärung ausgesprochen:

> „Von Kultur zu reden, war immer schon wider die Kultur. Der Generalnenner Kultur enthält virtuell bereits die Erfassung, Katalogisierung, Klassifizierung, welche die Kultur ins Reich der Administration einnimmt." (Horkheimer/Adorno 2008, S. 139)[3]

Noch kühner wird das Vorhaben aber, wenn wir versuchen, den Begriff der Nachhaltigkeit mit demjenigen der Kultur kombinieren zu wollen.[4] Trotzdem ist dieser Versuch reizvoll genug. Ökologische, ökonomische und soziale Themen erscheinen im Zusammenhang mit Fragen der Nachhaltigkeit zur Genüge diskutiert worden. Die Bedeutung der Kultur im Zusammenhang mit Fragen einer zukunftsfähigen Gesellschaft blieb aber weitgehend unbeachtet. Lediglich Bildungsfragen wurden im Zusammenhang mit sozialen Zielen besondere Aufmerksamkeit geschenkt (vgl. hierzu auch Stahmer 2006). Aber allgemeinere Überlegungen zur Kultur fehlen im Nachhaltigkeitskontext bis heute. Deshalb ist auch

---

1 Vgl. zum kombinierten Begriff der kulturellen Nachhaltigkeit vor allem den Überblick in Krainer/Trattnigg 2007 (Larissa Krainer ist Leiterin des Instituts für Interventionsforschung und Kulturelle Nachhaltigkeit, das im November 2007 an der Alpen-Adria-Universität Klagenfurt eingerichtet wurde); vgl. zur kulturellen Nachhaltigkeit auch Finke o.J.

2 Vgl. dazu den kritischen Beitrag Negt 1996; die Schwierigkeiten der Begriffsbestimmung werden auch in Luhmann 1995 (wiederabgedruckt in Wirth 2008, S. 537-559) deutlich. Ähnliches gilt für die Ausführungen von Eagleton 2001; zu einer sehr informativen Übersicht über die verschiedenen Kulturbegriffe vgl. dagegen Assmann 2006, S. 9-13 (siehe dazu auch Fußnoten 5 bis 9).

3 Sie selbst haben sich dann aber – glücklicherweise – auch selbst nicht an ihr Verdikt gehalten und in einem ausführlichen Kapitel die Kulturindustrie analysiert (vgl. Horkheimer/Adorno 2008, S. 128-176).

4 Wie schwer es erscheint, Kultur und Nachhaltigkeit miteinander zu kombinieren, zeigen beispielhaft die Ausführungen in Heintel 2007.

die mutige Initiative des Klagenfurter Instituts für Interventionsforschung und institutionelle Nachhaltigkeit sehr zu begrüßen.

Es ist für mich sehr reizvoll, die Themen Nachhaltigkeit und Kultur zu verknüpfen. Gleichzeitig nähere ich mich dieser schwierigen Thematik nur recht zaudernd. Bei näherem Überlegen kam ich schnell zu dem Ergebnis, dass meine Antwort auf die gestellte Frage sehr unterschiedlich ausfallen könnte, je nach der Definition von Kultur, die ich aus dem reichhaltigen Angebot auswählen würde. Ich habe mich daher dafür entschieden, vier Aspekte des kulturellen Geschehens herauszugreifen und für jeden Aspekt eine getrennte Antwort zu versuchen.[5] Natürlich ist mir klar, dass sich auch diese Aspekte nicht rein voneinander trennen lassen, sondern vielfältige Überschneidungen enthalten. Die Darstellung kann daher nur in sehr grober Weise Schwerpunkte des Kulturthemas herausgreifen und muss auf die Untersuchung feinerer Verästelungen verzichten. Zur Vollständigkeit bräuchten wir die berühmte unendlich (?) große Bibliothek von Babel, wie sie Jorge Luis Borges 1941 in einer seiner Erzählungen beschrieben hat (vgl. Borges 1970, S. 177-183).

Im folgenden Abschnitt 2 meines Beitrags wähle ich eine sehr allgemeine Definition von Kultur, die sich auf die Lebensweise der Bevölkerung bezieht.[6] Kultur als Vermittlerin von Phantasien und geheime Verführerin steht im Mittelpunkt von Abschnitt 3.[7] Einen kurzen ästhetischen Höhenflug starte ich schließlich in Abschnitt 4.[8] Im Hinblick auf den Umfang des gewählten Kulturbegriffs könnte man sich beim Themenbereich des Abschnitts 2 die Basis einer Begriffspyramide vorstellen, in Abschnitt 3 einen mittleren Teil, und in Abschnitt 4 die Spitzenregion. Schließlich gehe ich in Abschnitt 5 noch auf Möglichkeiten einer „Nachhaltigkeitskultur" im Sinne einer allgemeinen Förderung und Pflege des Nachhaltigkeitsgedanken ein.[9]

Viel spricht dafür, dass erst das Zusammenspiel der sehr unterschiedlichen Begriffswelten einen vollständigeren Einblick in die vielfältigen Aspekte der Kultur und ihre Verknüpfung mit der Fragestellung einer nachhaltigen Gesell-

---

5 Dabei war die bereits erwähnte Übersicht über sechs „Familien" von Kulturbegriffen bei Assmann 2006, S. 9-13, besonders hilfreich.

6 Dieser weite Kulturbegriff korrespondiert mit dem zweiten und dritten Kulturbegriff in Assmann 2006 (Kultur von geographischen und politischen Gebilden bzw. Kultur als alles, was im Zusammenleben von Menschen der Fall ist).

7 Diese Definition von Kultur entspricht einer Kombination des fünften und sechsten Kulturbegriffs in Assmann 2006 (Kultur als Beherrschung der menschlichen Triebnatur bzw. dem kritischen Kulturbegriff mit seiner Beschreibung der Kulturindustrie).

8 Hier ergibt sich ein Bezug zum vierten Kulturbegriff in Assmann 2006 (Kultur als Hochkultur).

9 Dies korrespondiert mit dem ersten (und ursprünglichen) Kulturbegriff in Assmann 2006 (Pflege von bestimmten menschlichen Tätigkeiten).

schaft ergeben könnte. Das aber wird sicher nicht an dieser Stelle möglich sein, sondern würde meines Erachtens langjährige Forschungsarbeit erfordern, die nur im Team von Wissenschaftlern aus den verschiedensten Disziplinen geleistet werden könnte.

2 Lebensweise der Bevölkerung – regionale Traditionspflege

In diesem Abschnitt wird Kultur in sehr allgemeiner Weise mit den konkret zu beobachtenden Lebensformen der Menschen in Beziehung gesetzt. Zur Lebensweise gehören sowohl die Verhältnisse der Geschlechter zueinander und die Art des sozialen Zusammenhangs als auch die Wohn- und Arbeitsverhältnisse der Menschen (vgl. hierzu auch Eagleton 2001, S. 51). Einbezogen wird auch ihr Naturbezug. Sigmund Freud hat 1930 den Begriff der Kultur ähnlich weit gefasst: „Das Wort ‚Kultur' bezeichnet die ganze Summe der Leistungen und Einrichtungen, in denen sich unser Leben von dem unserer tierischen Ahnen entfernt und die zwei Zwecken dienen: dem Schutz der Menschen gegen die Natur und der Regelung der Beziehungen der Menschen untereinander" (Freud 1968b, S. 448f.). Ähnlich betont bereits Meyers Großes Konversationslexikon von 1908 beim Stichwort *Kulturgeschichte* die Notwendigkeit „einer Vertiefung in das *gesamte* soziale Leben, Abstammung, Lebensweise, Ernährung, Wohnungsart, Hygiene, Kleidung, Möbel und Geräte, Sitten und Gebräuche, Rechtsanschauungen, Glauben und Aberglauben der einzelnen Epochen" (Lexikon 1908, S. 788).

Dieses weit gefasste Thema ist vor allem Gegenstand der Ethnologie[10], in neuerer Zeit auch der Kulturanthropologie (vgl. z.B. Harris 1989) und der Kulturökologie (vgl. z.B. Bargatzky 1986). Wichtiger als allgemeine Aussagen über die Lebensweise eines ganzen Landes sind hier die regionalen Besonderheiten. Dazu gehören vor allem die spezifischen Traditionen einer Region und ihre sprachliche Ausgestaltung in Form von Dialekten. Gerade im Zusammenhang mit Fragen der Nachhaltigkeit erscheint die Betonung einer umweltverträglichen Lebensweise mit kleinräumlichen sozialen und ökonomischen Austauschbeziehungen wichtig, um den Trend zur Globalisierung mit seinen Umweltschäden zumindest abbremsen zu können.

Der Begriff Tradition hat völlig zu Unrecht häufig einen abwertenden Akzent bekommen. Bernd Auerochs stellt dagegen die allgemeine Bedeutung von Tradition heraus:

> „Menschliche Gesellschaften müssen sich sowohl materiell wie symbolisch reproduzieren können, um ihre Fortexistenz in der Zeit zu garantieren. Die symbolische Reproduktion stellt Gesellschaften die Aufgabe, ihre kulturellen Gehalte,

10 Sehr zu empfehlen als Überblick ist Diamond 2000.

ihre Praktiken, Sprachen, Institutionen, Normen, Werke von früheren Generationen aufzunehmen und an die nächste Generation weiterzugeben. Hierzu bedarf es, neben dem unverzichtbaren Beistand der Natur, auch eigener ‚kultureller Strategien der Dauer' (A. Assmann): Überlieferungsprozessen, Traditionen." (Auerochs 2004, S. 24)

Ähnlich äußerte sich Johann Gottfried Herder bereits 1784 in seinen bereits zitierten *Ideen zur Philosophie der Geschichte der Menschheit:*

> „Empfinge der Mensch alles aus sich und entwickelte es abgetrennt von äußern Gegenständen: so wäre zwar eine Geschichte des Menschen, aber nicht *der* Menschen, nicht ihres ganzen Geschlechts möglich. Da nun aber unser spezifischer Charakter eben darin liegt, dass wir, beinah ohne Instinkt geboren, nur durch eine lebenslange Übung zur Menschheit gebildet werden, und sowohl die Perfektibilität als die Korruptibilität unsres Geschlechts hierauf beruhet: so wird eben damit auch die Geschichte der Menschheit notwendig ein Ganzes, d. i. eine Kette der Geselligkeit und bildenden Tradition vom ersten bis zum letzten Gliede." (Herder 1989, S. 337)

In früheren Zeiten bedeuteten Traditionen in der Regel zwar Stabilität der Lebensweisen, gleichzeitig aber häufig auch ihre Festlegung und Einengung. Diese restriktive Funktion der Tradition hat sich in unserer heutigen Gesellschaft, die ganz auf Wachstum und ständigen Wandel setzt, stark abgeschwächt:

> „In der Moderne steht man [...] vor der paradoxen Aufgabe, Errungenschaften, die häufig genug in antitraditionalistischer Einstellung gewonnen wurden, selbst Kontinuität zu sichern. Und es müssen selbstverständlich die zentralen Funktionen von Traditionen (Handlungsorientierung, Identitätsstiftung) weiter erfüllt werden." (Auerochs 2004, S. 30)

Entsprechend definiert Alida Assmann Tradition

> „als eine auf Dauer gestellte kulturelle Konstruktion von Identität. Diese Dauer muss permanent der Zeit als Dimension des Abbruchs, des Vergessens, der Veränderung, der Relativierung abgerungen werden." (Assmann 1999, S. 90)

Mit diesem Traditionsbegriff wird die enge Verbindung zum Begriff der Nachhaltigkeit deutlich. Jörn Rüsen erläuterte diesen Zusammenhang in folgender Weise:

> „Nachhaltigkeit zeichnet eine Kultur der Dauer, der Bewährung und der Zukunftsfähigkeit durch einen pflegenden und bewahrenden Umgang mit der eigenen Herkunft aus. Das ist gar nicht altväterlich-traditionalistisch gemeint. Nachhaltigkeit ist vielmehr eine Kultur, in der die jetzt lebenden Menschen ihre eigene Zukunftsperspektive immer darauf formulieren, wie sie anschlussfähig an die Vergangenheit ist. Das heißt eben nicht nur Bestandsbewahrung, sondern die Entwicklung einer längerfristigen Perspektive, in der man die eigene Herkunft nicht im Taumel

> von der einen in die andere, in die angeblich bessere Zukunft hinein vergisst. Der Umgang mit Friedhöfen, der Umgang mit den Alten, der Umgang auch mit der Tradition ist ein elementares Beispiel dieser Zukunftswahrung durch Traditionspflege.“ (Rüsen 2006)

Traditionen ermöglichen für die Gesellschaft einen Brückenschlag zur Vergangenheit. Sie bedeuten aber auch für den Einzelnen, dass er seine Identität durch die Verbundenheit mit seiner Familie und seiner Heimat bewahren kann. Gerade im Zeitalter der Mobilität, in dem die Menschen als freischwebende Monaden ohne familiäre und räumliche Bindungen erwünscht sind, müssten Gegengewichte geschaffen werden, die erst eine nachhaltige Gesellschaft ermöglichen. Waren traditionelle Werte wie Heimat und Familie lange Zeit – und in Deutschland besonders durch den Missbrauch in der Nazizeit noch wesentlich verstärkt – diskreditiert, so kommen ihnen heutzutage im Rahmen einer sinnvollen Strategie der Nachhaltigkeit wieder ganz neue und zentrale Bedeutungen zu.

Dazu gehört es auch, in Städten, aber ganz besonders auf dem Lande, soziale Netzwerke und Infrastrukturen zu schaffen, die überhaupt erst eine Traditionspflege ermöglichen. Die Mobilität fängt ja heutzutage schon mit dem Schulbesuch an, der die Kinder zwingt, zu Zentralschulen in größere Gemeinden zu fahren, in denen sie zusammengewürfelte Klassen aus den verschiedensten Orten vorfinden. Die Lehrer, die in den Dorfschulen oft geradezu die Experten für Ortsgeschichte und Traditionen waren, können diese kulturelle Aufgabe in dem zentralisierten Schulsystem nicht mehr wahrnehmen, der Heimatkundeunterricht wird mehr oder weniger durch einen standardisierten Sachkundeunterricht abgelöst. Natürlich führt das dazu, dass sich bereits bei den Kindern der Heimatbezug lockert. Dazu kommt, dass häufig auch ihre Eltern den Wohnort nur noch als Schlafstätte nutzen und zur Arbeit in eine größere Stadt pendeln.

Die Beobachtung von vergangenen Kulturen und ihren Traditionen öffnet weiterhin auch den Blick für die Frage, ob nicht bestimmte vergangene Lebensweisen auch für die zukünftige Entwicklung Vorbildcharakter haben könnten.[11] Dazu gehören vor allem Aspekte des sozialen Zusammenhalts, z.B. vergangener bäuerlicher Gemeinschaft mit Gemeineigentum. Sind es nur Notgemeinschaften gewesen, die für eine enge soziale Gemeinschaft mit klaren Aufgabenverteilungen und gegenseitiger Hilfe gesorgt haben,[12] oder entspricht es vielleicht dem Charakter der Menschen, dass sie untereinander hilfreich wären, wenn nicht das Wirtschaftssystem mit seinem Eigentumsbegriff und Konkurrenzprinzip diese

---

11 Ähnlich wie bei den ökologischen Zielen die Erhaltung der natürlichen Vielfalt gefordert wird, könnte auch im Hinblick auf Traditionen das Ziel einer Erhaltung der kulturellen Vielfalt formuliert werden.

12 Vgl. dazu die sehr anregenden Studien in Niederer 1993 mit einer Beschreibung der Lebensweise im Lötschental (Schweiz).

Bedürfnisse zerstört oder zumindest völlig unterdrückt hätte?[13] Genauso ist zu fragen, ob wir nicht auch für den pfleglichen Umgang mit der Natur manch vergangene Kultur zum Vorbild nehmen könnten. Der Blick in die Vergangenheit soll aber auch dazu dienen, die Erinnerung an barbarische Zeiten wie die Nazizeit wach zu halten, um immer wieder vor der Gefahr eines erneuten Rückfalls warnen zu können (vgl. dazu Assmann 2007).

Setzen wir die Kulturbetrachtung in Beziehung zu unseren Dimensionen der Nachhaltigkeit, so lässt sich der geschilderte Kulturbegriff schwerpunktmäßig der sozialen Dimension zuordnen, obwohl auch wichtige Bezüge zur ökologischen und ökonomischen Dimension bestehen. Viele Aspekte der spezifischen Lebensweise in einer Region lassen sich im Rahmen der bereits häufig beschriebenen Themenbereichen der sozialen Nachhaltigkeit darstellen (vgl. dazu Stahmer 2001, 2004). Zu überlegen wäre, ob nicht im sozialen Kontext zusätzlich ein Themenfeld Traditionspflege aufgenommen werden sollte, mit deren Hilfe zumindest die geschichtliche Abfolge der regionalen Lebensweisen bewahrt werden kann. Dazu gehören z.B. Heimatmuseen, Freilichtmuseen mit historischen Bauten und Vorführung alter Handwerkskünste, Museen für Kunstgewerbe und für Stadtgeschichte. In Kulturvereinen könnte die Erinnerung an alte Sitten und Gebräuche gepflegt werden, mündliche Überlieferungen aufgezeichnet und Zeitzeugen befragt werden. Wichtig wäre natürlich auch, dass Traditionen und Erinnerungen an die jüngere Generation weitergegeben werden.

3 Vermittlung von Phantasiewelten – Geheime Verführer und Traumfabriken

Es kann uns nicht reichen, sich nur mit der kulturellen Vergangenheit zu beschäftigen und auf – mehr oder weniger nostalgische Weise – Traditionen zu pflegen. So bedeutsam das auch gerade in der heutigen Zeit sein kann, so nötig ist auch eine nüchterne Analyse der Gegenwart und der darin wirkenden Kräfte. Als analytisches Instrumentarium verwende ich im Folgenden psychologische Überlegungen von Sigmund Freud sowie gesellschaftskritische Analysen von Karl Marx, des ursprünglich Frankfurter Instituts für Sozialforschung (Walter Benjamin, Max Horkheimer, Theodor W. Adorno) sowie aus neuerer Zeit von Hans Magnus Enzensberger.

In seiner Abhandlung *Der Dichter und das Phantasieren* (1908) beschreibt Sigmund Freud die wichtige Rolle, welche die Phantasie im Leben des Kindes,

---

13 Vgl. hierzu bahnbrechend Rousseau 1987; viel Stoff zum Nachdenken über sozialen Zusammenhalt geben bereits die zweitausend Jahre früher entstandenen Lehrgespräche des Meisters Meng K'o von Mong Dsi (vgl. Mong Dsi 1994).

aber auch des erwachsenen Menschen spielt. Die Kinder leben in ihren Spielen vor allem die Phantasie aus, *groß* zu sein, so mächtig, wie sie ihre Eltern oder andere Erwachsene empfinden. Aber auch der Erwachsene hat weiterhin ehrgeizige und erotische Wünsche, deren Befriedigung ihm von dem oft grauen Alltag mit seinen Realitätsanforderungen nicht gewährt wird.

> „Man darf sagen, der Glückliche phantasiert nie, nur der Unbefriedigte. Unbefriedigte Wünsche sind die Triebkräfte der Phantasien, und jede Phantasie ist eine Wunscherfüllung, eine Korrektur der unbefriedigten Wirklichkeit." (Freud 1966, S. 216).

Würden wir in einer Gesellschaft leben, in der alle Bedürfnisse befriedigt würden, so wäre wenig Platz mehr übrig für Phantasiewelten, damit aber auch für Poeten, die unbefriedigte Gemüter mit kunstvollen Phantasieprodukten beliefern. So hat sich Heinrich Heine 1855 mit gespielter Empörung über das Zukunftsbild des Kommunismus geäußert (dem er in Wirklichkeit mit sympathisierender Beunruhigung gegenüberstand):

> „In der Tat, nur mit Grauen und Schrecken denke ich an die Zeit wo jene dunklen Ikonoklasten [Bilderstürmer, C. S.] zur Herrschaft gelangen werden: Mit ihren rohen Fäusten zerschlagen sie alsdann alle Marmorbilder meiner geliebten Kunstwelt, sie zertrümmern alle jene phantastischen Schnurrpfeifereien, die dem Poeten so lieb waren; sie hacken mir meine Lorbeerwälder um, und pflanzen darauf Kartoffeln; die Lilien, welche nicht spannen und arbeiten, und doch so schön gekleidet waren wie König Salomon werden ausgerauft aus dem Boden der Gesellschaft, wenn sie nicht etwa zur Spindel greifen wollen! Den Rosen, den müßigen Nachtigallbräuten, geht es nicht besser! Die Nachtigallen, die unnützen Sänger, werden fortgejagt, und ach! mein ‚Buch der Lieder' wird der Krautkrämer zu Tüten verwenden, um Kaffee oder Schnupftabak darin zu schütten für die alten Weiber der Zukunft." (Heine 1974, S. 232)

Karl Marx hat diese Prognose seines Freundes nur bestätigen können: „In einer kommunistischen Gesellschaft gibt es keine Maler, sondern höchstens Menschen, die unter Anderem auch malen" (Marx/Engels 1969, S. 379).

Ähnlich wie Heine und Marx über die Rolle der Kunst in einem zukünftigen Zeitalter des Kommunismus diskutiert haben, könnte man fragen, welche Rolle die Kultur als Vermittlerin von Phantasiewelten in einer Gesellschaft spielen würde, die alle Kriterien von Nachhaltigkeit erfüllt. Auch hier gäbe es keine sozialen und ökonomischen Defizite, die Menschen könnten glücklich sein und hätten es – nach der Meinung von Sigmund Freud – nicht mehr nötig, in Phantasiewelten zu leben. Meine These wäre daher, dass unsere Kultur in ihrer Rolle als Vermittlerin von Phantasiewelten geradezu ein Indikator für Nicht-Nachhaltigkeit ist, der Begriff kulturelle Nachhaltigkeit gäbe hier keinen Sinn. Das bedeutet natürlich nicht, dass wir derartige Kulturthemen bei Diskussionen der

Nachhaltigkeit außen vor lassen sollten. Ganz im Gegenteil sollte der politische und ökonomische Einfluss auf die Phantasiewelt der Bevölkerung sehr aufmerksam verfolgt werden. Gerade diese Einflussnahme könnte nämlich einer der Haupthindernisse bei der Realisierung einer nachhaltigen Gesellschaft werden.

Nun sind wir von diesen Idealwelten weit entfernt. Auch die Vorstellung einer nachhaltigen Gesellschaft ist selbst ein Tagtraum, eine Phantasie, die uns in unserer jetzigen nicht-nachhaltigen Situation die Möglichkeit einer idealen Welt vor Augen führt. Ohne derartige Utopien würde es uns allerdings schwer fallen, uns langfristige Ziele für unser Handeln zu setzen, und nicht entmutigt zu werden angesichts der schier unüberwindlich erscheinenden Hindernissen auf dem Weg zu einer wirklich zukunftsfähigen Gesellschaft (vgl. z.B. Bloch 1959).[14]

Gleichzeitig bleibt die Aufgabe, unsere jetzige Situation genau zu analysieren und die subtilen Mechanismen kennen zu lernen, die unsere Bedürfnisse und ihre Befriedigung steuern. Dabei spielt die Kultur als Vermittlerin von Phantasiewelten eine zentrale Rolle. Hans-Magnus Enzensberger hat 1962 diese Rolle der Kultur mit dem Begriff der *Bewusstseins-Industrie* verdeutlicht: „Materielle Ausbeutung muss hinter der immateriellen Deckung suchen und die Zustimmung der Beherrschten mit neuen Mitteln suchen“ (Enzensberger 1962, S. 13). Und er fordert uns auf:

> „Es handelt sich nicht darum, die Bewusstseins-Industrie ohnmächtig zu verwerfen, sondern darum, sich auf ihr gefährliches Spiel einzulassen. Dazu gehören neue Kenntnisse, dazu gehört eine Wachsamkeit, die auf jegliche Form der Pression gefasst ist.“ (Enzensberger 1962, S. 15)

Fast zwanzig Jahre früher hatten bereits Max Horkheimer und Theodor W. Adorno mit ihrer Analyse der Kulturindustrie ganz ähnliche Anregungen für eine kritischere Betrachtung des Kulturbetriebs gegeben (vgl. Horkheimer/Adorno 2008, S. 128-176, Kapitel „Kulturindustrie – Aufklärung als Massenbetrug“).

Wenn wir über die heutige Rolle der Kultur nachdenken, so ist es besonders wichtig, sie nicht als freischwebend anzusehen. Es kann nicht schaden, sich die Erkenntnisse von Marx in seiner Abhandlung *Zur Kritik der politischen Ideologie* (1859) ins Gedächtnis zurückzurufen:

> „In der gesellschaftlichen Produktion ihres Lebens gehen die Menschen bestimmte, notwendige, von ihrem Willen unabhängige Verhältnisse ein, Produktionsverhältnisse, die einer bestimmten Entwicklungsstufe ihrer materiellen Produktivkräfte entsprechen. Die Gesamtheit dieser Produktionsverhältnisse bildet die ökonomische Struktur der Gesellschaft, die reale Basis, worauf sich ein juristischer und politischer Überbau erhebt und welcher gesellschaftliche Bewusstseinsformen entsprechen. Die Produktionsweise des materiellen Lebens bedingt den sozialen, politischen und geistigen Lebensprozess überhaupt. Es ist nicht das

14 Zu möglichen nachhaltigen Lebens- und Konsumstilen vgl. Scherhorn 2007a, b.

Bewusstsein der Menschen, das ihr Sein, sondern umgekehrt ihr gesellschaftliches Sein, das ihr Bewusstsein bestimmt." (Marx 1972, S. 8f.)[15]

Welche Phantasien werden nun vermittelt? In der Vorgeschichte und in der früheren Geschichte bis zur Neuzeit waren es vor allem religiöse Vorstellungen, mit denen die aktuellen Ängste der Menschen beschwichtigt und Hoffnungen auf ein ewiges Leben nach ihrem Tod geweckt wurden. So tröstend diese Botschaften auch sein können, so waren sie doch auch immer mit Herrschaftsansprüchen der Mächtigen verbunden. Wenn die Feldprediger vor der Schlacht mit den Soldaten für den Sieg beteten, so wurde das gegenseitige Morden zum Kampf für eine gottgefällige Sache verklärt. Wurden „wilde" Völker unterjocht, so wurde es mit dem Argument verbrämt, diese Menschen müssten zum wahren Glauben bekehrt werden. Nicht selten wurden auch die Gläubigen durch die Religion in einem Zustand der Unmündigkeit gehalten, der den Herrschenden sehr zu pass kam (vgl. hierzu Freud 1968a).

In neuerer Zeit haben die Wirkungsmöglichkeiten der Religionen zumindest in den westlichen Ländern stark nachgelassen. Die Machthaber bedienen sich anderer Manipulationsinstrumente. Es ist kein Zufall, dass im Faschismus der Propaganda ein so hoher Stellenwert eingeräumt wurde. Wenn man sich nur allein die Filmtitel von Leni Riefenstahl aus den 30er Jahren anschaut, wird klar, mit welchen Mitteln gearbeitet wurde (vgl. Riefenstahl 2000/2003): *Sieg des Glaubens* (fünfter Reichsparteitag der NSDAP), *Triumph des Willens* (sechster Reichsparteitag der NSDAP), *Tag der Freiheit* (Wehrmachtsmanöver zum siebenten Reichsparteitag der NSDAP), *Fest der Völker* und *Fest der Schönheit* (zur Olympiade in Berlin). Positiv besetzte Begriffe wurden pervertiert und zur Verherrlichung des NS-Regimes verwendet. Gefühle und Phantasien der Zuschauer wurden geweckt, die für Zwecke eines verbrecherischen Regimes eingesetzt werden konnten. Durchhaltefilme und Ansprachen im Radio[16] schufen eine Stimmung, in der auf die rhetorische Frage von Goebbels „Wollt Ihr einen totalen Krieg?" ein begeistertes „Ja" des Publikums ertönte (bzw. für die Radiohörer durch abgeordnete NS-Anhänger künstlich erzeugt wurde). Walter Benjamin äußerte sich dazu in seinem berühmten, 1935 entstandenen Essay über *Das Kunstwerk im Zeitalter seiner technischen Reproduzierbarkeit* in einem Nachwort in folgender Weise:

> „Der Faschismus läuft folgerecht auf eine Ästhetisierung des politischen Lebens hinaus. Der Vergewaltigung der Massen, die er im Kult eines Führers zu Boden

15 Vgl. auch den Überblick in AdW 1972, insbesondere XVII. Kapitel: Struktur und Formen des gesellschaftlichen Bewusstseins, S. 440-477.

16 Die Ausstattung der deutschen Haushalte mit Radiogeräten (vor allem mit dem „Volksempfänger") stieg zwischen 1933 und 1941 von 25 auf 65%.

> zwingt, entspricht die Vergewaltigung einer Apparatur, die er der Herstellung von Kultwerten dienstbar macht." (Benjamin 1961, S. 175)

In der Nachkriegszeit begann die eigentliche Karriere der „geheimen Verführer" (Packard 1958), nämlich der Werbung.[17] Auf Litfasssäulen, vor Kinovorführungen, in Zeitungen und Zeitschriften wurde für Produkte geworben, die nicht zum gewohnten täglichen Einkauf rechneten, nämlich für teurere Luxusprodukte oder nicht unbedingt nötige Genussmittel, wie Zigaretten oder alkoholische Getränke. Erfolg bei dem anderen Geschlecht wurde verheißen, wenn man gerade das Produkt der werbenden Firma kaufen würde (z.B. ein Deodorant oder Rasierwasser). Die Hausfrau war nur dann tüchtig, wenn sie ein bestimmtes Waschpulver kaufte, der Mann sollte stolz mit dem neuen Auto einer bestimmten Marke vorfahren. Wenn wir uns jetzt die Werbung aus den 50er Jahren anschauen, überkommt uns allerdings leicht eine gewisse Nostalgie. Inzwischen sind die Überredungskünste der Werbung noch viel subtiler geworden. Vor allem findet durch die Werbung im privaten Fernsehen ein dauernder Strom von Beeinflussung der Konsumenten statt. Soweit wir nicht konsequent bei Werbung wegschalten, hängen wir immer stärker an der Nabelschnur der Wirtschaft, durch die uns geeignete (Produkt-)Botschaften geschickt werden.[18]

Die fortgeschrittene industrielle Zivilisation bekommt durch den „rationellen Charakter ihrer Irrationalität" (Herbert Marcuse) beängstigende Züge:

> „Ihre Produktivität und Leistungsfähigkeit, ihr Vermögen, Bequemlichkeiten zu erhöhen und zu verbreiten, Verschwendung in Bedürfnis zu verwandeln und Zerstörung in Aufbau, das Ausmaß, in dem diese Zivilisation die Objektwelt in eine Verlängerung von Geist und Körper des Menschen überführt, macht selbst den Begriff der Entfremdung fragwürdig. Die Menschen erkennen sich in ihren Waren wieder; sie finden ihre Seele in ihrem Auto, ihrem HiFi-Empfänger, ihrem Küchengerät. Der Mechanismus selbst, der das Individuum an seine Gesellschaft fesselt, hat sich geändert, und die soziale Kontrolle ist in den neuen Bedürfnissen verankert, die sie hervorgebracht hat." (Marcuse 1968, S. 29)

Werden im Fall der Werbung Phantasien angeregt, die zum Kauf bestimmter Produkte führen sollen, so bereitet die Filmindustrie die Phantasien selbst zu einem Produkt auf. In der Traumfabrik Hollywood ebenso wie in den europäischen Studios werden die Filminhalte so gestaltet, dass jeder Zuschauer mitfie-

---

17 Vgl. als Überblick mit vielen weiteren Literaturhinweisen Schildt 1995.

18 Der Sprachgebrauch hat sich lange Zeit damit schwer getan, die Werbung zur Kultur zu rechnen. Sehr charakteristisch dafür sind die begrifflichen Klimmzüge, die bei der Definition von Kulturwirtschaft gemacht werden. Während Design noch zur Kulturwirtschaft gerechnet wird, gehören Werbung und Software/Games zu den „Kreativbranchen", die zusammen mit den Branchen der Kulturwirtschaft die sogenannten „Creative Industries" bilden (vgl. DBT 2008, S. 506).

bern und sich mit den Filmstars identifizieren kann.[19] Beliebt war (und ist) das Thema *Sozialer Aufstieg*. Die Fernsehfilme haben diese Tradition nahtlos fortgesetzt.

Vorbild für diese Filme sind die Kitschromane von Hedwig Courths-Mahler, der Königin der deutschen Trivialliteratur:

> „Ihre Werke behandeln immer die gleichen Klischees: Sozial Benachteiligte überwinden Standesunterschiede durch die Liebe. Die Liebenden kämpfen gegen allerlei Intrigen und finden schließlich zueinander, erlangen Reichtum und Ansehen." (Wikipedia 2008b)

In unzähligen Lore-Heften und „Frauenromanen" werden diese Klischees auch weiter bedient. Nur tritt an die Stelle des Barons der Chefarzt, der seine Krankenschwester heiratet (die *Schwarzwald-Klinik* lässt grüßen – vgl. Wikipedia 2008a).

Im musikalischen Bereich wird die Welt von Sehnsucht und Liebe in Schlagern und Schnulzen besungen, die schon seit der Erfindung der Schallplatte Hochkonjunktur haben. Die Popkultur hat dann für die jüngere (inzwischen auch schon längst ältere) Generation rhythmisch flottere Songs hervorgebracht, die aber letztlich – wie die samtweichen Liebeslieder Elvis Presleys zeigen – doch weiterhin meist altvertraute Themen behandeln.

Beunruhigend ist heutzutage die virtuelle Welt der PC-Spiele, die sich bei der jungen Generation steigender Beliebtheit erfreuen und deren Spiel häufig Suchtcharakter annimmt. Die Allmachtsphantasien der kleinen Kinder können hier auch von Älteren weiter ausgelebt werden. Sie können ganze Reiche errichten und mit raffinierten Waffen gegen gegnerische Stämme kämpfen (vgl. z.B. Wikipedia 2008c). Die Leichtigkeit und Schnelligkeit, mit der am Computer in einer virtuellen Welt gehandelt werden kann, lässt die reale Welt reizlos erscheinen. Ganze Industriezweige haben sich auf diesen Medienbereich gestürzt und bedienen ihn mit Spielen, die immer bessere Bildqualität und Handlungsmöglichkeiten bieten. Es wird eine der wichtigsten Zukunftsaufgaben sein, die junge Generation wieder von diesen virtuellen Welten zu lösen und in die reale Welt zurück zu führen. Sprach man früher von der Religion als „Opium für das Volk" (Wladimir Iljitsch Lenin), so sind es jetzt diese virtuellen Welten, die in eine Traumwelt führen, aus der ein Entrinnen nur noch schwer möglich wird.

Natürlich hat es auch immer Gegenbewegungen gegeben. Gerade auf dem Gebiet der Musik haben die Protestsongs eine große Bedeutung gehabt. Malerischer Ausdruck sind z.B. die Graffittis und viele Erzeugnisse der Pop-Art. Aber es gelten auch hier die bitteren Bemerkungen von Adorno und Horkheimer:

> „Die Öffentlichkeit der gegenwärtigen Gesellschaft lässt es zu keiner vernehmbaren Anklage kommen, an deren Ton die Hellhörigen nicht schon die Prominenz

19 Vgl. die Typisierung der Filmidole in Patalas1967.

witterten, in deren Zeichen der Empörte sich mit ihnen aussöhnt." (Horkheimer/ Adorno 2008, S. 140)

4 Ästhetischer Höhenflug – Das künstlerische (Welt-)Erbe[20]

Müssen wir nun annehmen, dass die Kulturindustrie eine völlige Herrschaft über alle Aspekte der kulturellen Entwicklung ausübt? Wie steht es mit den Werken, die wir eindeutig der Kunst zurechnen möchten? Gilt die Feststellung von Walter Benjamin, dass die Kunst aus dem Reich des „schönen Scheins" entwichen ist (vgl. Benjamin 1961, S. 163) und von uns nicht wieder aufgespürt werden kann? Zur Beantwortung dieser Fragen müssen aus Platzgründen leider einige allgemeine Kommentare reichen.

Wie ist die Phantasietätigkeit beim Genießen von Kunstwerken einzuschätzen im Vergleich zu den Ersatzbefriedigungen der Traumfabriken, wie sie im letzten Abschnitt beschrieben wurden? Arthur Schopenhauer kommentiert diesen Unterschied in seinem Hauptwerk *Die Welt als Wille und Vorstellung* (1819) auf gewohnt grimmige Weise:

> „Wie man ein wirkliches Objekt auf zweierlei entgegengesetzte Weise betrachten kann: rein objektiv, genial, die Idee desselben erfassend; oder gemein, bloß in seinen [...] Relationen zu anderen Objekten und zum eigenen Willen; so kann man auch eben so ein Phantasma auf beiden Seiten anschauen: in der ersten Art betrachtet, ist es ein Mittel zur Erkenntnis der Idee, deren Mitteilung das Kunstwerk ist; im zweiten Fall wird das Phantasma verwendet, um Luftschlösser zu bauen, die der Selbstsucht und der eigenen Laune zusagen, momentan täuschen und ergötzen [...] Der dieses Spiel treibende ist ein Phantast: er wird leicht die Bilder, mit denen er sich einsam ergötzt, in die Wirklichkeit mischen und dadurch für diese untauglich werden; er wird die Gaukeleien seiner Phantasie vielleicht niederschreiben, wo sie die gewöhnlichen Romane aller Gattungen geben, die seines Gleichen und das große Publikum unterhalten, indem die Leser sich an die Stelle des Helden träumen und dann die Darstellung sehr ‚gemütlich' finden." (Schopenhauer 1977, S. 241f.)[21]

Im Kunstgenuss ebenso wie im künstlerischen Schaffen können wir uns aus unserer üblichen Abhängigkeit von unseren Gefühlen und ständigen Bedürfnissen

20 Eine gute Einführung mit vielen Literaturhinweisen zu dieser Thematik gibt Schneider 2005.

21 Eine ähnliche Unterscheidung hat Immanuel Kant in seiner *Kritik der Urteilskraft* (1790) zwischen Schönem, das wir mit interesselosem Wohlgefallen betrachten, und Angenehmem, das mit Interesse verbunden ist, vorgenommen, siehe Kant 2006, §2 und 3 (S. 49-52) bzw. §45 (S. 189-191).

befreien. Schopenhauer schildert diesen Vorgang am Beispiel eines Menschen, der die Natur betrachtet, wenn sich

> „die ganze Macht seines Geistes der Anschauung hingibt, sich ganz in diese versenkt und das ganze Bewusstsein ausfüllen lässt durch die ruhige Kontemplation des gerade gegenwärtigen Gegenstandes, sei es eine Landschaft, ein Baum, ein Fels, ein Gebäude, oder was auch immer; indem man, nach einer sinnvollen deutschen Redensart, sich gänzlich in diesen Gegenstand *verliert,* d.h. eben sein Individuum, seinen Willen, vergisst und nur noch als reines Subjekt, als klarer Spiegel des Objekts bestehen bleibt; so dass es ist, als ob der Gegenstand allein da wäre, ohne jemanden, der ihn wahrnimmt, und man nicht mehr den Anschauenden von der Anschauung trennen kann, sondern Beides eines geworden sind." (Schopenhauer 1977, S. 232)

Benötigen wir für den Genuss der Fabrikate der Traumfabriken den nötigen Müßiggang in der Freizeit, so ist für das Genießen von Kunstwerken vielmehr Muße nötig. Dieser altmodische, von der Antike geprägte Begriff („otium cum dignitate"[22]) hätte es verdient, gerade als Gegenbild zu der hektischen Konsumwelt erneut eine herausgehobene gesellschaftliche Bedeutung zu bekommen.[23] Mehr als je benötigen wir Zeiten des

> „verschwiegenen Zu-sich-selbst-kommens, der stillen Sammlung, die von keiner Rede gestört wird, wohl aber gedankentief ist. Nur der, der sich besonnen hat, bringt Kultur und damit auch sich selbst voran." (Böhme 2008, S. 112)

Ähnlich äußert sich Herbert Marcuse über die Notwendigkeit derartiger Freiräume:

> „Die Abgeschlossenheit der nicht-wissenschaftlichen Kultur kann die dringend erforderliche Zuflucht und das Refugium schützen, in dem vergessene Wahrheiten und Bilder überwintern." (Marcuse 1967, S. 167)

Können wir diese Kunstwerke (der Dichtung, Malerei, Bildenden Kunst ebenso wie der Musik) in Beziehung zum Nachhaltigkeitsgebot setzen? Eines sollte zunächst feststehen. Es handelt sich hier nicht allein um ein regionales oder nationales Problem, sondern um ein internationales. Mit Recht wird vom kulturellen Welterbe gesprochen. Schon Johann Wolfgang von Goethe sprach am 31. Januar 1827 gegenüber Johann Peter Eckermann von einer kommenden Epoche der Weltliteratur:

> „Aber freilich wenn wir Deutschen nicht aus dem engen Kreis unserer eigenen Umgebung hinausblicken, so kommen wir gar zu leicht in diesen pedantischen Dünkel. Ich sehe mich daher gerne bei fremden Nationen um und rate jedem, es auch seinerseits zu tun. National-Literatur will jetzt nicht viel sagen, die Epoche

22 „Muße mit Würde" (Cicero de oratore I, 1, 1; vgl. Wörterbuch 1966).

23 Vgl. Böhme 2008, Kapitel „Zwischen Arbeit und Muße – lebenslange Bildung", S. 100-116.

> der Welt-Literatur ist an der Zeit und jeder muss jetzt wirken, diese Epoche zu beschleunigen." (Goethe 1986, S. 207)

Das künstlerische Erbe verbindet nicht nur die verschiedensten Kulturen, sondern verknüpft aus Sicht des Kultur- und Geschichtsforschers Jacob Burckhardt auch vergangene Zeiten mit unserer Gegenwart:

> „Aus Welt, Zeit und Natur sammeln Kunst und Poesie allgültige, allverständliche Bilder, die das einzig irdisch Bleibende sind, eine zweite ideale Schöpfung, der bestimmten einzelnen Zeitlichkeiten enthoben, irdisch-unsterblich, eine Sprache für alle Nationen. Sie sind damit ein größter Exponent der betreffenden Zeitalter, so gut wie die Philosophie. Äußerlich sind ihre Werke den Schicksalen alles Irdischen und Überlieferten unterworfen, aber es lebt genug davon weiter, um die spätesten Jahrtausende zu befreien, zu begeistern und geistig zu vereinen." (Burckhardt 1955, S. 61)

Von einer nachhaltigen Gesellschaft können wir sicher nur dann sprechen, wenn wir unsere eigenen Kunstwerke bewahren, gleichzeitig aber auch dafür sorgen, dass wir von Kunstwerken anderer Länder ausreichend Kenntnis erhalten. Zu den Kunstwerken sind nicht nur schriftliche Erzeugnisse zu rechnen, sondern auch in weiterem Sinne bestimmte Kunstdenkmäler und Parklandschaften. Der freie Zugang der Bevölkerung zu den Kunstwerken ist ebenso notwendig wie die Vermittlung entsprechender Kenntnisse, in der Schule ebenso wie im Laufe des Erwachsenenlebens.

Ob wir aus diesen Zielsetzungen eine eigene vierte Dimension der Nachhaltigkeit ableiten sollen, möchte ich aber doch bezweifeln. Vieles ließe sich bereits mit dem Bildungsauftrag als einer der wichtigsten Zielsetzungen sozialer Nachhaltigkeit verbinden. Die „Bewahrung des kulturellen (Welt-)Erbes" könnte allerdings ähnlich wie die „Regionale Traditionspflege" (siehe Abschnitt 2) als zusätzliche soziale Zielsetzung aufgenommen werden, ohne dass wir gleich eine vierte Dimension aufspannen müssten.[24] Diese Einschränkungen sollen nicht bedeuten, dass wir die gesellschaftliche Bedeutung der Kultur gering einschätzen sollten. Ganz im Gegenteil erscheint die Pflege von regionalen Traditionen für eine nachhaltige Gesellschaft ebenso unverzichtbar wie der Erhalt von Kunstwerken, die zum kulturellen Welterbe gehören.

---

24 Entsprechend habe ich auch in einem Vortrag in China als einer der Regeln sozialer Nachhaltigkeit den Ratschlag „Save cultural heritage and traditions" aufgenommen (vgl. Stahmer 2001, S. 67); Armin Grunwald und Jürgen Kopfmüller haben in ihrem System von Nachhaltigkeitsregeln ähnliche Zielsetzungen aufgenommen („Erhaltung des kulturellen Erbes und der kulturellen Vielfalt"; vgl. Grunwald/Kopfmüller 2006, S. 57).

5 Ausblicke

Es bleibt die zwiespältige, um nicht zu sagen zwielichtige Rolle, welche die Kultur heutzutage als Vermittlerin von Phantasiewelten spielt. Hier ist eine Zuordnung zum Gedanken der Zukunftsfähigkeit der Gesellschaft nicht leicht zu treffen. Bei dem ersten Entwurf der *Zauberscheiben der Nachhaltigkeit*, die Christine Zumkeller und ich Ende 1995 entwarfen, hatten wir noch ein „möglichst hohes kulturelles und Ausbildungsniveau" als eine der Indikatoren der sozialen Dimension aufgenommen (vgl. Stahmer 2001, S. 61). Ich würde mich nach den Überlegungen, die ich in diesem Beitrag vorgestellt habe, nicht mehr trauen, generell von einem „kulturellen Niveau" zu sprechen, noch viel weniger ein Urteil über die Höhe dieses Niveaus abzugeben. Kulturelle Aspekte sind so stark im positiven wie im negativen Sinne mit den übrigen sozialen und ökonomischen Bedingungen unserer Gesellschaft verflochten und von ihnen abhängig, dass eine isolierte Betrachtung und Bewertung nur schwer möglich erscheint.

Für die Betrachtung von Nachhaltigkeitsfragen dürfte es aus meiner heutigen Sicht daher eher anzuraten sein, auf die kühne Wortkombination „kulturelle Nachhaltigkeit" zu verzichten. Zu überlegen wäre allerdings, ob nicht der – möglicherweise aber wiederum zu modische – Begriff einer „Nachhaltigkeitskultur" sinnvoller sein könnte (vgl. hierzu z.B. Gehmacher 2005; Rybak 2006). Damit ist gemeint, dass wir in unserer Gesellschaft eine geeignete kulturelle Grundlage, vor allem die nötigen sozialen Netzwerke und entsprechende Ausbildung für eine erfolgversprechende Nachhaltigkeitsdiskussion schaffen müssten.

Dabei ist allerdings stets zu beachten, dass der Entwurf einer anderen Gesellschaftsform nicht von den zu beobachtenden Entwicklungen in unserer Gemeinschaft absehen darf. Die nötige Dialektik hat André Gorz folgendermaßen formuliert:

> „Wir müssen die gegenwärtige, auseinander fallende Gesellschaft aus der Perspektive der ganz anderen Gesellschaft und Ökonomie wahrnehmen, die sich am Horizont der aktuellen Veränderungen als *deren äußerster Sinn* abzeichnet." (Gorz 2000, S. 110)

Mit Gorz könnten wir die optimistische These vertreten, dass das gegenwärtige Wirtschaftssystem

> „selbst die Voraussetzungen zu seiner eigenen Überwindung schafft. Allerdings müssen wir uns dieser Voraussetzungen bemächtigen und diese Überwindung [...] von ihrer vorstellbaren Vollendung her denken können. Nur aus dieser äußersten Perspektive können wir beurteilen, was wir tun oder lassen können." (Gorz 2000, S. 110)

Literatur

AdW – Akademie der Wissenschaften der UdSSR (1972): Grundlagen der marxistisch-leninistischen Philosophie. Frankfurt/M.

Assmann, A. (1999): Zeit und Tradition. Kulturelle Strategien der Dauer. Köln, Weimar, Wien

Assmann, A. (2006): Einführung in die Kulturwissenschaft. Grundbegriffe, Themen, Fragestellungen. Berlin

Assmann, A. (2007): Der lange Schatten der Vergangenheit. Erinnerungskultur und Geschichtspolitik. Bonn

Auerochs, B. (2004): Tradition als Grundlage und Präfiguration von Erfahrung. In: Jäger, F.; Liebsch, B. (Hg.): Handbuch der Kulturwissenschaft. Bd. 1: Grundlagen und Schlüsselbegriffe. Stuttgart, Weimar, S. 24-37

Bargatzky, Th. (1986): Einführung in die Kulturökologie. Umwelt, Kultur und Gesellschaft. Berlin

Benjamin, W. (1961): Das Kunstwerk im Zeitalter seiner technischen Reproduzierbarkeit [1935]. In: Benjamin, W.: Illuminationen. Ausgewählte Schriften. Frankfurt/M., S. 148-184

Bloch, E. (1959): Das Prinzip Hoffnung (2 Bde). Frankfurt/M.

Böhme, G. (2008): Kultur und pädagogische Reform. Zur Aktualität einer humanistischen Bildung. Idstein

Borges, J. L. (1970): Bibliothek von Babylon [1941]. In: Borges, J. L.: Sämtliche Erzählungen. München, S. 177-183

Burckhardt, J. (1955): Weltgeschichtlichen Betrachtungen [1868/71]. Stuttgart

DBT – Deutscher Bundestag (Hg.) (2008): Kultur in Deutschland. Schlussbericht der Enquete-Kommission des Deutschen Bundestages. Regensburg

Diamond, J. (2000): Arm und Reich. Die Schicksale menschlicher Gesellschaften. Frankfurt/M.

Eagleton, T. (2001): Was ist Kultur? Eine Einführung. München

Enzensberger, H.-M. (1962): Bewusstseins-Industrie. In: Enzensberger, H.-M.: Einzelheiten. Frankfurt/M., S. 7-15

Finke, P. (o. J.): Nachhaltigkeit und Bildung – Merkmale zukunftsfähiger Kulturen. Vortrag auf dem Kongress „Wurzeln in die Zukunft“, Bozen (URL: www.provinz.bz.it/kulturabteilung/download/Referat_Finke(3).pdf; 25.11.2008)

Freud, S. (1966): Der Dichter und das Phantasieren [1908]. In: Freud, S.: Gesammelte Werke. Bd. VII (4. Aufl.). Frankfurt/M., S. 213-226

Freud, S. (1968a): Die Zukunft einer Illusion [1927]. In: Freud, S.: Gesammelte Werke. Bd. XIV (4. Aufl.). Frankfurt/M., S. 325-380

Freud, S. (1968b): Das Unbehagen in der Kultur [1930]. In: Freud, S.: Gesammelte Werke, Bd. XIV (4. Aufl.). Frankfurt/M., S. 419-506

Gehmacher, E. (2005): Wesen und Chancen einer Nachhaltigkeitskultur. In: Austrian Chapter und Support Centre des Club of Rome (Hg.): Die Rolle von Sozialkapital in einer nachhaltigen Wirtschaft. Wien, S. 6-9

Goethe, J. W. (1986): Johann Peter Eckermanns Gespräche mit Goethe in den letzten Jahren seines Lebens [1836]. In: Goethe, J. W.: Sämtliche Werke, Bd. 19. München

Gorz, A. (2000): Arbeit zwischen Misere und Utopie. Frankfurt/M.

Grunwald, A.; Kopfmüller, J. (2006): Nachhaltigkeit. Frankfurt/M.

Harris, M. (1989): Kulturanthropologie. Ein Lehrbuch. Frankfurt/M., New York

Heine, H. (1974): Lutetia [1855]. In: Heine, H.: Sämtliche Schriften, Bd. 5. München

Heintel, P. (2007): Kulturelle Nachhaltigkeit. Eine Annäherung. In: Krainer, L.; Trattnigg, R. (Hg.): Kulturelle Nachhaltigkeit. Konzepte, Perspektiven und Positionen. München, S. 65-168

Herder, J. G. (1989): Ideen zur Philosophie der Geschichte der Menschheit [1784]. Frankfurt/M.

Horkheimer, M.; Adorno, Th. W. (2008): Dialektik der Aufklärung. Philosophische Fragmente [1944]. Frankfurt/M.

Jäger, F.; Liebsch, B. (Hg.) (2004): Handbuch der Kulturwissenschaft. Bd. 1: Grundlagen und Schlüsselbegriffe. Stuttgart, Weimar

Kant, I. (2006): Kritik der Urteilskraft [1790]. Hamburg

Kopfmüller, J.; Brandl, V.; Jörissen, J.; Paetau, M.; Banse, G.; Coenen, R.; Grunwald, A. (2001): Nachhaltige Entwicklung integrativ betrachtet. Konstitutive Elemente, Regeln, Indikatoren. Berlin

Krainer, L.; Trattnigg, R. (Hg.) (2007): Kulturelle Nachhaltigkeit. Konzepte, Perspektiven und Positionen. München

Lexikon (1908): Kulturgeschichte. In: Meyers Großes Konservationslexikon (6. Aufl.), Bd. 11. Leipzig, S. 788-790

Luhmann, N. (1995): Kultur als historischer Begriff. In: Luhmann, N.: Gesellschaftsstruktur und Semantik. Studien zur Wissenssoziologie der modernen Gesellschaft, Bd. 4. Frankfurt/M., S. 31-54

Marcuse, H. (1967): Bemerkungen zu einer Neubestimmung der Kultur. In: Marcuse, H.: Kultur und Gesellschaft 2 (4. Aufl.). Frankfurt/M.

Marcuse, H. (1968): Der eindimensionale Mensch (3. Aufl.). Neuwied, Berlin

Marx, K. (1972): Zur Kritik der Politischen Ideologie [1859]. In: Marx, K.; Engels, F.: Werke, Bd. 13. Berlin, S. 3-160

Marx, K.; Engels, F. (1969): Die Deutsche Ideologie [1845/46]. In: Marx, K.; Engels, F.: Werke, Bd. 3. Berlin, S. 9-520

Mong Dsi (Menzius) (1994): Lehrgespräche des Meisters Meng K'o [3. Jh. v. Chr.]. München

Negt, O. (1996): Was ist das: Kultur? Vortrag am 29.11.1996 an der Universität Bremen (URL: http://alpha.dickinson.edu/departments/germn/glossen/heft3/negt.html; 25.11.2008)

Niederer, A. (1993): Alpine Alltagskultur zwischen Beharrung und Wandel. Ausgewählte Arbeiten aus den Jahren 1956 bis 1991. Bern, Stuttgart, Wien

Packert, V. (1958): Die geheimen Verführer. Berlin

Patalas, E. (1967): Stars. Geschichte der Filmidole. Frankfurt/M. (Fischer Bücherei, Nr. 818)

Riefenstahl, L. (2000/2003): Filmographie (URL: http://www.leni-riefenstahl.de/deu/film.html; 25.11.2008)

Rousseau, J.-J. (1978): Abhandlung über den Ursprung und die Grundlagen der Ungleichheit unter den Menschen [1755]. In: Rousseau, J.-J.: Schriften, Bd. 1. München, S. 165-302

Rüsen, J. (2006): Interview mit Mitgliedern des Agenda-Forums Essen. Ratsbericht (URL: http://www.agenda-forum-essen.de/113.html; 25.11.2008)

Rybak, H. (2006): Nachhaltigkeitskultur. Eine Kultur, die Zukunft hat! (URL: http://www.nachhaltigkeitskultur.de/Idee/idee.html; 14.12.2006)

Schneider, N. (2005): Geschichte der Ästhetik von der Aufklärung bis zur Postmoderne. Stuttgart

Scherhorn, G. (2007a): Wo bleibt der nachhaltige Konsum? In Hellwig, M.; Hemker, R. (Hg.): Jahrbuch für Nachhaltigkeit. Münster, S. 5-14

Scherhorn, G. (2007b): Nachhaltige Lebensstile. Balance von Haben und Sein. In: Beck, Chr.; Fischer, W. (Hg.): Damit alle leben können. Erkelenz, S. 63-81

Schildt, A. (1995): Moderne Zeiten. Freizeit, Massenmedien und „Zeitgeist" in der Bundesrepublik der 50er Jahre. Hamburg

Schopenhauer, A. (1977): Die Welt als Wille und Vorstellung. Drittes Buch [1819]. In: Schopenhauer, A.: Werke in zehn Bänden. Bd. 1. Erster Teilbd. Zürich, S. 219-340

Stahmer, C. (2001):Verwehte Engel. Bausteine für ein nachhaltiges Berichtssystem. In: Hartard, S.; Stahmer, C. (Hg.): Magische Dreiecke. Berichte für eine nachhaltige Gesellschaft. Bd. 2: Bewertung von Nachhaltigkeitsstrategien. Marburg, S. 57-90

Stahmer, C. (2004): Zwei Wege zu einer nachhaltigen Gesellschaft. In: Biesecker, A.; Elsner, W. (Hg.): Erhalten durch Gestalten. Nachdenken über eine (re)produktive Ökonomie. Frankfurt/M., S. 305-328

Stahmer, C. (2006): Halbtagsgesellschaft. Anregungen für ein sozial nachhaltiges Deutschland. Bielefeld (Zentrum für interdisziplinäre Forschung; URL: http://www.uni-bielefeld.de/ZIF/KG/2004Modellierung/Halbtagsgesellschaft_Stahmer.pdf; 25.11.2008)

Wikipedia (2008a): Die Schwarzwaldklinik (URL: http://de.wikipedia.org/wiki/Die_Schwarzwaldklinik; 14.11.2008)

Wikipedia (2008b): Hedwig Courths-Mahler (URL: http://de.wikipedia.org/wiki/Hedwig_Courths-Mahler; 22.09.2008)

Wikipedia (2008c): Geschichte der Videospiele (URL: http://de.wikipedia.org/wiki/Geschichte_der_Videospiele; 20.11. 2008)

Wirth, U. (Hg.) (2008): Kulturwissenschaft. Frankfurt/M.

Wörterbuch (1966): otium cum dignitate. In: Wörterbuch der Antike. Stuttgart, S. 410

Auf dem Weg zu einer Kultur nachhaltiger Entscheidungen

Larissa Krainer

1 Der Kulturbegriff im Spannungsfeld von Widersprüchen

Beim IX. (wie auch beim X.) Weimarer Kolloquium wurden „Interdependenzen zwischen kulturellem Wandel und nachhaltiger Entwicklung" diskutiert. Die Ergebnisse sind zum einen in einem Dokumentationsband nachzulesen (vgl. Banse et al. 2009), zum anderen sind sie in dieses Buch aufgenommen worden.[1] Insgesamt bezieht sich die Diskussion aus meiner Sicht auf die folgenden drei Ebenen bzw. Themenstränge:

- *Zum Ersten* lässt sich eine interessante Auseinandersetzung mit dem Kulturbegriff in den Kulturwissenschaften, aber auch in verschiedenen anderen Disziplinen verfolgen (vgl. dazu insbes. Hauser/Banse 2009).
- *Zum Zweiten* kann man eine Auseinandersetzung mit dem Kulturbegriff aus verschiedenen Perspektiven der Nachhaltigkeit nachlesen (vgl. z.B. Kopfmüller 2009; Parodi 2009; Stahmer 2009).
- *Zum Dritten* wird in Teilen auch eine Auseinandersetzung mit dem Kulturbegriff in nicht-kulturwissenschaftlichen Disziplinen geboten, wie etwa der Technik (vgl. Parodi 2009) oder den Wirtschaftswissenschaften (vgl. Hübner 2009).

Die Auseinandersetzung mit dem Kulturbegriff im Wandel der Zeit zeigt aus meiner Sicht anschaulich, wie sich das Denken von Kultur historisch entwickelt hat, mit welchen Herausforderungen es sich konfrontiert sah und wie dispers Begriffe einander gegenüberstehen können. Dazu seien einige Spannungsfelder notiert. Kultur kann

- sehr weit (allumfassend) gedacht werden oder eher eng (mit Bezug auf ein bestimmtes kulturelles Phänomen);
- als absolute Konstante der Menschheit begriffen oder relativ bzw. relational gefasst werden;
- als historische Konstante geschildert werden oder auch als permanent veränderliches Phänomen;

1 Die Zitationen erfolgen alle nach dem Dokumentationsband von 2009 (vgl. Banse et al. 2009).

- als etwas Konkretes, in der Welt Vorfindbares gesehen werden oder als nichts konkret in der Welt „Aufzustöberndes";
- etwas sein, das alle unsere Handlungsfelder durchzieht oder etwas, das sich in bestimmten Handlungsfeldern und Praktiken vorfinden lässt;
- als eine Kultur des Seienden skizziert werden oder auch als eine Kultur dessen, was nicht ist, also als eine Kultur des Nicht-Seienden;
- nach dem Henne-Ei-Prinzip sowohl als Voraussetzung wie auch als Resultat unseres Handelns begriffen werden;
- eine aktive Leistung (einen kulturellen Akt) bezeichnen oder ein Phänomen, das den Akten immer schon vorauseilend zugrunde liegt;
- bewusst reflektiert sein oder ein unbewusstes Phänomen beschreiben;
- als (bewusst) beeinflussbar gedacht sein oder auch als unabhängig von unserem Zutun existierend, als unbeeinflussbar, unhinterfragbar;
- als gestaltbar oder als unveränderlich gedacht werden;
- festgelegt (tabu) oder verhandelbar sein;
- eine permanente Anpassungsleistung (nach dem Modell „trial and error") erfordern oder ein für alle Menschen erlernbarer Habitus sein;
- als Theorie oder als Praxis diskutiert werden;
- als subjektives oder als objektives Phänomen betrachtet werden;
- zum inneren Kitt der Gesellschaft erklärt werden, ohne den sie zerfallen würde, oder für etwas gehalten werden, ohne das wir jederzeit leben könnten, gleichsam als etwas Ersetzbares;
- als etwas Einheit Stiftendes oder als etwas, das permanent Differenzen auslöst, betrachtet werden.

Ähnlich widersprüchlich verhält es sich mit Kulturdifferenzen. Sie können sich auf sehr verschiedene Dimensionen beziehen, sehr nahe und sehr ferne (innerhalb jeder gesellschaftlichen Kultur erkennbar, etwa in den Differenzen zwischen Geschlechtern oder Generationen oder zwischen verschiedenen Gesellschaften) und werfen zumeist die Frage auf, ob der Umgang mit verschiedenen Kulturen wertneutral erfolgen soll oder ob Auf- und Abwertungen sein dürfen.

Die Auflistung, die anhand der Lektüre des Dokumentationsbandes des IX. Weimarer Kolloquiums 2008 entstanden ist, zeigt, dass es sich dabei um Widersprüche handelt, dass es aber unschwer möglich ist, für die jeweiligen Pole Begründungen anzuführen, sie jeweils als plausibel zu begreifen. Offenkundig können wir hier nicht nach den Bedingungen der Logik entscheiden, sondern sind eher geneigt, zu Antworten zu greifen, die beide Aspekte des Widerspruchs zulassen wollen (etwa nach den Modi „je nach dem" oder „sowohl als auch"). Daraus lassen sich aber wichtige Hinweise gewinnen:

Erstens: Kultur scheint nichts Eindeutiges zu sein, sie ist mitunter hartnäckig stabil und dann doch veränderlich, relativ (in den Konstanten von Zeit und

Raum gedacht), sie lässt sich gestalten, prägen, auch ausrotten, wie unsere Geschichte mehrfach unter Beweis gestellt hat, und meldet sich doch immer wieder als längst vergessen geglaubtes Kulturgut zu Wort. Sie verführt tendenziell dazu, Unterschiede hierarchisieren und ebenso dazu, diese negieren zu wollen – was jeweils mit Sinn und Unsinn geschehen kann.

Zweitens: Wenn so verschiedenen Argumente auf sie zutreffen können, ist sie offenkundig nicht logisch und linear zu begreifen. Als einzige Alternative bietet sich hier die Dialektik an. Kultur ist also ein dialektisches Phänomen, stabiler Anker *und* prozedurales Geschehen, Vorraussetzung *und* Resultat unseres Seins, unbewusste, anthropologische Grundkonstante des Menschen *und* zugleich reflektier- und gestaltbare Kulturleistung unserer Gattung. Der Gedanke wird an späterer Stelle wieder aufgegriffen.

2 Der Kulturbegriff im Kontext der Nachhaltigkeitsdebatte

Jenen Texten, die sich aus einer Perspektive der Nachhaltigkeit mit dem Kulturbegriff befassen, habe ich viele interessante Aspekte entnommen, allerdings auch eine gewisse Ratlosigkeit und wiederum mehrerer Widersprüche und Spannungsfelder.

Erstens: Kultur als nicht existente oder abstrakte, jedenfalls aber nicht konkrete Dimension der Nachhaltigkeit. Jürgen Kopfmüller gelangt nach einer umfassenden Analyse verschiedenster nationaler (insbesondere deutscher) und internationaler Dokumente zu Nachhaltigkeit bzw. nachhaltiger Entwicklung zu dem erstaunlichen Resümee, dass Fragen der Kultur in ihnen entweder überhaupt weitgehend inexistent sind oder, wo vorhanden,[2] weit häufiger abstrakte Werte postuliert werden, als Hinweise zu ihrer praktischen Umsetzung zu geben (vgl. Kopfmüller 2009, S. 27f.). Angesprochen ist damit die Divergenz des Begriffs zwischen abstrakter Norm und empirisch-praktischer Handhabbarkeit. Immanuel Kant hat dieses Phänomen mit dem Begriff „regulative Ideen" umschrieben, die „niemals von konstitutiven Gebrauch" wären (vgl. Kant 1974, S. 565; vgl. auch Heintel 2000). Peter Heintel hat, in Rückgriff auf Kant, in Bezug auf diverse Werte unserer Gesellschaft ihren Doppelcharakter und dessen Sinn herausgestrichen. Abstrakte Normen müssen demnach immer auch als solche erhalten

2 Kultur wird gelegentlich als eigene Säule konzipiert, wie etwa von der United Nations Commission on Sustainable Development, oder, gemeinsam mit Bildung, als Querschnittsmaterie gedacht, wie etwa dem Schlussbericht der Enquete-Kommission des 13. Deutschen Bundestages über „Schutz des Menschen und der Umwelt" zu entnehmen ist (vgl. Kopfmüller 2009, S. 25ff.).

bleiben, um sie als allgemeine Hinweisschilder für unser konkretes Handeln heranziehen zu können. Zugleich lässt sich das konkrete Tun als jeweils spezifische Form ihrer Umsetzung begreifen und an ihnen messen. Regulative Ideen sind demnach Orientierungsrichtlinien und dürfen als solche auch nicht aufgelöst werden, sie dienen als individuelle wie kollektive Reflexionsfolie der Überprüfung dessen, was gesellschaftlich gewollt ist und was im Vergleich dazu praktisch erreicht werden konnte (vgl. Heintel 2000).

Zweitens: Kultur als Widerspruch zur konkreten Umsetzung nachhaltiger Entwicklung. Kopfmüller weist auf ein weiteres interessantes Phänomen hin: Im Anschluss an eine Studie „Brot für die Welt“ greift er den Terminus der „kulturellen Hilflosigkeit“ auf, der sich dort primär auf die Frage bezieht, wie kulturelle gesellschaftliche Muster das Wirksamwerden von nachhaltigen Aspekten verhindern können (vgl. Kopfmüller 2009, S. 27). In dieser Denkart wird Kultur als ein Verhinderungs- oder zumindest als Kontrastprogramm zu Nachhaltigkeit lesbar. Diesen Gedanken greifen auch andere Autor/inn/en auf, wenn sie etwa die Frage stellen, warum seit so geraumer Zeit über Nachhaltigkeit diskutiert und Potenziale nachhaltiger Entwicklung vorgestellt werden und demgegenüber wenig Fortschritt in der selben Sache zu erkennen ist, und zur Auffassung gelangen, dass wir derzeit tendenziell eher in einer nicht-nachhaltigen Kultur leben würden (vgl. Krainer/Trattnigg 2007). Wenn aber Nachhaltigkeit und Kultur zunächst als widerstreitende Phänomene betrachtet werden, so liegt dem wiederum ein weitgehend stabil gedachter Kulturbegriff zugrunde, der die Frage evoziert, wie sich Prozesse des kulturellen Wandels in die Wege leiten ließen.

Drittens: Kultur zu bewahren ist nachhaltig und nicht-nachhaltig zugleich. Nicht minder widersprüchlich gestaltet sich das Ansinnen, Kulturgüter nachhaltig erhalten zu wollen, wenn man den Ausführungen von Caroline Y. Robertson-von Trotha folgt, die aufzeigt, wie einerseits Umweltprobleme und andererseits problematische historische Umdeutungen das Schützen und Erhalten historisch bedeutsamer Stätten zu einem zwielichtigen Geschäft werden lassen (vgl. Robertson-von Trotha 2009).

Die Lektüre führt einmal mehr vor, dass wir im Kultur-, aber auch im Nachhaltigkeitsthema von einer Vielzahl von Widersprüchen umgeben sind. In Bezug auf das Feld der Nachhaltigkeit sei noch nachgetragen, dass die meisten Idealvorstellungen, die sich etwa dem klassischen Drei-Säulen-Modell der Nachhaltigkeitsdiskussion entnehmen lassen (ökologisch, ökonomisch, sozial), auch zueinander in Widerspruch geraten können bzw. innere Spannungsfelder der Nachhaltigkeit beschreiben (vgl. Krainer et al. 2009).

Kein Wunder, dass manche daher finden, der Nachhaltigkeitsbegriff sei schon schwierig genug, man möge sich nicht auch noch mit dem Kulturbegriff herumplagen. Genau das wollten wir aber, also setzen wir damit fort.

3 Kultur im Widerspruch der wissenschaftlichen Disziplinen

Worüber wir noch wenig wissen, ist die Frage, welche unterschiedlichen Bedeutungen Kultur in den einzelnen wissenschaftlichen Disziplinen erhält und welche Konsequenzen daraus für einen interdisziplinären Diskurs (den sowohl das Thema der Nachhaltigkeit als auch jenes der Kultur zwingend nahe zu legen scheint) gewinnen können. Was sagt beispielsweise ein Ökonom, wenn er „Kultur" sagt und in der sonst scheinbar so rationalen Welt der Wissenschaft vom Geld und den Märkten, von Wirtschafts*kultur,* Unternehmens*kultur* oder Markt*kultur* spricht? Was ist gemeint, wenn der Ruf nach deren Wandel immer lauter wird? Was sagt eine Technikerin, wenn sie Kultur sagt und von *Technikkulturen* spricht, was denkt sie, wenn sie „Kultur der Technik" denkt? Was sagen Naturwissenschaftler, wenn sie „Kultur" sagen und etwa von Bakterien*kulturen* reden, deren Rein*kulturen* von besonderer Bedeutung seien? Welche Kultur ist gemeint, wenn Pflanzensoziologen von Pflanzen*kulturen* sprechen? Was sagen Studentinnen und Studenten der Wiener Universität für Bodenkultur, wenn sie Kultur sagen und sich dabei über Aqua*kultur* unterhalten? Welche Kultur ist Gegenstand ihres Lernens, wenn sie Studien zur *Kultur*technik aufnehmen? Von welcher Kultur sprechen Universitäten, wenn sie plötzlich eine Qualitäts*kultur* in ihren Reihen einführen wollen? Etwa davon, dass es davor weder Qualität noch Kultur an den Universitäten gab?

Ich wage die Vermutung, dass nahezu jede Wissenschaft in sich einen Kulturbegriff beherbergt und wage zugleich zu bezweifeln, dass Angehörige der verschiedenen Disziplinen auch nur annähernd das gleiche denken, wenn sie Kultur sagen. Was wir gewönnen, wenn wir wüssten, was Wissenschaftlerinnen sagen, denken, meinen, wenn sie von Kultur sprechen, vermag ich nicht abzuschätzen, interessant könnte ein solcher Dialog, ein solches interdisziplinäres und damit auch interkulturelles Lernen aus meiner Sicht allemal sein. Und ich vermute ferner, dass sich daraus noch weitere spannende Widerspruchsfelder generieren ließen (z.B., wenn wir überlegen, was der Unterschied zwischen Kulturen ist, die vom Menschen im Labor künstlich erzeugt, gezüchtet etc. werden können und solchen, in denen wir selbst leben, die wir selbst sind).

Was mir aber ebenso wichtig erscheint, ist an dieser Stelle auf unterschiedliche *Wissenschaftskulturen* aufmerksam zu machen, die aufgrund sehr verschiedener Grundaxiome sehr verschiedene Vorgehensweisen in ihren Forschungen wählen und dementsprechend auch sehr verschiedene Formen des Eingriffs in gesellschaftliche Zusammenhänge tätigen, mit höchst unterschiedlichen Auswirkungen und äußerst divergenten Ergebnissen und Erkenntnissen. In wissenschaftlichen Methoden spiegeln sich nicht nur Vorgaben zur fachlich „richtigen" Vorgehensweise wider, sie sind auch Ausdruck eines bestimmten Verständnisses von Welt, das auch kulturelle Dimensionen umfasst. Wer denkt, die Welt und ihre inneren Zusammenhänge durch Zerlegung in kleinste Teile verstehen zu können, denkt sie per se anders als jemand, der meint, sie bestenfalls durch Beobachtung erahnen zu können. Wer in Labors arbeitet und die Außenwelt gleichsam in sie hineinholt (oder in ihnen künstlich reproduziert) setzt sich einer anderen Arbeitskultur aus als jemand, der „ins Feld geht" und hofft, die Außenwelt dort (möglichst unberührt) vorzufinden. Wer in der Erde schürft, um ihr alte Kulturgüter zu entreißen, will Kultur in der Vergangenheit durch Befunde der Gegenwart rekonstruieren, wer Individuen therapeutisch darin ermuntert, ihre eigene Vergangenheit zu erinnern, um ihre Gegenwart besser gestalten zu können, setzt Hoffnung in einen individuellen Wandel, der häufig auch den Wandel bestimmter Muster im Leben von Menschen impliziert – und was sind Lebensmuster anderes als Phänomene einer Lebenskultur? Wer sich forschend auf die Suche nach technischen Innovationen begibt, fragt in aller Regel (und trotz aller Kenntnis umfangreicher Debatten zur Technikfolgenabschätzung) zunächst nicht nach deren potenziellen kulturellen Implikationen, betrachtet tendenziell technische Entwicklung als wertneutrales Geschehen, das erst durch „richtige" oder „falsche" Handhabung durch Andere bessere oder schlechtere Folgen zeitigt. Je nachdem, wie Wissenschaften die Welt sehen oder auch verstehen wollen, legen sie sich Methoden dafür zurecht. Ob sie nun messen, zerlegen, experimentelle Versuchsanordnungen herstellen, „in die Quellen gehen", testen, Gutachten verfassen, Konstruktionen erproben, beobachten, interviewen, Fragebögen erstellen – immer konstituieren sie damit eine Forschungs- und Wissenschaftskultur, die nicht ohne Auswirkungen auf ihre „Untersuchungsgegenstände" bleibt – ob diese nun anorganischer oder organischer Natur seien, Tiere oder eben Menschen.

Unterschiedliche Wissenschaftskulturen schlagen sich in weiterer Folge auch in sehr verschiedenen Publikationskulturen und -richtlinien nieder, ob Monografien oder Journal-Artikel verfasst werden, ob in nationalen Sprachen geschrieben wird oder der dominanten englischen Sprachkultur innerhalb der Wissenschaften nachgegeben wird, ob für ein wissenschaftliches Fachpublikum geschrieben wird oder für die Allgemeinheit.

Ein weiteres gravierendes Kulturthema innerhalb der Wissenschaften entspinnt sich an der Frage, ob disziplinär, interdisziplinär oder transdisziplinär gearbeitet wird, wobei ich unter interdisziplinär die Kooperation verschiedener Wissenschaften in einem Themenfeld begreife und unter transdisziplinär das Forschen in Kooperation mit Praktikerinnen und Praktikern in einem jeweiligen

Forschungsfeld. In beiden Fällen werden Kooperationen eingegangen, die nicht immer einfach sind. Interdisziplinäres Arbeiten erfordert disziplinenübergreifende Verständigung, die sich nicht automatisch einstellt (zu divergent ist oft das Begriffsverständnis, zu heterogen sind die methodischen Vorstellungen etc.). Die Kooperation in Forschungsprozessen mit Praktikerinnen und Praktikern ermöglicht partizipative Forschungsprozesse, aus denen beide Seiten – Wissenschaft und Praxis – lernen können, bedarf aber ebenfalls sorgfältiger Prozesse des Aufeinanderzugehens und des Aufbaus von Vertrauen und Kooperationsbeziehungen (vgl. Ukowitz 2006).

Wenn sich in den Wissenschaften aber so viele verschiedene Dimensionen von Kultur auffinden lassen, wie kann Wissenschaften dann ernsthaft zugemutet werden, zu definieren oder wenigsten genau zu beschreiben, was denn Kultur sei? Das Problem sei wiederum als Paradoxie formuliert: Wissenschaften wird zugemutet, zugleich Kultur *prägende* und Kultur *verstehende* Institutionen zu sein. Sie sollen das Phänomen möglichst umfassend erklären können, wo doch die wenigsten von ihnen umfassend genug zu schauen gelernt haben (sonst gäbe es ja keine disziplinären Grenzen). Und noch immer besteht die Hoffnung, dass sie als wertneutrale Instanzen es leichter hätten, kulturelle Wertgebilde zu durchschauen.

Evident ist damit aber auch, dass die verschiedenen Wissenschaftskulturen noch näher in Hinblick auf deren Konsequenzen für Nachhaltigkeit und Nachhaltigkeitsforschung zu beleuchten sein werden, und dass auch zu fragen ist, welche Wissenschaftskulturen in Hinblick auf das Thema bestehen, wo diese zueinander passen und wo sie einander widersprechen.

4 Anmerkungen zu Kultur als menschlichem Existenzial

Die Frage, was den Menschen, etwa im Unterschied zur Natur, auszeichnet, wurde historisch vielfach gestellt und ist nicht unheikel, wollen doch einige aus plausiblen Gründen den Hiatus von Natur und Kultur lieber aufgehoben wissen, weshalb sie sich gegen entsprechend polarisierende Trennungen aussprechen, wie etwa Oliver Parodi dies nachvollziehbar macht (vgl. Parodi 2009, S. 55f.). Noch heikler ist freilich die Frage, was Menschen von anderen unterscheidet, gerade dann, wenn mittels Kulturbewertungen Differenzen gezogen werden, um die einen Kulturen auf- und die anderen abwerten zu können. Zu wach ist die Erinnerung an Regime, die die einen zu Ober- und die anderen zu Untermenschen erklärt haben, und die nicht gezögert haben, andere Kulturen zu vernichten. Dennoch erscheint es mir auch problematisch, keine Differenzen zu benennen und jene Schwierigkeiten zu verleugnen, die sich im „Kampf der Kulturen“ (vgl. Huntington 1998) immer wieder zeigen.

Aus meiner Sicht sind für die menschliche Existenz als Kulturwesen drei Dinge jedenfalls unverzichtbar:

- *Erstens* die Fähigkeit, auf Basis von Symbolen zu kommunizieren. Erst das ermöglicht Vereinbarungsleistungen. Damit eng verbunden ist in weiterer Folge die Fähigkeit zur sozialen Interaktion, als welche etwa der Symbolische Interaktionismus Kommunikation definiert, den Herbert Blumer in Gefolge von George Herbert Mead entwickelt hat (vgl. Blumer 2004). Und nachdem wir von Paul Watzlawick und Kolleg/inn/en gelernt haben, dass Menschen „nicht nicht kommunizieren können", ist es evident, dass Kommunikation von jeher ein menschliches Existenzial ist (vgl. Watzlawick et al. 1980). Der Grund, warum ich die Fähigkeit zur Vereinbarungsleistung betone, ist, dass es mir gerade im Kontext der Nachhaltigkeitsdebatten und -bestrebungen immer wieder zentral um die Frage zu gehen scheint, wie kollektive, gesellschaftliche Vereinbarungsleistungen erzielt werden können, die das, was als sinnvoll und nachhaltig erscheint, auch verbindlich machen.
- *Zweitens* halte ich die Fähigkeit zur Reflexion und damit verbunden die Möglichkeit, Selbstbewusstsein zu entwickeln, für eine zentrale menschliche Fähigkeit, die Menschen zugleich auszeichnet. Für Georg Wilhelm Friedrich Hegel ist die Fähigkeit zur Differenz-Setzung (zu sich selbst und zu anderen) ein entscheidendes Unterscheidungsmerkmal von Mensch und Tier. Dieses Thema wird an späterer Stelle noch genauer verfolgt.
- *Drittens* halte ich die Fähigkeit zur gesellschaftlichen Steuerung bzw. zur Steuerung von gesellschaftlichen Subsystemen auf der Basis von Reflexion und kollektiver Entscheidungsfindung für ein enormes Potenzial auf dem Weg zu einer Kultur der Nachhaltigkeit. Wenn diese Fähigkeit derzeit auch noch eher in den Kinderschuhen zu stecken scheint, so stellt sie doch immerhin ein Potenzial dar, das in Menschen und Kollektiven angelegt ist. Zu beobachten ist dies bereits in einzelnen Regungen der Zivilgesellschaft, zu hören ist es auch in den breiter werdenden Debatten um „Good Governance", zu beobachten war es etwa im Rahmen eines fünfjährigen Mediationsverfahrens am Flughafen Wien-Schwechat (vgl. Falk et al. 2006). Moderne Gesellschaften suchen immer stärker nach neuen Formen der Konfliktregelung, aber auch nach partizipativen Entscheidungsstrukturen, die es möglichst vielen Bürgerinnen und Bürgern ermöglichen sollen, Entscheidungen, von deren Ergebnis sie in weiterer Folge betroffen sein werden, mitzugestalten.

Damit aber zu einigen Problemzonen, die mit der Kulturfrage als menschlichem Existenzial einhergehen. Global betrachtet zeigt sich schnell, dass wir es mit sehr unterschiedlichen Reflexionstraditionen (ich sage bewusst nicht -fähigkeiten) zu tun haben. Wir können derzeit sehr unterschiedliche Grade des Auslebens und Betreibens von Reflexion beobachten, und zwar aus verschiedenen Gründen, wie ich meine:

- *Zum Ersten* bestehen verschiedene historische Traditionen der Tabuisierung, die mancherorts bis heute Reflexionsverbote mit sich bringen. Von der Steinzeit bis in die Gegenwart (insbesondere noch im naturnahen Stammesvölkern zu beobachten) herrschen implizite normative Regeln des Zusammenlebens, die auch nicht hinterfragt werden sollen und dürfen, weil ein Hinterfragen eingeübter Regeln, Riten und Traditionen sozial destabilisierend wirken kann. Es bestehen also Reflexionsverbote aufgrund von Tabus.
- *Zum Zweiten* kennen wir institutionelle Reflexionsverbote und die mit ihnen verbundene lange Tradition von autoritären Regierungen oder Diktaturen. Ich möchte dies am Beispiel der Pressefreiheit illustrieren. Die NGO Freedom House erstellt jährlich einen Bericht zur Lage der Pressefreiheit in der Welt (vgl. Freedom-House 2009). Die Weltkarte zeigt ein buntes Bild von Staaten, von denen jene grün markiert wurden, in denen Pressefreiheit hergestellt ist, gelb diejenigen, die als „partly free“ bezeichnet werden, in denen Pressefreiheit also nur partiell gilt, und schließlich sind diejenigen Länder, in denen keine Pressefreiheit gilt, blau markiert. Nordamerika, Europa und Australien sind tendenziell (wenn auch nicht durchgängig) grün eingefärbt, Südamerika mehrheitlich gelb, Asien mehrheitlich blau, Afrika hat alles zu bieten, vornehmlich aber blaue Staaten. Die Länderstatistik aus 2009 zeigt, dass 70 Staaten (36%) ein freies Pressesystem garantieren, 61 Staaten (31%) ein partiell freies und 64 Staaten (33%) keine Pressefreiheit gewähren. Umgelegt auf die Anzahl der Menschen, die in diesen Ländern leben, präsentiert sich ein noch drastischeres Bild: Nur 17% der Menschen weltweit leben in Ländern, in denen Pressefreiheit hergestellt ist, 41% in Systemen mit partieller Pressefreiheit, und 42% der Menschen müssen ganz ohne freiheitlichen Pressestrukturen leben. Nun ist Pressefreiheit nicht notwendig ein Indiz für Reflexionskompetenz oder -tradition, wohl aber ein Zeichen für die Möglichkeit, eigene Reflexionsüberlegungen öffentlich zu artikulieren, Diskussionen zu führen, sich in kritische Differenz zu Regimen zu begeben oder gar kollektive Entscheidungen zu treffen, solche zu organisieren oder an ihnen zu partizipieren. Wo Meinungsfreiheit eingeschränkt wird, ist zumeist auch Versammlungsfreiheit eingeschränkt, die aber in aller Regel wichtig ist, wenn Menschen sich aus eigener Kraft organisieren sollen.

Ich halte in diesem Sinne wenig davon, alle Kulturen als „gleichwertig“ zu betrachten – nicht, weil ich die einen als höher, die anderen als minder bezeichnen will, sondern weil ich meine, dass für die bewusste Entscheidung für bestimmte Kulturen (z.B. für eine Kultur der Nachhaltigkeit) die Freiheit gegeben sein muss, solche Entscheidungen treffen zu können. Insofern ist Freiheit mit Immanuel Kant als „Schlüssel zur Erklärung der Autonomie des Willens“ (Kant 1998, S. 81f.) zu beschreiben, damit eine Kultur der Nachhaltigkeit werden kann. Natürlich ließe sich nun einwenden, dass gerade autoritäre Regime viel eher Aussicht hätten, Nachhaltigkeit von „oben her“ zu verordnen. Das mag auch stimmen. Abgesehen davon, dass ich derzeit allerdings wenig totalitäre Regimeführer kenne, die eine solche bislang verordnet hätten, zweifle ich aber auch daran, ob eine verordnete Nachhaltigkeit eine langfristige Perspektive hätte. Bisher hat der Sturz von Diktaturen in aller Regel dazu geführt, dass nahezu alles über Bord geworfen wurde, was vordem verordnet war, selbst dann, wenn es bei näherer Betrachtung durchaus positive Aspekte mit sich brachte (wie etwa Teile einer Planwirtschaft durchaus Nachhaltigkeitskriterien entsprechen können).

5 Zum Zusammenhang von Kultur und Reflexion

Immanuel Kant formulierte den berühmten Satz „Aufklärung ist der Ausgang des Menschen aus seiner selbstverschuldeten Unmündigkeit“ (Kant 1977, S. 9). Der Philosoph ist davon ausgegangen, dass dem Menschen eine besondere Fähigkeit zukomme, nämlich die der individuellen Reflexion (für die er jene Freiheit forderte, die Friedrich der II, der Große, letztlich auch bot), und er nennt das Gewissen einen „inneren Gerichtshof des Menschen“ (vgl. Kant 1997, S. 573). Hegel hat die Differenz von Mensch und Natur unmittelbar an dessen Fähigkeit zur Reflexion festgemacht:

> „Der Mensch ist Tier, doch selbst in seinen tierischen Funktionen bleibt er nicht als in einem Ansich stehen wie das Tier, sondern wird ihrer bewusst, erkennt sie und erhebt sie, wie z.B. den Prozess der Verdauung, zu selbstbewusster Wissenschaft. Dadurch löst der Mensch die Schranke seiner ansichseienden Unmittelbarkeit auf, so daß er gerade, weil er weiß, daß er Tier ist, aufhört, Tier zu sein, und sich das Wissen seiner als Geist gibt.“ (Hegel 1970b, S. 112)

Reflexion ist immer ein Akt der Differenz-Setzung. Sie bietet die Möglichkeit des In-Frage-Stellens von Handlungen, von Personen, Organisationen, Institutionen, Bedingungen, Zuständen und schließlich von sich selbst. Letzteres führt unmittelbar zu einer ihr verwandten Fähigkeit, nämlich der Selbstbeobachtung. Erkenntnissen aus der Gruppendynamik zufolge lässt sich aus einem gelungenen Wechsel von Agieren und Reflektieren (Selbstbeobachtung) letztlich das Potenzial zur Selbststeuerung von Gruppen gewinnen. Wenn damit auch noch nicht geklärt ist, wie diese Fähigkeiten auf größere Kollektive übertragen werden können, so lässt sich doch festhalten, dass es Menschen möglich ist, durch Reflexion und Selbstbeobachtung von inneren Prozessen so etwas wie autonome Steuerung, oder eben Selbststeuerung, zu erlernen (und zwar über die individuelle Kompetenz dazu hinaus). Diese Fähigkeit zur Differenzsetzung erscheint mir daher ein besonders wichtiger Kern dessen zu sein, was den Menschen auszeichnet.

Während für Kant noch die individuelle Aufklärung im Zentrum des Interesses stand, fragt der Klagenfurter Philosoph und Gruppendynamiker Peter Heintel danach, wie sich denn „kollektive Autonomie“ (Heintel 1998, S. 41) erreichen ließe und meint damit genau jene Fähigkeit zur reflektierten Selbststeuerung von Kollektiven, die auch über die Ebene der Gruppenformationen hinaus gehen soll.

Der Zusammenhang mit dem Thema der Kultur ist rasch erklärt: Wer Menschen zubilligt, sich aufgeklärt zu verhalten, gesteht ihnen auch die Möglichkeit zu, alles in Frage zu stellen und Gegenentwürfe zu unterbreiten (die dann allerdings immer der Zustimmung der anderen bedürfen, sofern wir in demokratischen Strukturen denken). Das bedeutet aber auch, dass es möglich sein muss, Kultur und kulturelle Muster zu beobachten, zu reflektieren, zu kritisieren, in Frage zu stellen und gegebenenfalls zu verändern. Wenn wir Kultur nur als statisch-unveränderliches Phänomen begreifen, berauben wir uns selbst der Freiheit, sie als unser Werk und unser Gestaltungspotenzial zu begreifen. Dass kulturelle Muster nicht leicht einer Aufklärung zuzuführen sind, weil sie sich aus historisch gewachsenen, kulturellen wie übrigens auch religiösen Praktiken speisen, tradiert und lieb gewonnen sind und zum Teil nur deshalb überleben konnten, weil sie gerade nicht reflektiert werden durften (siehe Tabus), ist zuzugestehen, bedeutet aber dennoch nicht, dass es nicht prinzipiell möglich wäre. Insofern mag die Reflexion an einigen Tabus rütteln, mag mit Vorsicht zu beginnen sein, mag auch gefährlich sein (jedenfalls für einzelne), unmöglich ist sie nicht.

Damit aber zu einem weiteren Aspekt. Als zentrale Basis für die Fähigkeit zur Selbststeuerung stellt sich die Fähigkeit heraus, im Kollektiv bewusste und reflektierte Entscheidungen zu treffen. Ein Thema, mit dem wir uns in Klagefurt schön länger und sehr umfassend beschäftigt haben. Darauf soll der letzte Teil zugespitzt werden, wenngleich die bisherigen Ausführungen zu umfassenderen Überlegungen und Konsequenzen führen, die aus Platzgründen aber nicht mehr ausgeführt werden können. Also wenden wir uns der Frage zu, wie wir eigentlich entscheiden.

6 Auf dem Weg zu nachhaltigen Entscheidungen

Im Rahmen einer Studie über „Wissen und Entscheiden, Informieren und Dokumentieren, Steuern, Führen und Kooperieren“ haben wir 2003 insgesamt 43 qualitative Interviews mit Unternehmer/inne/n (Schwerpunkt KMU) in Kärnten geführt, in denen wir diese unter anderem gefragt haben, wie sie in ihrem Unternehmen entscheiden, Entscheidungen treffen und das Prozedere dazu organisieren. Allein die Frage „Wie entscheiden Sie?“ löste bei den Allermeisten ein umfassendes Zögern oder Stottern aus – nicht, weil das Entscheiden nicht zu ihrem alltäglichen Geschäft gehörte, und auch nicht deshalb, weil es in ihren Unternehmen keine klaren Entscheidungsstrukturen gegeben hätte – die meisten von ihnen hatten schlicht noch nie darüber nachgedacht. Wir entscheiden täglich unzählige Fragen, sind darin routiniert und sind es daher offenbar nicht gewohnt, darüber nachzudenken, wie wir das eigentlich machen – und zwar individuell wie kollektiv.

Gezeigt haben sich im Wesentlichen zwei Pole der unternehmerischen Entscheidungsfindung: Für die einen sind Entscheidungen eine Hauptaufgabe des Managements (also von sich selbst): *„Also ich gebe die Richtlinien [vor], und dann sage ich: ‚Herr Produktionsleiter, schauen Sie, wie Sie die Mengen zustande bringen!‘“*, war für diese Richtung ein charakteristisches Zitat. Die anderen sehen Entscheidung mehr als einen Prozess, in den verschiedene Ebenen des Managements (bis hin zu allen Mitarbeiter/inne/n) eingebunden werden sollten. Aufgabe des Managements ist es dann, für die Organisation der Prozesse zu sorgen: *„Letztendlich ist es effizient, denn wenn alle eine Entscheidung mittragen, wird das Ziel dann viel besser und leichter erreicht“,* sagte etwa ein Vertreter dieser Ansicht. Ein weiterer Unterschied, den wir ausmachen konnten, war jener zwischen den sogenannten „rationalen Entscheidungen“, die zumeist kennzahlenorientiert argumentiert wurden, und den sogenannten Entscheidungen „aus dem Bauch“. Letztere, so haben wir in der Studie gelernt, sind aber bei weitem keine irrationalen Entscheidungen, sondern zumeist Entscheidungen, die aus dem breiten Erfahrungswissen von Menschen getroffen werden. Als die schwierigsten zu treffenden Entscheidungen nannten die Unternehmer/innen übrigens durchgehend Personal- und Investitionsentscheidungen (vgl. Heintel et al. 2004, S. 27).

Entscheidungen zu treffen kann mit verschiedenen, mitunter sehr gravierenden Schwierigkeiten verbunden sein. Einige davon seien kurz genannt (vgl. Heintel 1986; Krainer 2007):

- Zu entscheiden ist immer Offenes (sonst wäre keine Entscheidung zu treffen);
- Entscheidung bedeutet immer Einschluss und Ausschluss – bedeutet, sich für etwas und gegen etwas anderes zu entscheiden;
- Entscheidungen wohnt die Notwendigkeit inne, Unsicherheit und Unbestimmtheit in Sicherheit und Bestimmtheit zu überführen;
- zugleich bleibt die Richtigkeit der Entscheidung ebenso offen, bedarf der laufenden Beobachtung, gegebenenfalls ihrer Revidierung;
- gute Entscheidungen brauchen Zeit, de facto müssen Entscheidungen in Unternehmen aber sehr häufig unter großem Zeitdruck getroffen werden;

- Entscheidungen bergen häufig Risiken in sich. Bei nicht kalkulierbaren Folgen von Entscheidungen ist die Risikoabwägung besonders heikel, weshalb größere Investitionsentscheidungen vermutlich auch so schwer zu treffen sind.

Klar ist aber auch, dass Entscheidungen nicht vom Himmel fallen, dass sie also von uns getroffen werden müssen, zugleich ist es aber auch wichtig zu betonen, dass sie auch keine unrevidierbaren Tatsachen sind, also in aller Regel auch verändert werden können (wenn auch manche von ihnen nicht wieder rückgängig zu machen sind).

In Bezug auf Fragen der Nachhaltigkeit sind nun die folgenden Fragen zu stellen:

- Wie können Entscheidungsprozesse eingerichtet werden, die es möglichst vielen Betroffenen ermöglichen, an Entscheidungen teilzunehmen (an ihrem Zustandekommen mitzuwirken)?
- Wie können sie zugleich so gestaltet werden, dass Kriterien der Nachhaltigkeit in sie Eingang finden können?
- Wie können nachhaltige Entscheidungen getroffen werden, die auch die Möglichkeit offen halten, im Falle von Fehlentscheidungen diese rasch zu revidieren (siehe Biosprit)?

Es hat sich als sinnvoll erwiesen, zunächst zwischen Entscheidungen als Resultat eines Entscheidungsprozesses und Entscheiden als Handlung zu unterscheiden. An anderer Stelle habe ich dieses Thema umfassender verfolgt (vgl. Krainer 2007), hier nur einige Quintessenzen davon:

- Entscheidungen sind nachhaltig, wenn im Prozess ihrer Entscheidungsfindung alle Interessengruppen Aussicht haben, gehört, verstanden und berücksichtigt zu werden, wenn Entscheidungen also so getroffen werden können, dass Interessenkonflikte in ihnen einen Ausgleich finden können, mit dessen Resultat alle Interessenparteien (mindestens gerade noch) leben können.
- Entscheidungen sind von nachhaltiger Wirkung, wenn ihr Implementieren gewährleistet und ihre Umsetzung einer regelmäßigen Überprüfung (durch jene, die von ihr betroffen sind) unterworfen wird, wenn also die Möglichkeit besteht, sie an veränderte Gegebenheiten und neue Herausforderungen anzupassen oder sie auch prinzipiell zu hinterfragen.
- Entscheidungen bedürfen in aller Regel der Suche nach einer Balance. Aristoteles hat dafür bereits vor mehr als 2.000 Jahren ein Verfahren vorgeschlagen, das sich in seiner Nikomachischen Ethik unter dem Begriff der Mesoteslehre nachlesen lässt, der Lehre der Mitte. Dabei ist es für Aristoteles nicht sinnvoll, das Problem arithmetisch zu lösen, sondern nach einer

Mitte zu streben, die jeweils situationsbedingt und angepasst an die jeweiligen Umstände zu ermitteln ist (vgl. Aristoteles 1995, S. 43).

Die meisten Materien, in denen es uns schwer fällt, Entscheidungen zu treffen, sind solche, in denen Konflikte sichtbar werden. Das Thema der Nachhaltigkeit ist gespickt mit ihnen. Prinzipiell sind Konflikte notwendig, sinnvoll und gut. Aus Konflikten, denen zumeist unlösbare Widersprüche zugrunde liegen, lernen wir. Dem zugrunde liegt eine umfassende Theorie von Widersprüchen, die an dieser Stelle nicht näher ausgeführt werden kann (vgl. dazu Krainer/Heintel 2010). Die Grundannahme besteht darin, dass alle relevanten Materien, die wir zu entscheiden haben, nicht eindeutige Entscheidungen nach dem Muster „richtig oder falsch" anbieten. In den meisten Fällen lassen sich gute Argumente finden, das eine zu tun und das andere zu lassen und umgekehrt. Dies lässt sich anschaulich auch für alle Forderungen einer nachhaltigen Entwicklung nachvollziehen. Immer finden sich Interessen und Lobbys, welche anderer Ansicht sind, andere Ziele verfolgen, die sich bei näherer Betrachtung auch nicht ganz von der Hand weisen lassen. Oder können wir es jenen Ländern, die sich gerade erst auf den Weg gemacht haben, einen gewissen Wohlstand zu erreichen, auf dem wir uns schon lange ausruhen, ernsthaft verbieten, diesen erreichen zu wollen (selbst wenn evident ist, dass damit äußerst negative Belastungen der Umwelt verbunden sind und sein werden)?

Internationale Klimakonferenzen führen Konflikte ebenfalls anschaulich vor Augen: Wer im eigenen Land wieder gewählt werden will, kann es sich nicht leisten, zu viele Versprechen zu geben, wer bereits gewählt ist, kann nicht immer garantieren, das eigene Wollen zu Hause auch in politische Mehrheiten umsetzen zu können.

Und selbst dort, wo solche Konflikte einem Konsensverfahren mit dem Ziel einer Balancefindung zugeführt werden, lässt sich beobachten, dass der Weg zum Konsens ein harter ist! Wir sollten uns daher keinen naiven Hoffnungen auf Einsicht in normatives Besserwissen anderer hingeben, selbst wenn alle Beteiligten völlig davon überzeugt sind, dass sie die moralisch „richtige" Position vertreten.

Von 2001 bis 2005 hatten wir Gelegenheit, das bisher größte Mediationsverfahren, das aus der Literatur bekannt ist, forschend zu begleiten. Es fand am Flughafen Wien-Schwechat statt, verhandelt wurden der Bau einer dritten Start- und Landebahn sowie unzählige Maßnahmen zur Entlastung der anrainenden Bevölkerung. Insgesamt haben rund 60 Verfahrensparteien an einem permanenten Ringen um Entscheidungen, getragen von wirtschaftlichen Interessen auf der einen Seite (Bau einer dritten Start- und Landebahn) und von privaten Sorgen und Nöten auf der anderen Seite (Lärmbelastung, Umweltthemen), teilgenommen und sich der großen Herausforderung, Entscheidungen treffen zu müssen, die sich auf nächste Generationen auswirken werden, gestellt (vgl. Falk et al. 2006). Um die dort verhandelten Widersprüche an einem Beispiel zu illustrieren: Eine Position war der Auffassung, man müsse der Jugend der Zukunft Mobilitätschancen einräumen (also die Piste bauen), die Gegenposition argumentierte, man müsse auf die natürlichen Ressourcen achten und diese für die kommenden Generationen bewahren (also die Piste nicht bauen). Dass beiden Argumenten Einiges abzugewinnen ist, ist evident. Gemessen an heutigen Maßstäben wird der Mobilität die Zukunft gehören, wie auch nur durch das Schonen von Ressourcen eine lebenswerte Zukunft zu erreichen sein wird.

7 Eine nachhaltige Kultur ist eine bewusste Entscheidungskultur

Als Resümee meiner Ausführungen möchte ich gerne die folgenden Gedanken anbieten: Aufgrund der vielen Befunde, die aus dem Bereich der Nachhaltigkeitsbewegung, aber auch der sie begleitenden Forschung vorliegen, zweifle ich zunehmend daran, dass sich nachhaltige Entwicklung von selbst einstellen wird. Dem widersprechen nicht nur zu viele mächtige Interessen, unzweifelhaft stehen dem auch derzeit dominante Wertfiguren und Kulturmuster entgegen, die Heintel treffend als „Modell Neuzeit“ beschrieben hat (vgl. Heintel 2004) und die eine Dominanz des ökonomisch-technischen Modells befördern bzw. aus ihm entspringen. Nachdem ich Kultur aber als ein Phänomen begreife, dass reflektierbar, gestaltbar und veränderbar ist, gilt meine Überlegung primär der Frage, wie der Weg dazu begonnen werden kann. Dabei ist zunächst zu prüfen, wer eigentlich darüber zu entscheiden hat, ob und welche Wege der nachhaltigen Entwicklung zukünftig eingeschlagen werden und wie – neben den klassischen Repräsentationsstrukturen durch gewählte Volksvertreter/innen – Entscheidungsprozesse eingerichtet werden können, in denen Vertreter/innen verschiedener Nachhaltigkeitsperspektiven sich auf Maßnahmen zur Balancierung einigen können. Dazu liegen inzwischen viele Vorschläge vor und werden auch allerorts erste Schritte in Beteiligungsverfahren erprobt, die es zu nützen gilt. In weiterer Folge ist aber auch zu klären, wer für das Verfolgen der getroffenen Entscheidungen und deren Evaluation zuständig ist. Daraus ergeben sich unzweifelhaft neue Rollen sowohl für Regierungsverantwortliche als auch für die Mitglieder der Zivilgesellschaft, der Wissenschaften etc.

Kurz: Im Einfordern, Initiieren und Durchführen von verbindlichen partizipativen Entscheidungsverfahren sehe ich das größte Potenzial, den Kulturkonflikt zwischen nachhaltigen und nicht-nachhaltigen Lebensstilen, nachhaltiger und nicht nachhaltiger Entwicklung, nachhaltigen und nicht-nachhaltigen Veränderungen auszufechten und in eine sinnvolle Balance zu bringen, die es möglichst allen Betroffenen ermöglicht, die Entscheidungen (zumindest gerade noch) mit zu tragen.

Ein kurzer Nachtrag in eigener Sache: Von mehreren Kolleg/inne/n wurde der Begriff der „kulturellen Nachhaltigkeit" aufgrund des Verdachts, damit eine neue, vierte, fünfte oder sechste Säule oder Dimension von Nachhaltigkeit bezeichnen zu wollen, abgelehnt. Alternative Vorschläge werden in Begriffen wie „Nachhaltigkeitskultur" oder auch „Kultur der Nachhaltigkeit" unterbreitet. Das hat aus meiner Sicht eine semantische Ebene, primär aber eine pragmatische, wenn wir uns fragen: Was wollen wir mit unseren Worten tun, was mit ihnen anzeigen, was erreichen? Ich schließe mich jedenfalls all jenen an, die sich dafür stark machen, erkennen zu wollen, nach welchen kulturellen Mustern nichtnachhaltiges Verhalten funktioniert und wie ein Wandel hin zu einer Kultur erzielt werden kann, die die Chance birgt, nachhaltig zu sein, was ich dann sowohl als kulturelle Nachhaltigkeit als auch als nachhaltige Kultur bezeichnen würde.

Literatur

Aristoteles (1995): Nikomachische Ethik. Hamburg

Banse, G.; Parodi, O.; Schaffer, A. (Hg.) (2009): Interdependenzen zwischen kulturellem Wandel und nachhaltiger Entwicklung. Karlsruhe (Forschungszentrum)

Blumer, H. (2004): Der methodische Standpunkt des symbolischen Interaktionismus. In: Burkart, R.; Hömberg, W. (Hg.): Kommunikationstheorien. Wien, S. 24-41

Falk, G.; Heintel, P.; Krainer, L. (2006): Das Mediationsverfahren am Flughafen Wien-Schwechat. Dokumentation, Analyse, Hintergrundtheorien. Wiesbaden

Freedom-House (2009): Map of Press Freedom (URL: http://www.freedomhouse.org/template.cfm?page=251&year=2009; 17.02.2009)

Hauser, R.; Banse, G. (2009): Kultur und Kulturalität – Annäherungen an ein vielschichtiges Konzept. In: Banse, G.; Parodi, O.; Schaffer, A. (Hg.): Interdependenzen zwischen kulturellem Wandel und nachhaltiger Entwicklung. Karlsruhe (Forschungszentrum), S. 7-23

Hegel, G. W. F. (1970a): Enzyklopädie der philosophischen Wissenschaften im Grundrisse [1817]. Frankfurt/M.

Hegel, G. W. F. (1970b): Vorlesungen über Ästhetik I [1835/38]. Frankfurt/M. (Theorie Werkausgabe, Bd. 13)

Heintel, P. (1986): Über Entscheidung. In: Wiener Jahrbuch für Philosophie, Bd. 18, S. 149-169

Heintel, P. (1998) Abendländische Rationalität – Welche Ethik für die Wissenschaften? Unveröffentlichtes Manuskript. Klagenfurt; gekürzt veröffentlicht in: Heintel, P.: Wissenschaftskritik als rationaler Prozess. In: Liessmann, K. P.; Weinberger, G. (Hg.): Perspektiven Europa. Modelle für das 21. Jahrhundert. Wien 1999, S. 57-81

Heintel, P. (2000) Systemtranszendenz und die Selbststeuerung von Systemen. Klagenfurt (Klagenfurter Beiträge zur Technikdiskussion. Hg. v. A. Bammé, P. Baumgartner, W. Berger, E. Kotzmann, Bd. 94)

Heintel, P. (2004): Das Modell Neuzeit. In: Initiative Global Marshall Plan (Hg.): Welt in Balance. Ulm, S. 60-81

Heintel, P.; Krainer, L.; Erlacher, W.; Goldmann, H.; Hanschitz, R.; Lerchster, R.; Lesjak, B.; Paul-Horn, I.; Schmidt, E.; Schöffmann, K.; Ukowitz, M. (2004): Wissen und Entscheiden, Informieren und Dokumentieren, Steuern, Führen und Kooperieren. Abschlussbericht im Rahmen des KWF-Förderprogramms „Regionales Programm für innovative Maßnahmen für Kärnten". Klagenfurt

Hübner, R. (2009): Die Magie der Dinge – Materielle Güter, Identität und Metaphysische Lücke. In: Banse, G.; Parodi, O.; Schaffer, A. (Hg.): Interdependenzen zwischen kulturellem Wandel und nachhaltiger Entwicklung. Karlsruhe (Forschungszentrum), S. 85-107

Huntington, S. Ph. (1998): Clash of Civilizations and the Remaking of World Order. New York

Kant, I. (1974): Kritik der reinen Vernunft [1781 (A) / 1787 (B)]. In: Kant, I.: Gesammelte Werke. Hg. v. W. Weischedel. Bde. III/IV. Frankfurt/M.

Kant, I. (1977): Beantwortung der Frage: Was ist Aufklärung [1784]. In: Bahr, E. (Hg.): Was ist Aufklärung? Thesen und Definitionen. Stuttgart, S. 9-17

Kant, I. (1997): Die Metaphysik der Sitten [1797]. In: Kant, I.: Gesammelte Werke. Hg. v. W. Weischedel. Bd. VIII. Frankfurt/M.

Kant, I. (1998): Grundlegung zur Metaphysik der Sitten [1785]. In: Kant, I.: Gesammelte Werke. Hg. v. W. Weischedel. Bd. VII. Frankfurt/M.

Kopfmüller, J. (2009): Von der kulturellen Dimension nachhaltiger Entwicklung zur Kultur nachhaltiger Entwicklung. In: Banse, G.; Parodi, O.; Schaffer, A. (Hg.): Interdependenzen zwischen kulturellem Wandel und nachhaltiger Entwicklung. Karlsruhe (Forschungszentrum), S. 25-37

Krainer, L. (2007): Nachhaltige Entscheidungen. Zur Organisation demokratisch-partizipativer Entscheidungsfindungsprozesse. In: Krainer, L.; Trattnigg, R. (Hg.): Kulturelle Nachhaltigkeit. Konzepte, Perspektiven, Positionen. München, S. 169-199

Krainer, L.; Heintel, P. (2010): Prozessethik. Zur Organisation ethischer Entscheidungsprozesse. Wiesbaden

Krainer, L.; Hipfl, B.; Pirker, B.; Terkl, I. (2009): Medien und Nachhaltigkeit. Klagenfurt

Krainer, L.; Trattnigg, R. (2007): Nachhaltigkeit ist eine Frage der Kultur. In: Krainer, L.; Trattnigg, R. (Hg.): Kulturelle Nachhaltigkeit. Konzepte, Perspektiven, Positionen. München, S. 9-25

Parodi, O. (2009): Drei Schritte in Richtung einer Kultur der Nachhaltigkeit. In: Banse, G.; Parodi, O.; Schaffer, A. (Hg.): Interdependenzen zwischen kulturellem Wandel und nachhaltiger Entwicklung. Karlsruhe (Forschungszentrum), S. 55-69

Robertson-von Throtha, C. Y. (2009): Kulturerbe: Dilemmata des Bewahrens im Wandel. In: Banse, G.; Parodi, O.; Schaffer, A. (Hg.): Interdependenzen zwischen kulturellem Wandel und nachhaltiger Entwicklung. Karlsruhe (Forschungszentrum), S. 71-84

Stahmer, C. (2009): Kulturelle Nachhaltigkeit – Vom magischen Dreieck zum magischen Viereck. In: Banse, G.; Parodi, O.; Schaffer, A. (Hg.): Interdependenzen zwischen kulturellem Wandel und nachhaltiger Entwicklung. Karlsruhe (Forschungszentrum), S. 39-54

Ukowitz, M. (2006): Am Weg zu kollektiver Autonomie. Vertrauen im ethischen Diskurs. In: Heintel, P.; Krainer, L.; Ukowitz, M. (Hg.): Beratung und Ethik. Berlin, S. 71-91

Watzlawick, P.; Beavin, J. H.; Jackson, D. D. (1980): Menschliche Kommunikation. Formen, Störungen, Paradoxien. Bern, Stuttgart, Wien

Drei Schritte in Richtung einer Kultur der Nachhaltigkeit

Oliver Parodi

Ziel dieses Beitrages für das Weimarer Kolloquium ist es, Elemente aufzuzeigen, die es auf dem Weg zu einer Kultur der Nachhaltigkeit meines Erachtens zu beachten und zu realisieren gilt. Ich möchte hier drei Schritte in verschiedene Richtungen gehen, die aber alle auf eine Kultur der Nachhaltigkeit zu führen.

Hierfür müssen zunächst einige grundlegende Überlegungen zu Start und Ziel, zu „Kultur“ und „Nachhaltigkeit“ angestellt werden. Ein erster Schritt weist dann den Weg aus einer vorhandenen Kluft zwischen den Sphären „Kultur“ und „Natur“ und zeigt kulturell verankerte Fehlhaltungen zu unserer „Umwelt“ auf, die es zu rejustieren gilt. Ein zweiter Schritt fordert eine Kultivierung von Technik und versucht diese im Sprachgebrauch einer „funktionierenden Technik“ zu verankern. In eine deutlich andere Richtung weist dann der dritte Schritt. Hier wird auf die individuelle, die je persönliche Seite der Nachhaltigkeit eingegangen und deren Relevanz für die Realisierung einer nachhaltigen Entwicklung herausgehoben.

1 Start und Ziel: Kultur und | der Nachhaltigkeit

Zunächst soll das hier zur Anwendung kommende Verständnis von „Kultur“ und „Nachhaltigkeit“ erläutert werden, um anschließend jenen fernen Zielpunkt einer *„Kultur der Nachhaltigkeit“* zumindest vage zu umreißen.

1.1 Zum Kulturbegriff

Der Begriff „Kultur“ wird hier im Sinne eines zeitgenössischen Kulturverständnisses verwendet, in dem Kultur nicht mehr in der Abgrenzung zu Natur definiert wird, sondern Kultur über das gleichzeitige Vorhandensein der kulturellen Grundelemente *Kollektivität, Kommunikation* und *Konvention* (vgl. Hansen 2001) beschrieben wird. Größe und das Verbindende dieser Kollektive können dabei höchst unterschiedlich sein: Kulturen kann man in Nationen, Firmen, Vereinen, Kleinfamilien, usw. erkennen.

Wenn im Folgenden von „Kultur“ die Rede ist, dann geht es mir zunächst nicht um eine Abgrenzung zu anderen Kollektiven, nicht um die Kultur der Polen, die chinesische Kultur, usw., auch geht es nicht um jenen Bereich der

„Hoch-Kultur", der die Künste, Theater, Film, etc. umfasst, sondern allgemein und sehr viel basaler um Kultur als etwas, das jedem (beständigen) Kollektiv in Konventionen und Kommunikation zueigen ist, dieses zusammenhält, auch uns betrifft und unseren Alltag unablässig durchzieht.[1]

1.2 Zum Begriff der Nachhaltigkeit

„Nachhaltigkeit" wird hier in einer engen Lesart verwendet, wie sie Jürgen Kopfmüller ausführlich darlegt hat (vgl. Kopfmüller in diesem Band). Hingewiesen sei an dieser Stelle noch darauf, dass es hier nicht um Unterschiede in spezifischen Nachhaltigkeitskonzeptionen (beispielsweise starke oder schwache Nachhaltigkeit; eine, drei oder fünf Säulen) geht, sondern vielmehr um die all diesen Konzeptionen zugrunde liegende Idee der Nachhaltigkeit, bzw. um den *Ideenpool* der Nachhaltigkeit (wie z.B. dauerhafter Bestand der Menschheit, Globalität, intergenerationelle Gerechtigkeit, interdisziplinäre Perspektive), der sich im Nachgang des Brundtland-Berichtes (vgl. Hauff 1987) etablierte (vgl. Kopfmüller et al. 2001).

1.3 Kultur und Nachhaltigkeit – einige Verbindungslinien

In einer funktionalistischen Lesart kann man Kultur als Programm zur dauerhaften Aufrechterhaltung eines Kollektivs bezeichnen.

> „‚Kultur' ist ein kommuner und gemeinschaftsstiftender Ordnungsmechanismus [...], der räumliche Ständigkeit und zeitliche Stetigkeit zu sichern eingerichtet ist: dies ist das zugleich produktive wie konservative Moment von ‚Kultur'" (Böhme 2001, S. 3)

Insofern wäre eine Nachhaltigkeit (im ursprünglich engen Sinne) impliziter Kern und Ziel einer jeden Kultur. Oder, anders gewendet, Nachhaltigkeit wäre die Explikation und rationale Ausgestaltung eines per se kulturellen Programms und Kernanliegens – formuliert für das „Kollektiv" „Menschheit".

Die Erkenntnis über unsere (global) nicht-nachhaltige Lebensweise impliziert: unsere (moderne abendländische) Kultur ist – indem sie ihre ökologischen, ökonomischen und sozialen Grundlagen angreift – eine nicht-nachhaltige Kultur.

An diesem Kultur-Nachhaltigkeits-Bezug lässt sich eindrücklich erkennen, wie pervers, sprich wie verkehrt unsere heutige Lebensweise und -lage ist: Eine dauerhafte Entwicklung ist nicht Grundlage unserer Kultur, sondern heute viel-

---

1 Ist im Folgenden von „unserer Kultur" die Rede, dann sei damit nicht ein homogenes Kollektiv angesprochen, sondern vage auf grundlegende kulturelle Eigenheiten, Denkkonventionen und Grundhaltungen verwiesen, die dem abendländischen, westlich-modernen Kulturkreis zu eigen sind.

mehr deren großer Gegenentwurf! Der „dauerhafte Bestand", das konservative, bewahrende Moment der Nachhaltigkeit ist heute das neue, anstößige und sogar revolutionäre Element unserer Kultur und Lebensweise. Spätestens hier wird deutlich: Dem Nachhaltigkeitsgedanken wohnt eine fundamentale Kulturkritik inne.

In jener funktionalistischen Lesart bedeutet dies schlicht: Unsere moderne Kultur funktioniert nicht, ist vielmehr Unkultur oder A-Kultur.[2] Dort, wo Kulturen sich nicht nachhaltig vollziehen (was nahezu global der Fall sein dürfte), befinden sie sich in einer existenziellen Krise – oder (wie manche vermuten) vielleicht sogar in der Auflösung. Und was kommt danach? Vielleicht eine Kultur der Nachhaltigkeit.

1.4 Kultur der Nachhaltigkeit

Was lässt sich zu einer solchen zukünftigen Kultur der Nachhaltigkeit sagen? Nicht viel – und das nur spekulativ. Eine Kultur der Nachhaltigkeit wäre meines Erachtens in Theorie das Resultat der Nachhaltigkeitskonzepte und in Praxis der Vollzug einer nachhaltigen Entwicklung: Eine kollektiv getragene, gemeinsam verständigte und verständliche Nachhaltigkeit, die institutionalisiert und internalisiert ist und über Konventionen tradiert wird.

Wie aber eine Schwalbe noch keinen Frühling, so machen Nachhaltigkeitskonzepte noch keine Kultur der Nachhaltigkeit. Die im Umlauf befindlichen, rationalen, wissenschaftlich gefestigten und politischen Nachhaltigkeitskonzeptionen (vgl. z.B. Bundesregierung 2002; Kopfmüller et al. 2001; Ott/Döring 2004; UN-DSD 2009) sind wichtige Meilensteine auf dem Weg zu einer Kultur der Nachhaltigkeit. Eine solche muss aber über diese Konzeptionen und politischen Maßnahmen weit hinausgehen. Auch eine mancherorts diskutierte „kulturelle Nachhaltigkeit" (vgl. Krainer/Trattnigg 2004; vgl. auch Kowalski/Schaffer in diesem Band) müsste eine Kultur der Nachhaltigkeit hinter sich lassen, bleibt jene doch unausweichlich eine partielle (so wie „ökologische" oder „institutionelle" Nachhaltigkeit) und eingeschränkte.

In einer Kultur der Nachhaltigkeit wird diese alltäglich gelebt. So, wie die einstigen großen kulturellen Errungenschaften der Demokratie, Freiheit, Autono-

---

2 Hier lassen sich zwei Blickrichtungen unterscheiden: 1. Mit Blick auf den modernen, abendländischen Kulturkreis lässt sich sagen: Dieser funktioniert nicht, zumindest heute nicht mehr. Er trägt (funktional) grundlegende Züge einer Unkultur. 2. Mit dem globalen Blick auf die Gesamtheit aller Menschen ließe sich die (funktionale) Krise auch als Entstehungskrise deuten: Kultur funktioniert hier *noch nicht*, weil es eine solche globale Kultur noch nicht gibt. Wir leben längst in einer Weltgesellschaft, aber noch lange nicht in einer Weltkultur. Die „Menschheit" bleibt bislang ein Konzept und faktisch eine A-Kultur.

mie, Bildung, etc. heute aus dem kulturellen Hintergrund wirken, und nur noch plastisch zu Tage treten, wenn sie in Gefahr sind, so müsste sich Nachhaltigkeit zukünftig als einst erkämpfte Idee und Errungenschaft ein Stück weit in den kulturellen Hintergrund zurückziehen und von dort aus das Kollektiv steuern.

Eine Kultur der Nachhaltigkeit wäre in erster Annäherung eine Umsetzung und Übersetzung der grundlegenden Werte und Ideen der bestehenden Nachhaltigkeitskonzeptionen in eine gelebte Kultur. Es geht bezüglich einer Kultur der Nachhaltigkeit also zunächst nicht um die Fest- und Umsetzung der ausgeklügelten Regeln, Indikatoren, etc. der bestehenden Nachhaltigkeitskonzeptionen, sondern umfassender und weicher um die kollektive Institutionalisierung der Fortführung jener humanistisch-normativen Grundgedanken der Konzeptionen (wie Globalität, intergenerationelle Gerechtigkeit, erweiterter Anthropozentrismus, etc.).

Beschaut man sich die Konzeptionen der Nachhaltigkeit und nimmt sie in ihren Ansprüchen (global, integrativ, mindestens anthropozentrisch, intergenerativ) ernst, so erkennt man ihre Tragweite. Es geht – unter anderem – um nichts Geringeres als die Menschheit, um die Gemeinschaft aller Menschen, um den Vollzug des Ideals „Alle Menschen werden Brüder", oder gar ökozentrisch erweitert, um „Alles Leben wird verbrüdert".[3] Man kann Nachhaltigkeit durchaus als (nahezu einzigen) großen Zukunfts-Entwurf erkennen, der zumindest partiell Eingang in gesellschaftliche Debatten und Umsetzung findet. Eine Kultur der Nachhaltigkeit würde damit an den abendländischen Kulturkreis anknüpfen, in ihrer Umsetzung aber wesentliche Unterschiede zu unserer heutigen modernen Lebensweise und Alltagspraxis aufweisen.[4]

2 Rejustierung kultureller Grundhaltungen

Nach dem kurzen Aufriss von Start und Ziel einer Kultur und Nachhaltigkeit werden in den folgenden Abschnitten einige inhaltliche Elemente auf dem Weg zu einer solchen in den Blick genommen. In diesem ersten Schritt geht es darum, eine Vorstellung zu überwinden, die für unser (abendländisches) kulturelles Selbstverständnis und ebenfalls für unser Verständnis von Technik geradezu konstituierend ist, nämlich die der polarisierenden Trennung von Natur und Kultur, bzw. von Natur und Technik. Das auf dieser Vorstellung gründende instrumentelle Verhältnis des Menschen zu seiner „Umwelt" gilt es zu korrigieren und zu relativieren.

---

3 Eine Kultur der Nachhaltigkeit könnte die synthesische Überwindung von Moderne und Postmoderne, die Einlösung des Humanismus, der Untergang unserer heutigen Kultur und eventuell der Aufbruch in ein neues transanthropozentrisches Zeitalter darstellen.

4 Dies unbenommen von Einflüssen, die auf eine globale Kultur der Nachhaltigkeit von außerhalb westlicher Kulturkreise und Konzeptionen zu erwarten sind.

2.1 Herrschende Trennung von Kultur und Natur

Die grundlegende Auffassung von Kultur als *Gegennatur* (vgl. Großklaus/Oldemeyer 1983; Parodi 2008), die dem Weltbild und der Kultur der Moderne zugrunde liegt, beansprucht auch heute in weiten Bereichen unserer kulturellen Praxen (und Theorien) immer noch Gültigkeit und ist über weite Strecken unhinterfragt wirksam. Stichworthaft sei dies wie folgt illustriert:

- Natur gilt als Gegen-*Begriff* zu Kultur (dichotome Weltformel): „Will man die Welt beschreiben, so reichen dafür die Begriffe Natur und Kultur" (Marschall 1993, S. 17);
- Kulturtheorie und -philosophie setzen oft grundlegend an der Trennung Natur/Kultur an (vgl. Hansen 2000);
- landläufig gilt: „Kultur ist die Verwandlung von Natur durch Arbeit";
- landläufig gilt: „Kultur ist das, was uns von der Natur abhebt";
- auch in der Nachhaltigkeitsdebatte ist die Trennung gegenwärtig: die ökologische Säule fußt in der Natursphäre, die ökonomische und soziale Säule in der Sphäre der Kultur.[5]

2.2 Herrschende Trennung von Technik und Natur

Analog lässt sich auch *Technik* als *Gegennatur* konstatieren. Damit einher geht die Vorstellung der Unvereinbarkeit von Technik und Natur. In der gesamten abendländischen Kulturgeschichte bildet der Technikbegriff mit wenigen Ausnahmen den Gegenbegriff zu „Natur". Mit Beginn der Moderne wird dann Technik im Schulterschluss mit den Naturwissenschaften zum zentralen kulturellen Programm. Inhalt dessen ist die möglichst weitgehende Autonomie des Menschen von der Natur, die Herrschaft über Natur sowie deren Ausbeutung.

Auch heutige gängige „Technikdefinitionen" lassen das Gegeneinander von Technik und Natur sowie die darauf aufbauende Ausbeutung dieser deutlich erkennen. Anzeichen für eine herrschende Trennung Technik/Natur finden sich z.B. in philosophischen Begriffserläuterungen:

- „Technik ist eben nichts anderes als die Überwindung der Natur durch das menschliche Bewußtsein. [...] Die Gegennatürlichkeit der Technik ist prinzipiell" (Ropohl, zit. nach Huber 1989, S. 35);
- „Technik wird im Gegensatz zu Natur" verstanden (Prechtl/Burkhard 1996, S. 512);

5 Die disziplinäre Getrenntheit der Säulen führt zu erheblichen Schwierigkeiten im Umgang mit Nachhaltigkeitskonzepten; auf dem Terrain der Wissenschaft versuchen neue Misch-Disziplinen wie sozialökologische Forschung oder Humanökologie die Trennung der kultürlichen und natürlichen Sphäre zu überwinden.

- Technik „ist die Ausbeutung der Naturschätze und Naturkräfte im Dienste menschlicher Bedarfsdeckung." (Brugger 1998, S. 393)

Weitere Hinweise (für eine faktische Gegennatürlichkeit) finden sich in der herrschenden technischen Praxis:

- Der technisierte Weltumgang des Menschen ist Hauptursache für das Schwinden von Natur und Lebensräumen;
- Naturschutz und Technik liegen diametral zueinander;
- „Naturtechniken" oder „Naturschutztechniken" gibt es nicht – und: bereits an den Begriffen regt sich sprachliches Unbehagen.

2.3 Überkommene Trennung

Dieses polarisierte und ausbeuterische Naturverhältnis von *Technik als Gegennatur* ist heute unzeitgemäß, überkommen und gefährlich. Es gilt, dieses Naturverhältnis, das sich unter den heutigen Bedingungen als Fehlhaltung und Gefahr herausstellt, auch und gerade in der Technik zu korrigieren. Dafür sprechen (unter anderem) zwei Dinge:

- Erstens das lebensweltliche Verschwinden von Natur durch die ubiquitäre Technisierung unserer natürlichen Lebensumwelt. Natur wird kultiviert, technisiert und verschwindet als solche, verschmilzt mit technischen Artefakten und Kultur. Zurück bleiben noch: ökologische Zusammenhänge. Technik und Natur verschmelzen zu „Ökofakten" (Parodi 2008, S. 194, in Anlehnung an Karafyllis 2003). Wenn „sich im ökologischen Kontext Technik und Natur auf untrennbare und unprognostizierbare Weise mischen, macht es keinen Sinn mehr, Phänomene nach der Unterscheidung Technik/Natur zu ordnen" (Luhmann 1997, S. 522).
- Zweitens die ökologische Krise, die eindrücklich zeigt, dass die gängige Technikauffassung als praktiziertes Programm der Naturbeherrschung und -ausbeutung heute existenzbedrohende Folgen inzwischen auch für den Menschen zeitigt. Die ökologische Krise indes ist Ausdruck einer kulturellen Praxis, die wesentlich auf der Trennung Mensch-Kultur-Technik versus Natur aufbaut.

2.4 Korrektur von Fehlhaltungen

Der Blick in die Geschichte zeigt, dass sich die Entwürfe der Nachhaltigkeit an ökologischen Problemlagen entzündeten. In der kulturellen Perspektive heißt das: sie entzünden sich an den ökologischen Defiziten der langfristig und flächendeckend vollzogenen kulturellen Praxis des modernen Naturumgangs. Das wiederum legt aber nahe, dass Nachhaltigkeit – soll sie über bloße Symptombekämpfung hinausgehen – erst dauerhaft installiert und realisiert werden kann, wenn die dahinter stehenden kulturellen Fehlhaltungen korrigiert wurden. Diese Fehlhaltungen sind fixiert in der Gegennatürlichkeit von Kultur und Technik, äußern sich in ökologischen Problemlagen, sind aber nicht allein auf den Umgang mit Natur beschränkt. Folgende kulturelle Fehlhaltungen eines Menschen oder eines Kollektivs zu seiner natürlichen, sozialen, ökologischen, etc. Umwelt lassen sich formulieren:

- die Überbetonung der Trennung und des Getrenntseins – die Vernachlässigung des Verbunden-Sein mit der „Umwelt";
- die Überbetonung von Autonomie und Unabhängigkeit – die Vernachlässigung des Eingebunden- und Abhängigsein;
- die Überbewertung des Eigenen und Eigensein – die Unterbewertung des Anderen und Ähnlichsein.

Trennung, Autonomie und Eigensein exponieren den Menschen, lösen ihn aus seinem natürlichen Seinsverband heraus. Sie erzeugen und suggerieren Macht. Die Überbetonung dessen kann in zwei Richtungen als Fehlhaltung aufgefasst werden: Zum einen ethisch, entwertet doch die Überbetonung und Exponierung jegliche Umwelt, öffnet der Gewalt und Ausbeutung Tür und Tor; zum anderen epistemisch, insofern sich die Exposition in der Vorstellung, der Suggestion erschöpft und nicht der Realität entspricht, so werden daraus Fehlschlüsse und Fehlhandlungen abgeleitet. Gleich welcher der beiden Aspekte greift, die Ausübung der Fehlhaltungen schadet auch dem Ganzen und damit direkt oder indirekt auch den (vermeintlich) Mächtigen und Herrschenden. Hierbei spielt es keine Rolle, ob diese Fehlhaltungen gegenüber Natur, Umwelt oder Mitmenschen eingenommen werden.

> „Denn es ist dieselbe Fehlhaltung des Menschen im Verhältnis zum Ganzen, die einerseits die natürliche Mitwelt ausbeutet und zerstört, andererseits die gesellschaftliche Ordnung und Entwicklung beeinträchtigt." (Meyer-Abich 1984, S. 264)

Hinter heutigen ökologischen und sozialen Defiziten lassen sich dieselben, kulturell tief verwurzelten Fehlhaltungen ausmachen.

Die Einsicht in diese Fehlhaltungen geschieht meist schmerzhaft. Kulturgeschichtlich kann man dies in den von Rohbeck in Anlehnung an Freud benannten wissenschaftlichen „Kränkungen des Menschen" erkennen (vgl. Rohbeck 1993, S. 10).[6] Die bloße Einsicht indes genügt nicht zur Korrektur kultureller Praxen.

---

6 Nach der *kosmologischen Kränkung*, der kopernikanischen Verbannung aus dem Mittelpunkt der Welt, der *biologischen Kränkung* der Evolutionstheorie und der *psycholo-*

Betont sei hier, dass es (mir) nicht darum geht, jenen instrumentellen Umgang, den der Mensch gegenüber seiner Umwelt vornehmlich in der Technik geübt und bis dato ab extremo „kultiviert" hat, gänzlich aufzugeben. Vielmehr geht es darum, diesen in seiner Bedeutung zurückzuschrauben und zu ergänzen bzw. zu überformen. Die gebrauchende Distanziertheit des Menschen zu seiner Umwelt als Gegenstand ist zurückzunehmen und der instrumentellen Haltung verstärkt eine wertschätzende, verbindende zur Seite zu stellen. Möchte man Buber und Oldemeyer folgen, so wäre eine (technische) Nutzung der Mitwelt in der „Demut des Teilseins" eines größeren, z.B. ökonatürlichen Ganzen auszuführen (vgl. Buber 1960; Oldemeyer 2005; Parodi 2008). „Es geht [hier] nicht darum, die Technik abzuschaffen, sondern sie aus dem Gegensatz zur Natur wieder herauszuführen, in den sie geraten ist" (Meyer-Abich 1984, S. 265).

3 Kultivierung von Technik

In diesem nächsten Schritt soll der *integrative Gedanke* der Nachhaltigkeit gestärkt und auf einen Bereich zugespitzt werden, der in unserer heutigen Lebenswelt und auch im Hinblick auf eine nachhaltige Entwicklung eine zentrale Rolle einnimmt: Technik. So denn sei hier eine weitere Trennung benannt, die es zu überwinden gilt: die Trennung von Technik und „Kultur". Auch hier soll „überwinden" nicht die völlige Einebnung der Unterschiede bzw. die Negierung der Möglichkeit analytischer Unterscheidung bedeuten, sondern die Verbindung beider Bereiche und die Realisierung von Technik als kulturelle Unternehmung.

Zunächst lässt sich feststellen: Unsere Lebenswelt ist inzwischen großteils eine technische oder technisch überformte (vgl. Abschnitt 2.3). Die Welt wird fortschreitend zum Technotop (vgl. Erlach 2000). Und, auch unser Umgang mit der Welt bzw. mit unserer Umwelt (gleich ob mit der natürlichen, ökologischen, kulturellen oder sozialen) vollzieht sich in vielen Fällen technisch vermittelt. Technik fungiert zunehmend als Medium, verbindet den Menschen mit seiner Umwelt. Er *begreift* diese heute vor allem mittelbar, durch Technik. Im doppelten Sinne Jakob J. von Uexkülls nimmt der Mensch seine Umwelt zunehmend über die Technik wahr.

---

gischen Kränkung der Psychoanalyse erfährt der industrielle Mensch die *technologische Kränkung* (vgl. Rohbeck 1993, S. 10). Die Macher der Technik müssen erkennen, dass sie nicht (mehr) „Herr ihrer eigenen Schöpfung sind, sondern von den selbst geschaffenen Machwerken beherrscht werden" (ebd.).

3.1 Von der Technisierung der Kultur zur Kultivierung der Technik

Auch Kulturen und kulturelle Praxen bleiben nicht unberührt von Technik. Im Gegenteil auch hier kann man eine zunehmende Technisierung von Kultur feststellen. Zunächst rein Dinglich: Unsere Kultur, unsere Kollektive, Kommunikation und Konventionen stützen sich mehr und mehr auf technische Geräte und Verfahren. Immer mehr technische Artefakte durchziehen unseren Alltag, sind oder verbinden uns mit der Umwelt.

Aber auch geistig unterliegt unsere Kultur (immer wieder) einer Technisierung. Hierbei geht es nicht um technische Artefakte, sondern vielmehr um das (auch in diesen Artefakten transportierte) Technische in Form einer technischen Zweckhaftigkeit und Zweckrationalität. Unsere Kultur ist ständig von der Verkürzung auf jene instrumentelle Haltung bedroht, die im vorangegangenen Kapitel bereits dargelegt wurde.

Zur Verkürzung von Kultur auf das Technische bietet die Kultivierung von Technik ein mögliches gegenläufiges Moment. Mit Kultivierung sei hier die ausnahmslose, programmatische Einbettung von Technik in (die jeweilige) Kultur, die vollständige kulturelle Durchdringung der Technik bezeichnet.

In dieser Programmatik darf Technik nicht als eine von Kultur getrennte und autonome Sphäre betrachtet, bewertet und gestaltet werden: Hier gibt es die Technik (die Autos, den Fernseher, das Telefon), dort unsere Kultur, den Film, unseren Umgang miteinander. Hier ist der Zweck unseres technischen Tuns, unsere Arbeit, und davon losgelöst, dort der Sinn unseres Lebens. (Dies nennt man gemeinhin „Entfremdung".) Statt – wie bei einer Technisierung von Kultur der Fall – der Erhebung des Zwecks zum Sinn, und damit einer Verkürzung des Menschen und seiner Kultur zum homo faber oder oeconomicus, würden die Zwecke eingebettet in die Sinn-stiftenden Zusammenhänge der jeweiligen Kultur.

Im Konkreten bedeutet eine Kultivierung von Technik die proaktive Berücksichtigung von Kultur bei Entwicklung und Gebrauch von Technik. Technikentwicklung soll im Angesicht von Kultur geschehen, d.h. sehr viel mehr und *vor allem* kulturelle Aspekte sollen in die Gestaltung einfließen.

3.2 Funktionierende Technik

Der Allgegenwart von Technik, ihrer Wirkmächtigkeit und Rolle in unserer Alltagswelt wegen ist es wichtig, dass Kultur und mit ihr Nachhaltigkeit auch in der Technik ankommen – und das nicht nur in theoretischen Überlegungen, sondern auch ganz konkret, in den technischen Systemen, Bauwerken und Geräten. In Bestreben dessen wird hier zunächst eine fundierte und tiefgreifende sprachliche Neuregelung vorgeschlagen.

Wenn es nun um die Fertigung und Anwendung ganz konkreter technischer Artefakte (Auto, Handy, Staudamm, Kraftwerk) geht, so kann man sich zunächst einmal einen Anforderungskatalog vor Augen führen, den solch ein technisches Produkt idealiter erfüllen sollte.

Übersicht 1: Anforderungskatalog

Technik soll sein ...	
0. denkbar, überhaupt vorstellbar	
1. naturwissenschaftlich möglich (physikalisch, chemisch, biologisch, ...)	– NATUR –
2. ingenieurtechnisch realisierbar	
3. ökonomisch sinnvoll	
4. rechtlich vertretbar	
5. politisch gewollt	
6. gesellschaftlich gewollt	– KULTUR –
7. ethisch vertretbar	
8. ästhetisch angemessen	

Wenn man sich jetzt die Frage stellt, ab wann man denn davon spricht, dass Technik, dass ein Gerät *funktioniert,* dann gelangt man gerade einmal bis zum zweiten Anforderungspunkt, der dafür gemeistert werden muss. Ein Auto funktioniert, wenn es fährt, sich lenken und eventuell noch bremsen lässt. Ein Kraftwerk funktioniert, wenn es Strom produziert, eine gentechnisch veränderte Pflanze, wenn sie den gewünschten chemischen Stoff herstellt, usw. Über das „Funktionieren“ lässt sich jetzt eine Grenze einziehen, nämlich zwischen den Punkten 2 und 3, diese aber markiert genau die bereits bekannte und bemängelte Trennung zwischen Natur und Kultur.

Das heißt: Technik funktioniert nach landläufigem Sprachgebrauch – und damit der kulturell gültigen Konvention nach – schlicht, wenn sie die Funktion der Naturbeherrschung erfüllt bzw. naturgesetzmäßige Sachverhalte zu kontrollieren vermag. Dies lässt sich auch theoretisch unterfüttern.

3.3 Luhmanns effektive Isolierung

Nach Niklas Luhmann kann man Technik auch als „funktionierende Simplifikation“ verstehen. Technik entsteht demnach in einem „Vorgang effektiver Isolierung“, im „Ausschalten der Welt-im-übrigen“.

> „Das Funktionieren kann man feststellen, wenn es gelingt, die ausgeklammerte Welt von Einwirkungen auf das bezweckte Resultat abzuhalten.“
>
> „Die maßgebende Unterscheidung, die die Form ‚Technik‘ bestimmt, ist nun die zwischen kontrollierbaren und unkontrollierbaren Sachverhalten.“ (Luhmann 1997, S. 524f.)

Dieser „Vorgang effektiver Isolierung" von Technik, das „Ausschalten der Welt-im-übrigen" geschieht in der Entwicklung von Technik ganz wesentlich entlang der Trennlinie Natur-Kultur. Die gesamte „kultürliche" Hemisphäre der Welt wird dabei zunächst ausgeschaltet. Technik wird im Hinblick auf den Umgang mit Natur, bzw. deren Beherrschung, entworfen. Technik *funktioniert,* wenn sie natürliche Sachverhalte korrekt abzubilden und zu kontrollieren vermag.

Diese Vorstellung von Technik mag zu Zeiten des beginnenden Ackerbaus und auch noch zu Zeiten des Eisenbahnbaus im Wilden Westen angemessen und zuträglich gewesen sein. Heute aber, in unserer kultivierten und technisierten Lebenswelt, in der man mit einer zunehmend potenten Technik ständig auf Menschen, Ökologie, Technik und Kultur und immer weniger auf Natur stößt, ist diese Vorstellung überkommen und, wie bereits dargelegt, in der Summe sogar höchst gefährlich.

Man muss sich fragen: Funktioniert Technik wirklich, wenn diese zwar gemäß den Naturgesetzen erfolgt, dabei aber die ökonatürliche Existenzgrundlage von Mensch und Gesellschaft zerstört? Funktioniert Technik wirklich, wenn diese unter Einhaltung der Naturgesetze grundlegende kulturelle Errungenschaften (wie Demokratie, Menschenrecht, Privatsphäre, Würde) verletzt? Funktioniert der Drei-Schluchten-Damm, wenn damit Millionen von Menschen entwurzelt und Hunderttausende in die Armut geschickt werden? Funktioniert Gen-Food, wenn der Konsument diese gar nicht wünscht? Funktioniert „entwickelte" Technik in der „zu entwickelnden" Dritten Welt, wenn diese Technik dort – kulturellen Eigenheiten wegen – nicht genutzt wird?

Laut Luhmann läuft die mit funktionierender Technik stattfindende „‚gelingende' Reduktion [...] auf unschädliches Ignorieren hinaus" (Luhmann 1997, S. 525). Das Ignorieren kultureller Belange in der Technik zeigt sich aber hier und heute keineswegs mehr als unschädlich. Effektive Isolierung, das „Ausschalten der Welt-im-übrigen" darf (spätestens heute) nicht mehr anhand der Natur-Kultur-Trennlinie vorgenommen werden. Eine gelingende Reduktion von Komplexität kann nicht mehr unter Ausklammerung des Kulturellen und damit von wesentlich Menschlichem erfolgen. Das Verständnis von Technik ist hier ebenso zu weiten wie der Funktionsbegriff von Technik.

Von *funktionierender Technik* sollte zukünftig nur dann gesprochen werden, wenn diese nicht nur natürliche (bzw. naturgesetzmäßige) Sachverhalte korrekt abzubilden und zu kontrollieren vermag, sondern auch kulturelle (soziale, ökonomische, kulturenspezifische, etc.). Technik funktioniert erst dann, wenn sie die ihr gesetzten gesellschaftlichen Funktionen erfüllt und letztlich im Rahmen der jeweiligen Kultur Sinn ergibt.

In der Logik des obigen Anforderungskatalogs hieße das: Von funktionierender Technik ist nur dann zu sprechen, wenn sie *auch* zumindest grundlegende Anforderungen der Punkte 4 bis 9 erfüllt. Technik funktioniert nicht – so gilt es übereinzukommen –, wenn diese beispielsweise nicht gewollt ist, sozialen Unfrieden stiftet, intra- oder intergenerationelle Ungerechtigkeit hervorruft, Recht oder Menschenrecht bricht, Anforderungen der Nachhaltigkeit nicht genügt oder auch erhebliche ästhetische Defizite aufweist. Eine solch umfassende Sicht wäre schon in der Entwurfsphase von Technik einzunehmen. So könnten beispielsweise Lasten- und Pflichtenhefte bei der Gestaltung technischer Produkte um diese Kategorien (Punkte 4 bis 9) erweitert werden, und so eine kultivierte Technik weiter institutionalisiert werden.

3.4 Implikationen funktionierender, kultivierter Technik

Die Umsetzung solch einer auch im Kulturellen funktionierenden Technik hätte weitreichende Implikationen für die Praxis. Ein Beispiel: Eine große Stauhaltung, ein Stausee mit Wasserkraftwerk würde demnach in Mitteleuropa funktionieren, eine (physikalisch-ingenieurtechnisch) baugleiche Anlage in einem Entwicklungsland aber nicht, wo Stauanlagen oft mit Vertreibung, Korruption, Abhängigkeit und Hunger verbunden sind und damit Menschenrecht gebrochen wird.

Auch würde es mit einem solch erweiterten Anforderungskatalog sicher nicht einfacher werden, funktionierende Technik in die Welt zu setzen. Aber wären damit nicht genau die Herausforderungen benannt, die mit der Technik heute im Großen wie im Kleinen anstehen? Mit erhöhten Anforderungen ist ebenfalls nicht mit einer (weiteren) Beschleunigung technischer Innovationen zu rechnen, aber vielleicht ist ja auch dies als entschleunigendes Element Baustein einer Kultur der Nachhaltigkeit.

Des Weiteren würde die oft suggerierte oder unterstellte „Kontextunabhängigkeit" von Technik endgültig ad acta gelegt. Technik ist Kontext-abhängig: ihre Bedingungen, Folgen, Nebenfolgen beginnen und enden nicht (allein) in der natürlichen, sondern maßgeblich in der kultürlichen Sphäre.

Mit einer kultivierten und kulturell funktionierenden Technik würde diese umfassender und damit – durchaus auch in einem humanistischen Sinne – menschlicher werden. Technik würde als potentes Mittel zur Umgestaltung der menschlichen Umwelt nicht nur Ausdruck seiner beherrschenden und zweckdienlichen Kräfte, sondern umfassender Ausdruck seiner Menschlichkeit unter Berücksichtigung möglichst aller Facetten. Technik würde zur Verwirklichung des Menschlichen, bzw. des Menschen in seiner Umwelt, würde den Menschen als Ganzes in seinem Weltumgang zur Sprache kommen lassen. Das aber wiederum hätte die menschlichere Gestaltung unseres Lebensraumes zur Folge.

4 Die individuelle Seite der Nachhaltigkeit

In einem dritten Schritt wird nun das Konzept „Nachhaltigkeit“ in einen ganz direkten Bezug zum Menschen bzw. zum Individuum gesetzt und damit das Augenmerk auf Nachhaltigkeit abseits des *gesellschaftlichen* Leitbildes gerichtet.

4.1 Zwei Seiten einer Kultur der Nachhaltigkeit: Kollektiv und Individuum

Im Anschluss an die Ausführungen zum Kulturbegriff (Abschnitt 1.2) und im Sinne von Klaus P. Hansen (vgl. Hansen 2000) umfasst Kultur immer zwei Pole: Kollektiv und Individuum, beide zusammen tragen oder bilden Kultur.

Kultur kann mit Blick auf das Individuum als ein kollektiver Kanon aus standardisierten Handlungs- und Sinnmustern gesehen werden, die im Prozess der Sozialisation an das Individuum gelangen. Die Individuen bilden das Kollektiv. Dieses wiederum „formt“ jene Individuen, die ihre Identitäten in Reaktion auf kollektive Vorgaben gewinnen, welche in Abweichung von den Vorgaben wiederum das kollektive Deutungsarsenal befüllen (vgl. Hansen 2000, Kap. 3.2). Dort, wo das Individuum zurücktritt, tritt die Kultur hervor – und umgekehrt. Man kann sagen, Kultur, insbesondere kulturelle Entwicklung, findet zwischen diesen beiden Polen, im Austausch von Kollektiv und Individuum statt.

Nachhaltigkeit allerdings wird als Idee und Konzeption allermeist als kollektive Angelegenheit (der Politik, der Gesellschaft, etc.) erachtet und diskutiert: Nachhaltigkeit ist etwas, das Gesellschaft, Politik, Unternehmen anstreben, umsetzen, erreichen wollen oder sollen. Der individuellen und persönlichen Seite der Nachhaltigkeit wird jedoch kaum Aufmerksamkeit geschenkt, sie ist nicht Teil des Nachhaltigkeitsdiskurses. Diese Fokussierung von Nachhaltigkeit auf die gesellschaftliche Sphäre ist aber unter kulturtheoretischer Sicht zumindest einseitig, und des Weiteren unter der Zielsetzung einer Umsetzung von Nachhaltigkeit auch ungenügend.

Als kulturelles Unterfangen muss Nachhaltigkeit – soll sie Bestand haben – letztlich auch bei den Menschen ankommen. Sie muss internalisiert und gelebt werden. Geschieht dies nicht, bleibt Nachhaltigkeit nur eine Konzeption, politische Strategie oder bestenfalls eine übergestülpte kollektive Hülse ohne Inhalt, die früher oder später in sich zusammenfällt.[7]

Nachhaltigkeit muss letztlich auch etwas Subjektives, Persönliches, eine innere Angelegenheit der Menschen sein. Eine nachhaltige *Entwicklung* eines Kollektivs muss sich auch in einer inneren Entwicklung von Individuen widerspiegeln. Im Folgenden sollen dementsprechend einige personale Elemente der Nachhaltigkeit zur Sprache kommen.

---

7 Einer verordneten kulturellen Nachhaltigkeitshülse würde es wohl ähnlich ergehen wie der Lipsi-Bewegung in der DDR um 1960.

4.2 Betroffenheit von und Attraktivität der Idee der Nachhaltigkeit

Zunächst sei hier einmal festgestellt, dass Nachhaltigkeit etwas ist, das potenziell jeden betrifft, bzw. früher oder später, auf die eine oder andere Weise, betroffen macht. So zeigt sich die Betroffenheit entweder aktiv und prospektiv in der Idee und Umsetzung einer nachhaltigen Entwicklung, oder, falls dies nicht geschieht, früher oder später eben reaktiv in den Schattenseiten einer bisherigen, nicht-nachhaltigen Entwicklung: Knappe Ressourcen, soziale Unruhen, Umweltschäden, Massenmigration, steigende Meeresspiegel, etc. dringen in die je eigene Lebenswelt und *machen* uns betroffen.

Langfristig gesehen ist eine nachhaltige Entwicklung nahezu alternativenlos.[8] Bleibt die Frage, mit wie großen sozialen, ökologischen und ökonomischen Verwerfungen, mit wie viel Einschnitten der Handlungsfreiheit, Leid und Gewalt ein Wechsel zu einer Kultur der Nachhaltigkeit verbunden sein wird. Orr spricht in diesem Zusammenhang von „more or less grace", mit der sich der Mensch einer nachhaltigen Entwicklung zuwenden kann (Orr zitiert nach McDaniel 2002, S. 1461).

Darüber hinaus ist „Nachhaltigkeit" zumindest in der ihr innewohnenden Betroffenheit keine partikulare Theorie – das spiegelt sich unter anderem im Anspruch der Globalität wider. So sind eben nicht nur bestimmte Gruppen (Arme, Katholiken, Autobauer, Weiße oder Landwirte) von Nachhaltigkeit betroffen, sondern schlicht alle Menschen – und nicht nur diese.

Wendet man „Betroffenheit" positiv, so gelangt man zu „Attraktivität" – und auch diese lässt der Ideenpool der Nachhaltigkeit nicht vermissen. Nun sind die Konzepte der Nachhaltigkeit ja in der Antizipation möglicher Verwerfungen entstanden. Und Konzepte der Nachhaltigkeit zeigen – indem sie Kritik an bestehenden (sozial-ökologischen) Missständen üben – Ansatzpunkte zum Bessermachen auf. Nachhaltigkeit ist demnach auch klar ein vager bis konkreter Gegenentwurf zu den herrschenden Verhältnissen.

Was an dieser Realutopie „Nachhaltigkeit" als Gegenentwurf für Einzelne (oder Viele) attraktiv sein könnte, sei im Folgenden stichwortartig und unvollständig aufgelistet. Diese Liste zeigt im kapiteleigenen Sinne keine objektiven Wahrheiten, sondern vielmehr subjektive Deutungsangebote. Zumindest in diesem Sinne hält Nachhaltigkeit als Gedanke und Konzeption Antworten auf heute weit verbreitete Punkte lebensweltlichen Unbehagens bereit.

8 Dies gilt zumindest unter dem Jonasschen Primat der unbedingten Pflicht der Menschheit zum Dasein (vgl. Jonas 1986).

Entgegnungen der Nachhaltigkeit:

- der herrschenden (ökonomischen) Ungerechtigkeit wird fundamental die Gerechtigkeit entgegengesetzt;
- dem Leben auf Kosten von „Kapitalschwächeren" (Arme, Tiere, Ökosysteme und kommende Generationen) – ein Leben in Achtung und zu Gunsten dieser;
- der Schnelllebigkeit, dem Fortschritt – das Dauerhafte, das Nachhaltige;
- der postmodernen Fragmentierung – das Ganze;
- der Kurzsichtigkeit – die Horizontweitung;
- der Wertpluralität und Willkür – die Verbindlichkeit des Normativen;
- den unbeschränkten Möglichkeiten – existenzielle Grenzen;
- dem vereinsamenden Individualismus – die Menschheit;
- der sozialen Isolation – die Gemeinschaft;
- dem entfremdeten Menschen – die Mitwelt und das (ökologische) Web of Life;
- der Hybris des Menschen – das Eingebundensein in ökologische Zusammenhänge;
- der Zivilisation – der Wert der Natur;
- dem Primat der Ökonomie – die Ökologie und das Soziale;
- dem Streben nach Materiellem – die Dematerialisierung der Wirtschaft und die Hinwendung zum Geistigen (zu nichtmateriellen Werten);
- der Befreiung von der Natur – die Befreiung von den menschgemachten Geiseln der Menschheit;
- der Beliebigkeit – die Freiheit in Grenzen;
- der Trennung und Vorherrschaft der Analyse – die Integration und die Synthese;
- der Orientierungslosigkeit – die Konzeption;
- der Widerfahrnis des Komplexen – der (rationale) Umgang mit Komplexität.

Die Liste möglicher attraktiver Gegenpole zu einem vielerorts herrschenden Unbehagen ließe sich fortsetzen.

4.3 Existenzielle Fragen und Lebensentwurf

Über diese Antworten der Nachhaltigkeit auf lebensweltliches Unbehagen hinaus rühren die Konzepte der Nachhaltigkeit auch an (weiteren) tiefgründigen Fragen der eigenen Existenz und können damit den Einzelnen – gerade in heutigen diesbezüglich deutungsangebotsarmen säkularen Gesellschaften – tief berühren. So werden Fragen nach der Zukunft, der Stellung des Menschen, dem Sein nach dem Tod u.ä. berührt oder gar expliziert. In der Nachhaltigkeitskonzeption von Ott werden beispielsweise mit der Idee der Intergenerativität die

„Lebenden zu transitorischen Gliedern in einer Kette von Generationen" erklärt (Ott/Döring 2004, S. 343).

Halt- und sinngebende Aufgabe in dieser beständigen Kette der Vergänglichen bietet anthropozentrisch die „unbedingte Pflicht der Menschheit zum Dasein" (Jonas 1986, S. 80) oder in einer ökologisch erweiterten, biozentrischen Lesart von Nachhaltigkeit die Wahrung und Aufrechterhaltung des Web of Life, des Netzwerk des Lebens.[9] Jedenfalls:

> „Eine Theorie der Nachhaltigkeit lässt viele der Menschen [...] existenziell nicht so unberührt, wie uns viele andere gute Theorien unberührt lassen" (Ott/Döring 2004, S. 343).

Vor dem Hintergrund der existenziellen Tiefe der Theorie sowie der immensen Reichweite der Nachhaltigkeitsgedanken (räumlich: global; sozial: gesamte Menschheit; zeitlich: intergenerativ) können Konzeptionen der Nachhaltigkeit (wie z.B. das integrative Konzept) – ohne dass sie dies beabsichtigen oder für sich in Anspruch nehmen würden – gewissermaßen als Versuche einer ethischen „theory of everything" angesehen werden (vgl. Parodi 2008, S. 216). Diese Versuche können – wendet man sie individualistisch – durchaus in der Tradition antiker Ethik gesehen werden, in ihrer umfassenden Suche nach einem guten Leben. Den Nachhaltigkeitskonzeptionen sind so (zumindest implizit) Momente eines Lebensentwurfs, einer „Lebensphilosophie" zueigen.

Auch wenn das mit Nachhaltigkeit erstrebte „gute Leben" postmodern weich und plural gewendet nur noch im „nicht schlechten Leben" ausformuliert wird, Entwürfe der Nachhaltigkeit zunächst an Kollektive und Institutionen appellieren und sich normative Forderungen auf „Leitplanken" oder „safe minimum standards" beschränken müssen, so bieten sie doch die Möglichkeit umfassender individueller Orientierung und einen (gemäßigten und offenen, aber doch) umfassenden Lebensentwurf (wie es sonst heute höchstens noch die Religionen bieten).

Der kulturelle Gegenentwurf der Nachhaltigkeit (vgl. Parodi 2009) macht betroffen, kann die Menschen (existenziell) berühren, bietet Perspektive und Orientierung. Der Nachhaltigkeit wohnt somit – wenn auch unbeabsichtigt – eine heute seltene, umfassende moralische Kraft inne.

4.4 Bewusstsein und Wandel

Jenseits und neben konzeptionellen Nachhaltigkeitserwägungen werden Forderungen lauter, es müsse auch einen je individuellen *Bewusstseinswandel* zur Nachhaltigkeit geben. „By whatever name, something akin to spiritual renewal

9 Vgl. z.B. http://www.lohas.de/content/view/627/83/.

is the sine qua non of the transition to sustainability" (Orr 2002, pp. 1459). Auch aus kulturtheoretischen Erwägungen heraus, in denen zum einen das Individuum als Faktor kulturellen Wandels und zum anderen die geistige Dimension als wirkmächtig erachtet werden, lässt sich vermuten, dass sich ohne einen irgend gearteten „Bewusstseinswandel" der einzelnen Individuen eine nachhaltige Entwicklung schwerlich einstellen wird. Individuelle Betroffenheit, Attraktivität, Tiefe und Orientierung durch die Konzeptionen der Nachhaltigkeit bieten hierfür Anlass und Ansatzpunkte. „If we want to make the transition [to sustainability] gracefully [...] We need enhanced spiritual awareness" (McDaniel 2002, pp. 1461). Diese Herausforderung auf dem Weg zur Nachhaltigkeit stellt nach Orr auch die weitaus größte dar – nicht zuletzt deswegen, weil sie wohlmöglich (politisch) am schwersten zugänglich ist und eben direkt in der Hand der einzelnen Individuen liegt.

Offen bleibt soweit aber noch, was unter „Bewusstseinswandel" zu verstehen ist, und wie weit dieser gehen muss. Orr gibt zu bedenken, dass die Überführung in eine nachhaltige Entwicklung nicht allein rational bewerkstelligt werden kann. Es bedarf mehr noch „a transformation of mind and heart, desire and intention" (McDaniel 2002, p. 1461). Müssen wir also umgehend neue Menschen werden? Wer möchte, darf. Langfristig werden sich mit dem Vollzug einer nachhaltigen Entwicklung und der Realisierung einer Kultur der Nachhaltigkeit eine neue Weltsicht und ein grundlegend neuer Umgang mit der Welt etablieren (müssen). Wir werden uns der Welt anders zuwenden. Vergegenwärtigt man sich die in Abschnitt 2 beschriebenen Fehlhaltungen, so bedarf es eines erheblichen individuellen Wandels in der Welt- und Selbstwahrnehmung (in Uexkülls doppeltem Sinne).

Vielfach sind solche Ansätze eines Bewusstseinswandels bereits erkennbar, werden kleine Schritte auch in diese Richtung einer Kultur der Nachhaltigkeit gegangen. Unzählige Projekte, Initiativen, Gruppierungen, Veranstaltungsreihen und neue Konsummuster, die heute in Richtung Nachhaltigkeit weisen, legen dies nahe.[10] Oft sind diese Schritte theoretisch und rational wenig unterfüttert,[11] auch genügen sie alle nicht den Anforderungen jener umfassenden Konzeptionen der Nachhaltigkeit – wie könnten sie auch. Dennoch leisten sie alle im gelebten Experiment einen Beitrag auf dem Weg zu einer Kultur der Nachhaltigkeit – gleich

10 Zur Illustration seien hier wahllos einige Beispiele aufgezählt:
– Schule der Nachhaltigkeit: http://www.hoc.kit.edu/hiper_campus_projekte_414.php;
– „Nachhaltigkeit als Lebenskunst": http://www.nachhaltigkeit-als-lebenskunst.de/;
– LOHAS: http://www.lohas.de/;
– CITTA – Forum für neues Bewusstsein: http://www.citta-forum.de/;
– Global Community „Wombat": http://www.globalcommunity.org/flash/wombat.shtml.

11 So, wie es dem wirklich Neuen oft an Begründung(smöglichkeiten) mangelt (vgl. Parodi 2004).

ob diese Beiträge unter ökologischem, ökonomischen, spirituellen oder anderen Vorzeichen stehen.

Solange aber – und das sei hier ein letzter und wichtiger Punkt – eine Kultur der Nachhaltigkeit noch nicht realisiert ist, Nachhaltigkeit nur als Entwurf, als (vage) Vorstellung existiert, solange muss man sich bewusst und ausdrücklich für Nachhaltigkeit *entscheiden.* „Entscheiden“ aber heißt: „*Decision* means literally a cut [...] a cut between past and future, an introduction of an essentially new strand into the emerging pattern of history“ (Shackle 1969, p. 3).

Gelebte Nachhaltigkeit würde in der Tat einen solchen Schnitt setzen, und eine Kultur der Nachhaltigkeit genau einen solch neuen und wesentlichen Strang darstellen, den es in die Menschheitsgeschichte einzuweben gilt. Dafür aber heißt es auch, alte Zöpfe einer nicht-nachhaltigen Kultur abzuschneiden.

Literatur

Böhme, H. (2001): Was ist Kulturwissenschaft? (URL: http://www.culture.hu-berlin.de/lehre/kulturwissenschaft.pdf; 25.05.2009)

Brugger, W. (1998): Technik. In: Brugger, W. (Hg.): Philosophisches Wörterbuch. Freiburg/Brsg., S. 393-394

Buber, M. (1960): Urdistanz und Beziehung. Heidelberg

Bundesregierung (2002): Perspektiven für Deutschland. Unsere Strategie für eine nachhaltige Entwicklung. Berlin (URL: http://www.bundesregierung.de/nsc_true/Content/DE/__Anlagen/2006-2007/perspektiven-fuer-deutschland-langfassung,templateId=raw,property=publication File.pdf/perspektiven-fuer-deutschland-langfassung; 25.05.2009)

Erlach, K. (2000): Das Technotop. Die technologische Konstruktion der Wirklichkeit. Münster

Großklaus, G.; Oldemeyer, E. (Hg.) (1983): Natur als Gegenwelt. Beiträge zur Kulturgeschichte der Natur. Karlsruhe

Hansen, K. P. (2000): Kultur und Kulturwissenschaft (2. erw. Aufl.). Tübingen

Hauff, V. (Hg.) (1987): Unsere gemeinsame Zukunft. Der Brundtland-Bericht der Weltkommission für Umwelt und Entwicklung. Greven

Huber, J. (1989): Technikbilder. Weltanschauliche Weichenstellungen der Technologie- und Umweltpolitik. Opladen

Jonas, H. (1986): Das Prinzip Verantwortung. Versuch einer Ethik für die technologische Zivilisation. Nördlingen

Karafyllis, N. C. (Hg.) (2003): Biofakte. Versuch über den Menschen zwischen Artefakt und Lebewesen. Paderborn

Kopfmüller, J.; Brandl, V.; Jörissen, J.; Paetau, M.; Banse, G.; Coenen, R.; Grunwald, A. (2001): Nachhaltige Entwicklung integrativ betrachtet. Konstitutive Elemente, Regeln, Indikatoren. Berlin

Krainer, L.; Trattnigg, R. (Hg.) (2007): Kulturelle Nachhaltigkeit. Konzepte, Perspektiven, Positionen. München

Luhmann, N. (1997): Die Gesellschaft der Gesellschaft, Bd. I. Frankfurt/M.

Marschall, W. (1993): Die zweite Natur des Menschen. Kulturtheoretische Positionen in der Ethnologie. In: Hansen, K. P. (Hg.): Kulturbegriff und Methode. Der stille Paradigmenwechsel in den Geisteswissenschaften. Tübingen, S. 17-26

McDaniel, J. (2002): Spirituality and Sustainability. In: Conservation Biology, Vol. 16/No. 6, pp. 1461-1464

Meyer-Abich, K. M. (1984): Wege zum Frieden mit der Natur. Praktische Naturphilosophie für die Umweltpolitik. München

Oldemeyer, E. (2005): Die Ich-Es-Einstellung als Voraussetzung technischer Kreativität. Bewusstseinsgeschichtliche Bemerkungen im Anschluss an Martin Buber. In: Dürr, R.; Gebauer, G.; Maring, M.; Schütt, H.-P. (Hg.): Pragmatisches Philosophieren. Festschrift für Hans Lenk. Münster, S. 302-314

Orr, D. W. (2002): Four Challenges of Sustainability. In: Conservation Biology, Vol. 16/No. 6, pp. 1457-1460

Ott, K.; Döring, R. (2004): Theorie und Praxis starker Nachhaltigkeit. Marburg

Parodi, O. (2004): Rationalität unter ökologischem Vorzeichen. In: Fobel, P.; Banse, G.; Kiepas, A.; Zecha, G. (Hg.): Rationalität in der Angewandten Ethik. Banská Bystrica, S. 159-170

Parodi, O. (2008): Technik am Fluss. Philosophische und kulturwissenschaftliche Betrachtungen zum Wasserbau als kulturelle Unternehmung. München

Prechtl, P.; Burkhard, F.-P. (Hg.) (1996): Metzler-Philosophie-Lexikon. Begriffe und Definitionen. Stuttgart

Rohbeck, J. (1993): Technologische Urteilskraft. Zu einer Ethik technischen Handelns. Frankfurt/M.

Shackle, G. L. S. (1969): Decision, Order and Time – In Human Affairs. Cambridge

United Nations – Division for Sustainable Development [UN-DSD] (2009): (URL: http://www.un.org/esa/dsd/index.shtml; 25.05.2009)

II.
Kultur, Nachhaltigkeit und wie sie manifestiert werden

Die Magie der Dinge

Materielle Güter, Identität und Metaphysische Lücke

Renate Hübner

„Die Produktion kann nicht aus den Dingen erfolgen und darf sich nicht in ihnen verlieren."
Sartres Leitthese über die Philosophie der Dinge (nach Weismüller 1999)

1 Einleitung

1.1 Kultur zwischen „umso mehr, umso besser" und „weniger ist mehr"

Dieser Beitrag entstand in einer Zeit, in der eine weltweite Finanzkrise nationale Wirtschaftskrisen ausgelöst hat, deren Ausmaß und Folgen auch mehr als ein Jahr später noch nicht absehbar scheinen. Eine Krise zu diagnostizieren ist weiter nicht schwierig, aber welches ist die richtige Intervention und welches die richtige Therapie? Angesichts vieler Kommentare und Analysen in den Medien scheinen zumindest Philosophen, Theologen und Psychologen hinsichtlich der Ursache einig zu sein: eine offensichtlich unersättliche Gier und der, das globale Ausmaß ermöglichende, Kapitalismus.[1] Interessanterweise dürften viele Wirtschaftswissenschaftler und Politiker überzeugt sein, dass der Wirtschaftskrise mit genau diesen beiden begegnet werden sollte: Die Hauptakteure des Kapitalismus (Banken, Finanzinstitute, etc.) müssen gestützt, mit öffentlichen Geldern gerettet werden, und in einem immerwährend steigenden privaten Konsum wird das wichtigste Heilmittel gesehen (und Gier somit indirekt als rettende Tugend gewertet). Maßnahmen wie Verschrottungsprämien, Steuerentlastungen, sinkende Zinsen etc. sollen es dem Konsumenten schmackhaft machen, möglichst viel Geld auszugeben und um vor allem auch materielle Güter zu kaufen. Gerade in jenen Ländern mit den größten ökologischen Fußabdrücken (USA: 9,7 ha/Person, EU: 4,7 ha/Person – wobei weltweit pro Person nur 1,8 ha zur Verfügung stehen) werden die größten Anstrengungen unternommen, um den privaten Konsum um alles in der Welt anzukurbeln, je mehr, umso besser! Jene Experten, die das mit dem Argument begründen, dass mit diesen Maßnahmen ja vor allem der Umstieg auf ökoeffizientere Güter gefördert und somit dadurch auch der Um-

1 Z.B. „Gier und Banker" (Falter, 45/08), „Das Entscheidungsverhalten der Finanzakteure" (Ö1, Salzburger Nachtjournal, 18.2.2009), „Das Ende des Kasino-Kapitalismus" (Tuskulanische Gespräche, ORF Kärnten, 17.12.2008), usf.

weltschonung gedient werden soll, ignorieren den Rebound-Effekt. Wie die Daten der letzten 20 Jahre zeigen, wurden die durch den technischen Fortschritt erzielten Effizienzgewinne vom dadurch zusätzlich möglichen Konsum meist mehr als wettgemacht.

Ein weiterer, viel offensichtlicherer Zusammenhang wird ebenfalls ignoriert: Gesamtabfallmenge, Wirtschaftswachstum und Energieverbrauch steigen im gleichen Ausmaß (durchschnittlich um 2% in den letzten 15 Jahren), die Statistiken der westlichen Industrieländer zeigen, dass unter den gegebenen Rahmenbedingungen mehr ausgeben offensichtlich zu mehr wegwerfen führt. Während das eine (Wirtschaftswachstum) wirtschaftlich erwünscht ist, rufen viele Appelle auf, die Begleiterscheinungen zu vermeiden. Das Credo der Wirtschaftsexperten *„Mehr ist besser"* trifft somit auf *„weniger ist mehr"*, das Grundkonzept eines nachhaltigen Lebensstils. Aber hat dieses Prinzip des „weniger ist mehr" überhaupt Chancen auf Erfolg? Ist nicht das Mehr typisch für unsere Kultur? Und wenn ja – warum ist das so? Warum wurden weniger ressourcenintensive Lebensstile bisher freiwillig nur von einigen Grün-Alternativen und – eher unfreiwillig – von finanziell benachteiligten Teilen der Bevölkerung, die sparen müssen, realisiert? Welche Bedeutung haben materielle Güter in unserer Kultur, einer Kultur des Wohlstands und Überflusses?

1.2 Anliegen des Beitrags

Unser derzeitiger Umgang mit materiellen Gütern ermöglicht keine ökologisch und sozial nachhaltige Entwicklung. Es gibt genügend Ansätze, die dazu beitragen können, mit Gütern nachhaltig umzugehen. Das Konzept des Ecodesign, des ökologischen Produktdesigns, gilt als vielversprechend zur Steigerung der Ressourceneffizienz, regt zu Innovationen an und passt gut in die Systemlogik der Wirtschaft, immer wieder neue, bessere Güter zu produzieren („das Bessere als der Feind des Guten"). Produkte aus nachwachsenden oder rezyklierbaren Rohstoffen sollen es den Konsumenten erleichtern, mit gutem Gewissen shoppen zu gehen, ohne den Umgang mit Gütern zu verändern. Anders Ecodesign-Güter, die langlebig, reparierbar und/oder mehrfach nutzbar sind. Diese haben in vielen Fällen ein weit höheres Ressourcen- und Kosteneffizienzpotenzial, etablieren sich daher auch im gewerblichen Bereich – wo nur der Kostenfaktor zählt – sehr erfolgreich, wie viele Beispiele zeigen (vgl. Hübner et al. 2005; Stahel 2006; Stahel/Giarini 2000; Steinhilper 1999), kommen hingegen im Bereich des privaten Konsums über Nischen kaum hinaus und erreichen daher oft nicht die, für eine Kostendeckung erforderliche, kritische Menge an Kunden. Und dies, obwohl langlebige, reparierbare Güter meist qualitativ hochwertig sind, dank alternativer Geschäftsmodelle umfassende Nutzungsgarantien geboten werden – aber das scheint für einen Großteil der Konsumenten ebenso wie der Kostenvorteil nicht entscheidend zu sein.

Woran liegt das? Warum sind kurzlebige Güter wirtschaftlich erfolgreicher als langlebige, warum ist das Reparieren von Gütern so unattraktiv, warum ist es für viele Menschen in unserer Kultur so wichtig, immer neue und mehr Güter selbst zu haben, obwohl immer weniger Zeit bleibt, jedes zu nutzen? Steckt ein Sinn oder nicht vielmehr die Suche nach Sinn dahinter? Ist Konsum das sinnstiftende Element in unserer Kultur oder fehlen der westlichen Kultur sinnstiftende Elemente überhaupt? Dann wären Ursachen und Motive für den nachweislich nicht-nachhaltigen Umgang mit Gütern kulturbedingt, und ein kultureller Wandel daher erforderlich. Dieser kann aber in einer freien Gesellschaft nicht herbeigeführt oder gesteuert werden. Neue Ansätze – und das Konzept der nachhaltigen Entwicklung zwingt zu neuen Ansätzen – müssen daher in der jeweiligen Kultur anschlussfähig sein, um mittel- und langfristig zu einem kulturellen Wandel zu führen.

1.3 Kultur-Verständnis: Die Herstellung von Bedeutungszusammenhängen

Was aber ist Kultur? Diese Frage ist bei weitem nicht neu und wird in diesem Band vielfältig beleuchtet. Ich beleuchte den Kulturbegriff daher hier nur kurz, so dass der Leser die weiteren Ausführungen mit dem dahinterstehenden Kulturverständnis verknüpfen kann. Kultur lässt sich einerseits als Gegenstück zu Natur (von lat. nasci „entstehen, geboren werden") bezeichnen, insofern, als es sich um Künstliches, d. h. vom Menschen Geschaffenes handelt. Andererseits ist der Mensch Teil der Natur, und so bringt also Natur etwas, nämlich Kultur hervor. Kultur gehört also zur Natur des Menschen. Aber welchen Zweck hat Kultur?

Als Bündel von fest im „kollektiv Unbewussten verankerten Selbstverständlichkeiten" (Heintel 2007, S. 65) ist Kultur etwas, das über das Individuelle hinausgeht und eine Gemeinschaft, ein Kollektiv umfasst. Kultur als „Selbstverständlichkeit" zu verstehen meint nicht das praktische Handeln des Einzelnen, sondern den unsichtbare Rahmen und die virtuellen Strukturen, innerhalb und mittels derer dieses Handeln konkretisiert und realisiert wird. Diese realisierten Handlungen wirken wiederum auf Rahmen und Strukturen zurück und beeinflussen deren weitere Entwicklung. Kultur als im „Unbewussten verankert" zu verstehen bedeutet weiterhin, dass Kultur nicht vorausgesetzt, nicht gestaltet und gesteuert werden kann, sondern dass Kultur (unbewusst) entsteht, Einflüssen nachgibt, sich immer wieder selbst rekonstruiert. Kultur ist aufgrund ihrer kollektiven Unbewusstheit und Selbstverständlichkeit über längere Zeiträume gleich (stabil) und durchdringt eine Gesellschaft sowohl vertikal als auch horizontal. Kann man angesichts der vielen Subkulturen und Lebensstile heute noch von „einer" Kultur sprechen? Die Zunahme von sogenannten Subkulturen verändert dieses Kulturverständnis meiner Ansicht nach nicht, da diese – wenn auch unterschiedlich – Bezug zu gemeinsamen Grundregeln nehmen. Diese Grundregeln lassen sich wiederum als Reaktionen auf Einflüsse dominanter, vom Kollektiv als übergeordnet anerkannter Mächte (Götter, Religionen, Mythen, Regenten, Sachzwänge, Rechtsordnungen, politische Ideologien, Trends, Moden) beschreiben. Diese gemeinsamen Grundregeln entstehen und ändern sich wiederum in Abhängigkeit von vorhandenen, verfügbaren materiellen Gütern und deren Bedeutungen – und das wird selten in Nachhaltigkeits-Diskussionen einbezogen.

Bedeutung – also wie z.B. Gegenstände Bedeutung erlangen und wieder verlieren – scheint ein wesentliches Element des Kulturbegriffes zu sein. Bedeutung entsteht, vergeht oder verändert sich in kollektiven Prozessen, deren dialektischer Charakter sich im permanenten Wechselspiel zwischen individuellen und gemeinschaftlichen Interessen offenbart, dessen Ergebnisse die wechselseitigen Abhängigkeit jedoch erhält, statt reduziert. Darin sieht Bazon Brock vermutlich den Zweck von Kultur, wenn er „Kultur als *durch Kommunikation erzeugte Beziehungen, die Verbindlichkeiten sichern sollen*", versteht.[2]

Selbstverständlichkeit (Peter Heintel) als Merkmal und Verbindlichkeit (Bazon Brock) als Zweck von Kultur führen zu kollektiv habitualisierten Verhaltensweisen, in welchen sie übrigens auch erkennbar wird. Diese Verhaltensweisen haben sich meist über einen längeren Zeitraum (Jahre oder Generationen) bewährt und bieten daher Effizienz und Sicherheit. Allerdings bieten Gewohnheiten Effizienz und Sicherheit nur in einem sich nicht wesentlich ändernden Umfeld und solange die Folgen von Handlungen vorhersehbar und wiederholbar sind. Wenn sich Grundlagen oder Rahmenbedingungen eines Systems ändern (knapper und teurer werdende Rohstoffe, neue oder effizientere Technologien, Zu- oder Abnahme der Bevölkerung und damit z.B. der Nachfrage), wäre es also sinnvoll, über die Sinnhaftigkeit des Tuns nachzudenken bzw. darüber, ob man etwas anders oder besser machen könnte. Ohne solche Reflexionsschleifen kann habitualisiertes Verhalten zu Ineffizienz des Handelns und zu einer Art Erstarrung des Systems führen.

Habitualisiertes Verhalten (Gewohnheiten) verliert also seine Vorteile, wenn es die sichere und effiziente Bewältigung des Alltags nicht mehr gewährleistet und muss daher immer wieder kritisch hinterfragt werden. In der individuellen Entwicklung sind es die Phasen des Trotzalters und der Pubertät, in welchen der einzelne Mensch sich von den herkömmlichen Verhaltensweisen bzw. Gewohnheiten distanziert, abnabelt und anderes, neues, ungewohntes Verhalten sucht und ausprobiert. Für die kollektive Entwicklung muss eine Gemeinschaft dafür ebenfalls Strukturen, Raum und Zeit vorsehen, zum Teil erfüllen Kunst und Wissenschaft den Zweck, Gewohnheiten, Regeln, Überzeugungen kritisch zu hinterfragen. Doch das Bewusstmachen von Ineffizienzen und Erstarrung eines Kollektivs aufgrund habitualisierter Verhaltensweisen genügt meist nicht, um

2 Bazon Brock in Ö1, Salzburger Nachtjournal, 3.12.2008.

Gewohnheiten einer Gruppe, einer Gesellschaft zu ändern; immerhin dauert es meist ja auch lange, bis ein bestimmtes Verhalten zur kollektiven Gewohnheit wird. Weiterhin stellt die Änderung einer Gewohnheit noch keinen kulturellen Wandel dar, dazu bedarf es vermutlich der Änderung vieler, miteinander verknüpfter Gewohnheitsbündel.

In Bezug auf Nachhaltigkeit, Umweltschutz und Ressourcenschonung ist es daher z.B. nicht ausreichend, ökologische Güter herzustellen und anzubieten, ohne gleichzeitig Maßnahmen zu realisieren, die das, für eine nachhaltige Nutzung, erforderliche Konsumentenverhalten entsprechend verändern helfen. Geeignet sind vermutlich vor allem solche Maßnahmen, die diesen Gütern oder deren Nutzung sozusagen Bedeutung geben. Doch Bedeutung erlangt ein Gut nicht für sich allein. Bedeutung entsteht in einem System von Verbindlichkeiten, das Gütern wie auch Handlungen einen Zweck und damit einen Existenz- oder Handlungsgrund vermittelt, der nicht auf das einzelne Gut oder die einzelne Handlung beschränkt ist. Es entsteht dadurch eine Art Bedeutungszusammenhang, ein Zusammenhang der Bedeutung mehrerer Güter und Handlungen, die sich gegenseitig Bedeutung geben. Die Vielfalt solcher Bedeutungssysteme wird in unterschiedlichen Lebensstilen erkennbar. Doch was hält diese Bedeutungssysteme zusammen? Der Lebensstil als realisiertes, sichtbar gewordenes Bedeutungssystem ist ein Resultat, ein Ergebnis und kann daher nicht Ursache von Bedeutungszusammenhängen sein. Bedeutungszusammenhänge brauchen also etwas, das sie verbindet und zusammenhält, so etwas wie eine Orientierung oder Richtung, man könnte auch Sinn dazu sagen. Individuelle Wertsysteme und Neigungen reichen meines Erachtens nicht aus, Bedeutungszusammenhängen auf Dauer Sinn zu verleihen, zumal diese erst durch das Eingebettet-sein des Individuums in ein Kollektiv entstehen. Kultur als *Komplex von Sinnsystemen* erfüllt möglicherweise somit eine weitere Funktion für ein Kollektiv – und auch für Individuen. Clifford Geertz meint damit symbolische Ordnungen, mit denen sich die Handelnden ihre Wirklichkeit als bedeutungsvoll erschaffen und die in Form von Wissensordnungen ihr Handeln ermöglichen und einschränken (vgl. Geertz 1996, S. 84). Zur Wirklichkeit gehören immer auch materielle Güter, Artefakte – welche Rolle spielen sie, wie bekommen Produkte Bedeutung?

2 Die Magie der Dinge – Materielle Güter und Identität

In der heutigen Kultur „universeller Machbarkeit“ (Seubold 2006, S. 15) gibt es für jedes Bedürfnis und auch für jeden Bedürfniswiderspruch[3] seine materielle

3 Produktantworten auf Bedürfniswidersprüche sind z.B. das Auto: Schnelligkeit versus Sicherheit, oder der Fernseher: live Dabeisein und Fernweh versus Sicherheit und Bequemlichkeit.

Produktantwort (vgl. Heintel 2007, S. 92f.). Und doch bleiben Bedürfnisse unbefriedigt, verbleibt eine gewisse Unerfülltheit und Leere, beides Folge einer Reduktion der Sinnebenen und Preis für diese universelle Machbarkeit. Die universelle Machbarkeit inkludiert auch den Menschen als Gestaltungs- und sogar Produktionsgegenstand. So wird auch Identität entdeckt als etwas, das man gestalten und immer wieder verändern kann. Materielle Güter spielen eine wesentliche Rolle dabei. Reduziert man das Phänomen der Leere auf seine konstituierenden Elemente, so lassen sich folgende drei Elemente identifizieren:

- die *Bedürfnisträger* (die handelnden Menschen, die ständig etwas suchen und möglicherweise nicht ausreichend finden),
- die *Bedürfnisantworten* (die behandelten materiellen Güter, die viel versprechen, die geweckten Erwartungen jedoch oft nicht erfüllen) und
- ein *sinnstiftender Rahmen* (Kultur als eine nicht-materielle, transzendentale Struktur, innerhalb welcher Bedürfnisse entstehen, bewertet, befriedigt oder sublimiert werden).

Diese drei Elemente stehen in ständiger Wechselwirkung zueinander und werden unter diesem Aspekt in diesem Beitrag analysiert.

2.1 Materielle Güter

Es gibt viele Möglichkeiten, Güter zu definieren und zu verstehen. Die Wirtschaft bietet Güter als „Mittel zur Bedürfnisbefriedigung“ an, das entspricht vermutlich auch dem Verständnis der Konsumenten im Alltag. Dabei werden allerdings häufig zwei Aspekte übersehen: Einerseits ist Bedürfnis ein psychologischer, kein ökonomischer Begriff, für die Wirtschaft aber zählt der *Bedarf* als das mit Kaufkraft ausgestattete bzw. in Kaufabsicht umgewandelte Bedürfnis. Und andererseits ist ein Gut eben selten die Bedürfnisbefriedigung selbst, sondern ermöglicht diese. Es gibt aber auch viele andere, vielleicht weniger direkt alltagsrelevante, aber nicht minder bedeutsame, Sichtweisen von Gütern, wie folgende Beispiele verdeutlichen: So sind physikalisch betrachtet Güter Materie und damit verdichtete und gebundene Energie. Soziologisch werden Güter als Botschaften, als Mittel zur Kommunikation gesehen (vgl. Karmasin 1998). Psychologisch hingegen betrachtet sind Güter – wie bereits erwähnt – Antworten auf Bedürfnisse und Bedürfniswidersprüche. Philosophisch betrachtet sind Güter wiederum die Vergegenständlichung, die materielle Verwirklichung von Ideen und Vorstellungen, menschliche Entäußerungen, und somit geeignet, sich mit ihnen zu identifizieren.

Man könnte vermutlich noch viele weitere Definitionen anführen, jede Disziplin und Teildisziplin fokussiert andere Aspekte von etwas vordergründig so Simplem wie unsere Gegenstände im Alltag. Differenzierungen nach Güterarten gibt es demnach, je nach disziplinärem Anliegen, unzählige. Da Nachhaltigkeit der Fokus dieses Beitrags ist, unter dem das Spannungsfeld rund um materielle Güter beleuchtet wird, ist ein interdisziplinärer Zugang erforderlich. Relevante Aspekte sollen identifiziert und Wechselwirkungen bzw. möglicherweise auch blinde Flecken herausgearbeitet werden. Nach 20 Jahren ökologischer Produktpolitik lässt sich jedenfalls feststellen, dass es nicht genügt, Recycling zu forcieren, einen nachhaltigen Konsumstil zu fordern oder umweltgerechte Produkte herzustellen – *reparierbar* heißt eben noch lange nicht *repariert.* Aber nur, weil das Reparieren von Gütern oft ökologisch sinnvoller wäre als defekte Güter wegzuwerfen und neue zu kaufen, ist eine Reparatur oft weder ökonomisch sinnvoll noch sozial gewünscht – woran liegt das?

Die Umwandlung von Natur in materielle Güter ist immer ein Eingriff des Menschen in die Natur. Neben den erwünschten Ergebnissen haben diese Eingriffe zunehmend auch unerwünschte Auswirkungen auf die Umwelt, sowohl während der Herstellungs- und Nutzungs- als auch der Nachnutzungsphase. Das Ausmaß der unerwünschten Auswirkungen hängt stark von den eingesetzten Technologien ab. Technologien, die eine Massenproduktion ermöglichen, haben weitreichendere, sowohl erwünschte als auch unerwünschte, Auswirkungen auf den Menschen und die natürliche Umwelt als die handwerkliche Güterproduktion. Zu den unerwünschten Auswirkungen der industriellen Produktion von Gütern zählen der hohe Verbrauch ähnlicher oder gleicher Ressourcen und die großen Mengen an Emissionen und Abfällen jeweils in relativ kurzer Zeit. Zu den positiven Auswirkungen zählt ohne Zweifel, dass die rasche und immer günstigere Produktion gleichartiger Güter vielen Menschen einen gewissen Wohlstand und ähnlichen Lebensstandard ermöglichte und somit zur Verringerung sozialer Unterschiede beitrug.

Allerdings dürfte das dauernde und massenhafte Angebot einer unüberschaubaren Gütervielfalt beim Konsumenten zu einer gewissen Leichtigkeit in der Beschaffung und Sorglosigkeit im Umgang mit materiellen Gütern führen – egal, ob das jetzt Nahrungsmittel oder Gebrauchsgegenstände sind. Das rasche Wegwerfen und Neukaufen gehört zur „Leichtigkeit des Seins“ unserer modernen – oder genauer: postmodernen – Gesellschaft, die von einem vermutlich nie dagewesenen Werte- und Lebensstil-Pluralismus – man könnte auch sagen: von Beliebigkeit – geprägt ist.

Im Vergleich zu Nahrungsmitteln und anderen *Ver*brauchsgütern verursachen *Ge*brauchsgüter aufgrund der zunehmenden Vielfalt, sich rasch ändernden Moden und zunehmenden Elektronisierung vor allem in der Nutzungs- und Entsorgungsphase immer höhere Umweltauswirkungen. Mein Anliegen ist es daher, den Umgang mit *diesen* Gegenständen zu reflektieren. Verbrauchsgüter, Nahrungsmittel und Nahrungsaufnahme hingegen unterliegen zum Teil anderen Gesetzmäßigkeiten und erfordern möglicherweise eine andere Zugangsweise. Wenn daher in der Folge von materiellen Gütern gesprochen wird, so sind damit kurz- und langlebige Gebrauchsgüter im Bereich des privaten Konsums gemeint.

Eigenschaften und Werte von Gütern

Eigenschaften und Eigenarten, die im Zusammenhang mit Sachgegenständen und Geräten wichtige Rollen spielen, sind Haptik und Handhabung, Optik und Ästhetik sowie die Möglichkeiten, die sie eröffnen: man kann sie nutzen, über sie verfügen oder sie einfach nur haben, besitzen, beherrschen – und noch etwas: materielle Güter lassen sich mit Bedeutung versehen, lassen sich immateriell „aufladen“. Materielle Güter erschließen – dank ihrer materiellen Eigenschaften und ihres immateriellen Potenzials – eine unendliche Vielfalt an Möglichkeiten des Tuns und Seins, des Erlebens und Kommunizierens, des Schutzes und der Abwehr, des Abgrenzens und Verbindens, die der Mensch ohne sie nicht hätte.

Tatsache ist jedenfalls, sie können das Leben erleichtern und verschönern. Tatsache ist aber auch, und hier tritt wieder ein Widerspruch zutage, der individuell ausbalanciert werden muss, dass Güter das Leben auch belasten und beeinträchtigen können: sie brauchen Platz, müssen gereinigt oder gewartet werden, das Wegwerfen oder Entledigen kann logistisch und auch psychisch zur Belastung werden usf. Der von komplexen Gebrauchsgütern immer abhängiger werdende Mensch empfindet diesen Vorgang als Intensivierung der Sachzwänge und merkt nicht, dass er von selbstgesetzten Wahrheits- und Wertzwängen sprechen sollte (vgl. Heintel/Berger 1998). Vielleicht meinen wir, dank der zunehmenden Gütervielfalt ein vielfältigeres Leben führen zu können und merken kaum, dass diese Güter nicht nur technische, sondern auch soziale Normen bestimmen. Die durch Mobiltelefon, Laptop, Auto mögliche *Mobilität*[4] und *Flexibilität*, die durch Fernbedienungen und Steuerungstechnik mögliche *Convenience,* die durch nie dagewesene Technologien mögliche *Sicherheit* (Airbag, Alarmanlagen, Überwachungskameras usf.) und dank extrem billig herstellbarer Wegwerfprodukte geforderte *Hygiene* sind nicht mehr nur individuelle Bedürfnisse, sondern sind meines Erachtens jene fünf – von Wirtschaft und Politik nahezu dogmatisch geforderten und verteidigten – kollektiven Werte, die über allem anderen angesiedelt werden – sie sind Recht und Pflicht gleichzeitig, mit ihnen lässt sich jederzeit gewinnen.

Den Kapitalismus freut‘s – jedes neue Produkt, das (auch nur vorgeblich) beiträgt, diese Werte besser zu realisieren als die bisherige Lösung, erhält dadurch automatisch einen höheren Wert, auch wenn die Herstellung möglicherweise (und vor allem unter den gegebenen Rahmenbedingungen) billiger wurde.

4 Inwieweit Schnelligkeit maximaler Mobilität und Flexibilität entspricht oder als eigene Kategorie zu behandeln ist, könnte meines Erachtens noch diskutiert werden.

Die große und stetig wachsende Konsummenge ist das Rückgrat unserer modernen Marktwirtschaft und Gesellschaft. Im Englischen hat sich dafür der Begriff „Consumerism" etabliert, also eine „Doktrin, welche die stetige Zunahme des Konsums von Gütern als Basis einer gesunden Ökonomie propagiert" (vgl. Oxford English Dictionary). Consumerism verwandelt den Bürger zum Shopper.

Es ist erstaunlich, dass kaum ein Mensch es wagt, diese Werte kritisch zu hinterfragen – und dass sich die meisten bemühen, den damit verbundenen Anforderungen zu entsprechen. Wegwerfgüter tragen zur Realisierung der oben angeführten fünf Werte in umfassendem Ausmaß bei – was den Erfolg zunehmend kurzlebiger Güter erklären könnte: Ein langlebiges Gut ist bereits nach dem nächsten auch noch so kleinen Technologiesprung vergleichsweise langsam, inkompatibel und beschränkt in seinen Applikationen; die Wiedernutzung von Gütern (von Verpackungen über Medizinprodukte bis zu Gebrauchtautos) dürfte oft als unsicher und unhygienisch empfunden werden, und alles selbst haben (möglichst neu statt gebraucht) wird häufig als am bequemsten, sichersten und hygienischsten empfunden (obwohl professionelle Wiedernutzungssysteme oft die weit höhere Sicherheit und Hygiene bieten, vgl. Fallstudien in Hübner et al. 2005).

Kaum jemand stellt sich die Frage, wie viele und welche Güter er braucht oder will – und vor allem wozu? Wer überlegt sich schon, welche Bedürfnisse durch die zunehmende Zahl an Produkten tatsächlich befriedigt werden kann, wenn doch kaum Zeit bleibt, die zunehmende Zahl der Güter überhaupt noch zu nutzen? Die Frage nach Notwendigkeit und Menge von Gütern, die ein Mensch hat, ist bereits seit der Antike immer wieder Gegenstand in Philosophie und Religionen (als Askese, Genügsamkeit, Maßfindung z.B. bei Aristoteles, Diogenes, Buddha, Thomas von Aquin usf.). Und gerade in den letzten Jahren erlebt sie im Rahmen der Forschungen rund um nachhaltige Lebensstile wieder eine Renaissance.

Zwischen Identitätsstiftung oder Entfremdung

Güter ermöglichen es den Menschen, die gesamte Erde als Lebensraum zu nutzen und machen somit die Menschheit in gewisser Weise unabhängig von der Natur, insoweit sie die Abhängigkeit von Witterung und Saison reduzieren und die Flexibilität und Anpassungsfähigkeit des Einzelnen ebenso wie jene von Gruppen erhöhen. Im Vergleich zum – instinktangepassten – Tier sind die angeborene körperliche Symbolik (Farben, Geweihe, Größe) und körperlichen Funktionen (Schnelligkeit, Fliegen) beim Menschen stark reduziert und können (oder müssen?) durch Güter wettgemacht werden. Arnold Gehlen spricht vom Menschen auch als dem Mängelwesen, das sich aufgrund seiner physischen Eigenschaften seiner Umwelt oft nicht anpassen kann und daher dieselbige so verändert, so dass sie seinen Zwecken dienlich ist. Der Mensch kann also nur „durch die Umwandlung der Natur in eine Ersatz-Natur", von Gehlen als Kultur bezeichnet, überleben (vgl. Gehlen 1974). Kultur, als etwas von Menschen Gemachtes, entspringt dem menschlichen Vorstellungsvermögen, dazu gehören materielle ebenso wie immaterielle Güter (wie z.B. Werte, Normen, Wissen, Musik, Recht usf.). Welche Entäußerungen – die materiellen oder die immateriellen – bieten mehr Identifikationsmöglichkeiten? Wenn man, wie Karl Marx, den Menschen nicht als Selbstbewusstsein (wie z.B. Gottfried Wilhelm Friedrich Hegel), sondern als ein in der gegenständlichen Welt tätiges Gattungswesen auffasst, dann entfaltet sich der Mensch in der „tätigen Auseinandersetzung mit der Natur". Dann ist gerade die Materialisierung, die Vergegenständlichung von Ideen, die sowohl im Herstellprozess ebenso wie im Gebrauch von Gütern stattfindet, eine Entäußerung des Menschen, in welcher sich der Einzelne wiedererkennen, bestätigen und selbst verwirklichen kann. Marx sieht das Produzierende als das menschliche Merkmal schlechthin – der Mensch als das produzierende Wesen, als „homo producens" (vgl. Liessmann 2001).

Selbstverwirklichung in der Produktion gelingt allerdings vermutlich nur, wenn der herstellende Mensch alle Phasen der Herstellung bis zum vollendeten Produkt selbst erleben und gestalten kann. Identitätsrelevant ist die Herstellung somit eher nur dann, wenn alle Herstellungsprozesse an einem Standort stattfinden, geistige und manuelle Arbeitskraft in Anspruch nehmen und der Herstellprozess jederzeit vom Einzelnen steuerbar ist. Dies ist aber nur bei der handwerklichen Produktion (Manu-Faktur) der Fall, die es allerdings kaum ermöglicht, völlig identische, also standardisierte Güter herzustellen: handwerklich hergestellte Güter sind somit Unikate, was ebenfalls zur identitätsstiftenden Wirkung von Gütern – auch beim Nutzer – beitragen dürfte. Manuell hergestellte Güter sind meist auf Langlebigkeit und Reparierbarkeit ausgerichtet, begleiten den Nutzer oft über viele Jahre und prägen vielfach dessen Alltag in unauffälliger, aber umso nachhaltigerer Art. Gerade Hersteller von bestimmten Uhren werben auch heute noch mit diesen Eigenschaften – streichen die identitätsstiftende Wirkung, aufgrund der stabilen, langwährenden Werte, heraus.

Die industrielle Herstellung sieht anders aus. Oft sind Produktionsstandorte verteilt, manchmal über die ganze Welt, jeder Standort ist auf eine Komponente oder einen Teilprozess spezialisiert, kaum ein Prozess, der nicht vollautomatisiert ist. Dies ermöglicht (und erfordert auch!) die Produktion von absolut gleichen, standardisierten Gütern in großen Mengen. Dies führt zu Preisen, die auch komplexe Güter für nahezu jedermann erschwinglich machen.

Viele Konsequenzen der industriellen Güterproduktion sind offensichtlich und somit bekannt: traditionelle soziale Strukturen verändern sich, neue soziale Gruppen kommen hinzu, wie z.B. die der Industrie-Arbeiter oder der sogenannten Brain-Worker (z.B. Manager, Programmierer, Produktentwickler, Designer), der Ressourcenverbrauch steigt überproportional, ganze Regionen werden von einer Technologie, von der Produktion eines Gutes abhängig – wie besonders in Krisenzeiten deutlich wird. Viele Konsequenzen sind weniger deutlich, fallen weniger auf, kommen schleichend (zu langsam und daher kaum wahrnehmbar) oder versteckt (im Hintergrund und daher kaum wahrnehmbar). Dazu gehört meines Erachtens die Entfremdung von den Gütern. Einerseits bietet die maschinelle Massenproduktion einem Selbst, einem Individuum kaum eine Möglichkeit, sich beim Herstellen von Gütern in seiner Ganzheit zu erkennen und zu verwirklichen, zu einem großen Teil wird das Gut ja eigentlich von einem anderen materiellen Gut (Maschinen) hergestellt. Die Arbeit in der industriellen Produktion besteht vorwiegend darin, Maschinen zu bedienen (!) anstatt Güter herzustellen. Auch für den Nutzer hat das spezifische Gut nichts Besonderes, Individuelles, es ist beliebig austauschbar – eine Beziehung zum Gut kann, wenn überhaupt, dann nur über Bedeutungen unabhängig vom Gut an sich entstehen, wie z.B. als Geschenk, als Souvenir, oder durch bewusste Entwicklung und Pflege des symbolischen Wertes, wie z.B. durch Markenbildung.

Weiterhin lassen sich industriell hergestellte Güter kaum industriell reparieren – ein Problem, das ebenfalls kaum als solches gesehen wird, da Reparaturbetriebe und damit auch Reparatur-Know-how zunehmend verschwinden. Die sich selbst beschleunigende Systemlogik einer Industriegesellschaft jedoch scheint mir die zentralste der kaum wahrnehmbaren – vielleicht auch verdrängten – Konsequenzen zu sein: „Der Spieß hat sich umgedreht“: Wir müssen Güter kaufen, damit die Produktion aufrechterhalten werden kann und so Arbeitsplätze (um der Arbeitsplätze willen) erhalten bleiben. Wieso, wenn doch offensichtlich Selbstentfaltung unter den gegebenen Produktionsbedingungen für das Individuum kaum mehr möglich ist? Wenn dank des technischen Fortschritts Güter immer effizienter hergestellt werden, dann müsste dieser Effizienzgewinn doch – wie bis in die 1970er noch – längst schon auch zu einer Reduktion der Arbeitszeit führen!

Die industrielle Massenproduktion beruht auf dem Gesetz des Größeneffektes (economy of scale), wonach die Stückkosten sinken, je mehr Stück eine Anlage produzieren kann. Der nahezu alle Märkte dominierende Preiswettbewerb führt zu einer sich selbst beschleunigenden Spirale. Unter den gegebenen Rahmenbedingungen (niedrige Rohstoff- und Transportkosten, steigende Kosten der menschlichen Arbeit) ist es ökonomisch sinnvoll, immer größere Anlagen zu errichten. Die Automatisierung der Anlagen nimmt zu, die Anlagen werden somit komplexer und teurer und – können nicht gekündigt werden (wie Menschen), ein Stillstand kostet somit viel Geld. D.h., es muss dafür gesorgt werden, dass die Anlagen ausgelastet sind. Dies führt notwendigerweise dazu, dass die Nachfrage zumindest gleich bleiben, wenn nicht sogar erhöht werden muss. In ungesättigten Märkten ist dies kein Problem, in gesättigten Märkten aber sinkt die Nachfrage auf das Maß der Ersatzinvestitionen – damit wären viele Anlagen nicht ausgelastet (vgl. Stahel/Giarini 2000, S. 48f.). Dies hofft man verhindern zu können, indem der Bedarf nach Gütern sozusagen künstlich erhöht wird: Als technische Strategien erfolgreich sind die Verkürzung der Produktlebensdauer und die Erhöhung der Gütervielfalt. Als nicht-technische Strategien werden Güter mit Wünschen, Visionen und Träumen verknüpft präsentiert und so symbolisch aufgeladen. Damit wird Gütern mit viel Aufwand Bedeutung verliehen, etwas, das möglicherweise in früherer Zeit durch längere Herstell- und Nutzungszeiten anders oder gar von selbst entstand. Die durch die industrielle Produktion verursachte Entfremdung des Menschen von seinen vergegenständlichten Ideen und die dadurch verloren gegangene Möglichkeit, sich mit materiellen Gütern zu identifizieren, soll im Konsumprozess wieder wettgemacht werden. Zu den Gütern sollen Beziehungen entstehen, das menschliche Selbst soll sich, wenn schon nicht in der Produktion, dann wenigstens im Konsum wiederfinden und entfalten können.

Gebrauchs- und Symbolfunktion

Im Vergleich zum Akt der Güternutzung ist die Bedürfnisbefriedigung ein komplexer Prozess, ein rein subjektives und daher schwer fassbares Phänomen. Eine Annäherung kann über den Begriff der Nutzungsstiftung (subjektiver, erwarteter und realisierter Effekt) oder die Funktion von Gütern (objektiver, beabsichtigter Effekt) erfolgen. Der Nutzen von Gütern entsteht aufgrund ihrer beiden Funktionen, der Gebrauchs- und Symbolfunktionen.[5] Im Gebrauch, also im Verwendungsakt, realisiert sich die Funktion von Sachsystemen, die zuvor lediglich als Potenzialfunktion darin angelegt war (vgl. Ropohl 1999, S. 308). Dabei können Sachsysteme, also Güter, bestimmte Handlungen anstelle des Menschen ausführen (Substitution) oder aber Güter stellen neue Funktionen bereit, die vom Mensch nicht ausgeführt werden können (Komplementation) und die sein Handlungspotenzial dadurch erweitern. Die Gebrauchsfunktion war über viele Jahrtausende der Menschheitsgeschichte vermutlich die eher dominante Funktion, auch wenn es immer Güter gab, die vorwiegend oder gar ausschließlich Symbolfunktion hatten. Symbolische Güter dienen entweder religiösen oder rituellen Zwecken (Symbol für Transzendenz), als Zeichen der Macht (Symbol für Abhängigkeit) oder der sippen- oder stammspezifischen Abgrenzung (Symbol für die Bildung oder Erhaltung kollektiver Identität). Während die Gebrauchsfunktion die Bedeutung eines Gutes durch dessen Verwendung für ein Individuum beschreibt, stellt die Symbolfunktion eines Gutes so etwas wie eine dialektische

---

5 Inwieweit die Ästhetik Teil des Gebrauchs oder des Symbols ist oder ob sie als eigene Funktion betrachtet und in Erklärungen einbezogen werden müsste, bleibt für mich nach einigen Diskussionen vorerst noch offen.

Lösung zwischen Kollektiv und Individuum dar, die sich in sozialen Phänomenen wie Status, Differenzierung und Zugehörigkeit manifestiert und vermittelt.

In einer globalisierten Welt werden Differenzierung und Zugehörigkeit immer wichtiger und immer schwieriger. Die Globalisierung, wie sie sich heute realisiert, ist nicht eine Aufhebung der Grenzen, sondern hat nur den schrankenlosen Güter- und Kapitalverkehr zum Ziel, bei gleichzeitiger emotionaler Verstärkung nationaler Grenzen. Einerseits wird die Mobilität vieler Menschen mit allen Mitteln verhindert (von Entwicklungs- und Schwellenländern in Industrieländer), andererseits wird Mobilität massiv gefordert (Arbeitskräfte der Industrieländer) und gefördert (Tourismus). Dank der industriellen Produktion nahezu aller Güter und dank der fehlenden Transportkostenwahrheit werden in absehbarer Zeit nahezu alle Güter und Technologien überall verfügbar sein und sich immer ähnlicher werden. Regionale Güter und Lösungen werden verdrängt; um den Preis hochzuhalten, werden – trotz Überflusses – künstlich Knappheiten erzeugt.

Vom modernen Mensch wird – wie oben erwähnt – maximale Mobilität und Flexibilität erwartet. Die Produktantworten auf die fünf längst ebenfalls globalisierten – weil globalisierbaren – Werte und die logisch damit verbundenen Bedürfnisse nach *Mobilität, Flexibilität, Convenience, Sicherheit* und *Hygiene* führen zu weltweit immer ähnlicheren Gütern. Ähnliche Güter und ähnliche Anforderungen an Menschen führen so auch zu immer ähnlicheren Vorstellungen von Lebensqualität und in der Folge zu immer ähnlicheren Lebensstilen. Um eine Monotonisierung der Welt (vgl. Zweig/Michels 1976) zu verhindern, müssen daher immer wieder neue Güter und Stile erzeugt und verbreitet werden. Ständig wechselnde Moden und Trends tragen dazu bei, den angesichts der unüberschaubaren Gütervielfalt abnehmenden Grenznutzen der Gebrauchsfunktion durch eine Steigerung des Symbolwertes wettzumachen, um so Vielfältigkeit und Abwechslung zu vermitteln. Es sind jene Güter erfolgreich, die Gebrauchs- und Symbolfunktion geschickt verknüpfen, also Güter mit hohem Flexibilitäts-, Mobilitäts-, Convenience-Potenzial (Gebrauchsfunktion) und hohem Identifikations- und Differenzierungspotenzial (Symbolfunktion).

Symbole als Differenzierungs- und Identifikationsinstrumente

Nach Gregory Bateson nimmt der Mensch seine Umwelt in einem kontinuierlichen Prozess der Unterschiedsbildung (= Informationsbildung) wahr (vgl. Bateson 2006, S. 580ff.). Diese wahrgenommenen Unterschiede werden bearbeitet (verglichen, ausgewertet, mit Bedeutung verknüpft). Die Unterschiedsbildung im Alltag betrifft auch den Vergleich von und mit anderen Menschen. Dieser Vergleich steht in Wechselwirkung mit dem eigenen Selbst. Unterschiede werden also nicht einfach so festgestellt, sondern in einen Bedeutungszusammenhang gebracht. Ist der Unterschied gewünscht oder unerwünscht, soll er betont oder verborgen werden, dient er der Abgrenzung oder der Zugehörigkeit, verursacht er Ausgrenzung oder Neugier?

Zeichen, Symbole sind zunächst unbestimmt, flexibel und können mit Bedeutung versehen werden. Genau deshalb ist ein Zeichen, ein Symbol ein geeignetes Instrument für den Umgang mit diesen Widersprüchen zwischen Differenzierung und Identifikation. Wie funktioniert Identifikation und Differenzierung mittels Symbolen? Symbole helfen uns, die Grenzen der lebensweltlichen Erfahrung zu überschreiten (vgl. Luckmann/Dreher 2007, S. 112) und sind somit materielle Zeichen für etwas, das sonst nicht sichtbar, sinnlich erfassbar gemacht werden kann. Die Bedeutung von Symbolen entsteht durch einen Akt oder Prozess kollektiver Entscheidungen und braucht einen immateriellen Fokus. Das Symbol steht für Akzeptanz, Machtausdruck, Wichtigkeit, Aufmerksamkeit, etc. Das ursprünglich Immaterielle, wofür das Symbol steht, ist dem Symbol übergeordnet (z.B. Kreuz als Symbol für Jesus, rote Rose als Symbol für Liebe). Allerdings ist immer wieder ein Prozess feststellbar, in dem das Symbol zunehmend mit dem Immateriellen, das es ausdrückt, gleichgesetzt wird (z.B. Reliquie = Heiliger, Krone = Macht, Auto = Freiheit, Kopftuch = Islam) bis zu dem Extrem, wo das Materielle des Symbols seiner immateriellen Bedeutung übergeordnet wird (z.B. Fetische, Glücksbringer, Kulte, wie heute z.B. um bestimmte Autotypen – 2CV, Golf GTI, oder dem PC Apple).

Symbole stehen nicht nur für Immaterielles außerhalb des eigenen Ich, z.B. im Zusammenhang mit der Weltordnung (Opfergaben, Gottes-, Todes-, Jenseitsinterpretationen, Machtinsignien der herrschenden Klassen). Symbole können auch Immaterielles innerhalb des eigenen Ich ausdrücken – Schmuck und Kleidung dienen dazu ebenso wie sogenannte Statusgüter oder Logos (Marken), die die Symbolfunktion nutzen und verstärken. Natürlich stellt sich die Frage, ob nicht auch in diesem Fall ein Zusammenhang zur Weltordnung feststellbar ist. Doch auf welche Weltordnung deuten die gegenwärtigen Symbole hin? „Jetzt wo die Moderne den Himmel ausgeräumt hat“ (Bolz 2002, Klappentext) sehen wir uns einer Weltordnung gegenüber mit abnehmender Bedeutung des Jenseits, mit abnehmenden bzw. sich stark ändernden Hierarchien und der zunehmenden Bedeutung des Individuums. Selbstverwirklichung als seligmachende Lebensaufgabe lautet der Auftrag. Sind dafür Symbole erforderlich und wenn ja, welche? Was für eine Weltordnung ergibt sich aus den Symbolen der Moderne oder vielmehr der Postmoderne? Und: Welche Weltordnung braucht eine „Anhäufung“ von gleichberechtigten Individuen ohne Über- und Unterordnungen?

2.2 Menschliche Identität: zwischen Wirklichkeit und Möglichkeit

Das Mängelwesen Mensch (vgl. Gehlen 1974) ist weder im Naturzusammenhang instinktangepasst noch in der Lage, sich eine zweite Natur zu schaffen, die alle Probleme löst. Daran ändern auch Entwicklungen von künstlichen oder virtuellen Welten, wie künstliche Städte (z.B. Las Vegas), künstliche Welten (z.B. Disneyland, Legoland) oder virtuelle Parallelleben (Second Life) vermutlich nichts.[6] Als natürliche Mängel sieht Gehlen die fehlenden Instinkte, wodurch die menschliche (Antriebs-)Energie grundsätzlich ungerichtet bleibt, was den Menschen offen, unabgeschlossen und unabschließbar macht – die Voraussetzungen für seine Freiheit. Auch als Mängelwesen ist der Mensch dennoch Natur. Aber er kann in sie eingreifen, kann sich anpassen oder widersetzen, auch seiner eigenen Natur, er kann sich zur Natur und zu sich selbst in Differenz setzen.

Dieses *Differenzwesen* Mensch (nach Hegel; vgl. auch Gross 1994; Heintel 2007, S. 37ff.) oszilliert, wie kein anderes, immer wieder zwischen Wirklichem und Möglichem (Transzendenzpotenzial) – auch in Bezug auf seine Identität. Diese Differenz zwischen Wirklichkeit und Möglichkeit ist zunächst nur eine leere Differenz des Menschen zu sich selbst, ist Freiheit, unveräußerliches Recht und undelegierbare Aufgabe zugleich, ist Bestimmung des Menschen und Widerspruch in sich, der individuell, von jedem Menschen selbst, auszubalancieren ist. Dies kann mehr oder weniger bewusst und mehr oder weniger gezielt geschehen und setzt so etwas wie ein Ich-Verständnis, ein Ich-Bild voraus, das erreicht, realisiert werden soll oder eben nicht soll. Doch wer oder was ist dieses Ich?

Identität

Ein Mensch erfährt seine Persönlichkeit darüber, was andere über ihn sagen (Fremdbild zwischen Erwartungshaltung und Rollenerfüllung), welche Bedeutung er dem beimisst (Bedeutungszusammenhänge zwischen kollektivem und individuellem Wertsystem) und wie er sich selbst wahrnimmt (Selbstbild zwischen Wirklichkeit, Wunsch und Möglichkeit). In diesem Spannungsfeld zwischen Fremdbild und Selbstbild ist der Mensch auf der Suche nach sich selbst, entsteht seine Identität.

Identität ist ein zentraler Begriff der Entwicklungspsychologie, dennoch gibt es kein allgemeingültiges Verständnis. Erik H. Eriksons Definition ist wohl noch immer die am häufigsten zitierte. Er versteht Identität als

---

6 Inwieweit diese Versuche, menschliche Bedürfnisse soweit wie möglich synthetisch, also mit Natur-Ersatz zu befriedigen, sich zu einer Kultur im ursprünglichen Verständnis Gehlens entwickeln, wäre separat zu diskutieren – Künstlichkeit als Welt-Kultur?

> „die unmittelbare Wahrnehmung eigener Gleichheit und Kontinuität in der Zeit und der damit verbundenen Wahrnehmung, dass auch andere diese Gleichheit und Kontinuität wahrnehmen.“ (Erikson 1980)

Karl Hausser baut darauf auf und unterscheidet drei Bestimmungsmerkmale (vgl. Hausser 1995, S. 62):

- situative Erfahrung (z.B. Güter, soziale Umwelt),
- übersituative Verarbeitung (z.B. Bewertung, Reflexion) und
- motivationale Quelle (intrinsisch oder extrinsisch, materiell oder immateriell orientiert).

Diesen Definitionen fehlt ein wesentlicher Aspekt: Bewertung und Reflexion müssen sich auf etwas beziehen, das über das „mit sich identisch sein“ hinausgeht. Dieses Etwas kann als Idealbild des eigenen Ich gesehen werden, als notwendige Fiktion, die niemals fertig ist, solange es soziale Prozesse (vgl. Krappmann 1980, S. 101) und eine Differenz zwischen Wirklichkeit und potenzieller Möglichkeit gibt (vgl. Mollenhauer 1983).

Anand C. Paranjpe versteht Identität als Organisations-Konzept, als zentrales Prinzip, das für die Organisation der Persönlichkeit verantwortlich ist.

> „The central principle which is responsible for the organization of personality is known as the concept of identity. [...] Psychosocial identity is the central organizing principle of the personality system. It accounts for the unity, self-sameness and continuity of the personality, for the persistence of a pattern throughout the life history of the individual, and for the shared sameness and solidarity of the individual with his community.“ (Paranjpe 1975, p. 36)

Identität ist jedenfalls etwas bewusst Erlebbares, das dank der *Transzendenzfähigkeit* des Menschen auch Grenzen des Verhaltens, Erlebens und Bewusstseins überschreiten und auch das Sich-befinden jenseits dieser Grenzen wahrnehmen kann. Identifikation, Projektion, Träume, Wünsche, Visionen sind typische Phänomene des Transzendierens und damit der Beeinflussung der Ich-Entwicklung. Dies führt zur nächsten Erkenntnis: Identität *ist* nicht nur, sondern *entsteht* kontinuierlich als Prozess der In-Differenzsetzung, einerseits gegenüber dem eigenen Ich, aber auch gegenüber dem Anderen, Äußeren.

Individuation

Individuation beschreibt diesen Prozess des Ganzwerdens zu einem unteilbaren eigenem Ganzen und zu etwas Einzigartigem, eben einem Individuum. Ein *eigenes* Ganzes setzt ein Selbst voraus, ein Selbst, dass sich als Individuum selbst wahrnimmt oder als solches von anderen wahrgenommen wird. Dies gilt nach heutigem Stand des Wissens eigentlich nur für Menschen und vermutlich für einige Tierarten. Der Individuationsprozess kann von diesen Lebewesen bewusst oder unbewusst, gesteuert oder zufällig, gerichtet oder richtungslos verlaufen. Der Mensch ist ein Wesen, das Denken kann und Bewusstsein hat. Es kann daher davon ausgegangen werden, dass die Selbstwerdung nicht ganz unbewusst, nicht ganz zufällig und nicht ganz richtungslos verläuft.

Aber was verleiht diesem Prozess Richtung und Orientierung? Der Individuationsprozess ist wie eine Gratwanderung zwischen zwei Spannungsfeldern bzw. Richtungspolen. Der Prozess fordert ein ständiges Ausbalancieren zwischen dem Dazugehören und dem Anderssein-Wollen einerseits und zwischen wirklichem und möglichem Selbst andererseits. Ein Richtungspol liegt also außerhalb des Selbst und der andere in gewisser Weise im Inneren des Selbst. Diese – im Lauf eines Lebens nicht abschließbaren – Prozesse kosten viel Energie und Zeit, was folgende Fragen in Hinblick auf deren evolutionären Zweck nahe legt:

- Ist *soziale Differenzierung* Notwendigkeit oder Luxus einer fortgeschrittenen bzw. hoch entwickelten Gesellschaft? Oder führt die „Atomisierung" der Gesellschaft letztlich nicht zur kulturellen Auflösung?
- Welche Vorteile bringt es, das *Ich täglich neu* zu erfinden – und damit das „alte Ich" zu entwerten, zu zerstören? Ist es pure Lebensfreude, die Wechselspiele zwischen Möglichkeit und Realisierung, zwischen Ich-Zugehörigkeit und Ich-Abgrenzung laufend zu pflegen? Oder ist es erforderlich, das Ich ständig zu verändern, zu verbessern, um seine „Wettbewerbsfähigkeit" zu erhöhen und dabei das gestrige Ich zu zerstören, ähnlich dem Begriff „der schöpferischen Zerstörung" von Joseph Schumpeter?[7]
- Wie wird aus den *zwei Richtungspolen* (das Ich, die Anderen) *eine Richtung* werden? Wie beeinflussen sich die beiden Richtungspole?

Die Grundrechte-Charta enthält das Recht auf freie persönliche Entfaltung und ordnet der Identität eines Menschen somit eine bedeutende Rolle in einer modernen Gesellschaft zu. „Identität als der eine unabdingbare Pol des menschlichen Denkens und Handelns" (Stross 1991, S. 1f.) stellt das Individuum aber vor neue Herausforderungen, welchen man sich bewusst stellen sollte, um sich vor Manipulation und Projektion zu schützen.

Die soziale Differenzierung sowie die Werte des digitalen Industriezeitalters, Mobilität und Flexibilität, haben zu einer Zunahme an Funktionen und Erwartungen an das Individuum, somit zu einer Zunahme an Rollen mit teils entgegengesetzten Anforderungen (z.B. Karriere und Kindererziehung, Ausbilden und Coachen, Rationalisieren durch Maschinen und partnerschaftliches Führen von Menschen) geführt. Es ist daher die Frage zu stellen: Wie viele Rollen kann ein Individuum überhaupt ausbalancieren?

---

7 Der Begriff der schöpferischen oder kreativen Zerstörung geht eigentlich auf Friedrich Nietzsche zurück.

Individuation ist also der Prozess, der zu Identität führt. Identität ist aber nicht ein endgültiges Ergebnis, sondern ist ein immer wieder neues Zwischenergebnis dieses ein Leben lang dauernden Prozesses, das sich aus dem Wechselspiel zwischen dem Wollen (Bedürfnisse) und dem Sollen (Rollenerwartungen) eines Individuums sowie seinen Erfahrungen im und mit dem Kollektiv (Wirkung von Identität) ergibt. Mit der zur Verfügung stehenden Gütervielfalt wachsen auch die Möglichkeiten, Bedürfnisse, Rollen und Erscheinungsformen zu kombinieren (zu „mixen") und damit die Herausforderung des Individuums, sich in und mit einem Kollektiv zu behaupten, ein eigenes, ganzes Selbst zu sein und sich auch als solches wahrzunehmen. Der Mensch kann aus folgenden drei Töpfen an Möglichkeiten (Mixes) schöpfen:

- *Bedürfnis-Mix* („Was will ich?"): Hier stellt sich die Frage, ob bereits die Besonderheiten der Bedürfnisse die Identität ausmachen oder erst deren Befriedigung.
- *Rollen-Mix* („Wie soll ich sein?"): Hier stellen sich die Fragen, wie der Druck des Kollektivs ausbalanciert wird, ob Identität trotz oder erst durch Rollenbilder entsteht und wie die eigenen und fremden Rollenerwartungen aufeinander wirken.
- *Erscheinungs-Mix* („Wie will ich wirken?"): Hier stellt sich die Frage, welche Teile einer Identität durch Äußerlichkeiten sichtbar gemacht werden sollen oder können. Das ist sozusagen das Wechselspiel zwischen Verbergen und Hervorheben (im Extremfall zwischen Phänotyp und Genotyp, wie z.B. bei transsexuellen Menschen, Androgynen).

Aber sowohl Bedürfnisse als auch Rollen-Erwartungen und äußerliche Erscheinungsmöglichkeiten ändern sich immer wieder. Was macht dann die Kontinuität aus, die es ermöglicht, ein Individuum von außen und auch aus sich selbst heraus als mit sich identisch wahrzunehmen? Meines Erachtens. besteht diese Kontinuität in den vermutlich immer gleichen Regeln, nach welchen das Ausbalancieren der Widersprüche, die Auswahl aus den drei oben angeführten „Töpfen" an Mixes geschieht, und es sind Wenn-dann-Regel-Änderungen, die zu Überraschungen führen („Du bist ja ganz anders!", „Das hätte ich nie erwartet" etc.). Dieses Verständnis folgt im Prinzip dem Modell von Paranjpe, Identität als Organisationsprinzip für die Gestaltung von Persönlichkeit zu verstehen, wonach ein großer Teil der Identität sich ändern kann, unbeständig ist, durchaus unterschiedliche Züge haben kann. Das hieße, dass es gerade diese Organisation der verschiedenen Persönlichkeitselemente ist, die subjektiv als beständig und somit als Identität wahrgenommen wird. Es dürfte übrigens schwierig sein, diese Beständigkeit objektiv nachzuweisen. Dieses Gefühl des mit sich Identisch-seins lässt sich vermutlich nur als Attribution unseres subjektiven Empfindens begreifen.

2.3 Leitende Merkmale im aktuellen Umgang mit Gütern

Materielle Güter scheinen eine magische Anziehungskraft zu haben ... Warum? Die Magie der Dinge beruht meines Erachtens einerseits auf den beiden auf den ersten Blick nicht unbedingt magischen Funktionen Gebrauchs- und Symbolfunktion und andererseits auf dem Phänomen des tätigen Auseinandersetzens mit der gegenständlichen Natur und dem Hervorbringen immer neuer, oft auch unvorhergesehener oder unvorhersehbarer Möglichkeiten. Kraft ihrer Symbolfunktion vermitteln Produkte Botschaften, um sowohl Differenzierung als auch Zugehörigkeit zu vermitteln. Kraft ihrer Gebrauchsfunktionen erschließen materielle Güter dem Menschen immer wieder neue Produkte und Möglichkeiten (das Rad als Basiselement für Transport- und Antriebsmaschinen, das Auto als schnelles und unabhängiges Transport- und Genussmittel, mit dem PC aus jedem Ort in die ganze Welt, Mobiltelefon als Mittel permanent möglicher Kommunikation). Doch macht das bereits das Magische aus?

2.3.1 Der individuelle Umgang – auf der Suche nach Identität

Die bisherigen Ausführungen zeigen, warum und wie in der westlichen Wohlstandsgesellschaft materielle Güter für die Entwicklung, das Erleben und den Ausdruck von Identität von größter Bedeutung sind. In dem Maße, wie Güter die materielle Verwirklichung von Ideen und Vorstellungen darstellen, befähigen sie den Menschen, die Differenz zwischen Wirklichkeit und Möglichkeit zu reduzieren und gleichzeitig zu erweitern, indem sie immer wieder neue Möglichkeiten und damit neue Differenzen zur Wirklichkeit eröffnen. Ich nenne das die Magie der Dinge, ihre Fähigkeit, ein Vakuum auszufüllen und Funktionen abzudecken, die über den reinen Gebrauchs- und Symbolcharakter hinausgehen und die offensichtlich in unserer Kultur anderweitig nicht abgedeckt werden.

Um dieser Magie eigentlich ziemlich unmagischer, weil meist vertrauter Tatsachen in Form von Alltags-Gegenständen auf die Schliche zu kommen, stellt sich zunächst die Frage, ob diese Magie durch Güter-immanente Eigenschaften oder Fähigkeiten (Gebrauchsfunktion) gelingt oder ob erst die Beziehung eines Individuums zu einem Gut diese Möglichkeiten erschließt.

Zum *Wesen* des Gutes gehört, dass sich darüber verfügen lässt, dass nach der heute dominanten Rechtslage der Eigentümer sein Gut z.B. nutzen, vermieten, veräußern oder auch zerstören kann (solange er damit nicht seine Umgebung gefährdet). Dadurch bekommt es für den Menschen eine besondere Dimension. Die *Art* eines Gutes ist, obwohl dadurch sein Verwendungszweck meist bestimmt ist (z.B. Staubsauger, Mobiltelefon), nicht ausreichend, um die Möglichkeiten, die es eröffnet, zu definieren. Das deutet darauf hin, dass das über die Art des Gutes hinausgehende „Wesen" eines Gutes eigentlich erst durch seinen Bezug zum Menschen entsteht: z.B. im Eigentum (das Haben), im Erwerb (z.B. Kaufen, Schenken) und/oder in seiner Nutzung liegen kann, wenn neue Möglichkeiten erschlossen werden, die nur mehr indirekt mit dem Gut an sich zu tun haben (z.B. Zeitersparnis, Flexibilität, Spontaneität). Interessante Hinweise können auch aus dem Entledigungsprozess gewonnen werden, die Leichtigkeit oder eben die *Nicht-Leichtigkeit*, sich von einem Gut zu trennen, „als wär's ein Stück von mir". Der individuelle Umgang mit Gütern lässt sich also entlang der Handlungskette des Konsumenten beschreiben: Beschaffen, Nutzen und Entledigen. Dadurch bietet sich eine Vielfalt an Möglichkeiten, wie materielle Güter identitätswirksam werden. Dies hängt einerseits von der Bedeutung ab, die den Gütern dafür zugewiesen werden, und andererseits davon, welche Kraft für die Identitätsgestaltung daraus resultiert. Im Wesentlichen lassen sich dementsprechend zwei Kategorien unterscheiden, die ich anhand folgender Beispiele, Sprüche und Gedankensprünge verdeutlichen möchte:

- Güterdominanz → Motto „Ich bin, was ich habe" (Beispiele: *Man ist modern, weil man immer das Neueste hat"; „Kleider machen Leute"; „Man ist, was man isst"* → Junk-Food, Junk-Güter → Junk-Ichs?);
- Gestaltungsdominanz → Motto „Ich bin, was ich mache" (Beispiele: *Kommerzielle Ich-Hervorbringungen* [Tageszeitung „Der Standard", 19. April 2008]; *Identitätsmanagement* [Trendbüro 2008]; Lehrgang zum Selfness-Coach [Institut für Zukunftskompetenz: „man lernt, zu werden, was man ist", September 2008]).

In beiden Kategorien spielt die Beziehung zu Gütern eine wesentliche Rolle, aber gänzlich unterschiedlich: Einmal ist die Beziehung zum Gut von größter Bedeutung (einen Mercedes zu mieten ist nicht dasselbe, wie einen zu haben) und im anderen Fall ist es wichtig, durch verschiedene Aktivitäten (Arbeit, Freizeit) seine Identität in Hinblick auf Ziele oder gesellschaftliche Werte bewusst zu gestalten. So definiert sich der „moderne Mensch" nicht nur über seine Arbeit, sondern auch über seine Freizeitaktivitäten, und je mehr Güter man hat, umso mehr kann man (jederzeit) *machen*, angefangen bei Sportarten über elektronische Geräte bis hin zum Arbeiten, auch weit weg vom Büro. Die Beziehung zum Gut ist dann eine Folge – so wird z.B. der Laptop erst dadurch so „wichtig".

2.3.2 Der kollektive Umgang – Vermarktung statt Verteilung

Der kollektive Umgang lässt sich anhand der Logik des Versorgungssystems und der bestehenden Rahmenbedingungen beschreiben. Die Logik des bestehenden Wirtschaftssystems beruht primär auf der Produktion und Vermarktung von Gütern, *nicht* in deren optimalen Verteilung und auch *nicht* in deren optimaler Nutzung. Wie die Reaktionen auf die jüngste Wirtschaftskrise zeigen, wird trotz des Versagens der industriell-kapitalistischen Systemlogik und trotz Ressourcenknappheit und Umweltverschmutzung die Erhaltung von Arbeitsplätzen in der Produktion als zentrales politisches Ziel verfolgt. Nach dieser Logik wäre das ideale Gut das Wegwerfprodukt, dieses gewährt unendlichen Produktionsbedarf. Und so verwundert es nicht, dass im Vordergrund das Kaufen als dominante Beschaffungsart steht, und die Phase der Nutzung bzw. die Befriedigung von Bedürfnissen verhältnismäßig wenig erforscht sind. Wichtig in einem System des Vermarktens statt des bedürfnisgerechten Verteilens ist das Wecken von Bedarf nach den Gütern so, dass diese auch gekauft werden. Die Befriedigung der Bedürfnisse jedoch bleibt die große Unbekannte – und ist für die Erhaltung des bestehenden Wirtschaftssystems auch nicht relevant. Im Gegenteil, für das System relevant ist die Pflege der ewigen Sehnsucht und nicht deren Erfüllung, denn so kann unendliche Konsumbereitschaft gesichert werden.

In einer Gesellschaft, die im und vom Überfluss lebt, gewinnt die Entledigungsphase aus Gesundheits- und Umweltschutzgründen an Bedeutung. Güter einfach fallen zu lassen, wegzuwerfen wird als systemgefährdend erkannt. Die Ent-Sorgung, also das Abnehmen oder Vermeiden von Sorgen aufgrund materieller Güter, soll die Gesellschaft letztlich davor schützen, in ihrem eigenen Unrat zu ersticken. Entsorgungstechnologien (Verbrennung, Deponierung) sind inzwischen ähnlich komplex wie Produktionstechnologien, daher auch ähnlich aufwendig und teuer. Somit ist das derzeitige Entledigungsverhalten durch die Kapazitäten der abfallwirtschaftlichen Infrastruktur bestimmt, die Erhöhung der Recyclingquote gilt als wichtigstes Ziel („Die EU will eine Recyclinggesellschaft werden" laut neuer Abfallrahmenrichtlinie 2008). Der Bürger bekommt neben seiner Rolle als Konsument nun eine weitere wichtige Rolle zugeteilt, die des ordentlichen „Trenners" – beides ist gut für das Kollektiv, beruhigt das individuelle Gewissen und dient letztlich dazu, das lineare Produktionssystem zu erhalten.

3 Die Metaphysische Lücke

Wie bereits in einem früheren Beitrag ausgeführt, lässt sich das aktuelle Kaufverhalten auch als Strategie zur Bekämpfung der Langeweile, die aufgrund einer sogenannten „metaphysischen Lücke" entsteht, interpretieren (vgl. Hübner 2007, S. 253). Diese Gedanken werden hier weiter ausgeführt und in Hinblick auf kulturelle Interdependenzen analysiert.

3.1 Das Phänomen des Mehr-Handelns

Warum lässt sich der Mensch trotz Krise auf diese beiden Funktionen, das Kaufen und das Trennen, reduzieren, warum „spielt" er/sie mit? Es gibt viele pragmatische („vernünftige“) Gründe: Arbeitsplätze, Sozialsystem, es besser haben wollen ... (aber sind wir da nicht auf dem Holzweg? Kann es uns denn noch besser gehen?). Darüber hinaus gibt es noch einen ganz anderen Aspekt des Kaufens und Habens – das immer *mehr* Kaufen und das immer *mehr* Haben. Woran liegt das? Gehlen vermutet einen Antriebsüberschuss, ohne welchen der Mensch als unbestimmtes Mängelwesen vermutlich keine Überlebenschance hätte. Und in gewisser Weise lässt die Geschichte der Menschheit den Schluss zu, dass das *Mehr*-haben oder *Mehr*-machen-wollen als für das Überleben notwendig, ein Grundzug des Menschen ist (vgl. Hübner 1991). Der gegenwärtige Mensch und das gegenwärtige Gesellschafts- und Wirtschaftssystem führen, überspitzt ausgedrückt, zu einer knappen Formel: *„Ich – alles – sofort“*, das heißt, ich – und damit jeder – soll jederzeit alles haben bzw. machen können. Daher setzen sich jene Güter am Markt erfolgreich durch, deren Gebrauchsfunktion maximales Convenience- und Mobilitätspotenzial und deren Symbolfunktion maximales Projektions- bzw. Identifikationspotenzial bieten.

Das in der Geschichte der Menschheit wohl erstmals gleichzeitige Auftreten von Hedonismus (Ich-Bezogenheit statt Selbstverwirklichung), Humanismus (menschliches Dasein verbessern), Demokratie (gleiche Rechte für alle Bürger) und Kapitalismus/Industrialisierung (Massenproduktion billiger Güter) wird zu einer – zumindest aus ökologischer Sicht – bedrohlichen Allianz: Von einem ethisch-moralischen Standpunkt aus werden alle Menschen als gleich eingestuft, daher sollen auch alle alles haben (können). Dies hätte Folgen auf zwei völlig unterschiedlichen Ebenen. Ein System, das allen Menschen alles ermöglicht, würde aus heutiger Sicht die Tragfähigkeit der Erde übersteigen, es müssten also erneut Verteilungsregeln eingeführt werden – aber wie und durch wen? Das hieße andererseits aber natürlich auch Luxusgüter für alle – damit verlieren sie aber ihr Merkmal, und es müssten neue Mittel gefunden werden, um dieses urmenschliche Phänomen, diese Kulmination des Mehr-sein- oder Mehr-habenwollens auszudrücken.

Der Mensch ist also in der Lage, „mehr zu handeln“ als für die Befriedigung der Grundbedürfnisse erforderlich wäre – und tut dies auch. Was bringt das und wohin führt das? Benno Hübner stellt als bisheriges Ergebnis des Mehr-Handelns die „Entlastung“ des Menschen in zweierlei Hinsicht fest, indem der Mensch folgendes schuf (vgl. Hübner 1991, S. 32):

- *Materielle Güter zu seiner physischen Entlastung:* Das Nutzen der Güter erleichtert die meisten alltäglichen Verrichtungen (Convenience/Bequemlichkeit) und macht Ressourcen frei für anderes, z.B. Befriedigung immaterieller Bedürfnisse. Durch Effizienzgewinne der „Megamaschine“ (Versorgung dank Technik, Arbeitsteilung, Organisation = unser Wirtschaftssys-

tem) sind nur mehr 25% statt 75% des Einkommens (und damit der Arbeitszeit) für die Befriedigung der Grundbedürfnisse erforderlich.
- *Religionen, Ideologien zur metaphysischen Entlastung:* Um Fragen des Sinns des menschlichen Daseins, zur Endlichkeit und wie damit umgegangen werden kann, beantworten zu können, entstanden Religionen. Im Zuge der Aufklärung nahm die Bedeutung der Religionen ab, Krankheit, Leid und Ungerechtigkeit werden nicht mehr als unabänderliche Strafen Gottes gesehen. Man kann sich dagegen wehren, Ideologien lösten Religionen ab, die metaphysische Entlastung verlagert sich in das Diesseits.

Die vollständige Entlastung des Menschen müsste letztlich zu *maximaler Freiheit* („frei sein, von" und „frei sein, zu") und *maximaler Flexibilität* (alles sein und machen können) führen – beides Ideale unserer westlichen (post-)industriellen Gesellschaft ...

Mit jedem neuen Produkt, mit jedem Kauf entstehen eine neue Wirklichkeit und damit neue Möglichkeiten. Die Differenz zwischen Wirklichkeit und Möglichkeit hat die Geschichte, die Entwicklung der Menschheit geprägt. Kultur – auch sie ist das Ergebnis menschlichen Mehr-Handelns. Das Mehr-Handeln kann also vermutlich nicht abgestellt werden, im Gegenteil, das Mehr erzeugt sich auch selber, der „Mehr-Gott" ist allüberall (vgl. Gross 1994, S. 150). Andererseits ist einfach mehr von allem, von materiellen und auch immateriellen Gütern auf Dauer nicht befriedigend, wie viele Beispiele in der Menschheitsgeschichte zeigen – wie also umgehen mit diesem Mehr-Phänomen?

Bedürfnis, Motiv und Bedarf als Triade des menschlichen Antriebs lassen sich – obwohl intensiv beforscht – kaum klar voneinander trennen. Doch während der Antrieb und die Steuerung (auch die Sublimation von Bedürfnissen) des menschlichen Verhaltens zentraler Bestandteil in einigen natur- und verhaltenswissenschaftlichen Disziplinen sind, wird – wie bereits erwähnt – der Befriedigung von Bedürfnissen meines Erachtens vergleichsweise wenig wissenschaftliche Aufmerksamkeit gewidmet. Und meines Erachtens viel zu wenige Forscher gehen der Frage nach, was ist, wenn das Bedürfnis befriedigt wurde? Es kann davon ausgegangen werden, dass Bedürfnisse unendlich sind, und dies in zweierlei Hinsicht:

- Unendlich bezogen auf ein bestehendes Bedürfnis: Ein Bedürfnis kommt nach einiger Zeit wieder, nachdem es befriedigt wurde (z.B. Hunger, Durst, Anerkennung).
- Unendlich bezogen auf zusätzliche Bedürfnisse: Wenn die Befriedigung von bestehenden Bedürfnissen absehbar gesichert ist, entstehen neue Bedürfnisse bzw. werden erzeugt. (wenn die weitgehend kulturunabhängigen Grund- oder Existenzbedürfnisse gestillt sind, dann lässt sich beim Men-

schen das Entstehen zusätzlicher Bedürfnisse feststellen, die kulturabhängig sind: Kultur- und Luxusbedürfnisse).

Das Mehr-Phänomen führt zu dem Schluss, dass der Mensch für seine Handlungen auch mehr braucht als nur konkrete Ursachen und Zweckbezüge, erfahrungsgemäß genügt vielen Menschen rein zweck-orientiertes Handeln auf Dauer nicht; so mancher wehrt sich dagegen, „instrumentalisiert zu werden“. Der Mensch braucht offensichtlich etwas, das über den konkreten Zweck einer Handlung hinausgeht, etwas, das einzelne Handlungen und Verhaltensweisen verbindet, in einen Zusammenhang bringt – man kann auch sagen, etwas, das ihnen einen gemeinsamen Sinn verleiht. Möglicherweise liegt gerade im Sinn der Unterschied zwischen dem eher biologischen Verhaltensbegriff und dem eher humanwissenschaftlichen Begriff des Handelns. Doch wie kommt Sinn (ein nicht-physisches Phänomen) in das Leben (ein physisches Phänomen)?

3.2 Die metaphysische Lücke: Ursache oder Ergebnis des Mehr-Handelns?

Mehr-Handeln war früher Sinn-voll, weil man für das Paradies im Jenseits und für seine Kinder im Diesseits, die es einmal besser haben sollten, arbeitete und litt. Nun, nachdem, wie Norbert Bolz schreibt, der Himmel leer ist, und nachdem es vielen Kindern (zumindest materiell) ohnehin kaum mehr besser gehen kann, fallen diese Sinnstiftungen weg. Dennoch wird weiter mehr-gehandelt, obwohl wir – wie bereits erwähnt – statt 75% (wie noch etwa vor 100 Jahren) nur mehr etwa 25% unserer Zeit aufwenden müssen, um unsere Grundbedürfnisse zu decken. Somit stehen uns rund 75% unserer Zeit frei zur Verfügung, Zeit die man „nutzen“ – aber wofür? – oder auch „totschlagen“ kann, Zeit, die für das direkte physische Überleben nicht erforderlich ist und für Nicht-physisches bleibt. Die Produktvielfalt ermöglicht uns eine Denk- und Handlungsvielfalt, die unsere Handlungsmöglichkeiten fast ins Unendliche wachsen lassen. Aber was tun mit dieser Vielfalt an Optionen? „Optionen sind leere Wahlchancen, wenn die Koordinaten fehlen, die ihnen Sinn geben“ schreibt Ralf Dahrendorf (Dahrendorf 1983, S. 125). Peter Gross diagnostiziert ein „weit aufgerissenes Sinnloch“, „metaphysische Orientierungslosigkeit“ (Gross 1994, S. 16ff.) und sieht den Menschen auf einem „metaphysischen Kreuzzug“ (Gross 1994, S. 109), dessen lebenspraktisches Handeln sich in einer „kulturellen und religiösen Leere“ bewegt (Gross 1994, S. 178). Zusammengefasst sind es also zwei Fragen, mittels derer man einem metaphysischen Defizit auf die Spur kommen kann:

– *Wofür wird die zunehmende frei verfügbare Zeit verwendet?* Benno Hübner schreibt in seinem Buch „Metaphysik der Langeweile“, „dass die Megamaschine des Kapitalismus den Menschen immer mehr zum Konsumenten reduziert, der sein (durch den Verzicht auf Religion und Tradition) zunehmendes meta-physisches Defizit weitgehend konsumierend kompensiert" (Hübner 1991, S. 31). In dem Lied „Weil mir so fad is ..." beschreiben die Wiener Kabarettisten Gerhard Bronner und Helmut Qualtinger bereits 1957 mit schwarzem Humor andere Formen der Kompensation von Langeweile, die zu weit bedenklicheren Handlungen führen können. So gesehen ist Konsum, ist Einkaufen als Kompensation, als Beschäftigungstherapie vielleicht die zumindest kollektiv verträglichere Variante. Wie im Übrigen auch Bolz dem Konsum in seinem *Konsumistischen Manifest* positive, weil friedensstiftende und friedenserhaltende Funktionen zuschreibt (vgl. Bolz 2002).

– *Was steht jetzt dort, wo früher Götter und das Jenseits als Sinngeber waren?* Der Mensch muss also „Ersatz finden für die verlorene Orientierung an einen gemeinsamen Gott" (Lenzen 1987, in Stross 1991, S. 38) und ist „durch den Verlust der Hoffnung auf das Jenseits [...] auf sich selbst und auf andere zurückgeworfen" (Gross 1994, S. 125). Mit der

> „Verlagerung der Erlösungsvorstellungen ins Diesseits, hub die Suche des Menschen nach der diesseitigen Identität an, vorher hatte man auf Identität getrost verzichten können, sofern sie – die Seele – nur für die Ewigkeit gerettet blieb." (Luhmann/Schorr 1982, S. 228)

Auf der Suche nach dem Sinn scheint unsere Gesellschaft also das Ich entdeckt zu haben. Das hieße, die volle Verantwortung für sein Tun selbst zu übernehmen. Das hieße aber auch, sich selbst als Zweck und Sinn zu betrachten. Was stellt das für Anforderungen? Wo führt das hin? Was bringt das der Gesellschaft und was bringt das dem Individuum? Ist Identitätsgestaltung ein Leben lang sinnstiftend? Kann das Ich gleichzeitig Sinnstifter und Sinnsucher sein? Braucht der Mensch eine metaphysische Entlastung oder kommt er ohne derartig Unfassbares aus? Macht eine metaphysische Entlastung die Albert Camus'sche Absurdität des Seins weniger absurd?

In der Lücke zwischen der Sinnsuche und der Realität des Sinnlosen sieht Camus das Absurde, den Widerspruch des menschlichen Daseins. Der Mensch kann einen möglicherweise vorhandenen, über sich hinausgehenden Sinn der Welt schwer erkennen und fassen. Der Mensch kann nur begreifen, was innerhalb seiner Grenzen liegt,

> „ist Opfer seiner Wahrheiten. Hat er sie einmal erkannt, so kann er sich von ihnen nicht frei machen. Man muss eine Kleinigkeit bezahlen. Ein Mensch, dem das Absurde bewusst geworden ist, bleibt für immer daran gebunden." (Camus 1959, S. 39)

Das heißt, er kann die Absurdität nicht auflösen, aber er kann lernen, damit umzugehen.

Sinn im Diesseits müsste also den Umgang mit der Absurdität des Daseins erleichtern, Orientierung bieten, Werte und Priorisierungen ermöglichen, Langeweile vermeiden. Die Frage ist nun, ob die Beschäftigung mit dem eigenen Ich und dessen Verwirklichung geeignet sind, diese Anforderungen zu erfüllen. Sich immer mehr mit sich selbst zu beschäftigen, fällt dem Menschen nicht leicht, er weicht sich aus, er kompensiert. Die Folge sind höchste Emsigkeit und Hektik oder Krankheit:

1. *Kompensation durch Freizeitstress* (nicht eines, sondern eine Vielzahl an Hobbies; Wellness & Beauty; Shopping als Freizeitbeschäftigung; geht's der Wirtschaft gut, geht's uns allen gut; usf.);
2. *Kompensation durch Arbeitsstress* (Arbeit als immer wichtigerer Wert – aber wo soll das hinführen, wenn immer weniger Arbeit erforderlich ist?);
3. *psychische Krankheiten* (Suchtverhalten, Depressionen, Müllwohnungen).

Daher darf angenommen werden, dass das Konzept der Identitätsfindung und -gestaltung nicht ausreicht, um den Menschen metaphysisch zu entlasten. Sinnstiftung, und damit metaphysische Entlastung, müsste daher durch etwas gelingen, das zwar eine Verknüpfung mit dem eigenen Selbst und der „so höhnischen Vernunft" (Camus 1959, S. 57) ermöglicht, aber außerhalb des eigenen Ich liegt. Dies können einzelne andere Menschen, ein Kollektiv, nicht-menschliche Lebewesen, die natürliche Umwelt oder auch Aufgaben sein, die man als sinnstiftend wahrnimmt. Was kann Kultur in diesem Zusammenhang leisten?

3.3 Sinnstiftung und Entlastung als Funktionen von Kultur?

Die Entdeckung und Bedeutungserhöhung des Ich hat Konsequenzen sowohl für Individuen wie auch für Kollektive. Was ist gut, richtig und wichtig im Leben eines Einzelnen und in einer Gemeinschaft, in der Gesellschaft? Wie kann Egoismus und Anarchie vorgebeugt werden? Wie kann sichergestellt werden, dass Ich-Jagd (vgl. Gross 1999) und Ich-Gestaltung nicht zu einem Rückschritt der Gesellschaft führen?

Wenn Gross mit seiner Vermutung recht hat, dass der Mensch „nicht mehr genau [weiß], was er will, weil er nicht mehr genau weiß, was er soll" (Gross 1994, S. 32), dann liegt es möglicherweise auch am Versagen des Kollektivs, am Versagen der Kultur, die vielleicht zu viele „Solls", also Werte bereithält, zu wenig Hilfen für Priorisierungen bietet und daher zu viel an Beliebigkeit zulässt.

Eine Kultur, die das Ich und seine Individualisierung in den Vordergrund rückt und in welcher für sämtliche Bedürfnisse und Bedürfniswidersprüche standardisierte materielle Antworten in Form von Gütern und mittels Gütern virtuelle Antworten (virtuelle soziale Netzwerke, Facebook, Second Life) entwickelt werden, ist offensichtlich zwar weltweit anschlussfähig, verliert aber zunehmend den Zusammenhang mit jener Kultur, in welche der Mensch physisch eingebettet ist. Eine solche Global-Kultur führt vermutlich nicht unbedingt zu Vielfalt, sondern – wie andernorts bereits erwähnt – zu immer weniger Unterschieden, zu immer mehr Ähnlichkeiten in den Strategien der Ich-Entwicklung. Massenmedien tragen hierzu einen wesentlichen Anteil zur Globalisierung und Standardisierung von Bildern, von Images, Typen usf., die zur entsprechenden Identitätsgestaltung nicht nur anregen, sondern nahezu zwingen, bei.

Neben dem Himmel, dem Jenseits, verliert nun auch die Nähe, die umgebende Region zunehmend an Bedeutung. Was kann eine solche Kultur hinsichtlich Sinnstiftung und metaphysischer Entlastung leisten? Erfüllt eine Weltkultur ihre Funktion als Rahmen für die Einbettung eines Individuums in das Kollektiv, die Funktion einer kollektiven Identität, eines Wir-Gefühls? Nach der Aufklärung kann eine Weltkultur sich nicht mehr über Erlösungsvorstellungen im Jenseits profilieren, sondern ist dem Diesseits ausgeliefert. Die Zuwendung zum Materiellen, zum physisch Machbaren ist die logische Antwort. Die Dauerhaftigkeit dieser Strategie ist allerdings mit der Tragfähigkeit der Erde beschränkt. Die Frage ist nun, ob die entstehende Welt-Kultur einen Rahmen bietet, innerhalb dessen diese Erkenntnis handlungswirksam wird. „Jeder/m alles" ist die gemeinsame Formel, jenes Prinzip, hinsichtlich dessen Realisierung erstaunliche Einigkeit zwischen Wirtschaft, Politik und NGOs besteht. Diese Formel ist zwar moralisch und ethisch gut begründbar, aber angesichts der Begrenztheit der Lebensgrundlagen möglicherweise nicht realisierbar. Ist es fair, den Menschen dann diese Vision anzubieten? Was kann für eine Kultur der Nachhaltigkeit daraus gelernt werden?

4 Überlegungen im Zusammenhang mit Nachhaltigkeit

4.1 Neues weckt auf – genügt das?

Angesichts der realen und drohenden Krisen ist dem Welt-Kollektiv längst klar, dass sich etwas ändern muss. Es werden neue Ethiken verlangt (z.B. CSR, Global Marshallplan, ökosoziale Marktwirtschaft, Nachhaltige Entwicklung), aber nicht, um wirklich etwas an der Systemlogik der Industriegesellschaft zu verändern, sondern um deren unerwünschte Konsequenzen zu vermeiden. Die Metaphysische Lücke entpuppt sich als ideales Konsummotiv. Solange ein metaphysisches Vakuum besteht, wird sich im besten Fall vermutlich der Kapitalismus, gepaart mit Industrialisierung, Standardisierung und Kommerzialisierung nahezu aller Lebensbereiche, durchsetzen, um das Bedürfnis nach Mehr durch privaten Konsum aufzufüllen. Im schlechtesten Fall muss mit Zunahme von Gewalt gerechnet werden – entweder aus dem Bewusstsein dieses metaphysischen

Defizits heraus (die Perspektiven- bzw. Sinnlosigkeit des Daseins) oder aufgrund extremistischer religiöser oder ideologischer Ansprüche. Als global realisierbare Universalkultur lässt sich die Konsumkultur der reichen Länder aber nicht realisieren, dazu gibt es zu wenig natürliche Ressourcen. Es ist eine Kultur erforderlich, in der mit Ressourcen und Gütern anders, vorsorgender, schonender umgegangen wird, und in der die bedürfnisgerechte Verteilung wichtiger ist als die maximal mögliche Vermarktung. Nur eine solche Kultur ist zukunftsfähig und globalisierbar und hat das Potenzial, auch Terror und Armut zu bekämpfen, ganz abgesehen von der Lösung ökologischer Probleme.

Wie eingangs erwähnt, kann kultureller Wandel, können Änderungen von habitualisiertem Verhalten durch Neues (und auch Not lässt sich letztlich so betrachten) zwar ausgelöst, aber nicht gesteuert werden. Aber das Neue weckt auf, fordert Aufmerksamkeit und Interesse und *kann* zu neuem individuellen und neuem kollektiven Verhalten führen – auch ohne Zwang. Es stellt sich also die Frage, wie dieses Neue in eine Kultur kommt. Neues kann von Außen und auch aus dem Inneren eines Systems, also sowohl aus einer Gesellschaft als auch eines Individuums kommen:

- Neues von außen: Neue Güter, neue Rahmenbedingungen, z.B. Katastrophen, Not, Änderungen der Macht- oder Beziehungsstrukturen, können zu neuem Verhalten zwingen oder ermöglichen es.
- Neues von innen: Durch Zweifeln, Unruhestiftung, Sinnfrage, neue Gedanken, Ideen, Visionen, Träume usf. entwickelt sich Neues („emergiert" sozusagen) oder entsteht zumindest das Bedürfnis nach etwas Neuem.

Der Mensch ist ein Lebewesen, das die Orientierung nach außen braucht (z.B. zum physischen Überleben) und sucht. Auch Neues von innen (Gedanken, Gefühle, Ideen, Wünsche) entsteht meist durch die Auseinandersetzung mit dem Außen. Dabei kann die Orientierung am Außen unterschiedlicher Natur, unterschiedlich motiviert sein, was für einen kulturellen Wandel nutzbar gemacht (instrumentalisiert) werden könnte[8]:

- Orientierung an anderen Menschen: Das Motto *I will if you will* beruht darauf, dass „der Andere" die motivationale Quelle für das Handeln von Individuen ist. Um solche Menschen zu Handlungen im Sinn einer nachhaltigen Entwicklung zu motivieren, muss sichergestellt sein, dass Idole und wesentliche Peer-Groups auch so handeln.
- Orientierung an einer höheren Idee: Das Motto *Show people they're part of something bigger* beruht darauf, dass eine übergeordnete Idee, ein übergeordnetes Konzept motivationale Quelle für das Handeln von Individuen ist.

---

8 Sustainable Consumption Roundtable by SDC u NCC, 2006, United Kingdom.

Dieses Motiv beruht auf dem Gefühl der Wichtigkeit des Einzelnen und seines Beitrags zur nachhaltigen Entwicklung.

Meines Erachtens drücken diese Ansätze zwar nichts wirklich Neues aus, zeigen jedoch die beiden wesentlichen Elemente auf, die für einen kulturellen Wandel erforderlich sind: Nicht nur ein Individuum, sondern der/die Andere, viele Andere müssen das erwünschte Verhalten als verbindlich anerkennen und realisieren. Und es braucht etwas dem konkreten, praktischen Tun Übergeordnetes, das kollektiv sinnstiftend wirkt.

4.2 Nachhaltigkeit: Placebo oder Ideologie?

Die Frage ist nun, ob Nachhaltigkeit diese kollektiv wirkende „regulative Idee" sein kann. Eine weitere Frage ist, wie Nachhaltigkeit gesellschaftlich, kulturell in einer Form anschlussfähig werden kann, so dass sich nicht nur Handlungsweisen einzelner, sondern kollektive Verhaltensmuster ändern. Die meisten Bemühungen um nachhaltige Verhaltensmuster verfolgen im Wesentlichen eine der nachstehenden Strategien:

- Nachhaltigkeit als Konzept des *„Weniger ist mehr"*: Es würde die ökologischen Probleme vermutlich lösen, das „Mehr-Handeln und das Bedürfnis nach mehr Möglichkeiten" zu reduzieren. Aber Mehr-Handeln, die Suche und die Schaffung von mehr Möglichkeiten sind vermutlich urmenschlich, können folglich nicht auf Dauer „abgestellt" werden. Anforderungen an Verhaltensänderungen müssen dies berücksichtigen, wenn neues Verhalten habitualisiert werden soll, „Mehr-Handeln und mehr Möglichkeiten" muss für uns und auch für nachfolgende Generationen gelten dürfen.
- Nachhaltigkeit als (neuer) Sinnstifter: Nachhaltigkeit ist offensichtlich geeignet, dem menschlichen Tun so etwas wie einen (kollektiven) Sinn zu geben. Motto: „Wir alle im Interesse von uns allen und der Natur". Genügt dem Individuum ein kollektiver Sinn? Nachhaltigkeit müsste vermutlich auch in der Lage sein, individuelles Handeln zu beeinflussen, und das gelingt angesichts des zurückgeworfen Seins auf sich selbst vermutlich nur, wenn Nachhaltigkeit auch identitätsstiftend wirkt.
- Nachhaltigkeit als neuer Wertmaßstab: Nachhaltigkeit kann auch als ein Instrument verstanden werden, mit welchem sich gut und schlecht, richtig und falsch (wieder) unterscheiden lassen. Wenn etwas nachhaltig ist, ist es gut, richtig. Auf Basis dieses Verständnisses von Nachhaltigkeit entstand und entsteht z.B. eine Vielfalt an Kriterien und Bewertungsinstrumenten für Güter (wie z.B. die Produktlebenszyklusanalyse – LCA als ISO-Norm, der ökologische Rucksack, Ecopoints), für Unternehmen, für Konsumstile, die bei Entscheidungen helfen und den einzelnen Menschen von Verantwortung

entlasten (sollen). Aber wer (welche Wissenschaftler, Politiker, Familienväter, Ärzte, Biologinnen?) weiß, was richtig, was im Interesse aller und der Natur ist? Wer ist befugt, das zu bestimmen?

Angesichts des unveränderten Wirtschaftens und Konsumierens – trotz der Bemühungen in den letzten 20 bis 30 Jahren um einen Wandel zu einer nachhaltigeren Entwicklung – stellt sich die Frage, warum die erwarteten Veränderungen nicht eintreten. Kann es sein, dass die Idee der nachhaltigen Entwicklung von den herrschenden Mächten instrumentalisiert wird? Das Konzept stammt schließlich nicht aus den armen Ländern dieser Welt ...

Derzeit besteht meines Erachtens die Gefahr, dass die Kernidee der Nachhaltigkeit zwischen Ideologie und Placebo entwertet bzw. entleert wird. Als Placebo lässt sich Nachhaltigkeit in jede Kultur problemlos integrieren, ohne wirklich etwas zu ändern. Als Ideologie steht Nachhaltigkeit in Konkurrenz mit anderen Ideologien, die in einer pluralistischen Gesellschaft als eine von mehreren Optionen zur Wahl stehen. Die Frage ist dann, welche individuellen Bedürfnisse das Konzept der Nachhaltigkeit besser befriedigt als andere Ideologien. Und wie kann eine Kultur verhindern, dass nicht wieder, wie früher, durch Ideologien und Religionen Unheil angerichtet wird?

Im Zusammenhang mit der Entwicklung eines kulturellen Zugangs zu Nachhaltigkeit dürfen nicht-physische, also metaphysische Phänomene nicht ignoriert werden. Gegenstand der Metaphysik sind die nicht mess- und nicht wahrnehmbaren Phänomene und die diesen zugrundeliegenden Bereiche der Wirklichkeit. Meta-Physik, als die Suche nach ersten Gründen und letzten Fragen, nach Sinn und Zweck der gesamten Wirklichkeit und allen Seins, ist vom menschlichen Wesen, Handeln und Erleben nicht zu trennen. Ziel ist es, Erkenntnisse außerhalb der Grenzen der sinnlichen Erfahrung zu gewinnen, die Wesenheiten abstrakter Begriffe (Tugend, Wahrheit, Freundschaft, Treue, Mut, Tapferkeit, Schönheit, etc.), Wertbegriffe (das Gute, das Böse, das Schlechte, das Richtige, das Falsche), Daseins- und Handlungserklärungen (z.B. Ursache, Sinn, Diesseits, Jenseits) zu erfassen. Es ist die jeweils herrschende Kultur, die bestimmt, welche metaphysischen Fragen für eine Gesellschaft gerade relevant sind und welche Rolle diese wiederum für die Kultur spielen. Nachhaltigkeit hat es jedenfalls geschafft, dass metaphysische Fragen (wie z.B. „Was ist Gerechtigkeit, Sicherheit, Zumutbarkeit, Entwicklung, Fortschritt, Glück, etc.?“) und das unauflösliche Mensch-Natur-Verhältnis wieder größere Bedeutung haben als noch vor 20 Jahren.

Kultureller Wandel und nachhaltige Entwicklung verlangen Menschen, die anders denken bzw. die darüber nachdenken, wie anders gedacht und gehandelt werden kann. Und, noch wichtiger, wie in einer ganzen Gesellschaft anders gedacht und gehandelt werden könnte, um eine befriedigende Lebensqualität für alle Menschen sicherzustellen. Das gemeinsame Thema „Kulturelle Nachhaltigkeit“ stellt daher eine inter- und transdisziplinäre Herausforderung dar, der – vielleicht nur zunächst? – mit anderen wissenschaftlichen Zugängen und anderen Formen der wissenschaftlichen Kommunikation begegnet werden müsste als die bisherigen, vorwiegend disziplinären und sektoralen Ansätze.

Literatur

Bateson, G. (2006): Ökologie des Geistes. Anthropologische, psychologische, biologische und epistemologische Perspektiven. Frankfurt/M.

Bolz, N. (2002): Das konsumistische Manifest. München

Camus, A. (1959): Der Mythos von Sisyphos. Ein Versuch über das Absurde. Hamburg

Dahrendorf, R. (1983): Die Chancen der Krise. Über die Zukunft des Liberalismus. Stuttgart

Erikson, E. H. (1980): Identitat und Lebenszyklus. Drei Aufsätze. Frankfurt/M.

Geertz, C. (1996). Welt in Stücken. Kultur und Politik am Ende des 20. Jahrhunderts. Wien

Gehlen, A. (1974): Der Mensch. Seine Natur und seine Stellung in der Welt [1940]. Frankfurt/M.

Gross, P. (1994): Die Multioptionsgesellschaft. Frankfurt/M.

Gross, P. (1999): Ich-Jagd. Frankfurt/M.

Hausser, K. (1995): Identitatspsychologie. Berlin u.a.O.

Heintel, P. (2007): Über Nachhaltigkeit. Geschichtsphilosophische Reflexionen. In: Krainer, L.; Trattnig, R. (Hg.): Kulturelle Nachhaltigkeit. Konzepte, Perspektiven, Positionen. München, S. 37-167

Heintel, P.; Berger, W. (1998): Die Organisation der Philosophen. Frankfurt/M.

Hübner, B. (1991): Der de-projizierte Mensch. Metaphysik der Langeweile. Wien

Hübner, R. (2007): Materielle Kultur – eine Kultur des Materiellen? In: Krainer, L.; Trattnig, R. (Hg.): Kulturelle Nachhaltigkeit. Konzepte, Perspektiven, Positionen. München, S. 226-258

Hübner, R.; Himpelmann, M.; Melnitzky, S.; Stahel, W. R.; Hübner, H. (2005): Reprocessing gebrauchter Güter – eine Strategie der Nachhaltigkeit und ihre Auswirkungen auf die Lieferketten in einer Fabrik der Zukunft. Wien (Bundesministeriums für Verkehr, Innovation und Technologie (Hg.): Berichte aus Energie- und Umweltforschung, Nr. 33/2006)

Karmasin, H. (1998): Produkte als Botschaften. Individuelles Produktmarketing, konsumentenorientiertes Marketing, Bedürfnisdynamik, Produkt- und Werbekonzeptionen, Markenführung in veränderten Umwelten. Wien

Krappmann, L. (1980): Identität – ein Bildungsprozess? In: Grohs, G.; Goldschmidt, D. (Hg.): Kulturelle Identitat im Wandel. Beitrage zum Verhältnis von Bildung, Entwicklung und Religion. Dietrich Goldschmidt zum 65. Geburtstag. Stuttgart, S. 99-118

Lenzen, D. (1987): Heilige Identität – Identität des Heiligen. In: Wulf, C.; Kamper, D. (Hg.): Das Heilige. Frankfurt/M., S. 318-27

Liessmann, K. P. (2001): Denken und Leben I. CD-ROM. ORF Wien

Luckmann, T.; Dreher, J. (2007): Lebenswelt, Identitat und Gesellschaft. Konstanz

Luhmann, N.; Schorr, K. E. (1982): Zwischen Technologie und Selbstreferenz. Fragen an die Pädagogik. Frankfurt/M.

Mollenhauer, K. (1983): Vergessene Zusammenhange. Über Kultur und Erziehung. München

Paranjpe, A. C. (1975): In Search of Identity. New York

Ropohl, G. (1999): Allgemeine Technologie. Eine Systemtheorie der Technik (2. Aufl.). München, Wien

Seubold, G. (2006): Destruktionen der Kultur. Philosophischer Versuch uber Kulturheuchler, Kulturflüchter und Kulturfolger. Bonn

Stahel, W. R. (2006): Die Performance-Economy. Hampshire, New York

Stahel, W. R.; Giarini, O. (2000): Die Performance-Gesellschaft. Chancen und Risken beim Übergang zur Service Economy. Marburg

Steinhilper, R. (1999): Produktrecycling. Vielfachnutzen durch Mehrfachnutzung. Stuttgart

Stross, A. M. (1991): Ich-Identitat zwischen Fiktion und Konstruktion. Berlin

Weismüller, C. (1999): Jean-Paul Sartres Philosophie der Dinge. Zur Wende von Jean-Paul Sartres Kritik der dialektischen Vernunft sowie zu einer Psychoanalyse der Dinge. Düsseldorf

Zweig, S.; Michels, V. (1976): Die Monotonisierung der Welt. Aufsätze und Vorträge. Frankfurt/M.

Technology Matters

Michael F. Jischa

1 Einführung: Zivilisationsdynamik und Technik

Aus der Zivilisationsgeschichte der Menschheit kennen wir vier informationstechnische Innovationen, die auch als „Gutenberg-Revolutionen" bezeichnet werden. Daran kann anschaulich die prägende Rolle der Technik für gesellschaftliche Veränderungen deutlich gemacht werden. Dies geschieht anhand der qualitativen Skizze in Abbildung 1, die aus einem internen Papier „Technology driving Change: Perspectives for a Global Information Society" von Peter Johnston von der Europäischen Kommission stammt. Dabei stellt die horizontale Achse eine Zeitachse dar, während auf der vertikalen Achse die Produktivität dargestellt ist, zur Veranschaulichung in heutiger Form als Bruttoinlandsprodukts pro Kopf und Jahr.

Das Bild beschreibt den starken Anstieg der Produktivität als Folge von drei revolutionären Übergängen in der Menschheitsgeschichte: von der Gesellschaft der Jäger und Sammler zur Agrargesellschaft, von der Agrar- zur Industriegesellschaft und von der Industrie- zur Informationsgesellschaft. Nach einem zunächst steilen Anstieg der Produktivität (und der Bevölkerung) erfolgte stets

Abb. 1: Technischer Wandel als Motor für gesellschaftliche Veränderungen

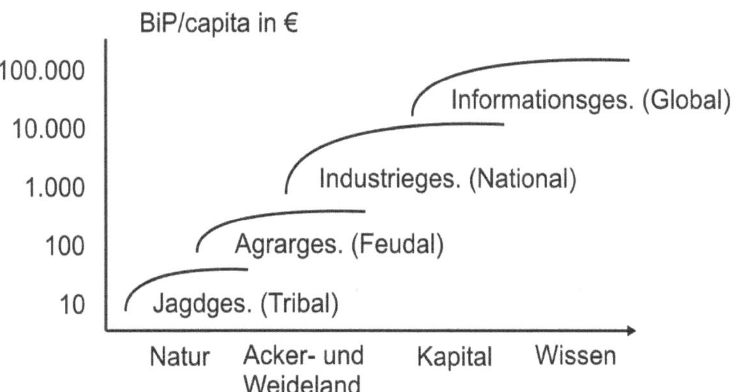

Quelle: Aus Jischa 2005, S. 192

eine Phase der Sättigung, bevor die nächste revolutionäre Veränderung einen ähnlichen Verlauf, beginnend auf einem höheren Niveau, zeigte. Auf der horizontalen Achse ist jeweils die entscheidende Ressource der verschiedenen Gesellschaftstypen aufgetragen. Das war die Natur in der Welt der Jäger und Sammler, das kultivierte Acker- und Weideland in der Agrargesellschaft, das in letzterer akkumulierte Kapital in der Industriegesellschaft und schließlich das Wissen in der Informationsgesellschaft. Mit dem Bild möchte ich verdeutlichen, dass Basisinnovationen der Informationstechnik zwangsläufig zu radikalen Veränderungen gesellschaftlicher Strukturen geführt haben.

Am Beginn der Menschwerdung stand die Entwicklung der Sprache. Wir sind die einzige Spezies, die das Medium Sprache entwickelt hat. Das hat uns einen entscheidenden evolutionären Vorteil gegenüber den anderen Spezies verschafft. Denn die Weitergabe von Erfahrungen über die Sprache ist ungleich effizienter und schneller als die genetische Übermittlung von Erfahrungen. Die neolithische Revolution markiert den Übergang zur Agrargesellschaft, dieser Prozess erfolgte etwa zeitgleich in verschiedenen klimatisch begünstigten Regionen der Welt. Die Menschen begannen sesshaft zu werden. Durch systematischen Ackerbau und gezielte Domestizierung von Tieren wurde die Nahrungsmittelbasis deutlich erweitert, als Ergebnis davon stiegen die Nahrungsmittelproduktion und die Bevölkerung stark an. Der Übergang zur Agrargesellschaft war die erste große soziale und technische Leistung der Menschheit. Dies setzte die Beherrschung des Wassers voraus, es ging um Bewässerung und Entwässerung in großem Stil. Mündliche Anweisungen reichten nicht mehr aus. So entstanden als Erfordernis der Praxis die Maße, die Zahlen und die Schrift. Vorräte mussten quantifiziert und Informationen aufgezeichnet werden. Gleichzeitig änderte sich die gesellschaftliche Struktur. Aus überschaubaren Stämmen entwickelte sich die Feudalstruktur der Gesellschaft. Die sumerische Gesellschaft des Zweistromlandes war die erste Gemeinschaft, die einen Mehrertrag erwirtschaften konnte. Damit standen die Sumerer vor einem neuen Problem, das bis heute die gesellschaftliche und politische Diskussion beherrscht. Wie soll dieser Mehrertrag verteilt werden? Ihre Entscheidung war folgenschwer. Sie entschieden sich für eine ungleichmäßige Verteilung und schufen damit eine privilegierte Minderheit. Die Mehrheit akzeptierte dies offenkundig, damit war die ökonomische Basis der Klassendifferenzierung gelegt. Fortan gab es Herrscher, eine Kaste der Priester und Beamten und eine Kaste der Arbeiter und Bauern.

Die dritte und für die weitere Entwicklung entscheidende informationstechnische Revolution war der Buchdruck, der Druck mit beweglichen Lettern durch Gutenberg Mitte des 15. Jh.s. Die sozialen Umwälzungen durch diesen Technologieschub erfolgten unmittelbar. In der Antike und im Mittelalter war Wissen reines Herrschaftswissen, Schreiben war eine Kunst der Eliten. Die mittelalterlichen Zünfte und Gilden waren exklusive Zirkel zur Wahrung und Weitergabe von Wissen. Durch den Buchdruck wurde das bislang exklusive Herrschaftswissen nach und nach zu einem öffentlichen Wissen der Gesellschaft. Die Popularisierung und Demokratisierung von Wissen war die entscheidende Voraussetzung für die Aufklärung und die Säkularisierung. Wissen jeglicher Art, so in Religion, Naturwissenschaft und Technik, wurde jedermann zugänglich, der lesen oder sich vorlesen lassen konnte. Es entstanden Ratgeber, Handbücher, Lexika und Enzyklopädien in einem fast atemberaubenden Tempo. Die Voraussetzungen für die wissenschaftliche Revolution und die sich daran fast unmittelbar anschließende Industrielle Revolution waren gelegt. Das „Wunder Europa" (vgl. Jones 1991) setzte ein, es führte zur Verwandlung und Beherrschung der Welt durch Technik. Aus Feudalstaaten entstanden Nationalstaaten. Das in der Agrargesellschaft akkumulierte Kapital wurde zur neuen und entscheidenden Ressource, um Investitionen zur Errichtung industrieller Komplexe zu tätigen. Das Zeitalter von Kohle und Stahl setzte ein. Produktivität und Bevölkerung stiegen erneut stark an. Eine kurze Zwischenfrage: Wäre es ohne den Buchdruck 70 Jahre danach zur Reformation gekommen? Möglicherweise nicht, denn Luthers Flugschriften waren die ersten Massendrucksachen in der Geschichte, womit eine zuvor nie möglich gewesene Diffusion seiner Gedanken in die Gesellschaft erfolgen konnte.

Vor wenigen Jahrzehnten erfolgt die (vorerst?) letzte informationstechnische Revolution. Die Digitalisierung der Informationstechnologien hat zu einer räumlichen und zeitlichen Verdichtung aller Prozesse geführt, deren Folgen wir heute kaum erahnen können. „Die Welt ist flach" (vgl. Friedman 2000) geworden. Die Digitalisierung hat zu einem Umschlag von Quantität in eine neue Qualität geführt. Erst seit jener Zeit sprechen wir von Globalisierung, obwohl es global agierende Staaten und Unternehmen bereits früher gegeben hat. Das Römische Reich, die Handelshäuser Genuas und Venedigs, die Hanse und die Handelskompanien der Kolonialmächte agierten global. So wenig wie wir die Probleme der Industriegesellschaft mit Rezepten aus der Agrargesellschaft lösen konnten, so wenig werden wir die Probleme der Informationsgesellschaft mit Rezepten aus der Industriegesellschaft lösen können. Wie die Netzwerkgesellschaft (vgl. Castells 2001) unsere gewohnten Strukturen und Institutionen verändern wird, ist Gegenstand vieler Untersuchungen, Spekulationen und Befürchtungen. Vernetzung ist ebenso wie Globalisierung ein Metasymbol unserer Epoche. „Vernetzung als Syndrom" (vgl. Berg 2005) behandelt die Zukunftsaufgabe, die Chancen der Vernetzung zu nutzen und deren Nachteile und Risiken zu minimieren. Die Bezeichnung „global" bei der Charakterisierung der Informationsgesellschaft soll andeuten, dass die Informationsgesellschaft globale Strukturen und Normen faktisch erzwingt.

Auffällig sind die außerordentlich raschen Verkürzungen der Zeitskalen und damit die Existenz der jeweiligen Gesellschaftstypen. Unsere Vorfahren haben einige hunderttausend Jahre in der Welt der Jäger und Sammler verbracht, einige tausend Jahre in der Agrargesellschaft, rund zweihundert Jahre in der Industriegesellschaft, und die (digitale) Informationsgesellschaft ist erst vierzig Jahre alt. 1969 wurden die ersten Knoten des neuen Netzes ARPAnet in Kalifornien eingerichtet. Das war die eigentliche Geburtsstunde des Internets. Auch hier eine kurze Zwischenfrage: Nach einem Vortrag mit Erläuterung der Abbildung 1 wurde ich gefragt, wann und von welcher Art die nächste revolutionäre Veränderung wohl sein würde. Ich wusste keine Antwort, statt dessen habe ich eine Gegenfrage gestellt. Woher sollten unsere Vorfahren aus der Welt der Jäger und Sammler eine Ahnung davon gehabt haben, dass ihre Nachfahren in einer Agrargesellschaft leben würden, woher Letztere eine Ahnung von der Industriegesellschaft und diese wiederum eine Vorstellung von der digitalen Welt und deren Folgen?

Die Diskussion der Abbildung 1 habe ich anhand von Basisinnovationen in der Informationstechnik geführt. Wenn wir fragen, womit Ingenieure sich beschäftigen und stets beschäftigt haben, dann lautet die kürzeste Antwort, mit Materie, mit Energie und mit Information. Auf diese drei „Medien" wenden sie drei „Prozesse" an, Wandlung, Speicherung und Transport, mit dem Ziel, technische Artefakte herzustellen. Die Zivilisationsgeschichte der Menschheit ist damit untrennbar verbunden. Es waren technische Fortschritte, die Gesellschaften Vorteile gegenüber ihren Konkurrenten gebracht haben. Stark verkürzt werde ich eine analoge Diskussion auf der Basis der Energiegeschichte führen (siehe Abb. 2), denn Themen wie Energiewende und Klimawandel beherrschen die gesellschaftlichen und politischen Diskussionen der letzten Jahre.

In der Welt der Jäger und Sammler gab es zwei Energiequellen, die menschliche Arbeitskraft und das Feuer durch das Verbrennen von Holz und Dung, heute mit Biomasse bezeichnet. In der Agrargesellschaft kam als dritte Energiequelle die tierische Arbeitskraft hinzu, später im Mittelalter die Wind- und die Wassermühlen. Bis zur Industriellen Revolution haben unsere Vorfahren in einer ersten solaren Zivilisation gelebt. Die Truppen Napoleons waren energetisch auf der gleichen Stufe wie jene von Alexander dem Großen, von Hannibal und von Cäsar. Ihre Geschwindigkeit war die Geschwindigkeit von Mensch und Tier. Dies änderte sich erst mit der Industriellen Revolution. Diese begann mit Kohle und Stahl. Ende des 19. Jahrhunderts kam das Erdöl als zweiter großer fossiler Primärenergieträger hinzu, und Mitte des 20. Jahrhunderts das Erdgas, etwa zeitgleich mit der Nutzung der Kernenergie. Unsere heutige Energieversorgung beruht weltweit und national zu etwa 85% auf den drei fossilen Primärenergieträgern Kohle, Erdöl und Erdgas. Die restlichen 15% teilen sich die Kernenergie und die regenerativen Energien. Es ist unstrittig, dass das fossile Energiezeitalter ein Wimpernschlag in der Energiegeschichte sein wird. Es wird als offenes Sys-

Abb. 2: Energiegeschichte der Menschheit

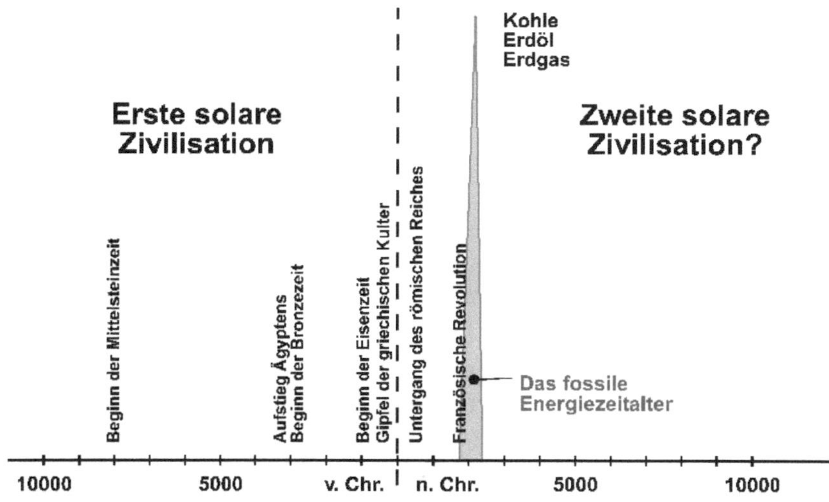

Quelle: Aus Jischa 2004, S. 13 sowie Jischa 2005, S. 12

tem aus Versorgungsgründen (die Vorräte sind endlich) *und* aus Entsorgungsgründen (Klimawandel) keine Zukunft haben. Es gibt nur zwei Fragen, die (noch) kontrovers behandelt werden: Wie rasch geht es zu Ende? Und: Was kommt danach? Werden wir in eine zweite solare Zivilisation einsteigen oder gibt es hierzu eine Alternative? Diese könnte nur Kernenergie heißen, ob Fission oder Fusion. Die Zukunft wird (nicht nur nach Überzeugung des Autors) den regenerativen Energien gehören, Konzepte wie die Mitte 2009 vorgestellte „Desertec-Initiative" weisen in diese Richtung. Bezüglich der Nutzenergie wird die elektrische Energie eindeutig dominieren. Elektrischer Strom wird zunehmend nicht nur zentral in solarthermischen Kraftwerken, in Wasserkraftwerken und in Windparks erzeugt werden, sondern zusätzlich und verstärkt auch dezentral. Dabei werden Geothermie, Fotovoltaik und Biomasse (der zweiten Generation) zum Einsatz kommen. Damit steigt die Bedeutung der elektrischen Netze sowie Fragen der Speicherung und der intelligenten Nutzung („smart grids"). Der Einstieg in die digitalen Informationstechnologien hat den Verbrauch an elektrischer Energie deutlich gesteigert, dieser Prozess wird weitergehen.

Fassen wir die Aussagen der Einführung kurz zusammen (vgl. Jischa 2005, S. 2):

1. Die Geschichte der Menschheit ist ein evolutionärer Prozess, nennen wir ihn Zivilisationsdynamik.

2. Nur der Mensch kann seine eigene Evolution durch selbst geschaffene Innovationen beschleunigen: durch die Sprache seit etwa 500.000 Jahren, die Schrift seit 5.000 Jahren, den Buchdruck seit 500 Jahren und die Informationstechnologien seit knapp 50 Jahren.
3. Die Menschheitsgeschichte ist die Geschichte eines sich durch Technik ständig beschleunigenden Einflusses auf immer größere Räume und immer fernere Zeiten.
4. Sind die Kräfte der Veränderung größer als die Kräfte der Beharrung, so tritt ein Strukturbruch ein. Wir sprechen von einer Verzweigung, einer „Revolution“. Nach der neolithischen und der Industrielle Revolution erleben wir derzeit die digitale Revolution.
5. Jede strukturelle Veränderung beruht auf einer Ausweitung von Handlungsräumen.

Die letzte Aussage soll mit Abbildung 3 verdeutlicht werden. Handlungsräume entstehen, sie werden erweitert oder verengt. Dabei sind drei Faktoren dominierend. Ressourcen, natürliche wie künstliche, eröffnen Möglichkeitsräume. Ob daraus Handlungsräume werden, hängt von den beiden anderen Faktoren ab. Leitbilder prägen Gesellschaften in hohem Maße, hier kommt die Kultur ins Spiel. Der dritte Faktor sind die Institutionen, die eine Gesellschaft sich gibt. Damit sind sowohl formelle wie auch informelle Strukturen gemeint. Sie sind

Abb. 3: Handlungsräume

Quelle: Aus Jischa 2004, S. 4, sowie Jischa 2005, S. 3

es, die ganz wesentlich darüber entscheiden, ob und wie sich eine Gesellschaft entwickelt. Erinnert sei an einen Ausspruch von Wladimir Iljitsch Lenin: „Sowjetmacht ist Kommunismus plus Elektrifizierung". Er hat die Bedeutung der Institutionen unterschätzt. Institutionen sind kulturell geprägte „geronnene" Leitbilder, auf sie kommt es in entscheidender Weise an.

Zwischen den drei Faktoren gibt es zahlreiche Wechselwirkungen mit positiven und negativen Rückkopplungen. Warum Gesellschaften erfolgreich und innovativ sind, hängt von deren Wechselspiel ab. Damit lässt sich der überaus unterschiedliche Verlauf einer Geschichte der Regionen erklären. Es handelt sich hierbei um die klassische Frage, ob technischer und ökonomischer Wandel den kulturellen und politischen Wandel verursachen oder umgekehrt. Karl Marx vertrat einen ökonomischen Determinismus. Er war der Auffassung, das technologische Niveau einer Gesellschaft präge ihr ökonomisches System, das wiederum ihre kulturellen und politischen Merkmale determiniert. Auf der anderen Seite vertrat Max Weber einen kulturellen Determinismus. Nach ihm hat die protestantische Ethik die Entstehung des Kapitalismus erst ermöglicht, somit maßgeblich zur industriellen und demokratischen Revolution beigetragen. Für beide Auffassungen lassen sich Belege aus der Geschichte finden. Wir werden im vierten Abschnitt mit Bezug auf Ronald Inglehart darauf zurückkommen. Er kommt zu dem Schluss, dass beide recht haben.

2 Konsequenzen aus der Dynamik des technischen Wandels

Die Berufswelt ist ein typischer Indikator für die Einteilung in Epochen. Vor der neolithischen Revolution bestand die vorherrschende Tätigkeit im Sammeln und Jagen. In der Agrargesellschaft lag das Schwergewicht der Beschäftigung in der Landwirtschaft, im Ackerbau und in der Viehzucht. Daneben gab es eine relativ kleine Zahl von Kaufleuten und Handwerkern, von Priestern und Beamten. Beim Übergang von der Agrar- in die Industriegesellschaft verschob sich der Schwerpunkt der Tätigkeit von der landwirtschaftlichen Produktion hin zur industriellen Fertigung. Abbildung 4 zeigt die Veränderungen in der Berufswelt seit 1882, der Blütezeit der Industriellen Revolution. Die Darstellung entstammt der Broschüre „Maßarbeit statt Massenware, Deutschland im globalen Strukturwandel" des Instituts der deutschen Wirtschaft (IW). Das Bild zeigt die Verschiebung des Anteils der Erwerbstätigen in den drei Sektoren Landwirtschaft, Industrie und Dienstleistungen in den letzten 120 Jahren und seit 1970 den Anteil der Wertschöpfung in den drei Sektoren.

Vor der Industriellen Revolution haben um 1750 mehr als 80% der Erwerbstätigen in der Landwirtschaft gearbeitet. Ihr Anteil ist bis heute (2003) auf 2,5% zurückgegangen. Durch einen massiven Einsatz von Material und insbesondere

Energie ist die Nahrungsmittelproduktion in unserem Land so hoch, dass der geringe Anteil unserer Erwerbstätigen eine Eigenversorgung unseres Landes ermöglichen würde. Die Abnahme der landwirtschaftlichen Tätigkeit korrespondierte in der Blütezeit der Industriegesellschaft mit einer allerdings schwächeren Zunahme der industriellen Beschäftigung. Deren Anteil lag zwischen 1920 und 1970 bei knapp 50%. Seit etwa 1970 nimmt dieser Anteil deutlich ab. Der Abfall wurde seit jener Zeit durch eine steile Zunahme im Dienstleistungssektor aufgefangen. Dieser Bereich ist sehr heterogen. Darunter fallen einerseits traditionelle Tätigkeiten in den Bereichen Verwaltung und Justiz, innere und äußere Sicherheit, Bildung und Forschung, soziale Dienste und medizinische Versorgung, wobei Letztere wegen der Überalterung unserer Gesellschaft angewachsen sind. Hinzugekommen ist ein deutlicher Anteil in den Bereichen Touristik und Sport, charakteristisch für unsere „Freizeitgesellschaft“. Die entscheidende Zunahme rührt jedoch von dem Einstieg in die Informationsgesellschaft her, die zu neuen Tätigkeitsfeldern, den „symbolanalytischen Diensten“ (vgl. Reich 1993) geführt hat.

Abbildung 4 enthält eine weitere bemerkenswerte Botschaft. In dem „neuen dritten“ Sektor der Erwerbstätigkeit liegt der Anteil der Wertschöpfung über dem Anteil der Beschäftigten. In den traditionellen Bereichen Landwirtschaft und Industrie liegt der Anteil darunter. Trotz aller Definitions- und Abgrenzungsprobleme ist die zentrale Botschaft des Bildes eindeutig. Unser (realer und durch Werbung erzeugter vermeintlicher) Bedarf an landwirtschaftlichen und industriell erzeugten Produkten kann von einem geringen Prozentsatz unserer Erwerbstätigen gedeckt werden. Ob der dritte Sektor, als Informations- oder Dienstleistungs-Sektor bezeichnet, den starken Rückgang in der landwirtschaftlichen und industriellen Produktionstätigkeit auch nur annähernd auffangen kann, erscheint mehr als fraglich. Was folgt daraus, wenn der Einzelne nach wie vor seinen „Wert“ innerhalb der Gesellschaft durch seine Tätigkeit definiert? Wir brauchen Berufsfelder neuer Art, die es zuvor in der Gesellschaft kaum gegeben hat. Ich möchte sie „dissipative“ oder „parasitäre“ Tätigkeiten nennen, deren Hauptzweck darin besteht, an dem (zu viel) erzeugten Wohlstand zu partizipieren. Das scheint der einzige Weg zu sein, um die Arbeitslosigkeit in unserem Land im Mittel bei „nur“ 10% zu stabilisieren, wenngleich einige Regionen sich notgedrungen schon an höhere Arbeitslosenzahlen „gewöhnt“ haben.

Beispiele für „dissipative“ Berufe sind Golf-, Reit-, Ski-, Segel- und Surflehrer, Animateure und Personal in Ferienclubs und Hotels einschließlich des Flugpersonals in der florierenden Tourismus- und Freizeitbranche, Stars und Sternchen in der Show-, Musik-, Kunst-, Sport-, Funk- und Fernsehszene, Analysten und Berater, Sozialpädagogen und Psychologen, staatliche oder halbstaatliche Umverteiler in den Feldern Arbeit, Soziales und Gesundheit und vieles mehr. Die „Erlebnisgesellschaft“ (vgl. Schulze 1992) schafft sich offenbar ihre eigenen spezifischen Tätigkeitsfelder. Ein Indikator dafür, dass wir in der Freizeitgesellschaft angekommen sind, ist der Individualverkehr. Mehr als die Hälfte aller mit dem Auto zurückgelegten Personenkilometer ist durch Freizeit und Ferien bedingt, hat also mit der beruflichen Tätigkeit nichts zu tun. Auf diesen Wegen

Abb. 4: Veränderungen der Berufswelt in Deutschland

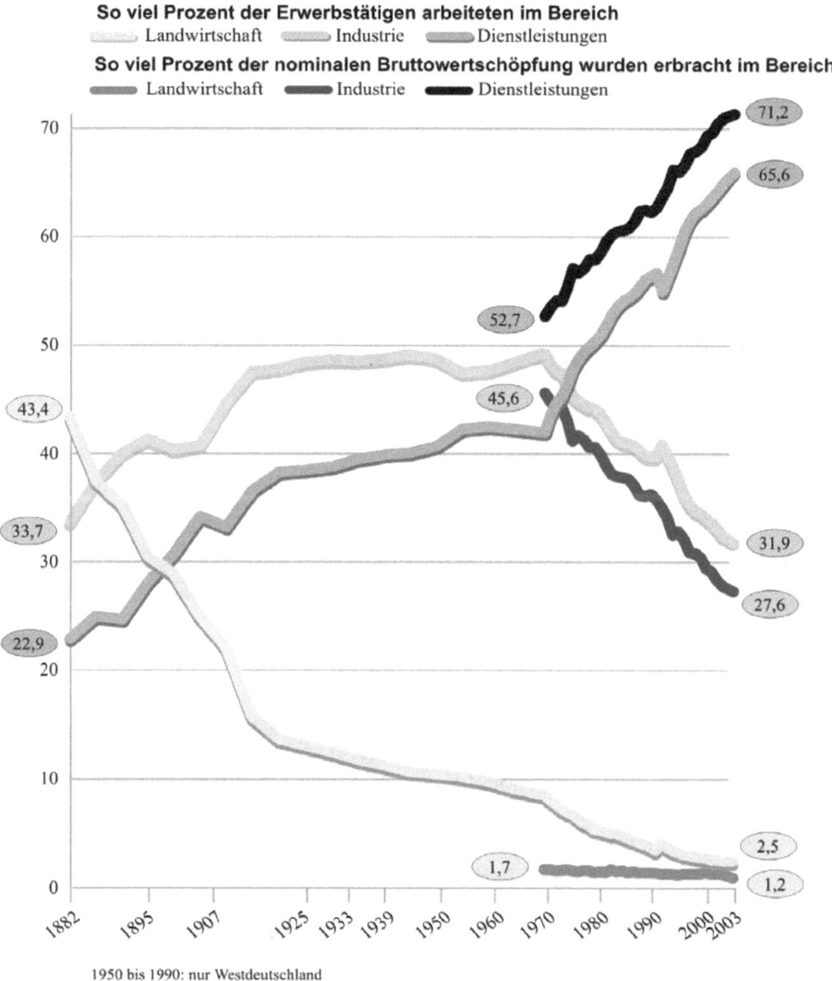

Quelle: Aus Jischa 2005, S. 196

partizipieren die dissipativen Tätigkeiten nicht nur an dem Wohlstand, sie erzeugen durch neue Tätigkeitsfelder gleichzeitig neuen Wohlstand. Es ist offenbar ein Geheimnis des Kapitalismus, dass er nicht nur Wandel selbst erzeugt, sondern gleichzeitig Mechanismen zur Lösung der neu entstandenen Probleme findet. Ob diese Mechanismen etwas mit Nachhaltigkeit zu tun haben, ist eine andere Frage.

Mit Abbildung 5 möchte ich auf weitere Konsequenzen der Dynamik des technischen Wandels eingehen. Damit komme ich zu einem zentralen Thema aus Sicht der Naturwissenschaftler und Ingenieure. Denn heutige technische Prozesse sind durch eine enorme Wirkmächtigkeit und Eindringtiefe gekenn-

Abb. 5: Wirkmächtigkeit/Eindringtiefe der Technik gestern und heute

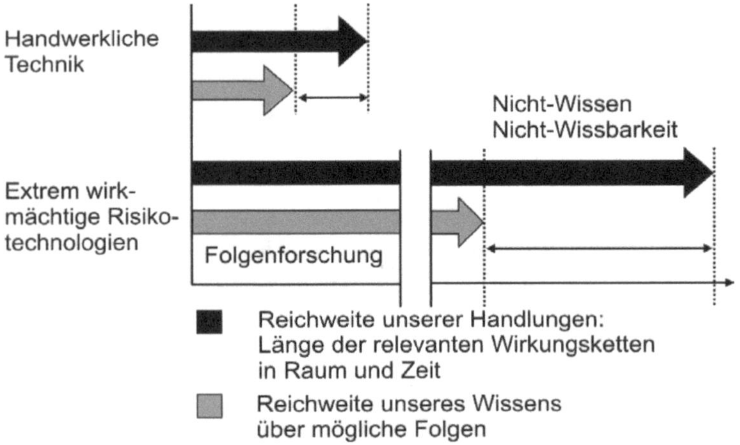

Quelle: Aus Jischa 2005, S. 177, nach Gleich 1998, S. 33

zeichnet. Stets galt der Satz, dass die Reichweite unserer Handlungen größer ist als das Wissen über die Folgen unseres Tuns. Unser Entscheiden reicht weiter als unser Erkennen, hatte schon Immanuel Kant formuliert. Nur war bei der handwerklichen Technik die Differenz zwischen den Folgen und dem Erfahrungswissen vergleichsweise klein. Armbrüste und Vorderlader besaßen nur eine geringe Reichweite. Dagegen besitzen heutige Technologien wie die Kerntechnik, die Chemie- und die Gentechnik eine extreme Wirkmächtigkeit in Raum und Zeit. Zwar wissen wir durch eine systematische Technikfolgenforschung heute sehr viel mehr über die Folgen unseres Handelns als die Handwerker des Mittelalters. Gleichzeitig ist jedoch die Lücke zwischen den Folgen und unserem Wissen über diese Folgen ständig größer geworden. Das ständig wachsende

Nichtwissen, gar die Nichtwissbarkeit, führt zu einer Verantwortbarkeitslücke, die laufend größer wird. Das Bild veranschaulicht den Umschlag von Quantität in Qualität. Das ist einer der Gründe dafür, dass sich als ein Ergebnis der ökologischen Bewusstseinswende der sechziger Jahre die Disziplin Technikbewertung etabliert hat (siehe Abschnitt 3).

Die Dynamik des technischen Wandels hat Systeme mit hohem Risikopotenzial entstehen lassen. In großtechnischen Systemen werden Systemausfälle unabhängig von ihren manifesten Gefahren wie Toxizität, Explosivität usw. geradezu unausweichlich. Sie neigen zu „normalen Katastrophen" (vgl. Perrow 1987). Anlass für seine Analyse war die Beschäftigung mit dem Reaktorunfall 1979 in Harrisburg im Rahmen eines Organisationsgutachtens, wobei Charles Perrow sich als Soziologe insbesondere mit der vorwiegend ingenieurwissenschaftlich orientierten Analyse auseinandersetzte. Seine Schlüsselbegriffe sind Komplexität und Kopplung. Je komplexer das System und die Wechselwirkungen seiner Bestandteile, desto häufiger kann es zu Störungen kommen und desto häufiger können die Signale der Störungen mehrdeutig sein und destabilisierende Reaktionen der Operateure oder der automatischen Steuerungen bewirken. Je starrer die Bestandteile eines Systems zeitlich und räumlich gekoppelt sind, desto größer ist die Gefahr, dass lokale Störungen andere Teile des Systems in Mitleidenschaft ziehen können. Katastrophen werden somit „normal". Dies ist keine Häufigkeitsaussage, sondern lediglich Ausdruck einer immanenten Eigenschaft großtechnischer Systeme.

In diesem Band geht es um die Begriffe Nachhaltigkeit und Kultur, insbesondere um die Frage, ob und welche Interdependenzen es zwischen dem kulturellen Wandel und dem Leitbild einer nachhaltigen Entwicklung gibt. Daher werde ich im folgenden Abschnitt zunächst auf die Frage eingehen, wie das Leitbild Nachhaltigkeit operationalisiert werden kann. Das hängt mit der Frage zusammen, wie das Leitbild Nachhaltigkeit in Lehre und Forschung eingeführt und vermittelt werden kann. Hier gibt es zumindest im Bereich der Ingenieur- und Naturwissenschaften einen deutlichen Nachholbedarf, auch darauf werde ich eingehen. In den beiden letzten Abschnitten werde ich versuchen, eine Brücke zum Begriff Kultur zu schlagen.

3 Nachhaltigkeit und Technikbewertung

Die Überschrift ist eine programmatische Aussage. Zumindest in den Natur- und Ingenieurwissenschaften bietet sich das Konzept Technikbewertung an, um das Leitbild Nachhaltigkeit zu operationalisieren. Ziel muss sein, in Anlehnung an bekannte und etablierte Managementsysteme wie das Qualitäts-, das Umwelt- und das Risiko-Managementsystem ein Nachhaltigkeits-Managementsystem zu entwickeln. Ansätze sind bereits vorhanden. Ein Arsenal an Methoden liegt vor, und die systemische Vorgehensweise zur Erstellung von ganzheitlichen Bewertungen im Sinne der Nachhaltigkeit ist mehrfach anhand konkreter Studien und Projekten erprobt worden (hierzu verweise ich auf Grunwald 2002 sowie Jischa 1997, 1999, 2010).

Ich beginne mit einer kurzen Schilderung des zeitlichen Verlaufs der Debatten anhand von Abbildung 6. In den Wohlstandsgesellschaften der westlichen Welt entwickelte sich in den 1960er Jahren eine Bewusstseinswende, die sich in unterschiedlicher Weise manifestierte. Mit dem Kürzel „1968er Bewegung" beschreiben wir eine Reihe von ineinandergreifenden gesellschaftlichen Prozessen wie Friedensbewegungen, Frauenbewegungen, Proteste gegen die Kernenergie, gegen die Ordinarien-Universität und insbesondere gegen Umweltzerstörungen. Die Partei der „Grünen" hat darin ihre Wurzeln. Das gilt gleichfalls für die Gründung des Club of Rome 1968. Dessen erste Analyse war erstaunlich weitsichtig, sie betraf drei Punkte: Die Bedeutung eines ganzheitlichen Ansatzes zum Verständnis der miteinander vernetzten Weltprobleme (1), die Notwendigkeit von langfristig angelegten Problemanalysen (2) und die Aufforderung, global zu denken und lokal zu handeln (3). Auf der linken Seite der Abbildung sind „Klassiker" aufgeführt, welche die späteren Diskussionen „nachhaltig" geprägt

Abb. 6: Verlauf der Nachhaltigkeits- und Technikbewertungsdebatte

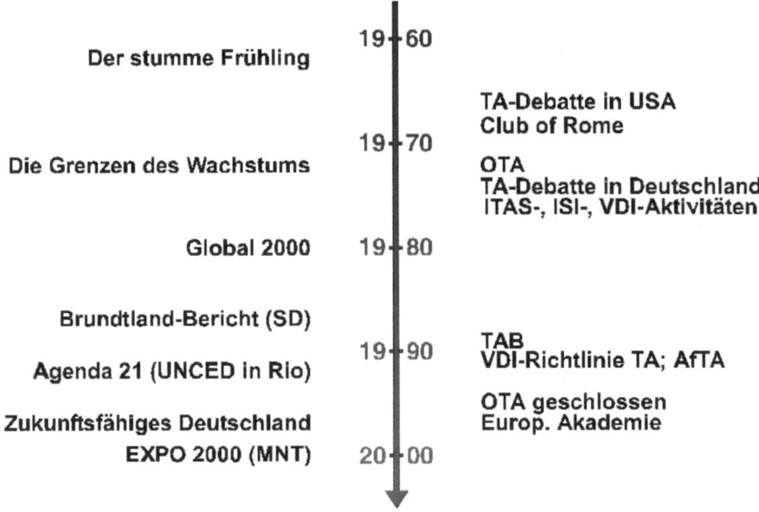

Quelle: Aus Jischa 1997, S. 1696, sowie Jischa 1999, S. 169, Jischa 2004, S. 20, Jischa 2005, S. 148

haben. Die rechte Seite benennt Institutionalisierungen, darunter die Prägung des Begriffes Technology Assessment (TA) in den USA und die nachfolgenden Diskussionen bei uns. Dies ist hinreichend bekannt, daher wird an dieser Stelle nicht näher darauf eingegangen (vgl. weitergehend Jischa 2005).

Mittlerweile ist das Leitbild Nachhaltigkeit in Politik und Wirtschaft weitgehend etabliert. Die Bundesregierung hat einen Nachhaltigkeitsrat eingerichtet, und die Wirtschaft hat im Rahmen des BDI die Einrichtung „econsense" (Forum Nachhaltige Entwicklung der Deutschen Wirtschaft e. V.) ins Leben gerufen. Es gibt kein politisches Programm und keinen Geschäftsbericht eines Global Players mehr, in dem kein nachdrückliches Plädoyer zum Leitbild Nachhaltigkeit zu finden ist. Verbal sind sich alle einig, soviel Konsens ist ungewöhnlich. Der Grund ist eindeutig, denn das Leitbild Nachhaltigkeit ist sowohl in dem Bericht der Brundtland-Kommission von 1987 als auch in der Agenda 21, dem Abschlussdokument der Rio-Konferenz in 1992, vage gehalten. Alle reden von Nachhaltigkeit, doch jeder kann etwas anderes darunter verstehen.

Mit Abbildung 7 möchte ich verdeutlichen, wie sich jeder in einer Nachhaltigkeitsmatrix positionieren kann. Die Matrix war das Ergebnis einer Frustration, als es in der Diskussion nach meinem einführenden Vortrag auf einer „Agenda-Veranstaltung" in einer „Akademie" nicht um die von mir beabsichtigte Frage nach der Umsetzung ging. Die Runde forderte: Jetzt wollen wir erst einmal definieren, was wir unter Nachhaltigkeit verstehen! Um für ähnliche Diskussionen

Abb. 7: Nachhaltigkeitsmatrix

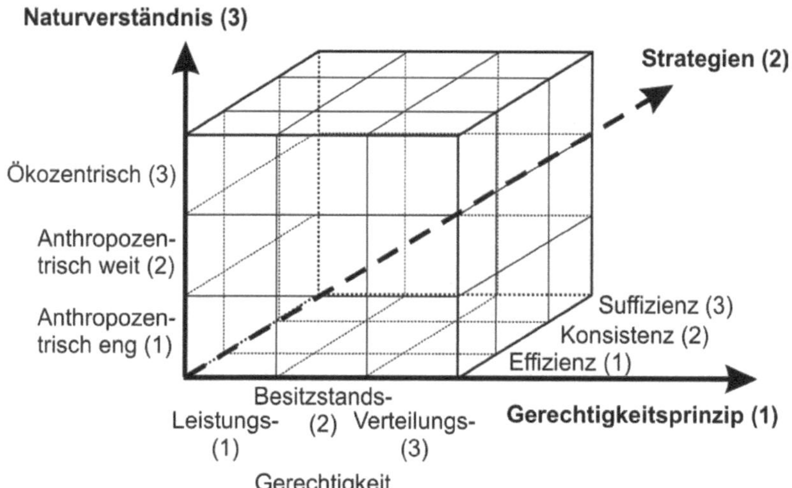

Quelle: Aus Jischa 1997, S. 1698, sowie Jischa 1999, S. 172, Jischa 2005, S. 152

gewappnet zu sein, habe ich seither stets die Nachhaltigkeitsmatrix dabei, um die Teilnehmer aufzufordern, ihre persönliche Position innerhalb der 3 x 3 x 3 gleich 27 Möglichkeiten zu benennen.

Die „soziale" Säule **(1)** der Matrix stellt drei Gerechtigkeitsprinzipien dar. Dabei handelt es sich um die liberale (1), die konservative (2) und die sozialistische Position (3). Den Begriff sozial verwende ich nicht, denn alle Parteien sind mittlerweile hinreichend sozial. Die „ökonomische" Säule **(2)** beinhaltet zunächst die Effizienzstrategie (1), das Leitbild der Unternehmer, Ökonomen und Ingenieure. Sie halten in der Regel die ständige Verbesserung der Ressourceneffizienz für den entscheidenden Schlüssel, dem Leitbild Nachhaltigkeit nahe zu kommen. Selten erkennen sie, dass die Effizienzstrategie nur eine notwendige Voraussetzung für Nachhaltigkeit ist. Notwendig und hinreichend ist erst die Verbindung von Effizienz- und Suffizienzstrategie. Denn es ist ein empirischer Befund, dass nahezu alle Verbesserungen der Ressourceneffizienz in der Vergangenheit stets durch eine gleichzeitige Zunahme der Ansprüche und damit der Verbräuche kompensiert, oft gar überkompensiert worden ist. Dies wird als Bumerang-Effekt bezeichnet, für den sich viele Beispiele finden lassen. Die Informationstechnologien würden ein papierloses Büro ermöglichen, jedoch haben wir niemals so viel Papier verbraucht wie heute. Die Erhöhung der Geschwindigkeiten auf der Schiene, der Straße und in der Luft hat nicht zu einer Zeitersparnis geführt, sondern nur dazu, dass wir in der gleichen Zeit größere Distanzen zurücklegen. Somit kann eine Verbesserung der Ressourceneffizienz nicht die alleinige Antwort sein. Sie muss um eine Suffizienzstrategie (3) ergänzt werden. Die „ökologische" Säule **(3)** beschreibt unser Naturverständnis. Mit anthropozentisch eng (1) bezeichne ich die Vorstellung, die Natur sei nur die Quelle für Ressourcen und die Senke für Schadstoffe. In vielen Ländern ist diese Vorstellung noch vorherrschend. Ein weiter gefasstes anthropozentrisches Naturbild (2) sieht in der Natur auch ein Kulturgut, einen Standort- und Wirtschaftsfaktor mit Erholungswerten. Ein ökozentrisches Naturbild (3) gesteht der Natur ein Eigenrecht zu. Alles, was wir in der Natur vorfinden, hat ein Recht auf Existenz, unabhängig von der Frage, ob es uns nützt.

Mit der Darstellung möchte ich deutlich machen, dass das diffuse Leitbild Nachhaltigkeit objektiv schwer fassbar ist. Es wird greifbar erst aus gesellschaftlichen und politischen Auseinandersetzungen bezüglich der Zielprioritäten. Daraus folgt aus Sicht der Natur- und Ingenieurwissenschaften, dass gerade bei diffus formulierten Zielvorgaben mehrere Probleme *transparent* und *nachvollziehbar* behandelt werden müssen. Es sind unterschiedliche Szenarien (Was wäre wenn?) zu vergleichen. Das erfordert quantifizierbare Aussagen. Dazu müssen relevante Indikatoren entwickelt werden, wobei der Daten-Aggregation eine hohe Bedeutung zukommt. Quantifizierung verlangte Messbarkeit, und Vergleichbarkeit verlangt Bewertung. Zur Bewertung werden schließlich Kriterien benötigt. Alle in meinem Bereich seit knapp 20 Jahren angefertigten Dissertationen und Habilitationen (siehe meine Homepage unter www.itm.tu-clausthal.de) mussten sich daran messen lassen. Unabhängig von den jeweiligen Zielvorgaben geht es jedoch stets um die gleichen Fragen: Welche Technologien sind in der Lage, einer nachhaltigen Entwicklung der Menschheit möglichst nahe zu kommen? Welche Technologien sind in der Lage, die nicht intendierten Folgen technischer Entwicklungen zu mildern, zu korrigieren oder gar zu beseitigen. Ein persönlicher Erfahrungsbericht zu der Frage, wie das Leitbild Nachhaltigkeit in Lehre und Forschung in den Ingenieurwissenschaften verankert werden kann, ist als Interview erschienen (vgl. Jischa 2010).

4 Wie Kulturen den Fortschritt prägen

Im April 1999 fand an der *Harvard Academy for International and Area Studies* ein Symposium zum Thema „Kulturelle Werte und menschlicher Fortschritt" statt. Die Initiative hierzu ging von dem Anthropologen Lawrence E. Harrison aus. Die Texte sowie Diskussionsbemerkungen dieser beeindruckenden Veranstaltung wurden veröffentlicht unter dem Titel „Culture Matters. How Values Shape Human Progress" (vgl. Harrison/Huntington 2000). In der deutschen Übersetzung „Streit um Werte. Wie Kulturen den Fortschritt prägen" (vgl. Harrison/Huntington 2002) fehlen einige Texte aus der Originalversion mit dem Hinweis, sie seien an anderer Stelle erschienen. – In den Beiträgen geht es um die Frage, inwieweit kulturelle Faktoren die wirtschaftliche und politische Entwicklung einer Gesellschaft prägen. Und wenn sie es tun, fragt Samuel P. Huntington in seinem Vorwort „Kulturen zählen" (vgl. Huntington 2002), wie können kulturelle Hindernisse für die wirtschaftliche und politische Entwicklung beseitigt oder verändert werden, um den Fortschritt zu erleichtern? In seiner Einführung „Warum Kultur wichtig ist" entwickelt Harrison fünf Fragenkomplexe, um die sich die einzelnen Vorträge ranken (vgl. Harrison 2002):

(1) Zusammenhang zwischen Werten und Fortschritt,
(2) Allgemeingültigkeit von Werten und der „westliche" Kulturimperialismus,
(3) Geographie und Kultur,
(4) Verhältnis von Kultur und Institutionen sowie
(5) kultureller Wandel.

In diesem Abschnitt werde ich mich auf den genannten Band beziehen. Aus der Vielzahl interessanter Beiträge beschränke ich mich auf jenen von Inglehart „Kultur und Demokratie" (vgl. Inglehart 2002). Darin bezieht er sich auf sein früheres Buch „Modernisierung und Postmodernisierung" (vgl. Inglehart 1998), in dem er Daten aus dem World Values Survey verwendet, um den kulturellen, wirtschaftlichen und politischen Wandel in verschiedenen Gesellschaften zu beschreiben. Der Darstellung von 1998 lagen Daten von 43 Gesellschaften und jener in dem Tagungsband Daten von 65 Gesellschaften zu Grunde. Um Kulturen sinnvoll vergleichen zu können, mussten die vielen Daten des World Value Survey in geeigneter Weise reduziert werden. Das erfordert eine vergleichsweise einfache Grundstruktur geeigneter aggregierter Variablen. Inglehart hat in seiner Darstellung von 1998 zeigen können, dass es offenkundig eine aussagefähige Grundstruktur gibt. So unterscheidet sich die Weltsicht reicher Gesellschaften, dargestellt durch ein Spektrum politischer, sozialer und religiöser Normen und Überzeugungen, systematisch von der Weltsicht armer Gesellschaften. Eine Datenanalyse ergab vor allem zwei Dimensionen, die eine Vielzahl von Variablen erschlossen und mehr als die Hälfte der kulturvergleichenden Varianz erklären konnten. Diese beiden Positionen entsprechen einer offenkundig übernationalen Polarisierung zwischen traditioneller und weltlich-rationaler Orientierung gegenüber der Autorität („traditional vs. secular-rational authority") einerseits und Überlebenswerten und Selbstartikulationswerten („survival vs. self-expression") andererseits. Dadurch kann eine Verortung jeder Gesellschaft auf einer kulturellen Weltkarte erfolgen. Hier lehnt sich Inglehart an die Darstellung von Huntington in „Kampf der Kulturen" (vgl. Huntington 1996a, 1996b) an, der unsere Welt in acht (oder neun) große Kulturkreise auf der Grundlage dauerhafter kultureller Unterschiede einteilt. Diese Kulturkreise wurden im Wesentlichen durch religiöse Traditionen geprägt, die trotz aller Kräfte der Modernisierung noch heute mächtig sind.

Die Einordnung jeder Gesellschaft in Abbildung 8 ist objektiv, da sie durch eine Analyse aus Erhebungsdaten bestimmt wird. Die Grenzziehungen um diese Gesellschaften sind subjektiv, sie folgen Huntingtons Einteilung. Die Skalierung auf jede Achse entspricht den Faktorenwertungen für jedes Land in der entsprechenden Dimension (zu Näherem vgl. Inglehart 1998). Abbildung 8 macht deutlich, dass es offenbar charakteristische Kulturkreise gibt, deren Gesellschaften in den jeweiligen Clustern ähnliche Werte haben. Auch wenn die Erhebungen nur wenige islamische Gesellschaften berücksichtigen, so sind diese eindeutig in der linken unteren Ecke zu finden. Auch die Kolonialzeit hat ihre Spuren hinterlassen. So grenzt der lateinamerikanische Kulturkreis an Portugal und Spanien, und der englischsprachige Bereich umfasst Länder mit ähnlichen kulturellen Merkmalen. Zwar sind Australien und Neuseeland von Großbritannien und Kanada weit entfernt, so sind sie doch kulturelle Nachbarn. Großbritannien hätte auch dem protestantischen Europa zugeordnet werden können. Großbritannien ist gleichzeitig protestantisch und englischsprachig, das spiegelt seine Position auf dem Diagramm wider. Der Aufstieg und Niedergang der kommunistischen Welt im 20. Jahrhundert macht sich in der Darstellung ebenfalls bemerkbar. So liegen die BRD und die DDR nahe beieinander, und in der Nähe von Japan. Viele Untersuchungen belegen, dass es wichtige Parallelen zwischen der konfuzianischen und der protestantischen Kultur gibt.

Inglehart hat zahlreiche weitere Darstellungen auf der Basis des Diagramms vorgenommen. So hat er anstelle der Kulturkreise vier Bereiche mit unterschiedlichem wirtschaftlichem Niveau (durch das Bruttoinlandsprodukt BIP pro Kopf) dargestellt. Es ist wenig überraschend, dass sich das Wertesystem reicher Länder von jenem der armen Länder deutlich unterscheidet. Reiche Länder rangieren in beiden Dimensionen relativ weit oben und fallen in eine Zone in der rechten oberen Ecke der Darstellung, die armen Länder bilden ein Cluster in der

Abb. 8: Kulturelle Weltkarte nach Inglehart

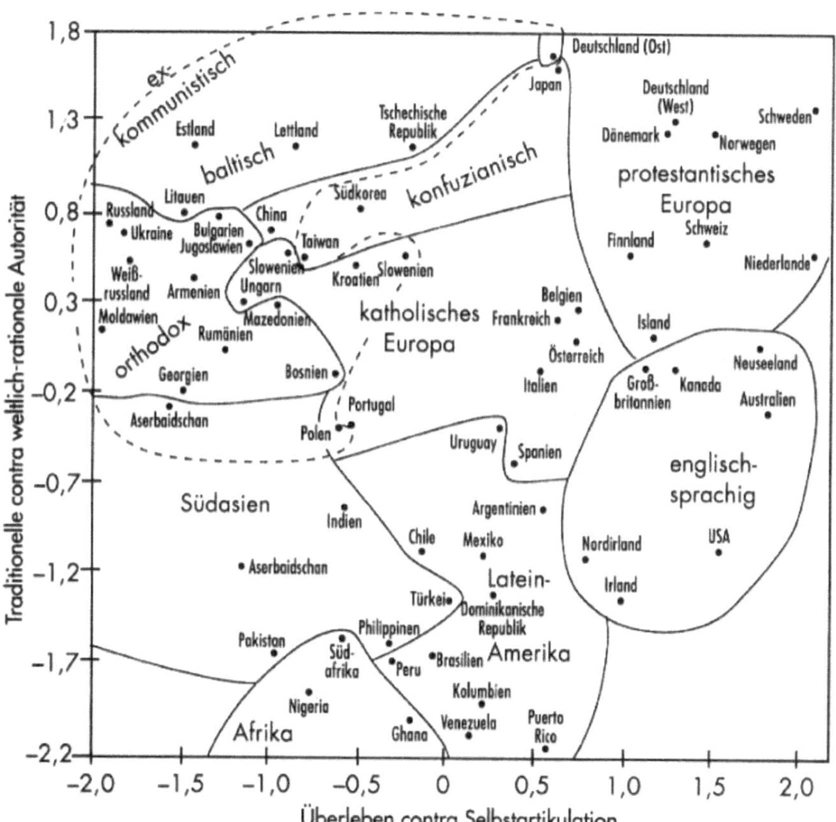

Quelle: Aus Inglehart 2002, S. 123

linken unteren Ecke. Das deutet darauf hin, dass die wirtschaftliche Situation eine starke Auswirkung auf kulturelle Werte hat. Das BIP ist jedoch nur ein Indiz für das Niveau der wirtschaftlichen Entwicklung einer Gesellschaft. In der Literatur über Kulturvergleiche gibt es eine weitere Schlüsselvariable, das zwischenmenschliche Vertrauen. In Abbildung 9 sind die Gesellschaften in anderer Weise angeordnet, das zwischenmenschliche Vertrauen über dem BIP. Die konfuzianischen und die historisch protestantischen Länder rangieren beim zwischen-

Abb. 9: Zusammenhang von zwischenmenschlichem Vertrauen und der Wirtschaftsleistung nach Inglehart[a]

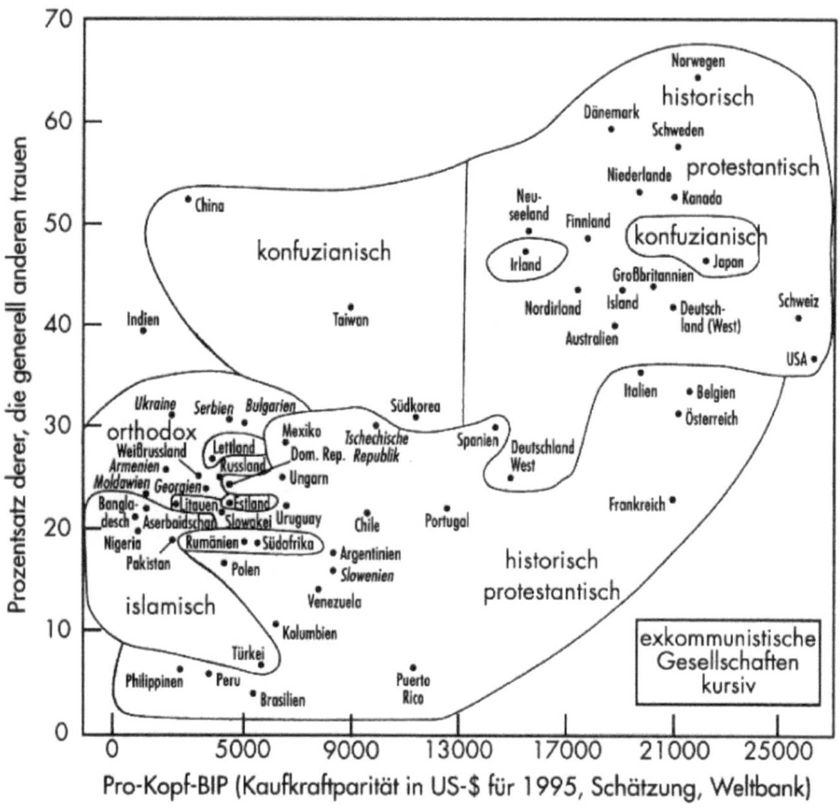

a: Die deutsche Übersetzung ist fehlerhaft: Der große untere Cluster muss „historisch katholisch" (nicht: protestantisch) heißen, oberhalb der Clusterbezeichnung muss „Deutschland (Ost)" stehen (nicht: West).

Quelle: Inglehart 2002, S. 136

menschlichen Vertrauen höher als alle historisch katholischen Gesellschaften. Auch hier wirkt sich das kommunistische Erbe aus. Nahezu alle exkommunistischen Gesellschaften liegen beim zwischenmenschlichen Vertrauen relativ weit unten. Von den zehn Gesellschaften mit den niedrigsten Werten sind acht historisch katholisch, keine einzige ist historisch protestantisch. Hier gibt es übrigens eine frappierende Korrelation dieser Daten mit dem Korruptionsindex von Transparency International, worauf Seymour M. Lipset and Gabriel S. Lenz in dem genannten Tagungsband hinweisen (vgl. Lipset/Lenz 2000). Dieser Beitrag ist, neben einigen anderen, in der deutschen Version bedauerlicherweise nicht enthalten.

Inglehart fasst seine Analysen wie folgt zusammen:

> „Entwicklung ist verknüpft mit einem Bündel vorhersagbarer Veränderungen, die von absoluten sozialen Normen weg und zu zunehmend rationalen, toleranten, vertrauensvollen und postmodernen Werten hinführen."
>
> „Kultur ist jedoch pfadabhängig. Der Umstand, dass eine Gesellschaft eine protestantische oder orthodoxe, islamische oder konfuzianische Geschichte hat, lässt kulturelle Zonen mit stark ausgeprägten Wertsystemen entstehen, die sich auch dann behaupten, wenn wir von den Folgen der wirtschaftlichen Entwicklung abstrahieren." (Inglehart 2002, S. 123)

Verkürzt formuliert: Sowohl Weber als auch Marx haben recht. Einerseits sind kulturelle Traditionen bemerkenswert dauerhaft und prägen das politische und wirtschaftliche Verhalten bis heute. Andererseits ist der Aufstieg der Industriegesellschaft pfadabhängig und mit in sich kohärenten kulturellen Verschiebungen verknüpft, die von traditionellen Wertsystemen wegführen.

5 Kultur und Nachhaltigkeit

Mit der Frage, ob ein Zusammenhang zwischen Kultur und Nachhaltigkeit hergestellt werden kann, haben die Veranstalter den Vortragenden (und Autoren) eine harte Nuss zu knacken gegeben. Nahezu alle Autoren haben sich zunächst über die beiden Begriffe ausgelassen, wobei wenig überraschend der Begriff Kultur als deutlich schwammiger empfunden wurde als das nicht ganz so vage Leitbild Nachhaltigkeit. Zum Thema Nachhaltigkeit habe ich mich im dritten Abschnitt geäußert, hier füge ich einige Bemerkungen zum Begriff Kultur an. Nicht ohne Grund habe ich bislang in meinen Ausführungen von Zivilisation beziehungsweise Zivilisationsdynamik gesprochen. Den Begriff Kultur habe ich erst im vierten Abschnitt bei der Behandlung der dort geschilderten Veranstaltung verwendet, ihn jedoch nicht „definiert". Das möchte ich an dieser Stelle nachholen, indem ich mich auf die englische Originalversion „The Clash of

Civilizations“ (vgl. Huntington 1996a) und deren deutsche Übersetzung „Kampf der Kulturen“ (vgl. Huntington 1996b) beziehe. Mit Bezug auf „Über den Prozeß der Zivilisation“ (vgl. Elias 1976) macht der Übersetzer der deutschen Version deutlich, dass die englischen Begriffe „civilization“ und „culture“ nicht ohne weiteres mit „Zivilisation“ und „Kultur“ übersetzt werden können. Das kommt in den unterschiedlichen Titeln der englischen und der deutschen Fassung zum Ausdruck. Der Übersetzer schreibt, dass der ursprüngliche Wunsch des Autors, die beiden Begriffe wörtlich zu übersetzen, aus praktischen und aus Verständnisgründen nicht durchgehalten werden konnte. Daher wird „civilization“ in der deutschen Fassung mit „Kultur“, „Kulturkreis“ oder „Hochkultur“ wiedergegeben, und für „culture“ wird der Begriff „Zivilisation“, in Einzelfällen auch „Kultur“ verwendet. Der deutsche Sprachgebrauch für diese beiden Begriffe entspricht nicht dem Englischen und dem Französischen (vgl. Elias 1976).

Gegenstand des Buches von Huntington sind Zivilisationen im Plural (= Kulturkreise). Eine Unterscheidung zwischen Singular und Plural ist sinnvoll, wenn man der These von einer universalen Weltzivilisation folgt. Auch wenn diese These unhaltbar sein sollte, so ist folgende Frage berechtigt: Kann eine zunehmende „Zivilisierung von Zivilisationen“ erwartet werden oder nicht? Außerhalb des deutschen Sprachgebrauchs ist Zivilisation eine kulturelle Größe; Zivilisation und Kultur meinen beide die gesamte Lebensweise eines Volkes. Im englischen Sprachraum ist eine Zivilisation eine Kultur in großem Maßstab, während es im Deutschen genau umgekehrt ist. Beide implizieren die Werte, Normen, Institutionen und Denkweisen, denen aufeinander folgende Generationen einer gegebenen Gesellschaft primäre Bedeutung beigemessen haben.

Norbert Elias bezieht sich in seiner Beschreibung auch auf Vorstellungen von Talcott Parsons über die Beziehung von Individuum und Gesellschaft (vgl. Parsons 1937). Der „einzelne Handelnde“ agiert innerhalb eines „sozialen Systems“. An dieser Stelle möchte ich „meine“ Version der beiden Begriffe erläutern. Hier knüpfe ich an Abbildung 3 an, um Wechselwirkungen zwischen den Faktoren „Leitbilder“ und „Institutionen“ zu diskutieren. Neben der Sprache sind es die Religion und damit Werte und Normen, die das ausmachen, was „Kulturkreise“ auszeichnet. Kulturkreise sind keine politischen, sondern kulturelle Größen. Im Extremfall können Kulturen und politische Einheit deckungsgleich sein, wie in China und in Japan. Die meisten Kulturkreise enthalten mehr als einen Staat oder eine politische Einheit. In der modernen Welt enthalten der westliche, der orthodoxe, der lateinamerikanische, der islamische, der hinduistische und sogar der chinesische Kulturkreis zwei oder mehr Staaten, wobei es in einigen einen Führungsstaat gibt wie China, Indien oder Russland. Leitbilder prägen die „Kultur“ einer Gesellschaft. Alle Gesellschaften besitzen Leitbilder. Die Frage lautet jedoch, ob diese Leitbilder einer Entwicklung förderlich oder hinderlich sind. Nicht minder entscheidend ist die Frage, ob Gesellschaften, basierend auf diesen

Leitbildern, „geeignete" Institutionen geschaffen haben. Erst die Institutionen entscheiden darüber, ob eine politische Einheit „zivilisiert" ist oder nicht. Die Abbildungen 8 und 9 belegen eindeutig, dass Länder in Kulturkreisen mit „geeigneten" Institutionen wirtschaftlich besonders erfolgreich sind.

Das „Kapital" einer Gesellschaft besteht weniger im Besitz physischer Ressourcen. Es gibt gar den Ausspruch vom „Fluch der Ressourcen". Wer viel davon hat, kann verschwenderisch damit umgehen. Nur wer wenig hat, muss intelligent wirtschaften. Es wird immer deutlicher, dass es in entscheidender Weise auf das humane und das soziale Kapital einer Gesellschaft ankommt. Ich habe nicht verstanden, warum der Begriff „Humankapital" teilweise negativ besetzt wird. Er impliziert nach meiner Auffassung ebenso wie der Begriff „Sozialkapital" positive Inhalte. Es sind genau diejenigen Gesellschaften erfolgreich, deren humanes und soziales Kapital in gleicher Weise hoch ist. Das garantiert Vertrauen in Akteure und in Institutionen und führt damit zu verringerten Transaktionskosten. Die ökonomischen Vorteile liegen auf der Hand. Nach 1989 haben wir erlebt, dass in den exkommunistischen Ländern Osteuropas das Humankapital (die Ausbildung) außerordentlich hoch war und ist, während es um das Sozialkapital außerordentlich schlecht bestellt war und noch ist.

Welche Einrichtungen haben in der „westlichen Welt" dafür gesorgt, dass das Leitbild Nachhaltigkeit in der Gesellschaft angekommen ist? Hier knüpfe ich an die Bewusstseinswende der 1960er Jahre an, beschrieben im dritten Abschnitt. Das entscheidende Verdienst kommt zivilgesellschaftlichen Akteuren zu, die sich in Nichtregierungsorganisationen („Non-Governmental Organizations", NGOs) zusammengefunden haben. Besonders schlagkräftige NGOs sind in jener Zeit gegründet worden, so der WWF (World Wildlife Fund) 1961 in Zürich, Greenpeace 1971 in Vancouver (Greenpeace International wurde 1979 gegründet) und der Club of Rome 1968. Diese und ähnliche Einrichtungen wie BUND und NABU, das Wuppertal-Institut und die Öko-Institute in Freiburg und Darmstadt haben die Themen Umwelt, Ökologie und Nachhaltigkeit auf die Tagesordnung gebracht. Seit jener Zeit hat der Einfluss von NGOs auf internationaler wie nationaler Bühne ständig zugenommen. Einrichtungen der Wirtschaft haben wenig später reagiert. Die Internationale Handelskammer (International Chamber of Commerce, ICC) hat 1991, also ein Jahr vor der Rio-Konferenz für Umwelt und Entwicklung, eine „Business Charta for Sustainable Development" verkündet, die auf den Brundtland-Bericht von 1987 Bezug genommen hat. Die Agenda 21, das Abschlussdokument der Rio-Konferenz von 1992, hat diese Empfehlungen eingebaut. Die Industrie beginnt zu begreifen, dass nur mit (weitgehend) „nachhaltigen" Produkten und Produktionsprozessen in der Zukunft Geschäfte zu machen sind. Botschaften wie etwa „Beyond Petroleum" statt „British Petroleum" (für BP) müssen Taten folgen, denn mangelnde Glaubwürdigkeit wird bestraft werden.

Die Schilderungen dieses Abschnitts erfolgten aus „westlicher“ Sicht, sind somit keinesfalls repräsentativ. Wenn es überhaupt einen Zusammenhang zwischen Kultur und Nachhaltigkeit geben kann, dann nur in Kulturkreisen mit geeigneten Leitbildern und Institutionen und mit einem gleichermaßen hohen Human- *und* Sozialkapital. Etwa ein Viertel der Staaten der Welt gelten als gescheitert („failed states“), gekennzeichnet durch nicht existierende oder korrupte Institutionen. Daneben gibt es eine große Gruppe von Staaten, deren Humankapital eine „Bewusstseinswende“ ermöglichen könnte, deren Institutionen (und deren Sozialkapital) indes derartige Bewegungen verhindern. Die Weltklimakonferenz in Kopenhagen Ende 2009 hat deutlich gemacht, dass sich die Staaten rechts oben in der kulturellen Weltkarte nach Inglehart, Abbildung 8, durchaus auf substanzielle Maßnahmen zur Reduzierung des CO_2-Ausstoßes hätten verständigen können. Daraus kann nur folgen, dass Staaten aus Kulturkreisen mit einem hohen Human- und Sozialkapital, die quasi automatisch über eine entsprechende Wirtschaftskraft verfügen, eine Vorreiterrolle in der Umsetzung des Leitbildes Nachhaltigkeit übernehmen müssen. Staaten aus anderen Kulturkreisen werden folgen. Denn auch sie werden es sich nicht mehr lange leisten können, ihr soziales und ökologisches Kapital zu zerstören.

Abschließend eine kurze Bemerkung zum Titel meines Beitrages. Ich hätte ihn „Technik und Zivilisationsdynamik“ nennen können. Ich habe jedoch die prägnantere Formulierung „Technology Matters“ in Anspielung auf „Culture Matters“ gewählt. Das entspricht dem Titel des Buches von David E. Nye „Technology Matters. Questions to Live With“, wobei ich hier die deutsche Version anführe (vgl. Nye 2007).

Literatur

Berg, Chr. (2005): Vernetzung als Syndrom. Risiken und Chancen von Vernetzungsprozessen für eine nachhaltige Entwicklung. Frankfurt/M., New York

Castells, M. (2001): Das Informationszeitalter. T. I: Der Aufstieg der Netzwerkgesellschaft. Opladen

Elias, N. (1976): Über den Prozess der Zivilisation. Bd. 1. Frankfurt/M.

Friedman, Th. L. (2008): Die Welt ist flach. Frankfurt/M.

Gleich, A. von (1998): Was können und sollen wir von der Natur lernen? In: Gleich, A. (Hg.): Bionik. Stuttgart, S. 7-34

Grunwald, A. (2002): Technikfolgenabschätzung. Eine Einführung. Berlin

Harrison, L. (2002): Einführung: Warum Kultur wichtig ist. In: Harrison, L. E.; Huntington, S. P. (Hg.): Streit um Werte. Wie Kulturen den Fortschritt prägen. Hamburg, S. 13-34

Harrison, L. E.; Huntington, S. P. (eds.) (2000): Culture Matters. How Values Shape Human Progress. New York

Harrison, L. E.; Huntington, S. P. (Hg.) (2002): Streit um Werte. Wie Kulturen den Fortschritt prägen. Hamburg

Huntington, S. P. (1996a): The Clash of Civilizations. New York

Huntington, S. P. (1996b): Kampf der Kulturen. München

Huntington, S. P. (2002): Vorwort: Kulturen zählen. In: Harrison, L. E.; Huntington, S. P. (Hg.): Streit um Werte. Wie Kulturen den Fortschritt prägen. Hamburg, S. 7-11

Inglehart, R. (1998): Modernisierung und Postmodernisierung. Frankfurt/M.

Inglehart, R. (2002): Kultur und Demokratie. In: Harrison, L. E.; Huntington, S. P. (Hg.): Streit um Werte. Wie Kulturen den Fortschritt prägen. Hamburg, S. 123-144

Jischa, M. F. (1997): Das Leitbild Nachhaltigkeit und das Konzept Technikbewertung. In: Chemie Ingenieur Technik, Jg. 69, S. 1695-1703

Jischa, M. F. (1999): Technikfolgenabschätzung in Lehre und Forschung. In: Petermann, Th.; Coenen, R. (Hg.): Technikfolgenabschätzung in Deutschland. Bilanz und Perspektiven. Frankfurt/M., New York, S. 165-174

Jischa, M. F. (2004): Ingenieurwissenschaften. Berlin u.a.O.

Jischa, M. F. (2005): Herausforderung Zukunft. Technischer Fortschritt und Globalisierung (2. Aufl.). Heidelberg

Jischa, M. F. (2010): Nachhaltigkeit in Lehre und Forschung in den Ingenieurwissenschaften. In: GAIA, H. 1, S. 37-39

Jones, E. L. (1991): Das Wunder Europa. Tübingen

Lipset, S. M.; Lenz, G. S. (2000): Corruption, Culture, and Markets. In: Harrison, L. E.; Huntington, S. P. (eds.): Culture Matters. How Values Shape Human Progress. New York, pp. 112-124

Nye, D. E. (2007): In der Technikwelt leben. Heidelberg

Parsons, T. (1937): The Structure of Social Action. New York

Perrow, C. (1987): Normale Katastrophen. Die unvermeidbaren Risiken der Großtechnik. Frankfurt/M., New York

Petermann, Th.; Coenen, R. (Hg.) (1999): Technikfolgenabschätzung in Deutschland. Bilanz und Perspektiven. Frankfurt/M., New York

Reich, R. R. (1993): Die neue Weltwirtschaft. Frankfurt/M.

Schulze, G. (1992): Die Erlebnisgesellschaft. Frankfurt/M., New York

Technikkultur in der Industriellen Ökologie

Susanne Hartard

1 Einführung

Die Industrielle Ökologie befasst sich als interdisziplinäre Wissenschaft mit einer Technikkultur, die den Anspruch der Natur-Integrität erhebt. Die Integration in ökologische Systeme erfordert das Schaffen von Schnittstellen zwischen Natur und Technosphäre.

Gilles Billen u.a. haben 1983 in ihrer Publikation *L'écosystème Belgique. Essai d l'écologie industrielle* die fehlenden Schnittstellen zwischen Wirtschaft und Natur als „disconnections" beschrieben (vgl. Billen et al. 1983). Sie beziehen sich auf die Wirtschaft der 1980er Jahre in Belgien, vor allem die Reststoff- und Emissionsprobleme einer exportorientierten Stahlproduktion und Metallverarbeitung. Kennzeichnend für diese Zeit ist auch der Begriff des Müllnotstandes in Deutschland, d.h. das Bewusstwerden einer rein auf Durchfluss ausgerichteten Gesellschaft und der damit verbundenen Probleme.

Technikkultur ist so interpretierbar, dass technische Systeme unter Wissen über die Funktion ökologischer Systeme gestaltet und optimiert werden. Das umfasst ein systemanalytisches Verständnis bio-geochemischer Kreisläufe und der bio-chemischen Metabolismen der gesamten Ökosphäre.

Ökologische Systeme erreichen Stabilität und Resilienz über die Vielfalt der in ein System eingebundenen Partner. Im Falle von Störungen können durch das gut vernetzte Zusammenspiel einer Reihe von Partnern Reparaturmechanismen ausgelöst werden und das Ökosystem bricht nicht zusammen. Im übertragenen Sinne bedeutet dies, dass durch die Vielfalt, durch den Mix an technischen Systemen zu stabilen Ver- und Entsorgungs- wie auch Produktionsstrukturen gelangt werden kann. Das Vertrauen auf einseitige technische Lösungen birgt die Gefahr von Abhängigkeiten und einer Verletzbarkeit des Systems mit der Gefahr des Zusammenbruchs.

Die Industrielle Ökologie versteht sich weder als technikfeindlich noch als technikeuphorisch. Sie ist generell technikoffen und versteht Technik als legitimen Bestandteil der Anthroposphäre, wenn sie in die Natur integriert wird. Es wird nach intelligenten organisatorischen und technischen Lösungen gesucht, nachhaltige technische Systeme zu gestalten und negative Technikfolgen zu vermeiden.

Kernmotivation für diesen Beitrag war die Analyse und Reflexion der technologischen Entwicklung der Entsorgungs- und Energietechnik der letzten 30

Jahre. Zunächst werden im Beitrag deshalb die sogenannten *Krankheitssymptome der Technosphäre* beschrieben (Kapitel 2). In den nachfolgenden Teilen 3 und 4 werden Merkmale einer *industriell ökologisch ausgerichteten Technikkultur* charakterisiert, wie sie in Anwendungsfeldern der Industriellen Ökologie derzeit ihre Erprobung finden.

2 Krankheitssymptome der Technosphäre

Die Technosphäre, oft im gleichen Sinne als Anthroposphäre bezeichnet, ist „der Lebensraum des Menschen, in dem die von ihm gebauten und betriebenen biologischen und technischen Prozesse ablaufen (z.B. landwirtschaftliche Betriebe, Kraftwerke, Häuser, Transportnetze)" (Brunner et al., zit. n. Merl/Brunner 2002, S. A7). In diesem Kapitel sollen zunächst Fehlentwicklungen in der Technosphäre charakterisiert werden, hier als Krankheitssymptome benannt.

Udo E. Simonis hat wirtschaftliche Fehlentwicklungen als Stoffwechselkrankheiten der Industriegesellschaft bezeichnet und differenziert diese (vgl. Simonis 2005, S. 14): Als Kernprobleme benennt er den Massenkonsum an Gütern, die Produktion auf der Basis nicht-nachwachsender Grundstoffe und fossiler Energieträger, eine zunehmende Anzahl synthetischer Stoffe, die generelle Stoffvielfalt, in den Umlauf gebrachte toxische Stoffe sowie die Dissipation von Energie und Materialien, die als *„Stoffkreislauflücken"* bezeichnet werden. In diesem Sinne fassen Thomas Sterr und Dietfried Günter Liesegang die Problematik in drei Gruppen zusammen: Als kritisch bezeichnen sie den *Umfang* des Materialflusses, die *Menge* der neuen Substanzen und die *Geschwindigkeit,* in der neue Stoffe auf den Markt gebracht werden bzw. die Rohstoffe und Materialien die Technosphäre durchfließen (vgl. Sterr/Liesegang 2003, S. 26).

Bei der Gestaltung von und der Investition in umwelttechnische Anlagen sind sich wiederholende Problemfelder zu erkennen: Beispiele sind die *Überdimensionierung* von abwassertechnischen Anlagen und thermischen Abfallbehandlungsanlagen, aber auch von Heizkesseln in privaten Wohnhäusern.

Anlagen der Energie- und Entsorgungswirtschaft sind meist mit einem hohen Investitionsvolumen verbundenen. Langfristige Investitionssicherheit bedeutet aber, dass Anlageninvestoren und -betreiber anstreben, einen kontinuierlichen Abwasser- bzw. Abfallinput in die Anlage sicherzustellen. Dieses Ziel steht dem in der Ressourcen- und Umweltpolitik angestrebten Rückgang des Hausmüllaufkommens, des Wasser- und Energieverbrauchs kontraproduktiv entgegen. Finanzierungsmodelle, die sich rein auf das Verdienen an der Anlagenkapazität und dem Anlagendurchsatz ausrichten, führen zu größtmöglichem Bau. Es ist somit systemimmanent, dass sich Lobbyisten der Energie- und Entsorgungswirtschaft kontraproduktiv in Bezug auf Projekte der dezentralen Energieversorgung, dem Vermeiden von Abfällen und der sparsamen Verwendung von Wasser und Energie verhalten. Fehl- und Überdimensionierungen von Ver- und Entsorgungsanlagen haben verschiedene Ursachen:

- *Wasserwirtschaft:* Bei der Dimensionierung von Kläranlagen bestehen auch heute Planungsunsicherheiten bezüglich der demografischen Entwicklung und Migration. Die Problematik stellte sich vor allem nach der Wende in Ostdeutschland und führte zu Überdimensionierungen von neu gebauten Kläranlagen in vielen Landkreisen in den neuen Bundesländern. Eine Reihe von Gerichtsprozessen wegen überhöhter Abwassergebühren der Bürger war die Folge. Ein weiterer Problempunkt ist, dass eine *fehlende Trennkanalisation in Abwasserkanälen,* d.h. die gemischte Ableitung von Regenwasser und häuslichen und industriellen Abwässern tendenziell zum Bau zu großer Abwasserkanäle geführt hat. Ganze Kanalisationssysteme werden in ihrer Funktionalität in Frage gestellt, wenn durch Wassereinsparmaßnahmen die erforderliche Durchflussleistung in der Kanalisation nicht mehr gewährleistet ist. Das Problem kann vermieden werden, wenn bei Trennkanalisation, Regenwassersammlung und alternativen Sanitärkonzepten bereits im Vorfeld der Abwasserstrom in die gewünschten getrennten Kreisläufe gelenkt wird.
- *Energiewirtschaft:* Ein im Tagesbedarf stark schwankender Strombedarf bedarf einer technischen Absicherung der Bereitstellung des Maximalbedarfes, um Versorgungssicherheit zu gewährleisten. Bei der Stromversorgung findet man traditionell Eigenversorgungsstrukturen, z.B. Generatoren, um die Stromversorgung zu Spitzenlastzeiten sicherzustellen und damit teure Stromtarife zu vermeiden. Diese Generatoren werden klassisch mit fossilen Energieträgern (Diesel) betrieben und erfordern einen hohen Investitionsaufwand, wenn mehrere Einzelanlagen etwa zur ergänzenden Stromversorgung einer Universität in den Abendstunden benötigt werden (siehe Abb. 1).
- *Reststoffwirtschaft:* Auch thermische Restabfallbehandlungsanlagen und Ersatzbrennstoffkraftwerke werden heute nach Kriterien des Wirtschaftswachstums ausgelegt, überregional sind Abstimmungen der Anlagendimensionierung nicht üblich. Die Folge sind *Stoffstromkonkurrenzen* von Entsorgungsanlagen um Anlageninput, wie etwa Hausmüll, hausmüllähnlicher Gewerbeabfall oder gemischte Kunststoffe. Das wirkt sich ebenfalls kontraproduktiv auf das Ziel der Verringerung der gesamten Reststoffströme aus.

Ein Hauptkritikpunkt bei der Dimensionierung von Anlagentechnik ist ihre ausschließliche *Ausrichtung auf Maximalleistung.* Einzelanlagen werden so geplant, dass sie Spitzenbedarf absichern, um damit letztendlich Ver- und Entsorgungssicherheit zu gewährleisten. Nicht genügend berücksichtigt ist die Ausstattung von Anlagen mit *vernetzbaren Modulen*, um schwankenden Inputmengen gerecht zu werden. Eine weitere Option sind Aggregate einer *mobilen Anlagentechnik,* z.B. ergänzende Anlagenfunktionen, die in Containern untergebracht werden. Eine derartige Containerlösung wurde beispielsweise bei der Biogaskonditionierung zur Einspeisung in das Erdgasnetz in der Biogasanlage in Darmstadt-Wixhausen realisiert. Auch *Teilabschaltfunktionen* bzw. das Nutzen verschiedener Anlagenmodule in unterschiedlicher Auslastung würden es grundsätzlich ermöglichen, schwankenden Inputmengen gerecht zu werden und zugleich einen ökonomischen Betrieb abzusichern. Zukünftige Konzepte werden auch stärker die Vernetzung von Einzelanlagen anstreben, wie am Beispiel der virtuellen Kraftwerke zur *Vernetzung dezentraler regenerativer Energieanlagen* in den Folgeabschnitten dargestellt wird.

Abb. 1: Generatoren-Umhausung der Privat-Universität Universidade Positivo in Curitiba/Brasilien

Quelle: Archiv der Verfasserin (03/2010)

Die Tabellen 1 bis 4 zeigen Krankheitssymptome, die zu nicht-nachhaltigen Investitionsentscheidungen über den Bau von Ver- und Entsorgungsanlagen führen. Tabelle 1 bezieht sich dabei vor allem auf die gesellschaftlichen und wirtschaftlichen Rahmenbedingungen. Die bisherige Energiewirtschaft war durch Versorgungsmonopole gekennzeichnet. Mit dem Erneuerbare-Energien-Gesetz gehen jetzt viele private Betreiber von Kleinanlagen (z.B. von Photovoltaik) ans Stromnetz. Damit wird sich die Anlagenkultur in der Energiewirtschaft in den nächsten Jahren deutlich verändern.

Tab. 1: Krankheitssymptom Zentralität und Monopolstrukturen

Problem	Potenzial
zyklische Rohstoffpreise Preisbindungen im Energiemarkt	Öffentlichkeitsarbeit über Einsparpotenziale und Preisprognosen
Monopolstrukturen: Energieversorgung, Verpackungsentsorgung, Wasserwirtschaft	(Teil-)Privatisierung/Liberalisierung des Ver- und Entsorgungsmarktes, Stärkung lokaler Ver- und Entsorgungsstrukturen
Zentrale Anlagenstandorte: Energieversorgung, Zentralklärwerke, Gebundenheit an administrative Grenzen	Stärkung dezentraler Energieversorgung (Bioenergiedörfer, Energieparks, Recyclingparks, Gemeinschaftsanlagen Ver- und Entsorgung)
Kurzzeitkonsum: Wachstumsparadigma	Postwachstum, Service Society, neue Konsummodelle, Verkauf von Nutzen

Eigene Darstellung

Ein kritischer Punkt einer herkömmlichen Finanzierung von Ver- und Entsorgungstechnik liegt darin, dass die mit der Anlage verbundene Wertschöpfung oft nicht in der Region verbleibt und Fremdinvestoren lediglich auf eine schnellstmögliche Amortisation drängen. Deshalb werden in *Bioenergiedörfern* gegenwärtig neue Eigentums- und Finanzierungsmodelle getestet (siehe Tab. 2). Das Prinzip in Bioenergiedörfern ist, mehr als 50% des Anlageneigentums der Bioenergieanlagen in die Hand der Wärmekunden und der Biomasse liefernden Landwirte zu legen (vgl. Ruppert et al. 2008, S. 10). Dieses Finanzierungsmodell hat sich beispielsweise im Pionier-Bioenergiedorf Jühnde erfolgreich bewährt.

Kleine und mittelständische Unternehmen wie auch Privatbürger sind in der Regel nicht in der Lage, im Alltagsgeschäft eine Neuinvestition in eine komplette Energieanlage zu absolvieren. Um auch Privatbürgern und kleinen und mittelständischen Unternehmen Investitionen in dezentrale regenerative Energieanlagen zu ermöglichen, stehen neue Finanzierungsmodelle in Form des Contracting zur Verfügung. Dabei handelt es sich um die vertraglich vereinbarte Bereitstellung bzw. Lieferung von Betriebsstoffen (Wärme, Kälte, Strom, Dampf, Druckluft usw.) und den Betrieb der zugehörigen Anlagen durch einen Contracting-Anbieter. Eine Form des Contracting ist das Energieeinspar-Contracting. Es geht auf den schottischen Erfinder James Watt (1736-1819) zurück:

„Wir werden Ihnen kostenlos eine Dampfmaschine überlassen. Wir werden diese installieren und für fünf Jahre den Kundendienst übernehmen. Wir garantieren Ihnen, dass die Kohle für die Maschine weniger kostet, als Sie gegenwärtig an Futter (Energie) für die Pferde aufwenden müssen, die die gleiche Arbeit tun. Und alles, was wir von Ihnen verlangen, ist, dass Sie uns ein Drittel des Geldes geben, das Sie sparen."

Tab. 2: Krankheitssymptom Finanzierungsmodelle

Problem	Potenzial
Amortisationsdruck	Contracting-Modelle (PPP), z.B. Energieeinspar-Contracting
Fremdinvestoren, Fonds, fehlende Transparenz	Lokalinvestoren, Bürgerstiftung, 50% Wärmekundeneigentum (Bioenergiedörfer)
Auslastungszwang, hohe Renditeerwartung	Modulbauweise, flexibler Anlagenbetrieb, neue Betreibermodelle
geringe Entsorgungspreise für Anlagenreststoffe	Stärkung des Sekundärrohstoffmarktes, z.B. durch Qualitätssicherung, Information

Eigene Darstellung

Ein dritter Problembereich ist die Entkopplung von Anlagen von der sie umgebenden Region. Inputstoffe werden von außerhalb der Region eingekauft und Reststoffe überregional recycelt (siehe Tab. 3). Auch innerhalb des Unternehmens ist eine Kopplung, d.h. die *Verbindung zwischen Rohstoffversorgung und Reststoffentsorgung* eine anspruchsvolle Aufgabe. Die werksinterne Kreislaufwirtschaft erfolgt heute zunehmend in der Praxis nach dem *Waste to Energy* Prinzip (Holz, Biomasse, Sägemehl), da auf spezialisierte stoffliche Recyclingtechnik verzichtet werden kann. Dieses birgt die Gefahr, dass die energetische Verwertung wertvolle Rohstoffe vernichtet.

Tab. 3: Krankheitssymptom regionale Entkopplung

Problem	Potenzial
keine regionale Einbettung	Erkennen und Nutzen regionaler Rohstoffe (Biomasse, Sonne, Wind)
mangelnde Kooperationen, Netzwerke	kooperative Strukturen: im Gewerbepark, regional in Netzwerk (Energie- und Materialeffizienz-Netzwerk)
fehlende Verknüpfung von Ver- und Entsorgung	lokal nutzbare Reststoffe (stofflich, thermisch), vermarktbare Reststoffe
fehlender Lokalverbund	Gewerbe- und Industriegebiete (Infrastruktur, Stoffaustausch, Energieproduktion)
fehlender Regionalverbund	regionale Rohstoffe (Biomasse, Fläche, Sonne, Wind, Wärme, nachwachsende Rohstoffe)

Eigene Darstellung

Stoffliches unternehmensinternes Recycling wird aber innerhalb bestimmter Branchen erfolgreich praktiziert, etwa die Verarbeitung von Teppichverschnitt-Resten in Extrudern oder in der Metallverarbeitung. Wird für das Recycling ein Hochtemperaturprozess erforderlich – etwa für die Schmelze von Glas, Aluminium und Stahl –, müssen die Wertstoffe meist über größere Strecken in die entsprechende Glashütte oder in ein Hüttenwerk transportiert werden. Die Verknüpfung von Ver- und Entsorgung hat in der Wasserwirtschaft große Potenziale. Ein Beispiel ist die abwasserlose Produktion in der Papierindustrie, die durch eine 100-prozentige Prozesswasseraufbereitung ermöglicht wird.

Solange die Energiekosten durchschnittlich zwei bis drei Prozent der variablen Kosten im produzierenden Gewerbe betragen, war in der Vergangenheit die Anlagentechnik in Deutschland akzeptiert, auch wenn sie ineffizient war und hohe Abwärmeverluste auftraten. Starke Energiepreiserhöhungen in den Jahren 2005 bis 2008 haben positive Impulse zur Investition in effiziente Querschnittstechnologien (Beleuchtung, Druckluft, Elektromotoren, Belüftung, Trocknung, Heizung) ausgelöst, ebenso in die Substitution ineffizienter Technik, etwa der 100 Watt klassischen Glühbirne, von der sich Europa per Gesetzesverbot im Jahr 2009 verabschiedet hat.

Dennoch sei an dieser Stelle abschließend angemerkt, dass eine Technikkultur, die allein auf Effizienztechnik setzt, keine absolute Lösung der Probleme herbeiführen kann. Das Paradoxon von William Stanley Jevons beschreibt bereits im Jahr 1865 den Rebound-Effekt (vgl. Javons 1866), der besagt, eine höhere Effizienz kann gleichzeitig einen stärkeren Konsum nach sich ziehen. In der jüngeren Rebound-Forschung in Großbritannien wurde ein Gesamtrebound mehr als 50% errechnet (vgl. Hänggi 2009).

Dissipation von Energie und Stoffverluste in Form von Ausschuss sind nicht der einzige Problempunkt einer nicht-nachhaltigen Anlagentechnik (siehe Tab. 4). Innovative Anlagenkonzepte streben Null-Emissionskonzepte für die Produktion bzw. für ein Produkt an. Das bedeutet, es werden eine abfallfreie Produktion, eine abwasserlose Produktion oder die Energieversorgung auf der Basis rein regenerativ hergestellter Energieträger (Brennstoffzellenantrieb) technisch realisiert.

Der deutsche Umwelttechnikmarkt erfährt gegenwärtig große Wachstumspotenziale und wird als Exportgut vermarktet. So wurde in den Jahren 2008 bis 2009 ein Mitarbeiterzuwachs von 19% in Deutschland im Bereich GreenTech erwartet (vgl. BMU 2009). Bereiche mit weltweiten Wachstumspotenzialen sind Solartechniken, solar basierte Klimatisierungstechnik und Biogasanlagen.

Tab. 4: Krankheitssymptom nicht-nachhaltige Anlagentechnik

Problem	Potenzial
unflexible bauliche Struktur, fehlende Modulbauweise	Abschaltfunktionen, Vernetzbarkeit, Kombinierbarkeit von Anlagen, ganzheitliche Anlagenkomplexe
Dissipation von Energie, fossile Energiebasis	Wärmerückgewinnung, solare Kälte, Niedrigenergie, Speichertechniken, Kaskadennutzung
Verbundprodukte, Nanotechnologie	Trenn- und Recyclingtechniken
Stoffverluste / Ausschuss	Innerbetriebliche Stoffkreisläufe Wasser, Wärme, Reststoffe
zentrale Energieversorgung mit Preisabhängigkeiten	Eigenversorgung, dezentrale Anlagen, kooperative Anlagen, virtuelle Netze

Eigene Darstellung

3 Technikkonflikte im Wandel

Auch der Bau von Anlagen zur Erzeugung von regenerativer Energie ist mit keiner Garantie verbunden, negative Technikfolgen generell vermeiden zu können. Die Konflikte haben sich vielmehr auf neue Themen verschoben. Ein Beispiel ist die Produktion von Biotreibstoffen. Es sind neue Maßstäbe zu finden, wie die Flächennutzung für eine zukunftsfähige Nahrungsmittelproduktion, für biogene Rohstoffe und für Biotreibstoffe in Zukunft in ein ausgewogenes Verhältnis gebracht wird, um die Menschheit nachhaltig versorgen zu können. Tabelle 5 zeigt, wie sich klassische Technikkonflikte zu neuen Themen verschoben haben.

Tab. 5: Klassische und neue Technikkonflikte

klassisch	neu	Erneuerbare Energien
Maschinensturm[a]	Gentechnik	Windkraft
Kerntechnik	Mobilfunk	Geothermische Risiken
Müllverbrennung	Nanotechnologie	Biotreibstoffe

a: Widerstand gegen die Mechanisierung (von Webstühlen) in der Zeit der Ersten Industriellen Revolution mit Verlust von Arbeitsplätzen

Eigene Darstellung

Bei geothermischen Bohrungen kam es beispielsweise in der Stadt Staufen im Breisgau zu ungeahnten Setzungsrissen in zahlreichen Häusern (vgl. Lauer 2009). Bei den Bohrungen wurden poröse Gesteinsschichten so verändert, dass sich diese ungewollt voll Wasser sogen und aufblähten. Als Folge quoll der Baugrund der Stadt vielerorts auf, sodass es zu Verwerfungen und Setzungsrissen in

Hausmauerwerken kam. Auch beim Mobilfunk erscheint unser Wissen zu möglichen Technikfolgen heute immer noch rudimentär, z.B. ob und in welcher Form Langzeitfolgen im Umkreis von Mobilfunkmasten und intensiver Handy-Nutzung entstehen können. Technikbegeisterung lässt den Menschen derartige Risiken indes oftmals verdrängen.

4 Evolution in Richtung einer nachhaltig orientierten Technikkultur

Die Industrielle Ökologie setzt sich *nicht* zum Ziel, das Rad ein zweites Mal zu erfinden. Vielmehr ist im Fokus, natürliche Prinzipien zu verstehen, in der Technosphäre analog umzusetzen und diese mit neuen Finanzierungs-, Management- und Organisationsmodellen zu realisieren. Dabei spielt systemisches Denken eine unverzichtbare Rolle (vgl. Rosnay 1977), unter Anwendung stoffstromanalytischer Methoden. Während sich Industrielle Ökologen schon seit Jahren intensiv mit dem Stoffwechsel von Gesellschaften auseinandersetzen, erscheint in Bezug auf *einzelbetriebliche Metabolismen* und Technologien ein Nachholbedarf zu bestehen. In Erweiterung einer Abhandlung von Thomas Heim (vgl. Heim 2002, S. 19) zeigt Abbildung 2 die Evolution der Leitbilder einer ökologisch orientierten Technikkultur.

Technikgestaltung in der Industriellen Ökologie erfolgt bevorzugt unter *Nutzung natürlicher Metabolismen.* Beispiele sind der Einsatz von Mikroorganismen in Fermentern und in der biologisch basierten Wasserstoffproduktion. Industriell-ökologische Produktentwicklungen imitieren *Charaktereigenschaften der Natur.* Beispiele sind die *Biologische Abbaubarkeit* von Verpackungen oder die Nachahmung günstiger oberflächenmorphologischer Eigenschaften, z.B. in Oberflächenbeschichtungen nach dem Lotus-Effekt im Rahmen der Bionik. Öko-Industrielle Entwicklungen lassen sich kennzeichnen durch ihre bzw. ihr

- Analogie, d.h. Funktionsgleichheit, zu ökologischen Prozessen;
- Resilienz durch einen Technologie-Mix;
- Integriertheit in natürliche Systeme (vgl. Frosch/Gallopoulos 1989);
- Selbstverständnis als Teil des Ökosystems Erde (vgl. Daly 1973);
- Bestreben der Co-Evolution von Biosphäre und Anthroposphäre;
- Metabolismus mit den umgebenden Ressourcen;
- solar oder regenerativ gestützte Energieversorgung;
- Produkte auf der Basis nachwachsender Rohstoffe;
- Kaskaden- und Kreislaufwirtschaft mit quasi-zyklischen Eigenschaften;
- Industrielle Kooperationen (Öko-Industrielle Symbiose);
- neue Kommunikationsformen (Konvoiberatung, virtuelle Vernetzung);
- neue Managementsysteme (Energie- und Zero-Loss-Management).

Abb. 2: Evolution der Leitbilder einer industriell-ökologisch orientierten Technikkultur

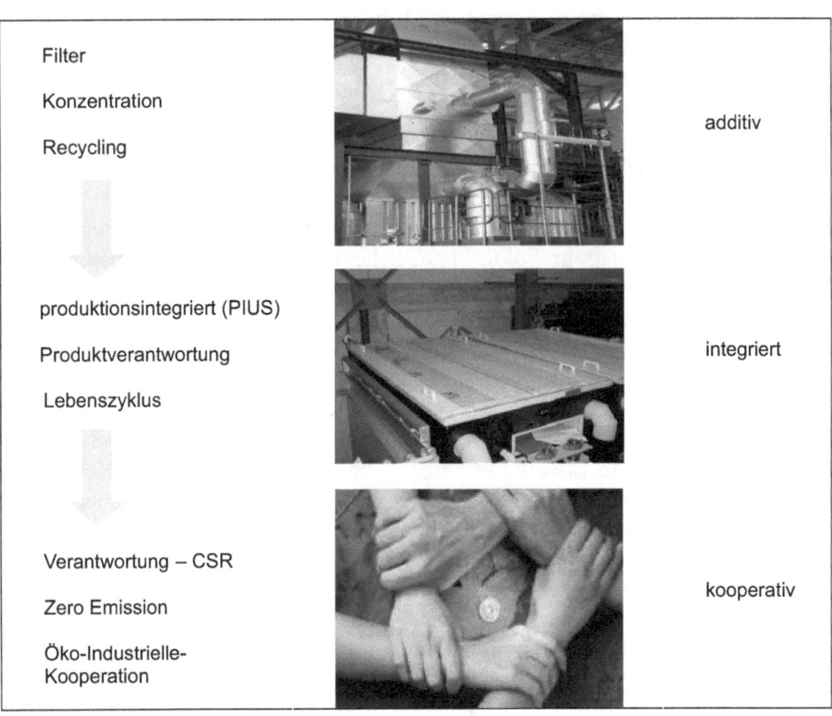

Eigene Darstellung

Technikkultur in der Industriellen Ökologie bedeutet eine *Diversität an Anwendungsfeldern*, von denen abschließend einige ausgewählte innovative Entwicklungen kommentiert werden sollen:

1. *Virtuelle Kraftwerke:* Die Grundidee ist, große Kraftwerke durch die Vernetzung von dezentralen Kleinanlagen zu substituieren. Das können dezentrale Anlagen erneuerbarer Energien sein, wie seit einigen Jahren in Forschungsprojekten in Deutschland getestet werden (vgl. ISE 2005). Ein aktuelles Beispiel ist die Ankündigung des Grüner-Strom-Anbieters Lichtblick, in Zusammenarbeit mit der Volkswagen AG Klein-Blockheizkraftwerke aus Einfamilienhäusern zu vernetzen, um damit bestehende Atomkraftwerke zu ersetzen. Das Konzept ist in seiner Eignung für Einfamilienhäuser umstritten, aber von der Organisationsstruktur her zukunftsweisend.

2. *Zero-Emissions-Konzepte und -Techniken:* Eine frühe Definitionen von Zero-Emission ist unter dem Dach der United Nations University im Jahre 1994 geprägt worden und versteht darunter eine Null-Emission an Abfällen, z.B. durch die Weiterverwertung durch einen Recyclingpartner. Seither wird der Begriff Zero-Emission im erweiterten Sinne für die CO_2-neutrale Energieversorgung mittels regenerativer Energieträger wie auch für technische Systeme ohne Abgas (Elektroautos, Brennstoffzellenfahrzeuge) verwendet. Die Zero-Emission-Forschung umfasst Zero-Emission-Produkte (Holzpellets), Elektroautos wie auch Zero-Emission-Parks oder Zero-Emission-Villages.
   Im Forschungsprojekt *Zero-Emission-Park* wurden in Deutschland in vier Gewerbeparks vergleichend untersucht, wie eine gemeinsame Strategie der Reduktion der CO_2-Emissionen umgesetzt werden kann. So wurde beispielsweise für das Gewerbegebiet Bottrop errechnet, dass 89% der bisher eingesetzten Energie eingespart werden könnten (vgl. Stadt Bottrop 2010). In Rheinland-Pfalz wird am Institut für Angewandtes Stoffstrommanagement intensiv an der Etablierung von Zero-Emission-Villages und des Zero-Emission-Campus Birkenfeld geforscht, und es wurde ein bundesweites Null-Emissions-Netzwerk gegründet (vgl. IfaS/BMU 2008).
3. *Nutzungskaskaden:* Die Kaskadennutzung von nachwachsenden Rohstoffen verlängert die sonst eher kurze Nutzungsphase eines Rohstoffes um weitere Nutzungszyklen. Beispielsweise lässt sich aus dem Reststoff Lignin der Papierindustrie ein neuer Holzwerkstoff – das Arboform® – herstellen. Mit diesem Holzwerkstoff lassen sich Uhrenarmbänder fertigen, die wiederum am Ende der Nutzungsphase thermisch verwertet werden können (vgl. NRE 2010). In *Bio-Kaskaden* können nachwachsende Rohstoffe mehrere stoffliche Nutzungsebenen durchlaufen, abschließend stofflich oder thermisch recycelt werden. Die dabei stattfindende stoffliche Aufwertung von Nutzungsebene zu Nutzungsebene wurde von Gunter Pauly als *UpCycling* durch internationale Forschung bekannt gemacht (vgl. Pauly 1999). Auch mit Produkten auf fossiler Rohstoffbasis lassen sich Nutzungskaskaden einrichten. Gebrauchte PET-Flaschen können beispielsweise zu Flakes zerkleinert und anschließend zu Fleecepullovern oder Rucksäcken verarbeitet werden. Diese lassen sich dann am Ende ihrer Nutzungszeit ebenfalls stofflich oder thermisch recyceln.

5 Ausblick

Technikentwicklung ist auch in der Industriellen Ökologie nicht davor gefeit, Emissionen oder negative Technikfolgen zu verursachen und damit Akzeptanzprobleme auszulösen. Die systemische Betrachtungsweise von Technikentwicklung in der Industriellen Ökologie zeigt vor allem die Notwendigkeit der Verknüpfung von technischen Anlagen mit ihrer Umgebung und die Verbindung von Versorgungs- und Entsorgungsaufgaben. Nachhaltige Technikentwicklung bedeutet aber auch, günstige Rahmenbedingungen zu schaffen, etwa durch innovative Finanzierungsmodelle (Contracting) und neue Managementstrukturen (Zertifizierung von Energiemanagement).

Das analytisch-methodische Potenzial und das systemische Wissen, dass in der Industriellen Ökologie verfügbar ist, kann die *Transformation zu nachhaltigeren Technikkulturen* deutlich unterstützen. Forschungsbedarf besteht in der Untersuchung einzelbetrieblicher Metabolismen und ihrer Verknüpfbarkeit innerhalb von öko-industriellen Symbiosen einer Region (virtuelle Fabrik).

Nutzungskaskaden für Rohstoffe und Energie werden die bisherigen Probleme der Durchflussgesellschaft verringern, aber nicht vollständig lösen. Die Transformation der gesamten Wirtschaft auf eine regenerative Basis bringt neue Herausforderungen mit sich, etwa der Entscheidung über eine weltweite zukunftsfähige Flächennutzung.

Literatur

Billen, G.; Toussanint, F.; Peeters, P.; Sapir, H.; Steenhout, A.; Vanderborght, J. P. (1983): L'écosystème Belgique. Essai d l'écologie industrielle. Bruxelles (CRISP – Centre de recherche et d'information socio-politiques)

BMU – Bundesministerium für Umwelt, Naturschutz und Reaktorsicherheit (Hg.) (2009): GreenTech made in Germany 2.0 – Umwelttechnologie-Atlas für Deutschland. München

Daly, H. (1973): Toward a Steady-state Economy. San Francisco

Frosch, R. A.; Gallopoulos, N. A. (1989): Strategies for Manufacturing. In: Scientific American, Vol. 261/No. 3, pp. 144-152

Hänggi, M. (2009): Energieeffizienz mit Haken. In: Umwelt aktuell, Nr. 02, S. 8-9

Heim, Th. (2002): Cleaner Production. Scriptum. Basel (Fachhochschule Nordwestschweiz)

IfaS – Institut für angewandtes Stoffstrommanagement; BMU – Bundesministerium für Umwelt, Naturschutz und Reaktorsicherheit (2008): Neue Wege in eine Nachhaltige Industriegesellschaft. Null-Emissionsnetzwerk (URL: http://www.null-emissions-netzwerk.de/fileadmin/userdaten/bilder/ZEUN/Broschuere_ZE_1.0_web.pdf)

ISE – Institut für Solare Energieversorgungstechnik (2005): Vernetzung modularer Systeme. Netzregelung zur wirtschaftlichen Optimierung dezentraler Energieversorgungsstrukturen mit einem hohen Anteil erneuerbarer Energiequellen. Abschlussbericht zum Forschungsprojekt (URL: www.iset.uni-kassel.de)

Jevons, W. S. (1866): The Coal Question. An Inquiry Concerning the Progress of the Nation, and the Probable Exhaustion of Our Coal Mines (2nd ed.). London

Lauer, M. (2009): Gefährliche Erdwärme. Warum die Erde unter Staufen aufquillt wie Hefeteig. In: WeltOnline, 23. August (URL: www.welt.de)

Merl, C.; Brunner, P. H. (2002): Deutsch-Englische Terminologie der neuen Wissenschaftsdisziplin „Metabolismus der Anthroposphäre". Wien (Technische Universität)

NRE – Netzwerk Ressourceneffizienz (2010): Holzwerkstoff Arboform®.2010 (URL: www.netzwerk-ressourceneffizienz.de)

Pauli, G. (1999): UpCycling. Wirtschaften nach dem Vorbild der Natur für mehr Arbeitsplätze und eine saubere Umwelt. München

Rosnay, J. de (1977): Das Makroskop. Stuttgart

Ruppert, H.; Eigner-Thiel, S.; Girschner, W.; Karpenstein-Machan, M.; Roland, F.; Ruwisch, V.; Sauer, B.; Schmuck, P. (2008): Wege zum Bioenergiedorf. Leitfaden. Berlin (BMLEV – Bundesministerium für Landwirtschaft, Ernährung und Verbraucherschutz; FVNR – Fachverband Nachwachsende Rohstoffe)

Simonis, U. E. (2005): Ökologischer Strukturwandel – Erfolge und Versäumnisse. Berlin (Wissenschaftszentrum Berlin für Sozialforschung)

Stadt Bottrop (2010): Grundlagen für Zero-Emission Park wurden gelegt. 14. Januar (URL: http://www.bottrop.de/wirtschaft/aktuelles/100114_Zero_Emission_Park.php)

Sterr, Th.; Liesegang, D. G. (Hg.) (2003): Industrielle Stoffkreislaufwirtschaft im regionalen Kontext. Betriebswirtschaftlich-ökologische und geografische Betrachtungen in Theorie und Praxis. Berlin u.a.O.

Im Spannungsfeld von internationaler ökonomischer Verflechtung und sozio-kultureller Globalisierung

Jan S. Kowalski, Axel J. Schaffer

Prolog

Seit dem Zweiten Weltkrieg steht ein steigendes Bruttoinlandsprodukt (BIP) für wirtschaftlichen Erfolg und wachsenden Wohlstand. Die synonyme Verwendung von Wirtschafts- und Wohlfahrtswachstum erscheint für die ersten Jahrzehnte des Wiederaufbaus auch aus heutiger Sicht gerechtfertigt. Die zunehmende internationale Verflechtung war Ergebnis und zugleich Motor des scheinbar dauerhaften Wachstumsprozesses.

Gleichzeitig verdeutlichen eine konstant hohe Arbeitslosigkeit, der voranschreitende Klimawandel, tiefgreifende Krisen an den Finanzmärkten oder die zunehmend schwierigere Situation einer umfassenden, allgemein zugänglichen medizinischen Versorgung, dass das BIP zumindest in hoch entwickelten Ländern nicht mehr als alleiniger Maßstab für Wohlstand taugt. Vielmehr bedarf es einer neuen Definition für Wohlstand. Tim Jackson, Regierungsberater von Gordon Brown, hat dies in einem Interview Anfang 2010 wie folgt in Worte gefasst:

> „[Es] heißt den Begriff Wohlstand neu zu überdenken und ihn neu zu bemessen. Also: der allgemeine Gesundheitszustand, das Bildungsniveau, die Lebenszufriedenheit, die Qualität der zwischenmenschlichen Beziehungen und der soziale Zusammenhalt sollen in diese Gesamtbilanz mit einbezogen werden." (Jackson 2010)

Jackson steht damit nicht allein. Auch Nicolas Sarkozy will das BIP durch einen Wohlstandsindikator ersetzen und hat dazu eine Kommission, denen u.a. die Nobelpreisträger Joseph Stiglitz und Amartya Sen angehören, ins Leben gerufen (vgl. Stiglitz/Sen/Fitoussi 2009). Die Idee ist nicht neu. Sie erfährt aber momentan eine politische Unterstützung, die bemerkenswert ist.

Das subjektive Wohlempfinden *(subjectiv well-being)* könnte ein zentrales Element des neu zu bildenden Wohlstandsindikators darstellen. Zwar existiert bis heute noch keine von allen OECD Ländern anerkannte Methode seiner Messung. Dennoch gibt es einige Ansätze, die mit *Hilfe wissenschaftlicher Methoden nationenbezogene Vergleiche der Zufriedenheit* (*life satisfaction* oder *happiness*) anstellen (vgl. z.B. Bolle et al. 2009; Caporale et al. 2009; Veenhoven 1993, 2009).

Der vorliegende Beitrag greift diese Ergebnisse auf und untersucht, ob die für das Wachstum des BIP so bedeutende internationale ökonomische Verflechtung mit einer Globalisierung der sozio-kulturellen Lebensbereiche einhergeht und, falls dies der Fall ist, wie sich diese zunehmende Uniformierung auf das Wohlempfinden auswirkt.

1 Motivation

Wir leben in einer globalen Wirtschaft und Gesellschaft, in der Barrieren für die Mobilität der Güter fast nicht mehr existieren, Barrieren für die Mobilität des Kapitals, für direkte Investitionen und für Portfolioanlagen so gut wie nicht mehr vorhanden sind, und in der die Barrieren für die Freizügigkeit der Menschen zwar noch als Hindernisse betrachtet werden, aber tendenziell auch reduziert werden.

Die Art und Weise, wie die Menschen Güter produzieren, konsumieren und ihr Leben insgesamt gestalten, wird zunehmend uniform und immer stärker durch neue Technologien determiniert. Die Richtung der durch Technologien getriebenen Diffusion neuer Verhaltens- und Lebensformen ist in der Regel von postindustriellen Volkswirtschaften zu den neu entstehenden Marktwirtschaften. Die Kanäle für die Transmission der Produktions-, Konsum- und schließlich Lebensmuster sind zahlreich, aber der Außenhandel und die direkten Auslandsinvestitionen spielen dabei eine entscheidende Rolle.

Die Bedeutung von Ex- und Importen für den kulturellen Wandel ist offensichtlich, da kulturelle Eigenschaften vielen Ex- bzw. Importgütern inhärent sind. Dies gilt nicht nur für den Handel mit Kulturgütern im engeren Sinn, sondern für ein breites Spektrum an privaten Konsum- und Gebrauchsgütern, denen immer auch ein bestimmtes Konsummuster innewohnt. Durch die Handelsströme verbreiten sich somit, verkörpert in exportierten Waren und Dienstleistungen (in der Folge zusammenfassend als Güter bezeichnet), technische Neuerungen samt deren Wirkung auf die Konsumenten im Einzelnen und die Gesellschaft im Ganzen.

Eine ähnlich bedeutsame Rolle kommt den Auslandsinvestitionen auf der Produktionsseite zu. Sie treiben die Diffusion neuer Fertigungstechniken, Organisationsformen und Managementroutinen zwischen den Staaten voran und initiieren somit unumkehrbare Änderungsprozesse für Wirtschaft und Gesellschaft.

Aus diesem Kontext ergeben sich zwei wesentliche Fragestellungen. *Erstens* stellt sich die Frage, ob die internationale Verflechtung der Märkte mit einer Internationalisierung (und möglicherweise Uniformierung) des sozio-kulturellen Lebensbereichs einhergeht. Erste Analysen deuten darauf hin, dass diese Frage eher zu bejahen als zu verneinen sei. Daraus ergibt sich, *zweitens,* die Frage nach einer Bewertung dieses Befundes. Zur Bewertung bieten sich zwei Vorgehensweisen an. Zum einen kann die sozio-kulturelle Globalisierung durch

Interviews mit der betroffenen Bevölkerung einer direkten Bewertung unterzogen werden. Zum anderen lässt sich eine indirekte Bewertung anhand objektiv messbarer Kriterien durch die Verwendung statistischer Analysen durchführen. Die vorgestellte Arbeit konzentriert sich auf die zweite Alternative und untersucht, ob es für einen positiven Zusammenhang von zunehmender Globalisierung und „Happiness“ einen statistisch begründeten *Anfangsverdacht* gibt, der weiterführende Analysen rechtfertigt.

2 Abgrenzung

Moderne Volkswirtschaften sind wesentlich durch ihre enge Verflechtung mit anderen Ökonomien charakterisiert. In Zeiten günstiger Konjunktur verstärken sich dadurch Wachstumseffekte. Die weltweiten Folgen der Finanzkrise belegen aber eindrucksvoll, dass offene Ökonomien umgekehrt auch besonders anfällig für Krisen sind, die durch exogene Schocks hervorgerufen werden.

Der Grad der Offenheit bzw. der internationalen Verflechtung wird im Allgemeinen durch zusammengesetzte Indikatoren abgebildet. Diese tragen der Komplexität der Verflechtungen, die auf mehreren Ebenen der Volkswirtschaft zu beobachten sind, Rechnung. Der Maastricht Globalisation Index (MGI) bildet die ökonomische Verflechtung beispielsweise durch Ex- und Importe sowie ausländische Kapitalflüsse und Anlagevermögen (jeweils als Anteil am BIP) ab (vgl. Martens/Raza 2008; Martens/Zywietz 2006). In Anlehnung an den von der Konjunkturforschungsstelle der ETH Zürich erstellten KOF Globalisierungsindex können darüber hinaus auch Zölle, Abgaben und Steuern in einen Index aufgenommen werden, um den Grad der Offenheit auch anhand institutioneller Handelsschranken zu dokumentieren (vgl. Dreher 2006). Die Weltbank schließlich sieht die Notwendigkeit, die Höhe der staatlichen Forderungen und Verpflichtungen gegenüber dem Ausland in einen Globalisierungsindex zu integrieren (vgl. World Bank 2008).

Der hier vorgestellte Beitrag folgt bei der Abgrenzung der internationalen ökonomischen Verflechtung dem Konzept des KOF Globalisierungsindex, so dass der entsprechende Indikator aus den in Tabelle 1 aufgeführten Variablen und Gewichtungen resultiert.

Unter sozio-kultureller Globalisierung wird im Folgenden das Phänomen einer kontinuierlichen Standardisierung des Alltags verstanden. Dies manifestiert sich z.B. in einer zunehmenden Vereinheitlichung von Kommunikations-, Ess- und Wohngewohnheiten oder einem stetig wachsenden internationalen Tourismus bis hin zu verstärkten Migrationsaktivitäten (vgl. Robertson/Winter 2000; UNESCO 2000). Der hier zur Anwendung kommende sozio-kulturelle Globalisierungsindex greift diese Punkte auf und setzt sie gemäß der in Tabelle 1 wiedergegebenen Gewichtung zusammen.

Tab. 1: Zusammengesetzte Indikatoren der internationalen ökonomischen Verflechtung und der sozio-kulturellen Globalisierung

Variable	Gewichtung
Indikator der internationalen ökonomischen Verflechtung	
Handelsvolumen (Exporte + Importe)[a, b]	9,5%
Direkte Auslandsinvestitionen, jährliche Zahlungsströme[a]	10,0%
Direkte Auslandsinvestitionen, Anlagevermögen[a]	11,5%
Portfolioinvestitionen[a]	8,5%
An Ausländer gezahlte Primäreinkommen[a]	10,5%
Versteckte Handelsbarrieren[c]	10,5%
Zollgebühren	14,5%
Steuern und Abgaben auf Handelsware	12,5%
Restriktionen des Kapitalverkehrs	12,5%
	100,0%
Sozio-kultureller Globalisierungsindikator	
Internationale Telefongespräche	8,7%
Private Transferzahlungen[a]	1,0%
Internationaler Tourismus	8,7%
Ausländische Bevölkerung (Anteil an der Gesamtbevölkerung)	6,7%
Internationaler Briefverkehr	8,7%
Internetnutzer (je 1.000 Einwohner)	12,0%
TV Nutzer (je 1.000 Einwohner)	12,0%
Handel mit internationalen Zeitungen[a]	9,3%
Anzahl von McDonald's Restaurants (je 1.000 Einwohner)	12,3%
Anzahl von IKEA Möbelhäusern	12,7%
Handel mit Büchern[a]	8,0%
	100,0%

a: Gemessen als prozentualer Anteil am jeweiligen nationalen BIP; b: Ohne Handel mit Zeitungen und Büchern; c: Z.B. administrative Handelshemmnisse.

Quelle: Nach Dreher 2006; Dreher et al. 2008

Die Auswahl der Variablen und die Festsetzung der Gewichte resultiert aus einer Komponentenanalyse und sind dadurch aus statistischer Perspektive abgesichert (vgl. Dreher 2006). Dennoch verstehen sich die vorgestellten Indikatoren nicht als endgültiges Instrument, um gleich eines *deus ex machina* alle Elemente der Globalisierung aufzunehmen und abzubilden. Vielmehr können sie, wie jeder andere Indikator, nur Teilaspekte der Globalisierung widerspiegeln und bleiben somit unvollständig. Dies gilt in besonderem Maße für die sozio-kulturelle Globalisierung, die schon alleine durch den Begriff des Kulturellen sehr weitläufig und nahezu unmöglich vollständig darstellbar ist. Falls sich aber, wie wir denken, eine statistische Einbettung globaler ökonomischer wie (sozio-)kultureller Trends als prinzipiell sinnvoll erweist, bleibt keine Wahl, als sich solange mit einem unvollkommenen Indikator zu begnügen, bis ein etwas weniger unvollkommener gefunden wird. Die ökonomisch stärksten Verflechtungen ergeben sich, diesem Indikator folgend, für Irland und die Benelux-Länder. Diese Länder weisen auch hohe Werte für den sozio-kulturellen Indikator auf. Allerdings finden sich hier in der Spitzengruppe auch Neuseeland und die Schweiz.

Um die Bedeutung der ökonomischen bzw. sozio-kulturellen Globalisierung zu bewerten, untersucht der vorliegende Beitrag, ob sich ein statistisch signifikanter Zusammenhang von Globalisierungstrends und nationaler Happiness erkennen lässt. Die Operationalisierung der Happiness orientiert sich an weltweiten Untersuchungen, deren Ergebnisse von der Erasmus Universität Rotterdam auf einer Datenbank der weltweiten Happiness zur Verfügung stehen (vgl. Kalmijn/Veenhoven 2005; Veenhoven 2009). Die Bewertung der Happiness erfolgt anhand individueller Einschätzungen über die Lebensqualität insgesamt. Zur Beantwortung der Frage „How happy do you feel as you live now?" können die Befragten unter fünf möglichen Antworten wählen: „very happy", „fairly happy", „neither happy nor unhappy", „fairly unhappy" und „very unhappy", wodurch sich zunächst eine Skalierung von 1 (very unhappy) bis 5 (very happy) ergibt. Durch die Auswertung zusätzlicher Fragen, z.B. zu verschiedenen Lebensbereichen oder zur Zufriedenheit (satisfaction), lässt sich die individuelle Skalierung schließlich auf zehn Stufen erweitern (vgl. Veenhoven 1993). Für das Jahr 2006 weisen Dänemark und Mexiko mit einem Durchschnittswert knapp über acht die höchste Happiness auf.

3 Interdependenzen

Unter Berücksichtigung der oben durchgeführten Abgrenzung von *internationaler ökonomischer Verflechtung, sozio-kultureller Globalisierung* und *Happiness* untersucht Abschnitt 3 die Interdependenzen dieser drei Bereiche. In einem ersten Schritt wird der Zusammenhang zwischen internationaler ökonomischer Verflechtung und sozio-kultureller Globalisierung näher beleuchtet. Es ist anzunehmen, dass weder der Austausch von Gütern noch das Engagement ausländischer Firmen in Form von Direktinvestitionen alleine auf die ökonomische Sphäre begrenzt bleiben. Vielmehr ermöglichen neue Produkte und Prozesse die Realisierung anderer Aktivitätsmuster, die zwar insbesondere marktliche Aktivitäten betreffen, darauf aber nicht beschränkt bleiben. Dieser Trend wird durch die modernen Kommunikationstechnologien noch verstärkt, da diese die gegenseitige Anpassung von Aktivitätsmustern beschleunigen und nachfolgend eine wiederum erhöhte Nachfrage an ausländischen Gütern entfalten. Die diesbezügliche Hypothese unterstellt daher einen engen Zusammenhang zwischen internationaler ökonomischer Verflechtung und sozio-kultureller Globalisierung.

Abbildung 1 zeigt für ca. 60 Länder die internationale ökonomische Verflechtung (aufgetragen an der x-Achse) sowie den Grad der sozio-kulturellen Globalisierung (y-Achse) im Jahr 1998.

Für die beiden in Abbildung 1 abgetragenen Indikatoren ergibt sich ein eindeutig linearer Zusammenhang mit einem Regressionskoeffizienten nach Pearson von 0,90. Dieses Ergebnis ist zudem hochsignifikant (p-value < 0,001). Die Berechnungen bestätigen somit für das Jahr 1998 die oben aufgestellte Hypo-

Abb. 1: Internationale ökonomische Verflechtung und sozio-kulturelle Globalisierung, 1998

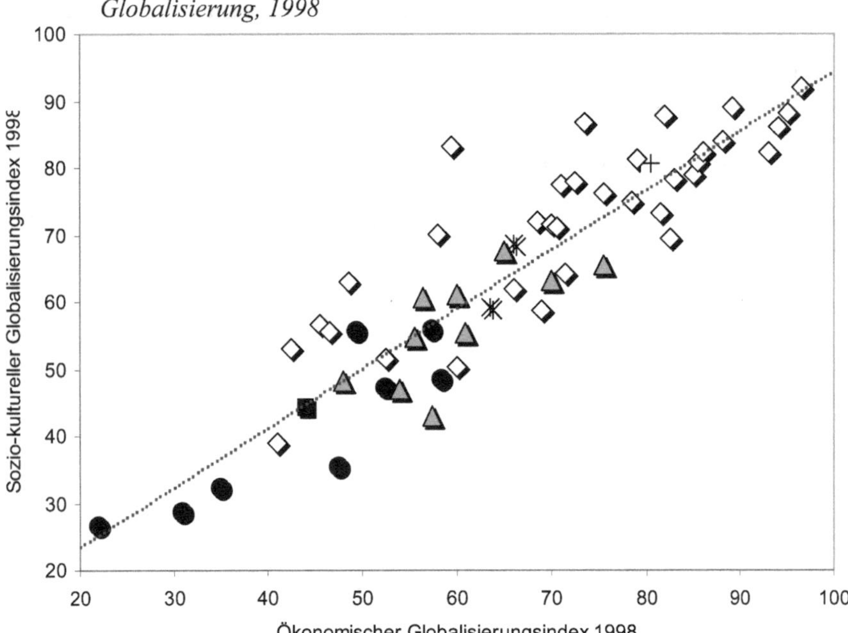

Eigene Darstellung

these. Spannend ist nun die Frage, ob eine weitergehende ökonomische Verflechtung auch eine noch stärkere sozio-kulturelle Globalisierung nach sich zieht oder ob letztere auf einem bestimmten Niveau verharrt. Dazu wird die gleiche Schätzung nochmals für das Jahr 2006 durchgeführt. Abbildung 2 stellt die Ergebnisse dieser Schätzung in graphischer Form dar.

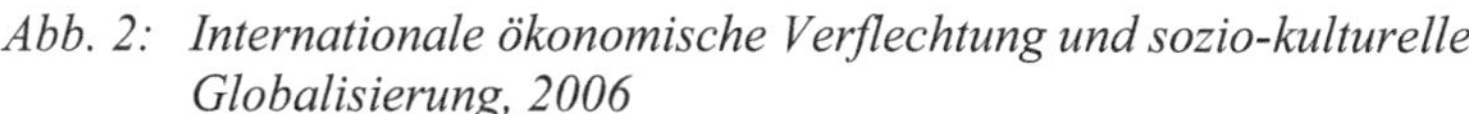

Abb. 2: Internationale ökonomische Verflechtung und sozio-kulturelle Globalisierung, 2006

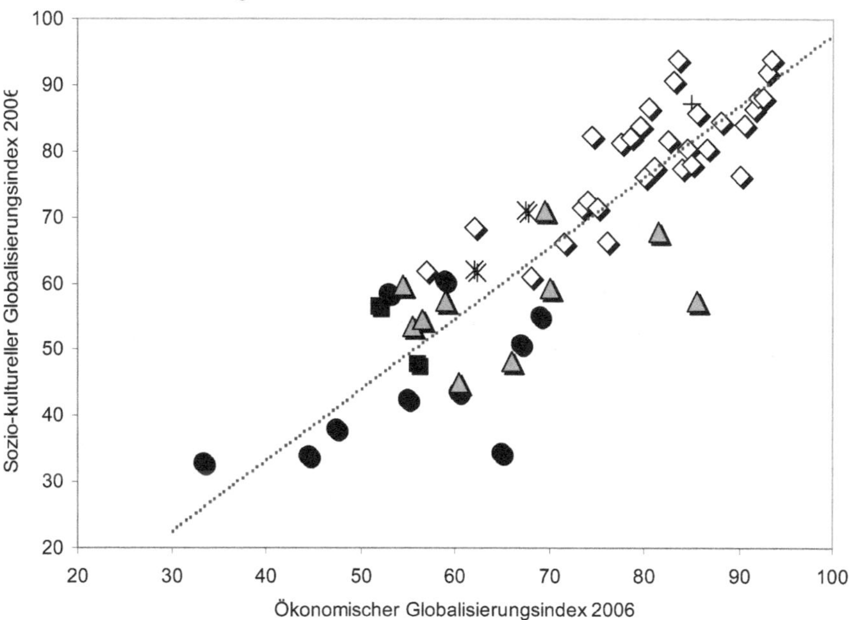

Eigene Darstellung

Die Ergebnisse zeigen erneut einen linearen (hochsignifikanten) Zusammenhang der beiden Größen (Pearson Regressionskoeffizient 0,88, p-value < 0,001). Dabei ist zu beachten, dass die Trends einer wachsenden internationalen ökonomischen Verflechtung einerseits und einer kontinuierlich zunehmenden sozio-kulturellen Globalisierung andererseits zwischen 1998 und 2006 für die betrachteten Länder anhielten. Gemessen an den gewählten Indikatoren haben die internationale ökonomische Verflechtung sowie die sozio-kulturelle Globalisierung in diesem Zeitraum um 8,5% bzw. 6,1% zugenommen.

Kritisch ist allerdings anzumerken, dass der starke Zusammenhang beider Indikatoren teilweise in deren Zusammensetzung begründet ist. Auch wenn der Handel mit Zeitungen und Büchern aus dem ökonomischen Indikator bewusst herausgenommen wurde (siehe Tab. 1), stehen hinter der Durchdringung von Mc Donald's und IKEA, die im Rahmen der sozio-kulturellen Globalisierung sicher als ein Merkmal für eine sich angleichende Ess- und Wohnkultur taugen, natürlich Auslandsinvestitionen dieser Unternehmen, die sich im Indikator der internationalen ökonomischen Verflechtung wiederfinden. Zudem ist die Wahl der betrachteten Länder durch die Datenverfügbarkeit (bezüglich der Globalisierungs- und Happiness Indices) vorselektiert. Die Hauptaussage, wonach sich ökonomische internationale Verflechtung und sozio-kulturelle Globalisierung gegenseitig bedingen, bezieht sich daher nur auf die hier untersuchten Länder, die im Anhang aufgelistet sind.

Der zweite Schritt sieht nun eine Analyse der Verflechtung von Globalisierung und Happiness vor. Aufgrund der hohen Korrelation von ökonomischer Verflechtung und sozio-kultureller Globalisierung konzentrieren wir uns im Folgenden auf die Beziehung zwischen der internationalen ökonomischen Verflechtung und der Happiness.[1] Die Intuition ist dieses Mal nicht eindeutig. Für einen positiven Zusammenhang von Globalisierung und Happiness spricht, dass die Globalisierung in vielen Ländern mit einem wachsenden ökonomischen Wohlstand einhergeht, der sich wiederum in vielen Fällen positiv auf die Happiness auswirkt (vgl. Bolle et al. 2009; Caporale et al. 2009). Umgekehrt belegen jedoch einige Studien, dass Einkommenszuwächse nicht per se als happiness-fördernd angesehen werden können (vgl. Becchetti/Rosetti 2009; Rojas 2007).

Die statistischen Ergebnisse können die Unsicherheit nicht endgültig beseitigen. Zunächst lässt sich für das Jahr 1998, wie in Abbildung 3 illustriert, ein eindeutig positiver und hochsignifikanter Zusammenhang zwischen dem Grad der internationalen ökonomischen Verflechtung und der Happiness nachweisen (Korrelationskoeffizient nach Pearson 0,47, p-value < 0,001). Nationen mit einem höheren Grad an sozio-kultureller Globalisierung weisen somit tendenziell auch eine höhere Happiness auf. Im Jahr 2006 trägt die Globalisierung aber deutlich weniger stark zur Erklärung der Happiness bei. Zwar ist der Zusammenhang noch immer eindeutig positiv (siehe Abb. 4). Die Schätzung weist aber nur noch einen Korrelationskoeffizienten von 0,25 aus, und das Ergebnis ist zudem nur noch schwach signifikant (p-value <0,08).

1 Die hier nicht weiter ausgeführte statistische Analyse des Zusammenhangs von sozio-kultureller Globalisierung und Happiness kommt zu vergleichbaren Ergebnissen.

Abb. 3: Internationale ökonomische Verflechtung (ökonomische Globalisierung) und Happiness, 1998

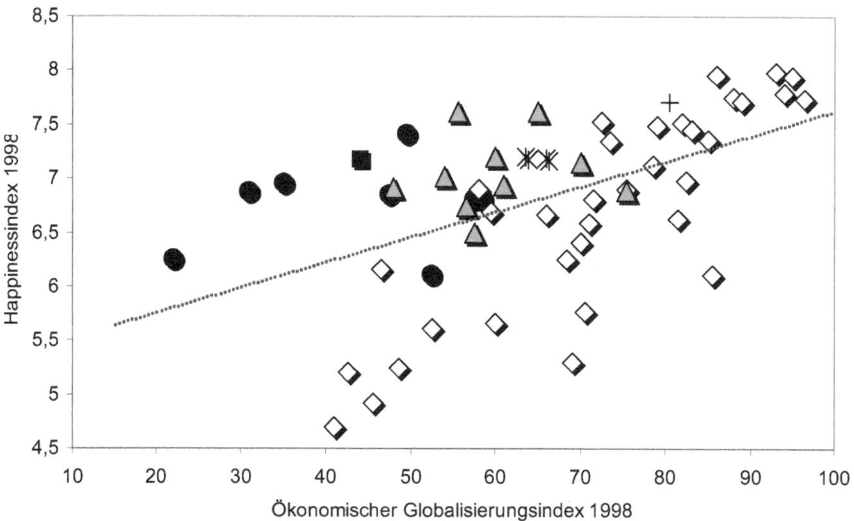

Eigene Darstellung

Die Analyse der Ergebnisse aus den Jahren 1998 und 2006 lassen somit zwei vorsichtige Schlussfolgerungen zu:

- *Erstens* weisen die betrachteten Nationen in beiden Jahren tendenziell einen umso höheren Happiness-Index auf, je stärker sie an der ökonomischen (sowie der damit einhergehenden sozio-kulturellen) Globalisierung teilhaben.
- *Zweitens* hat die zwischen 1998 und 2006 zu beobachtende zunehmende Globalisierung nicht zu einem signifikanten Anstieg der Happiness führen können. Eine mögliche Erklärung dafür wäre, dass die wachsende Globalisierung zwar bis zu einer gewissen Schwelle zu einer höheren Happiness führt. Sobald ein Land jedoch dieses Niveau einmal erreicht hat, ist ein weiterer Anstieg der Happiness aber kaum mehr durch eine noch stärkere Globalisierung zu realisieren.

Die teilweise Überschneidung der 0,95-Konfidenzintervalle für die berechneten Korrelationskoeffizienten zeigt aber, dass das Schwellen-Argument statistisch

Abb. 4: Sozio-kulturelle Globalisierung und Happiness, 2006

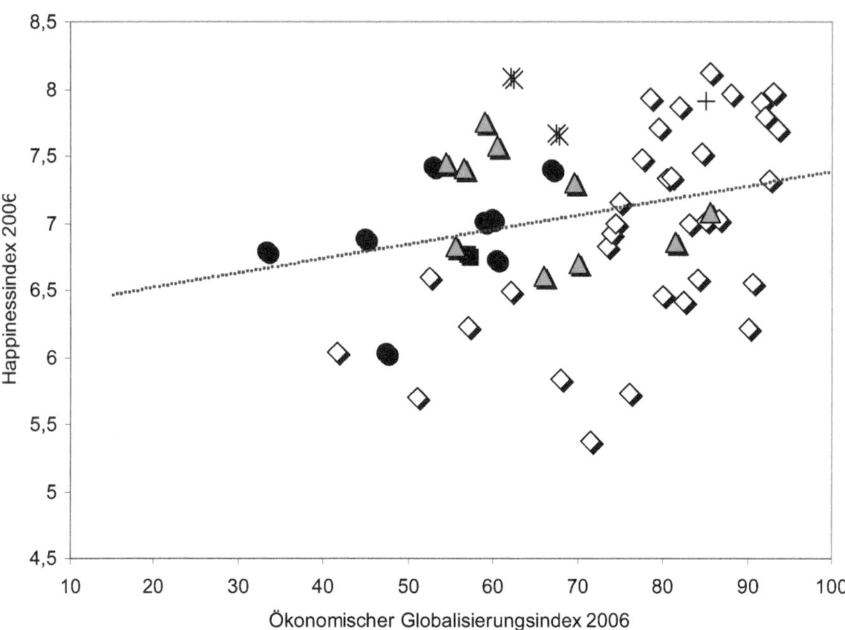

Eigene Darstellung

nicht ausreichend gesichert ist.[2] Daher wird das Sample in einem weiteren Schritt in zwei Gruppen aufgeteilt, für die jeweils eigene Schätzungen durchgeführt werden. Naheliegend wäre z.B. eine Unterscheidung nach dem Grad der Happiness oder der Globalisierung. Alternativ dazu ist auch eine geographische Untergliederung in europäische und nicht-europäische Regionen denkbar, die im Folgenden auch zum Zuge kommt.

Die separaten Analysen beider Samples bestätigen in einem Fall die Ergebnisse der bisherigen Schätzungen. In beiden Jahren weisen Regionen mit einem höheren Globalisierungsrad auch tendenziell einen höheren Happiness-Indikator auf – und zwar für beide Samples. Die Analyse der Veränderungen ergibt jedoch ein anderes Bild. Während sich die zunehmende internationale ökonomische Verflechtung für die europäischen Regionen positiv auf die Happiness auswirkt

2 Die 0,95-Konfidenzintervalle reichen für 1998 von 0,23 bis 0,66 und für 2006 von –0,02 bis 0,49.

(Pearson Korrelationskoeffizient 0,32, p-value < 0,08), verhält es sich für das Sample der nicht-europäischen Regionen gerade umgekehrt. Die Zunahme der Globalisierung hat einen negativen Effekt auf die Entwicklung des Happiness-Index (Pearson Korrelationskoeffizient –0,51, p-value < 0,05). Abbildung 5 illustriert den gegenläufigen Trend, der in analoger Weise auch für die Beziehung zwischen sozio-kultureller Globalisierung und Happiness zu beobachten ist.

Abb. 5: Veränderung der Internationale ökonomische Verflechtung (ökonomische Globalisierung) und der Happiness zwischen 1998 und 2006

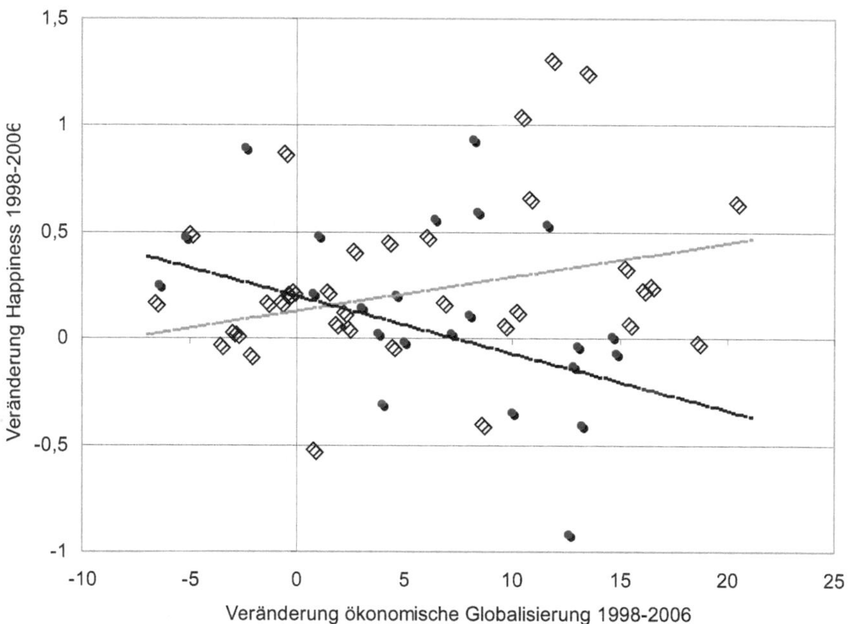

Eigene Darstellung

Die Ergebnisse zeigen, dass eine immer stärkere Verflechtung der Volkswirtschaften nicht per se mit einer höheren Happiness einhergeht. Gleichzeitig sprechen sie aber auch gegen ein allgemein gültiges Schwellenargument, da die europäischen Staaten mit zunehmender ökonomischer Globalisierung einen Anstieg der Happiness erfuhren, obwohl sie bereits 1998 einen überdurchschnittlich hohen Indikator für die Globalisierung auswiesen.

Für Europa deuten die Ergebnisse somit darauf hin, dass eine immer stärkere ökonomische Verflechtung mit einer immer stärkeren sozio-kulturellen Anpassung einhergeht und sich beide Trends positiv auf die Happiness der Europäer auswirken. Da der Index der sozio-kulturellen Globalisierung den kulturellen Wandel nur eingeschränkt widerspiegelt, lässt sich daraus allerdings keine statistisch gesicherte Aussage für die Beziehung zwischen Außenhandel, kulturellem Wandel und Happiness herleiten.

4 Bezug zu kultureller Nachhaltigkeit

Während sowohl die ökonomische als auch die ökologische Dimension der Nachhaltigkeit weitgehend in der Literatur etabliert sind, offenbart sich der Begriff der *kulturellen Nachhaltigkeit* als noch wenig erforscht. Zumindest ist die Diskussion nicht genügend fortgeschritten, um eine bestimmte Definition aufzugreifen und eindeutige Verbindungen des Außenhandels zu identifizieren. Die Problematik liegt in unseren Augen nicht zuletzt in einer gegenüber der Ökonomie und Ökologie schwierigeren Zielsetzung einer kulturellen Nachhaltigkeit. Während ein ausgeglichener Staatshaushalt oder ein Stabilisationsniveau der CO_2-Konzentration in Höhe von ca. 500 ppm (in CO_2-Äquivalenten) gesellschaftlich als konsensfähig gelten mögen und sich die Ziele einer nachhaltigen Entwicklung daran orientieren können, scheinen ähnlich konsensfähige Ziele für den Bereich der kulturellen Nachhaltigkeit noch nicht gefunden.

Man muss nicht Kantianer sein, um zu akzeptieren, dass jede Generation ihre eigene Kultur hervorbringt, die ihren Daseinszweck in sich selbst hat. Kultur kann somit nur bedingt evolutorisch gedacht werden, da dies immer die Gefahr birgt, die Kultur einer Generation im Hinblick auf eine später erreichte zu relativieren (vgl. Sloterdijk/Heinrichs 2006). Auch wenn dieses Problem nicht ausschließlich für die kulturelle Dimension Gültigkeit besitzt, so scheint es in diesem Fall doch am schwierigsten, eine Entwicklung wertend vorzudenken. Der im Abschnitt 3 aufgeführte Versuch eines Assessments verdeutlicht in diesem Zusammenhang, dass schon die Wertung momentaner sozio-kultureller Veränderungen seitens der betroffenen Generation sehr unterschiedlich ausfällt.

Die Bedeutung der ökonomischen und sozio-kulturellen Globalisierung für einen kulturell nachhaltigen Entwicklungspfad (dessen Existenz die Vergleichbarkeit zweier konkurrierender Pfade und eo ipso eine Wertung unterstellen würde) kann daher, zumindest zum momentanen Zeitpunkt der Forschung, unserer Ansicht nach nicht Gegenstand der Untersuchung sein. Dies bedeutet mitnichten das Ende der Forschung. Vielmehr ist eine Vielzahl interessanter weiterführender Analysen im Spannungsfeld von Außenhandel und Kultur denkbar. Dies betrifft zum einen die Operationalisierung des kulturellen Wandels, die eine grundlegende Voraussetzung für alle weiteren statistischen Analysen darstellt. Zum anderen zählen dazu aber auch qualitative Analysen, die in Form von Case Studies kulturell wirksame Auswirkungen beschreiben, die von der immer engeren internationalen ökonomischen Verflechtung ausgehen. Dazu zählen auf der Konsumseite neben Veränderungen der Kaffee-, Ess-, Wohn- oder Sportkultur auch die immer stärkere Durchdringung moderner Informations- und Kommunikationstechnologien, die sich in erheblichem Maße auf unser soziales Leben auswirken. Auf der Produktionsseite kommt es durch die zunehmende Verflechtung nicht nur zu einer schnelleren Diffusion von technologischem Wissen. Vielmehr geht mit Auslandsinvestitionen oftmals auch eine Vermischung der Unternehmenskultur einher. Sobald sich ein konsensfähiges Leitbild für eine kulturelle Nachhaltigkeit herausbildet, können die Erkenntnisse aus den Case Studies dann in ein solches Konzept eingebettet werden.

Literatur

Becchetti, L.; Rossetti, F. (2009): When Money Does Not Buy Happiness: The Case of „Frustrated Achievers". In: Journal of Socio-Economics, Vol. 38, pp. 159-167

Bolle, F.; Okhrin, Y.; Vogel, C. (2009): A Note on Interdependent Happiness. In: Journal of Socio-Economics, Vol. 38, pp. 713-721

Caporale, G. M.; Georgellis, Y.; Tsitsianis, N.; Yin, Y. P. (2009): Income and Happiness across Europe: Do Reference Values Matter? In: Journal of Economic Psychology, Vol. 30, pp. 42-51

Dreher, A. (2006): Does Globalization Affect Growth? Evidence from a New Index of Globalization. In: Applied Economics, Vol. 10, pp. 1091-1110

Dreher, A.; Gaston, N.; Martens, P. (2008): Measuring Globalization – Gauging its Consequences. New York u.a.O.

Jackson, T. (2010): Besser statt mehr: Wirtschaftswachstum radikal anders. Interview Tim Jackson für die Sendung Monitor, 07.01 (URL: http://www.wdr.de/tv/monitor/extra/interviews/jackson.php5)

Kalmijn, W., M.; Veenhoven, R. (2005): Measuring Inequality of Happiness in Nations: In Search for Proper Statistics. In: Journal of Happiness Studies, Vol. 6, pp. 357-396

Martens, P.; Zywietz, D. (2006): Rethinking Globalisation: A Modified Globalisation Index. In: Journal of International Development, Vol. 18, pp. 331-350

Martens, P.; Raza, M. (2008): An Updated Maastricht Globalisation Index. Maastricht (ICIS)

Robertson, C.; Winter, C. (Hg.) (2000): Kulturwandel und Globalisierung. Baden-Baden

Rojas, M. (2007): Heterogeneity in the Relationship between Income and Happiness: A Conceptual-referent-theory Explanation. In: Journal of Economic Psychology, Vol. 28, pp. 1-14

Sloterdijk, P.; Heinrichs, H.-J. (2006): Die Sonne und der Tod. Frankfurt/M.

Stiglitz, J.; Sen, A.; Fitoussi, J.-P. (2009): Report by the Commission on the Measurement of Economic Performance and Social Progress. Paris (French Government)

Veenhoven, R. (1993): Happiness in Nations. Subjective Appreciation of Life in 56 Nations 1946-1992. Rotterdam (RISBO, Erasmus University)

Veenhoven, R. (2009): World Database of Happiness. Distributional Findings in Nations. Rotterdam (Erasmus University; URL: http://worlddatabaseofhappiness.eur.nl)

World Bank (2008): World Development Indicators. Washington/D.C. (World Bank)

Kultur, Baukultur und Nachhaltigkeit

Ein Zwischenstand aus der Konzeption der Stadtausstellung für Karlsruhe

Hanna Hinrichs

1 Nachdenken über Kultur, Baukultur und Nachhaltigkeit in der Entwicklung des Konzepts der Stadtausstellung

Die Idealstadt Karlsruhe feiert im Jahr 2015 ihr 300. Stadtjubiläum.[1] Zu diesem Anlass plant die Stadt Karlsruhe eine Bauausstellung – die Stadtausstellung. Im Moment wird an der Konzeption dieses Ausstellungsformats gearbeitet. Das Spannungsfeld zwischen Kultur und Nachhaltigkeit erscheint dabei als eine Folie, vor der das Konzept der Stadtausstellung befragt und in seinen Antworten geschärft werden kann.

Die Beschäftigung mit dem Zusammenspiel von Kultur und Nachhaltigkeit steht damit bei der Konzeptentwicklung der Stadtausstellung weniger vor dem Hintergrund einer allgemeingültigen begrifflichen Durchdringung, sondern spiegelt vielmehr die Suche nach einer Beschreibung von offenen Stellen in der Konzeption wider.

Die hier dargestellten Überlegungen sind als ein Zwischenstand aus der Entwicklung der Konzeption der Stadtausstellung zu verstehen, als Teil eines *work in progress*. Es handelt sich um eine grobe Sondierung: weniger um die Ausarbeitung einzelner Konzepte als um die Strukturierung sich ergebender Fragestellungen – und die Andeutung konzeptioneller Konsequenzen für das Projekt „Stadtausstellung".

2 Das Konzept der Stadtausstellung. Arbeitsstand

Die konzeptionelle Arbeit an der Stadtausstellung befindet sich auf der zweiten Stufe. In einem ersten Schritt wurde der grobe Rahmen der Idee festgehalten, die jetzt verfeinert und konkretisiert wird. Dies bedeutet, dass es für die folgenden Überlegungen zu Kultur und Nachhaltigkeit bereits Eckpfeiler gibt, die sich wie folgt umreißen lassen:

---

1 Ich danke Herrn Professor *Dr. Thomas Lützkendorf* für die fruchtbaren Diskussionen zum Thema.

Wie andere Städte auch, beschäftigt sich Karlsruhe mit aktuellen Themen der Stadtentwicklung, wie dem Klimawandel, dem demographischen Wandel, der Weiterentwicklung von Wohnwünschen und Lebensstilen, der wirtschaftlichen Entwicklung und der Rückbesinnung auf die Rolle des Bürgers im Planungsprozess.

Die aktuelle Situation von Karlsruhe ist dabei nicht in erster Linie durch gravierende Missstände oder sich aufdrängende Probleme gekennzeichnet. Prognosen, wie etwa zum Anstieg der durchschnittlichen Temperaturen und der damit einhergehenden Verdoppelung der Hitzestress-Tage, machen allerdings deutlich, dass sich Karlsruhe in Zukunft mit einschneidenden Veränderungen auseinandersetzen muss. Nicht alle diese Herausforderungen der Zukunft sind heute schon abzusehen.

Innerhalb der Stadtausstellung gilt es deshalb, sich mit der Planung für eine noch unbekannte Zukunft auseinanderzusetzen und aus diesen umfassenden Fragestellungen ortsspezifische Lösungen zu entwickeln, die auf Karlsruhe und seine Qualitäten zugeschnitten sind. Im Rahmen der Stadtausstellung sollen Bauprojekte, aber auch temporäre Eingriffe und neue Verfahrensweisen präsentiert werden. Heute bereits geplante Projekte sollen durch konzeptionelle Einbindung in die Stadtausstellung qualifiziert und durch neue Vorhaben ergänzt werden.

Die Stadtausstellung Karlsruhe 2015 steht unter dem Motto „Die Stadt neu sehen". „Die Stadt neu sehen" beinhaltet den wertschätzenden Blick auf vorhandene Qualitäten ebenso wie das Entdecken bisher verborgener Qualitäten und unbekannter Orte.

„Die Stadt neu sehen" beschränkt sich nicht auf die äußere Erscheinung, auf gestalterische Fragestellungen, sondern berührt auch soziale Verhältnisse und Prozesse. Verschiedene Sichten – die institutionelle Sicht, die spezifischen Akteurssichten, die System-Sicht (Energie- und Stoffströme) usw. – liefern ein umfassendes und differenziertes Bild der Stadt. Die Stadt wird neu dekodiert, neu gedeutet. Schließlich verändert sich der Blick auf einzelne Projekte, wenn sie im Zusammenhang mit anderen wahrgenommen werden.

„Die Stadt neu sehen" bedeutet traditionelle Sicht- und Handlungsweisen in Frage zu stellen. Damit öffnen sich neue Perspektiven in die Zukunft. Die Auseinandersetzung mit dem eigenen Blickwinkel ist kein Selbstzweck, sondern unmittelbar mit zukünftigen Handlungsmöglichkeiten verknüpft: Je vielfältiger die eigenen Wahrnehmungsmöglichkeiten werden, umso mehr Handlungsansätze ergeben sich, und umso flexibler und differenzierter kann auf neue Entwicklungen reagiert werden.

„Die Stadt neu sehen" muss gelernt werden. Die Zeit bis zum Stadtjubiläum ist daher auch eine Entwicklungszeit, in der im Diskurs mit externen Fachleuten neue Blickwinkel und Sichtweisen gefunden und überprüft werden. Trotz des konkreten Anlasses im Jahr 2015 ist das Konzept der Stadtausstellung von Anfang an darauf ausgerichtet, mehr als ein punktuelles Ereignis zu sein: Sie soll Entwicklungen anregen, die sich verstetigen und auch nach 2015 weiter wirksam bleiben.

3 Wie kann das Nachdenken über Kultur und Nachhaltigkeit bei der Arbeit an der Stadtausstellung weiterhelfen?

Wie kann das Nachdenken über Kultur und Nachhaltigkeit bei der Arbeit an der Stadtausstellung weiterhelfen? In der praktischen Arbeit wird deutlich, dass das Zusammenspiel von Kultur und Nachhaltigkeit auf dreifache Weise nützlich sein kann: bei der Beschreibung einzelner Elemente der Stadtausstellung, bei der konzeptionellen Standortbestimmung und schließlich bei der Entwicklung eines innovativen Konzepts für die Ausstellung.

Beschreibung der einzelnen Elemente der Stadtausstellung

Die Stadtausstellung ist als ein vielschichtiges Konzept angelegt, das Aussagen sowohl zur Gesamtausstellung als auch zu den einzelnen ausgestellten Projekten trifft. Das Begriffspaar Kultur und Nachhaltigkeit bietet auf verschiedenen Ebenen Ansatzpunkte, um dieses mehrdimensionale Projekt zu beschreiben.

Positionierung

In den Methoden und Vorgehensweise von Stadtplanung und Stadtentwicklung sind die beiden Dimensionen Kultur und Nachhaltigkeit durchaus angelegt, auch wenn die theoretische Auseinandersetzung mit dem Zusammenspiel beider Konzepte nicht unmittelbar im Vordergrund steht. Die Beschäftigung mit den Komplexen „Kultur“ und „Nachhaltigkeit“ vor dem Hintergrund der Arbeit an der Stadtausstellung trägt daher auch zur eigenen Standortbestimmung bei: Das Zusammendenken der verschiedenen Facetten beider Ideen hilft bei der Reflexion der eigenen Herangehensweise und der eigenen Interpretation von „Kultur“ und „Nachhaltigkeit“ – auch im Hinblick auf das eigene Verständnis von Stadt und Stadtentwicklung. Besonders deutlich wird dieser Effekt, wenn es um die Entwicklung eigener Auswahlkriterien für die Exponate der Stadtausstellung geht.

Innovative Konzeptentwicklung

Die trotz aller Versuche der Integration vorhandene Unterschiedlichkeit der beiden Begriffe „Kultur“ und „Nachhaltigkeit“ eröffnet die Möglichkeit, das noch zu entwickelnde Format der Stadtausstellung aus dem engen Kontext der klaren disziplinären Zuordnung mit den entsprechenden Bewertungsmaßstäben herauszulösen. Auf diese Weise wird der Freiraum geschaffen, eine innovative Lösung zu entwickeln.

4 Die Stadtausstellung beschreiben – Die Stadtausstellung als ein nachhaltiges kulturelles Produkt

Das Konzept der Stadtausstellung zeichnet sich durch seine Komplexität aus. Die beiden Themen Kultur und Nachhaltigkeit bieten Ansätze, die verschiedenen Dimensionen der Stadtausstellung zu beschreiben und zu klären.

Die Stadtausstellung als kuratorisches Projekt

Die Stadtausstellung ist als Ausstellung selbst ein kulturelles Produkt, oder wenn man sie eher als Prozess begreift, eine kulturelle Praxis. Nicht nur im Sinne einer allgemeinen kulturellen Leistung, sondern auch im Sinne einer eher kunstnahen Interpretation des Begriffs „Kultur“.

Angesichts zeitgenössischer Strömungen in der Bildenden Kunst, die die Grenzen zwischen kuratorischer Tätigkeit und künstlerischer Praxis aufzuweichen suchen (vgl. u.a. Schade 1999), kann man die Konzeption der Stadtausstellung durchaus auch auf ihre künstlerisch-ästhetische Dimension hin befragen. Dabei sind an dieser Stelle nicht nur die visuelle Erscheinung und die sinnliche Kommunikation der Stadtausstellung gemeint, sondern auch die ästhetische Qualität des Konzepts, die Schönheit der Ideen.

Dennoch entspricht die Stadtausstellung nicht völlig einem freien künstlerisch-kuratorischen Ansatz. Ähnlich wie Architektur und Stadtplanung als angewandte Künste ihrem funktionalen Auftrag folgen, hat die Stadtausstellung auch den Anspruch, fachliche Positionen zu entwickeln und zu vermitteln. Innerhalb dieser Positionen spielt die Nachhaltigkeit als Handlungskriterium eine wichtige Rolle.

Die Stadtausstellung und die Vermittlung

Eine wesentliche Aufgabe der Stadtausstellung wird die Vermittlung ihrer Inhalte sowohl an das Fachpublikum als auch an die Bürger der Stadt sein. Sowohl das „neue Sehen“ als eine kulturelle Strategie als auch Inhalte zur nachhaltigen Stadtentwicklung müssen sprachlich so gefasst werden, dass sie zum einen vermittelbar sind und zum anderen der konzeptionelle Zusammenhang zwischen beiden Gedanken deutlich wird.

Die Auseinandersetzung mit einer alltagssprachlichen Verwendung der Begriffe scheint deshalb sehr wichtig zu sein: wenn man weiß, wie „Nachhaltigkeit“ normalerweise verstanden wird, kann man sich bewusst diesem Konzept anschließen oder muss für andere Vorstellungen eben auch andere Begriffe benutzen. Diese Überlegung schließt aber nicht aus, sich in der öffentlichen Diskussion mit den Inhalten der Begriffe auseinanderzusetzen und möglicherweise ein verändertes Verständnis der Begriffe zu erreichen.

Ein wichtiger Bestandteil der Stadtausstellung ist also die kulturelle Praxis des Vermittelns. Wenn die Stadtausstellung eine nachhaltige Wirkung entfalten soll, wird hier sicherlich ein wesentlicher Anknüpfungspunkt sein. Konkretere Überlegungen zu Strategien und Formaten der Vermittlung im Rahmen der Stadtausstellung sind allerdings noch in der Entwicklung.

Die Stadtausstellung als Teil der Stadtentwicklung

Die Konzeption der Stadtausstellung ist nicht nur ein Präsentationskonzept für besonders gelungene Beispiele planerischer Praxis, sondern sie ist selbst Projekt und Teil der Stadtentwicklung. Damit wird auch an die Stadtausstellung der Anspruch auf Nachhaltigkeit gerichtet: die Ausstellung sollte trotz ihrer Ausrichtung auf ein bestimmtes Datum kein punktuelles Ereignis, sondern Teil eines langfristigen Diskurses mit und in der Öffentlichkeit sein.

5 Auswahlkriterien für Projekte – Positionierung zwischen Nachhaltigkeit und (Bau-)Kultur

Bei den Projekten der Stadtausstellung hat man es mit Exponaten zu tun, die alle sowohl technische, soziale und kulturelle Züge tragen und die qualitativ unter Gesichtspunkten der Nachhaltigkeit bewertet werden sollen. Hier stellt sich die Frage, wie Kultur und Nachhaltigkeit zusammen zu denken sind, ganz praktisch.

Ein Bestandteil an der Arbeit für das Memorandum für die Stadtausstellung ist daher die Entwicklung der Kriterien dafür, ob ein Projekt Teil der Stadtausstellung werden soll oder nicht. Auch auf dieser Ebene müssen Kultur und Nachhaltigkeit in einen Zusammenhang gestellt werden: die ausgewählten Projekte sollen in verschiedenen Dimensionen (einschließlich der soziokulturellen Dimension) nachhaltig sein, außerdem sollen sie auch im baukulturellen/gestalterischen Bereich herausragend sein. Hinweise darauf, wie sich solche Qualitäten ausformulieren lassen, liefern Konzepte, die konkrete Bewertungskriterien für einzelne Vorhaben vorstellen. Neben der Konkretisierung einzelner Fragestellung deutet sich hier auch das Verhältnis der einzelnen Dimensionen zueinander an: entweder stehen sie eher nebeneinander oder es wird nach einem Weg gesucht, verschiedene Aspekte in einen sinnvollen Zusammenhang zu bringen. Bei beiden Herangehensweisen wird aber auch deutlich, dass das Verhältnis von Kultur und Nachhaltigkeit sich zumindest in diesem Bereich in einem noch relativ ungeklärten Zustand befindet.

Bauprojekte

Im Bezug auf Gebäude gibt es offensichtlich verschiedene Denkrichtungen, die sich der Entwicklung von Bewertungskriterien für Kultur und Nachhaltigkeit annähern. Die eine Betrachtungsweise geht vom jeweils zu Grunde gelegten Konzept der Nachhaltigkeit aus und entwickelt vor diesem Hintergrund auch Kriterien für soziokulturelle oder kulturelle Fragen. Ein Beispiel dafür sind die Empfehlungen des Schweizerischen Ingenieur- und Architektenvereins von 2004. Die hier zusammengestellten Kriterien gliedern sich in die Bereiche „Gesellschaft", „Wirtschaft" und „Umwelt". Innerhalb der gesellschaftlichen Dimension von Nachhaltigkeit werden unter den Überschriften „Gemeinschaft", „Gestaltung", „Nutzung und Erschließung" und „Wohlbefinden, Gesundheit" auch (sozio-)kulturelle Fragestellungen berührt (vgl. SIAV 2004, S. 16f.). Neben Fragen wie der nach Solidarität und Gerechtigkeit oder Partizipation im Planungsprozess wird auch der Bereich der Gestaltung angerissen. Hier werden Kriterien formuliert, die die räumliche Identität und die Möglichkeit von Orientierung durch Wiedererkennung fordern, aber auch dem Wunsch nach individueller Gestaltung und Personalisierung als Grundlage für eine nachhaltige Akzeptanz von Gebäuden nachgehen. Gleichzeitig werden aber offensichtlich nicht alle Aspekte der kulturellen Dimension (z.B. die der Symbolkraft eines Gebäudes oder aber die ästhetische Gestaltungsentscheidung) berücksichtigt.

Die andere Richtung, aus der man sich den Qualitätskriterien nähern kann, ist die Baukultur. Aktuelle Konzepte, wie das der Bundesstiftung Baukultur, versuchen ebenfalls, soziokulturelle und ästhetische Qualitätsansprüche mit dem Gedanken der Nachhaltigkeit zu verknüpfen. Im Konzept der Bundesstiftung stehen verschiedene Bewertungsdimensionen („die Nachhaltigkeit und Dauerhaftigkeit, die Nutzbarkeit und gesellschaftliche Akzeptanz, die Wirtschaftlichkeit und nicht zuletzt die dem spezifischen Ort angemessene Gestaltqualität") nicht nur nebeneinander, sondern sie sollen sich „vergleichbar einem Mobile" in einem „sinnfälligen Miteinander bewegen" (BSBK 2010).

Um dieses „sinnfällige Miteinander" zu bestimmen, um das „Mobile auszutarieren", wird auf den kontinuierlichen Dialog zwischen allen Beteiligten verwiesen und damit der Blick auf den Einzelfall gelenkt. Als Grundvoraussetzung wird dabei eine „hohe Sensibilität und Verantwortung aller für die Qualität unserer Häuser, Straßen, Plätze, Brücken und Parks" beschrieben (vgl. BSBK 2010). Für das Zusammenspiel zwischen unterschiedlichen Dimensionen und Nachhaltigkeit wird also eine ethische Haltung herangezogen, die als Bindeglied zwischen den verschiedenen Kategorien dient.

Nicht-bauliche Projekte

Während man bei der Beschreibung von kulturellen und nachhaltigen Eigenschaften von Gebäuden immerhin noch im gedanklichen Rahmen von „Nachhaltigkeit im Hochbau“ und den Bewertungskriterien der „Baukultur“ bewegen kann, ist dies bei Verfahren und organisatorischen Konzepten nicht so einfach. Solche Projekte, die sich dem Bereich kultureller und sozialer Praxis annähern, werden aber im Rahmen der Stadtausstellung eine wichtige Rolle spielen. Man muss sich also hier fragen, wie man die Nachhaltigkeit einer (temporären) kulturellen Praxis beschreiben und schließlich realisieren kann. Hinweise darauf liefern hier beispielsweise die Ansprüche, die der Deutsche Evangelische Kirchentag vor dem Hintergrund der Nachhaltigkeit an seine tägliche Arbeit, aber auch an seine Veranstaltungen richtet (vgl. DEK o.J.). Dabei wird deutlich, dass der nachhaltige Umgang mit Ressourcen, die Orientierung an Fragen des Umweltschutzes sich unmittelbar aus dem weltanschaulichen Konzept des Kirchentags („Bewahrung der Schöpfung“) ergibt.

Ganz praktisch um die Verstetigung kultureller und soziokultureller Veränderungen als Teil eines veranstaltungsbezogenen Nachhaltigkeitskonzeptes geht es im Nachhaltigkeitsbericht für die Fußballeuropameisterschaft 2008. Er wurde herausgegeben von den beiden Gastgeberländern Österreich und Schweiz unter Mitarbeit der EURO 2008 Switzerland Austria (SA) sowie der acht Host Cities Basel, Bern, Genf, Innsbruck, Klagenfurt, Salzburg, Wien und Zürich und evaluiert unter anderem auch die Dimension Soziales/Kultur anhand von konkreten Zielsetzungen (u.a. Fanarbeit, Barrierefreiheit, Jugend, Bewegungsförderung und (Fussball-)Kultur; vgl. BMLFUW et al. 2008, S. 67f.).

Es gibt also bereits verschiedene Ansätze dafür, auch für Veranstaltungen Nachhaltigkeitskriterien zu entwickeln. Gleichzeitig wird deutlich, dass die evaluierten Schwerpunkte gerade in der kulturellen Dimension unmittelbar mit den Inhalten der Veranstaltungen verknüpft sind und deshalb nicht im Sinne eines allgemeinen Katalogs auf die Stadtausstellung zu übertragen sind.

6 Kultur, Nachhaltigkeit und die Zukunft: Raum für Innovation

Eine Besonderheit an der Stadtausstellung – etwa im Vergleich zur Fußballeuropameisterschaft – ist auch, dass sie eine gewisse Ambivalenz aufweist, was ihre eigene zeitliche Begrenzung betrifft. Auch wenn es im Jahr 2015 einen Höhepunkt der Aktivitäten geben wird, versteht sich das Konzept der Stadtausstellung doch als Teil des andauernden Prozesses der Stadtentwicklung. Deshalb stellt sich die Frage nach der Nachhaltigkeit für die Stadtausstellung auf besondere Weise: Wie kann man die Nachhaltigkeit einer temporären kulturellen Praxis entwickeln, deren Ziel es ist, baukulturelle und damit auch nachhaltige Qualitäten in Karlsruhe dauerhaft zu diskutieren und zu realisieren?

Während der zweite Teil der Frage auf den spezifischen Zuschnitt von baukulturellen Fragen auf Karlsruhe abzielt, richtet sich der zweite Teil auf die Verstetigung und Weiterentwicklung dessen, was durch die Stadtausstellung erreicht werden soll: Ein lebendiger Diskurs über innovative Handlungsoptionen im Umgang mit einer ungewissen Zukunft und die Umsetzung der Ergebnisse dieses Diskurses in wegweisenden Projekten und Strategien vor dem Hintergrund der Nachhaltigkeit.

Verschränkt man beide Ebenen der Fragestellung, wird deutlich, dass sich die Stadtausstellung mit der Umsetzung von etwas, das man als eine „spezifische Kultur der Nachhaltigkeit" beschreiben könnte, beschäftigt.

Auf diese Weise werden sehr praktische Fragen aufgeworfen: Wie können ein Thema und die Diskussionskultur dauerhaft in der Stadtgesellschaft verankert werden? Welche Verfahren können dazu beitragen, einen Diskussionsprozess so zu initiieren, dass er sich irgendwann von selbst trägt, auf diese Weise nachhaltig wird? In welchen Zusammenhängen und Disziplinen gibt es mit einem solchen Vorhaben schon Erfahrungen (z.B. politische Bildung)?

Im Konzept der Stadtausstellung werden Antworten gesucht, indem man sich den Fragen über den unmittelbaren Bezug zu Karlsruhe und seinen Stärken und Schwächen nähert. In diesem Sinne ist die Karlsruher Stadtkultur, die Identität Karlsruhes die wichtigste Grundlage dafür, ein maßgeschneidertes Vorgehen für Karlsruhe zu entwickeln. Die Arbeit mit den Gegebenheiten vor Ort, seien es materielle, ökonomische, soziale oder eben kulturelle, tragen dazu bei, ein Konzept zu entwickeln, das nicht im Widerspruch zur Eigendynamik der Stadt steht. Impulse aus der Stadt werden aufgenommen und weitergeführt, Reibungsverluste durch „eingebaute", der Stadt fremde Widerstände sollen minimiert werden. Auf diese Weise soll nicht nur die Umsetzung der Ideen effektiver, sondern auch die langfristige Weiterführung der angestoßenen Entwicklungen erleichtert werden.

So ergeben sich eine ganze Reihe Fragen, die die weitere Arbeit am Konzept der Stadtausstellung befruchten: Was wissen wir über Karlsruhe und seine Identität? Wer diskutiert die Zukunft von Karlsruhe wann und in welchem Rahmen? Welche Aspekte von Kultur und Nachhaltigkeit treffen den Nerv der Stadt und werden deshalb weiterdiskutiert? Wenn sich Karlsruhe in Zukunft verändern wird, was muss bestehen bleiben, damit die Identität der Stadt erhalten bleibt? Kann man von der Resilienz einer Stadtidentität sprechen und wenn ja, kann man diese stärken und damit arbeiten? Für die Annäherung an diese und ähnliche Fragen kann das „neue Sehen" ein Weg sein, zwischen theoretischer Frage und praktischem Ortsbezug zu vermitteln. In diesem Sinne wird es bei der weiteren Arbeit am Konzept der Stadtausstellung darum gehen, ganz eigene Zielsetzungen zu beschreiben, die im Rahmen der Stadtausstellung nachhaltig realisiert werden sollen.

Literatur

BMLFUW – Bundesministerium für Land- und Forstwirtschaft, Umwelt und Wasserwirtschaft (Österreich); ARE – Bundesamt für Raumentwicklung (Schweiz); BAFU – Bundesamt für Umwelt (Schweiz); BASPO – Bundesamt für Sport (Schweiz) (2008): Nachhaltigkeitsbericht zur UEFA EURO 2008™ (URL: http://www.swissolympic.ch/desktopdefault.aspx/tabid-3807//4806_read-28300/; 10.03.2010)

BSBK – Bundesstiftung Baukultur (2010): Über Baukultur (URL: http://www.bundesstiftung-baukultur.de/index.php?id=8; 04.03.2010)

DEK (o. J.) – Deutscher Evangelischer Kirchentag: Die Umweltstrategie des Kirchentages (URL: http://www.kirchentag.de/das-ist-kirchentag/klimaschutz/umweltstrategie.html; 10.03.2010)

Schade, S. (1999): Zu-Sehen-Geben. Reflexionen kuratorischer Praxis. In: Richter, D.; Drabble, B. (Hg.) (1999): Curating Degree Zero. Bremen

SIAV – Schweizerischer Ingenieur- und Architektenverein (2004): Nachhaltiges Bauen – Hochbau. Ergänzungen zum Leistungsmodell SIA 112. Zürich

Nachhaltigkeit und Kompatibilität – Voraussetzungen und Perspektiven hochwertiger Kulturlandschaften

Das Beispiel der historischen Villen am Comer See

Rita Colantonio, Flavio Venturelli

Vorbemerkung

Das kulturelle Gepräge einer Gesellschaft lässt sich stets an der Ordnung „ihrer" Landschaft ablesen.[1] Seit rund zwei Jahrzehnten haben sich auch in Europa Nachhaltigkeitsprinzipien als Grundlage der Kultur sowie der Landschaftsplanung und des Landschaftsmanagements verbreitet, doch ist die Überprüfung ihrer Kompatibilität mit dem aktuellen Zustand der Landschaft, in der man handelt, notwendig. Erarbeitung und Anwendung einer auf die Beziehung zwischen Nachhaltigkeit und Kompatibilität gerichteten Arbeitsmethode sind das Resultat der seit einigen Jahren bestehenden engen und fruchtbaren Zusammenarbeit zwischen dem Karlsruher Institut für Technologie (KIT) und der Universität Ancona – Università Politecnica delle Marche (UNIVPM).

1 Die Begriffe Nachhaltigkeit und Kompatibilität

Bekanntlich inspiriert sich der im Bericht der Brundtland-Kommission (vgl. Brundtland 1987) benutzte Begriff der Nachhaltigkeit an dem Begriff, den die Forstwissenschaft zur Bezeichnung der Regenerierungsfähigkeit von Wäldern formuliert hat, die so eingeschlagen werden, dass sie ihr Ressourcenangebot langfristig bewahren. Die Verwendung dieses Begriffs in dem Bericht von 1987 beinhaltete die Überwindung eines Kulturmodells, das sich zum einen auf den strengen, rechtlich bindenden Schutz hochwertiger Kultur- und Naturgüter, zum anderen auf die fehlende angemessene Kontrolle aller anderen Aspekte des kollektiven Erbes der Menschheit gestützt hatte. An dem neuen Modell, das mehr auf den Gebrauch und den Schutz dieses Gesamterbes achtet und den heutigen Managementansprüchen sicher angemessener ist, orientieren sich verschiedene europäische Dokumente. Besonders bedeutsam und innovativ sind das Europäische Raumentwicklungskonzept (vgl. EUREK 1999) und die Europäische Landschaftskonvention (vgl. Europarat 2000).

1 Die Autoren bedanken sich bei Frau *Dr. Leonie Schröder* für die Übersetzung des Textes aus dem Italienischen.

2 Kompatibilität nachhaltiger Projekte: ein Methodenvorschlag

Die nachstehend präsentierte Methode zeigt, wie multidimensionale Nachhaltigkeit in Kompatibilität mit der spezifischen ökonomischen, ökologischen und sozialen Realität eines betreffenden Gebiets übersetzt werden kann. Das operative Schema dafür zeigt Abbildung 1.

Ausgehend von der Landschaft als einem einheitlichen strukturellen und funktionalen Gesamtsystem werden die notwendigen Phasen entwickelt, um durch die im Abschnitt 3 beschriebene und anhand geeigneter Indikatoren (vgl. Wiggering/Müller 2004) durchgeführte Analyse den Zustand der Strukturen zu erkennen, deren Potenzialitäten und Störungen zu diagnostizieren und Entscheidungen im Hinblick auf die Funktionen zu treffen, die mit dem gegenwärtigen Systemzustand kompatibel sind. Nachdem man die nichtkompatiblen Funktionen ausgeschlossen hat, kann man mit gewisser Begründetheit entscheiden, welche Strukturen die kompatiblen Funktionen erfüllen werden, und dann die Raumordnung der Strukturen durch ein städtebauliches und/oder architektonisches Projekt bestimmen. Die Kompatibilität der Entscheidungen muss sowohl durch die Überprüfung der durch sie zu erwartenden Veränderungen wie anhand der geltenden Rechtsnormen erwiesen sein. Die zweite Anwendung der Indikatoren ist in diesem Sinn von großem Nutzen, weil sie unter denjenigen ausgewählt wurden, die an der Kompatibilität ausgerichtet und/oder für das bestimmte Gebiet erstellt worden sind. Der grundlegende Aspekt der Methode besteht darin, dass sie gemäß den Prinzipien der ELK die Beteiligung der Bevölkerung, der diese Landschaft „gehört", an allen Planungsphasen und nicht nur an der abschließenden Phase der Projektüberprüfung vorsieht (siehe Tab. 1).

3 Die historischen Villen am Comer See: Entstehung und Entwicklung einer Landschaft

3.1 Die Analyse- und Bewertungsmethode

Jede Landschaft ist das Entwicklungsergebnis zahlreicher interagierender Phänomene natürlichen und anthropischen Ursprungs, also der Wechselwirkungen zwischen Öko-, Agro-Öko- und Technosystemen. Jedes Phänomen hinterlässt materielle Spuren in der Landschaft, d.h. räumliche Strukturen, die ihrerseits neue Funktionen übernehmen (vgl. Dramstad/Forman/Olson 1996). Mit der Entwicklung der Phänomene entsteht eine Stratifikation solcher Strukturen (vgl. McHarg 1969). Die Eingriffe des Menschen in die Landschaft folgen zudem stets einer bestimmten Konzeption seines Handelns – Kulturmodell –, die für die

Abb. 1: Die Methode des Arbeitsteams wird aus dem landschaftsökologischen Paradigma gewonnen

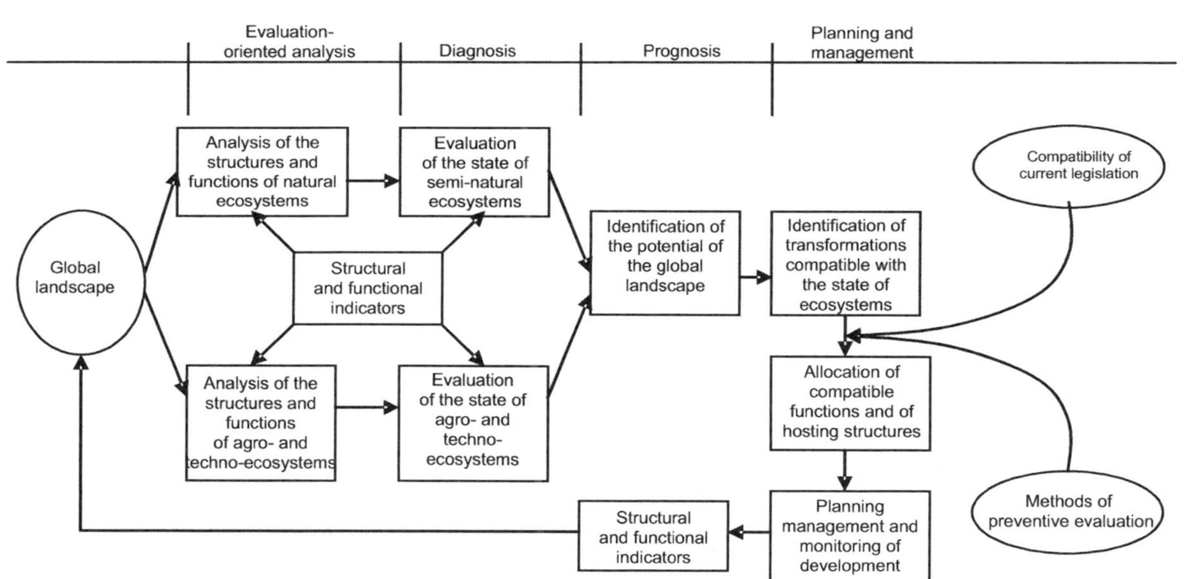

Quelle: Nach Colantonio et al. 2009, S. 58

Tab. 1: Die Arbeitsphasen im zirkulären Planungsprozess

Phasen des Planungsprozesses / Interpretationsschlüssel	Bestandsaufnahme	Analyse	Diagnose	Prognose	Planungshinweise	Überprüfung der Planungsvorschläge und Start des zirkulären Prozesses
Ökonomisch	Ortsbesichtigung und Ermittlung der Besonderheiten und Potenzialitäten des Gebiets durch Begegnung mit den Akteuren und Sammlung von fotografischem, kartografischem u. a. Material	Definition ökonomischer Belastungsindikatoren	Bewertung der ökonomischen Komponenten anhand der definierten Indikatoren	Ausschluss der nichtkompatiblen und Angabe der entwicklungsfähigen Funktionen	Unterstützung der mit den bestehenden Gebietsstrukturen kompatiblen Prozesse und Empfehlung von Strategien zur Rehabilitation der Landschaft. Übertragung auf die Raumordnung des Gebiets.	Erneute Anwendung der in der Analysephase definierten ökonomischen, ökologischen und sozialen Indikatoren. Ständige Beobachtung der unmittelbaren und späteren Folgen des Projekts für das Gebiet und Start des zirkulären Prozesses einer fortwährenden Anpassung der Bestandsaufnahme, Analyse, Diagnose, Prognose, des Projekts und der Überprüfung.
Ökologisch		Definition struktureller und funktionaler ökologischer Belastungsindikatoren	Beurteilung des ökologischen Zustands anhand der definierten Indikatoren	Ausschluss der mit den ökologischen Strukturen nichtkompatiblen und Angabe der kompatiblen Funktionen		
Sozial und kulturell		Definition sozialer und kultureller Belastungsindikatoren	Bewertung der sozialen Situation anhand der definierten Indikatoren	Ermittlung der Potenzialitäten für die Verbesserung der sozialen und kulturellen Situation		

Quelle: Colantonio 2008b

jeweilige Epoche prägend ist. Kennzeichnend ist dies für Kulturlandschaften, die sich als solche definieren lassen, insofern die Stratifikation der Strukturen aus der Dynamik der Aufeinanderfolge unterschiedlicher Kulturmodelle hervorgeht (vgl. Küster 2008b). Die Aufgabe der Analyse von Kulturlandschaften besteht folglich darin, die Entwicklung der Strukturen und Funktionen sowie der Kulturmodelle nachzuvollziehen, die sie hervorgebracht haben, indem sie die verschiedenen Schichten erkennt und interpretiert. Auf diese Weise kann die Analyse die ökologischen wie kulturellen Besonderheiten einer Landschaft zutage fördern und folglich beurteilen, welche aktuellen oder künftigen Funktionen mit diesen kompatibel sind.

Daher haben sich die Bemühungen der Forschungsgruppe vor allem auf die Erarbeitung einer Arbeitsmethode gerichtet, die das Analysesystem der Landschaftsökologie mit der architektonischen Raumanalyse verbindet. Besonders fruchtbar war das Anknüpfen an Überlegungen, die in den letzten Jahrzehnten im Bereich der Architektur herangereift sind,[2] insbesondere hinsichtlich

- der Definition des physischen Raums als Palimpsest, d.h. als Stratifizierungsprozess, der sich gleichzeitig auf verschiedenen Maßstabsebenen vollzieht (vgl. u.a. Birindelli 1987; Corboz 2001; Valena 1990);
- der Beziehung zwischen Strukturen des physischen Raums und kulturellen Konzeptionen bzw. Modellen (vgl. u.a. Ungers 1982; Venturi 1966).

Diese Methode, die die ökologischen Gegebenheiten mit den historischen verknüpft, untergliedert sich in folgende Phasen:

- Ermittlung und Klassifizierung der Raumstrukturen und entsprechenden Schichten;
- Ermittlung der Funktionen, die zu unterschiedlichen historischen Zeiten von den jeweiligen Strukturen erfüllt wurden;
- Ermittlung des allgemeinen ökologischen Rahmens und des Kulturmodells, denen sich die verschiedenen historischen Schichten verdanken;
- Diagnose des aktuellen Zustands in Bezug zur Analyse der Schichten und vorbereitende Ermittlung für eine Prognose, d.h. für die Bewertung der Störungen und des Entwicklungspotenzials der Landschaft.

2 Diese Überlegungen entstanden aus der kritischen Revision, der zahlreiche Autoren die städtebaulichen Ansätze der Moderne unterzogen haben (vgl. Jencks/Kropf 2006).

3.2 Der Comer See

Relevanz der Fallstudie

Die historische Villenlandschaft ist aus dreierlei Gründen exemplarisch:

- Es handelt sich um eine Kulturlandschaft im buchstäblichen Sinn des Wortes. Beispielhaft illustriert sie die Landschaftsdefinition, die der Europäischen Konvention zugrunde liegt, denn sie ist das Ergebnis eines geistigen Entwurfs, der in einer bestimmten historischen Zeit in einem klar definierten gesellschaftlichen Umkreis entstand – dem der wirtschaftlichen, politischen und kulturellen Elite, die sich in der ersten Hälfte des 19. Jahrhunderts in der Lombardei herausgebildet hatte.
- Die Überlagerungen menschlicher Tätigkeiten sind besonders offensichtlich, insofern in jeder Epoche die von der vorausgegangenen Epoche erzeugten Raumstrukturen neu interpretiert worden sind.
- Am Comer See lässt sich ein Modell erkennen, das zwar spezifische lokale Merkmale aufweist, aber auf ähnliche Weise an vielen anderen Orten Europas vorkommt. Versteht man die Entstehung und späteren Entwicklungen solcher Landschaften, so lassen sich daraus Leitlinien für eine Entwicklungsstrategie gewinnen, die mit deren Spezifik kompatibel, also in konkretem Sinn nachhaltig ist.

In diesem Abschnitt wird daher die Entstehung und spätere Entwicklung der Comer Landschaft dargestellt, wie sie sich aus der Interpretation ihrer Raumstrukturen ableiten lässt. Die Veränderungen werden auf regionaler wie auf lokaler Ebene analysiert. Ein besonderes Augenmerk gilt der Villa Mylius-Vigoni, die als exemplarisch gelten darf, weil sie noch heute einen Großteil ihrer ursprünglichen Merkmale bewahrt.

Historisch-geografischer Rahmen

Die Comer See-Region (Insubrien) weist eine homogene Gestalt auf, obwohl sie sich verwaltungsmäßig in zwei getrennte Gebiete unterteilt: den Kanton Tessin und die Lombardei. Diese beiden Gebiete sind seit Jahrhunderten durch die „Via Regina", eine am engen, gewundenen Westufer des Sees verlaufende Straße, miteinander verbunden. Zusammen mit dem Grundriss der Stadt Como ist diese Straße eine noch heute erkennbare Spur der römischen Kolonisierung der Region. Die heutige historische Villenlandschaft ist jedoch überwiegend in vier späteren Phasen entstanden (vgl. Colantonio 2008a; Venturelli 2008; siehe Abb. 2 und 3):

- der Epoche der vorwiegend ländlichen Ökonomie vom Mittelalter bis zum Ende des 18. Jahrhunderts;

- der Zeit des Villenbaus neoklassizistischen Typs, in der eine noch stark an die landwirtschaftliche Produktion gebundene protoindustrielle Wirtschaft vorherrschte;
- der Industrialisierungsphase des Tessins und der Lombardei, in der am See die typischen Strukturen des Elite-Tourismus entstanden (Grand Hotels etc.);
- der gegenwärtigen postindustriellen Epoche, die durch die Dienstleistungswirtschaft gekennzeichnet ist; der Tourismus am See ist kein Elite-Tourismus mehr und das Gebiet ist zum Wohn- und Arbeitsort einer metropolitanen Gesellschaft geworden, die sich ohne nennenswerte Unterbrechungen zwischen dem Tessin und der Lombardei entwickelt hat.

3.3 Siedlungs- und Kulturmodelle an den Ufern des Comer Sees

Epoche der ländlichen Ökonomie – Erste Schicht

Die Steilufer des Comer Sees waren im Besitz verschiedener Gemeinschaften, die sich im Laufe des Mittelalters in unabhängigen, rivalisierenden Städten organisiert hatten (z.B. Como und Lecco). Diese Besitzungen lieferten den Gemeinschaften das Notwendige für den Unterhalt, insbesondere durch die Entwicklung von landwirtschaftlichen Tätigkeiten und Bergbau (vgl. Galli 2002; siehe Tab. 2):

- Kastanien-, Wein-, Oliven- und Zitronenanbau;
- Subsistenzanbau (Saatland usw.);
- Viehzucht in hohen Lagen und Käseherstellung;
- Produktionskette der Seide: Maulbeeranbau, Seidenraupenzucht, Spinnerei;
- Eisenabbau.

Zeit des Villenbaus – Zweite Schicht

Die Durchsetzung des Unternehmerbürgertums in der Neuzeit revolutionierte die gesellschaftlichen Strukturen, die sich in den vorausgegangenen Jahrhunderten in Europa gefestigt hatten. Bekanntlich brachte dies auch im kulturellen Bereich, mit einem Neuaufleben klassizistischer Regeln in Kunst und Literatur sowie als Geschmacksphänomen, erhebliche Veränderungen mit sich (vgl. Argan 1970; Kaufmann 1955; Wittkower 1974). In der Lombardei behauptete sich die neue Gesellschaftsklasse seit der napoleonischen Besetzung und im Verlauf der ersten Hälfte des 19. Jahrhunderts (vgl. Fußnote 3).

Dank der Pflege, die die ländliche Kultur dem Gebiet hatte angedeihen lassen, und der reizvollen Merkmale der Landschaft und des lokalen Klimas konnte der Comer See leicht mit einer Region der klassischen und klassizistischen Vorstellungswelt gleichgesetzt werden: mit Arkadien, dem Ort des idylli-

Tab. 2: Die Region des Comer See als ländliches Gebiet

Schicht – Epoche	1 – Die Region als ländliches Gebiet Vom Mittelalter bis zum 18. Jahrhundert
Erkennbare Spuren	Kompakte Orte Spähtürme Heiligtümer und Votivkapellen Gepflasterte Verbindungswege zwischen Bergen, Ortschaften und See Landwirtschaftliche Terrassierungen und Stützmauern Landwirtschaftliche Gebäude
Räumliche Konfiguration Beziehung zur Physiografie	*Anpassung an die bestehende Geländeform:* Netz vereinzelter, gegenseitig sichtbarer Orte, die so an den Berghängen erbaut wurden, dass die Kontrolle des Gebiets und der Land- und Seewege möglich war *Veränderung der Geländeform:* Maßnahmen zur Unterstützung der landwirtschaftlichen Produktion (Terrassierungen, Kanalisierung) in Verbindung mit Abholzung an den Berghängen
Kulturelle Funktionen	Kontrolle und Pflege des Gebiets seitens der einzelnen Gemeinschaften
Ökologische Funktionen	Relatives Gleichgewicht zwischen menschlichen Produktionstätigkeiten und ökologischem Landschaftszustand Ökologie Ökonomie Gesellschaft

Eigene Darstellung

schen Gleichgewichts des Menschen mit der Natur (vgl. Küster 2008c). Die neoklassizistische Comer Villenlandschaft entstand folglich unter dem Einfluss eines literarischen Vorstellungsbildes, das eine gemeinsame Form der Eingriffe in die früheren Gebietsstrukturen bedingte (siehe Tab. 3):

- die monumentalen Anlagen entstanden an den reizvollsten Stellen;
- die typischen Siedlungsmerkmale der vorausgegangenen Epoche wurden uminterpretiert; die Villen erhoben sich in vereinzelter Lage und fügten sich in das System der Sichtachsen zwischen den Orten der verschiedenen Ufer ein, zum Teil neue Achsen schaffend; dieses System, das zur Kontrolle des Gebiets entstanden war, diente nun dem ästhetischen Genuss des Sees;
- die Anlagen gliederten sich in das lokale Produktionsgewebe ein, insofern sie neben den Villen und Parks ausgedehnte landwirtschaftliche Besitzungen umschlossen, die eine zweifache Rolle spielten: zum einen sicherten sie den materiellen Unterhalt der Anlagen, zum anderen ermöglichten sie die Ausübung der ländlichen Tätigkeiten, die für die Realisierung des arkadischen Ideals wesentlich waren.

Die Definition des italienischen Geografen Eugenio Turri aufgreifend (vgl. Turri 2006), kann man behaupten, dass die Comer Villenlandschaft ein „Theater" darstellte, das den Genuss eines einheitlichen „Schauspiels" ermöglichte, vor allem bei der Schifffahrt auf dem See, die gegenüber den alten Straßen als schnellerer und sichererer Verkehrsweg bevorzugt wurde (siehe Abb. 4).

Tab. 3: Errichtung der neoklassizistischen Villen

Schicht – Epoche	2 – Errichtung der neoklassizistischen Villen Erste Hälfte des 19. Jahrhunderts
Erkennbare Spuren	Über 50[a] monumentale Villen- und Parkanlagen In einigen Fällen: Fortbestand der landwirtschaftlich genutzten Flächen in den Grenzen der Anlagen
Räumliche Konfiguration Beziehung zur Physiografie	Szenografische Interpretation der Landschaftsmerkmale (Mündung der Täler in das Seebecken) und der früheren Gebietsstrukturen zur Erschaffung einer einheitlichen Landschaft
Kulturelle Funktionen	Materielle Übertragung einer literarisch inspirierten ästhetischen Sicht auf das Gebiet
Ökologische Funktionen	Neues Gleichgewicht zwischen ökologischem Landschaftszustand, intensivierter menschlicher Produktionstätigkeit und Einbindung einer neuen Gesellschaftsklasse (Unternehmerbürgertum) Ökologie Ökonomie Gesellschaft

a: Vgl. die Anmerkung in Tabelle 8.
Eigene Darstellung

Industrielle und postindustrielle Epoche

Nach der ersten Hälfte des 19. Jahrhunderts verankerte sich die Villenlandschaft am Comer See rund ein Jahrhundert lang weiter, auch wenn dabei im Vergleich zu den Prinzipien des Neoklassizismus eklektischere Geschmacksrichtungen Ausdruck fanden. Auch verleiht der unveränderte Reiz der Panoramaperspektiven des Sees den Ufern nach wie vor eine idyllische Aura. Doch haben die Dynamiken der Industriellen Revolution und die ihrer Überwindung in Europa auch die Region Insubrien von Grund auf verändert – mit seit der Nachkriegszeit immer deutlicher werdenden Folgen. Denn diese Landschaft wird immer mehr als Platz ökonomisch nutzbarer Ressourcen und immer weniger als zu erschaffender und zu pflegender „Ort" gesehen. Ihre geografische Lage zwischen Alpen und Po-Ebene und an den großen Verkehrsachsen zwischen Nord- und Südeuropa ist die wichtigste dieser Ressourcen, die die Nutzung weiterer Ressourcen verlockend macht, darunter: die Panoramaqualität, aufgrund derer der Comer See nach wie vor ein äußerst attraktives Tourismusziel ist; die Hydrografie, die unter anderem die Ansiedlung kleiner Industrieanlagen ermöglicht; die Lage bebaubarer Grundstücke in der Nähe der Hauptverkehrswege, wodurch die

Ansiedlung neuer sozialer Gruppen begünstigt wird, die sich zu Wohnzwecken oder zur Anbietung von Dienstleistungen zwischen den Ballungsgebieten des Tessins und der Lombardei niederlassen (siehe Abb. 4).

Die offensichtlichste Folge dieser Dynamiken ist das rasche Verschwinden der landwirtschaftlichen Tätigkeiten, die als weniger gewinnbringend gelten, Hand in Hand mit einem spontanen Vordringen der Wälder in die vor Jahrhunderten entwaldeten Täler. Insgesamt ist ein schwerwiegendes Ungleichgewicht zwischen den verschiedenen Komponenten der Landschaft entstanden, das sogar das Fortbestehen derselben in Gefahr bringt (siehe Tab. 4).

Tab. 4: Vom Elite-Tourismus zum Phänomen der Suburbanisierung

Schicht – Epoche	3 und 4 – Vom Elite-Tourismus zum Phänomen der Suburbanisierung Von der zweiten Hälfte des 19. bis zum 21. Jahrhundert
Erkennbare Konfiguration	Baukomplexe der Grand Hotels und (stillgelegte) Fabriken Wohn- und Produktionssiedlungen
Räumliche Gestalt Beziehung zur Physiografie	Gestalt (nach Landschaftsgürteln): Ufergürtel, Tourismus- und Wohngebiet, mit Tendenz zum Ineinanderwachsen der Wohnorte Hügelgürtel und entlang der Verkehrswege, Wohngebiet und Handwerks- und Gewerbebetrieben Berggürtel, mit Tendenz zum Rückgang menschlicher Tätigkeiten und zur erneuten Ausdehnung der Wälder
Kulturelle Funktionen	Utilitaristische Ressourcennutzung: Panorama, Wasser, Böden
Ökologische Funktionen	Ungleichgewicht zwischen kontrastierenden Produktionstätigkeiten, auseinanderfallende soziale Gruppen, fortwährend bedrohter ökologischer Zustand Ökologie / Ökonomie / Gesellschaft

Eigene Darstellung

3.4 Das Beispiel der Villa Mylius-Vigoni

Die Familie Mylius und ihre Erben, die Vigoni, waren wichtige Familien der Mailänder Gesellschaft in den Jahren der napoleonischen Besetzung, des Risorgimento und der Einheit Italiens.[3] Ihre Villa befindet sich in Loveno di Menaggio, einer Ortschaft in mittlerer Hügellage am Westufer, und bietet einen herrlichen Blick auf den Zusammenfluss der drei Arme des Comer Sees (siehe Abb. 2).

3 Von besonderer Bedeutung ist Heinrich Mylius (1769-1854), ein Seidenfabrikant, Bankier, Mäzen und Philantrop deutscher Abstammung, der sich gegen Ende des 18. Jahrhunderts in Mailand niedergelassen hatte; für eine Bibliografie zu seiner Person und seiner Villa vgl. Venturelli 2008.

Abb. 2: Der Comer See

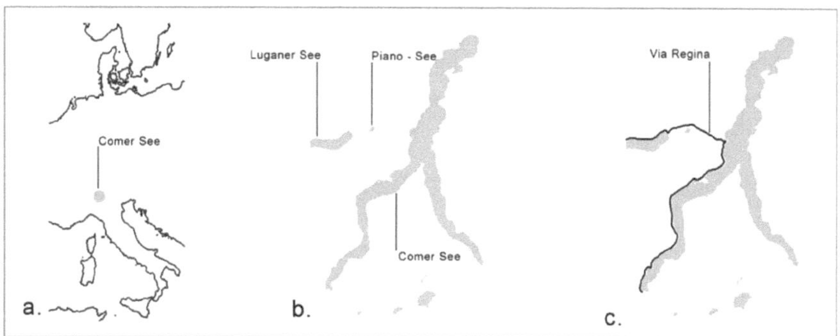

Eigene Darstellung

Die Anlage wurde ab 1829 erbaut und umfasst noch heute einen Großteil ihrer ursprünglichen Ausdehnung. Sie ist damit eine der wenigen Liegenschaften, die die ursprüngliche Dreiteilung in Villa, Garten und landwirtschaftliche Flächen bewahrt, wie im Abschnitt 4 gezeigt wird.

Die Mylius-Vigoni bemühten sich lange und erfolgreich um die Unterstützung der lokalen Bevölkerung und Wirtschaft. Davon zeugt die perfekte Verbindung zwischen den drei Komponenten der Anlage dank weniger gelungener Ein-

Abb. 3: Die Landschaft der Historischen Villen: a. Physiografie; b. Die monumentale Anlagen und der See; c. Ausdehnungsgebiete der heutigen Siedlungen

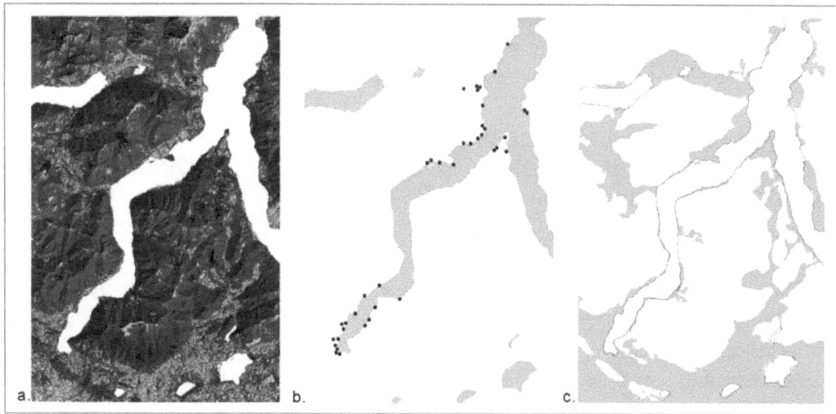

Eigene Darstellung

griffe in den Zusammenhang. Die vom See aus sichtbare Villa wurde auf einem früheren Gebäudekern errichtet, der zum Baubestand des Ortes gehörte. Der Park romantischer Prägung folgte nicht den geometrischen Regeln „nach italienischer Art“, sondern war in Wirklichkeit Teil der landwirtschaftlichen Flächen, von denen er sich anfänglich nur durch einige kleine Familiengedenkstätten unterschied.

Abb. 4: Evolution der Landschaft am Comer See: a. Das Dorf Loveno di Menaggio im 19. Jh. in einem Gemälde von Salomon Corrodi (vgl. Epochen 1 und 2); b. Physiografie; c. und d. Räumliche Konfiguration (Epochen 1 und 2, Epoche 4); e. Menaggio und Loveno heute (Epoche 4)

Quelle: Venturelli 2008 (a, b, c), eigene Darstellung (d, e)

Im Laufe von fast zwei Jahrhunderten haben freilich verschiedene Veränderungen stattgefunden: Der historische Park hat eine größere Eigenständigkeit erlangt; nach Einstellung der landwirtschaftlichen Tätigkeiten ist ein Wald entstanden, in dem noch heute Spuren der landwirtschaftlichen Gebäude, alten Terrassierungen und gepflasterten Wege zu finden sind. Insgesamt aber hat die Anlage, die heute Sitz eines Deutsch-Italienischen Zentrums für kulturelle Begegnungen ist, ihre ursprüngliche Geschlossenheit bewahrt (siehe Abb. 5).

Verändert hat sich indes ihre Rolle innerhalb der Landschaft. War sie einst konstitutiver Bestandteil des Villensystems, das die Landschaft der Region Insubrien generiert hat, so ist sie heute eine Insel in einem spontanen „Archipel“ aus Wäldern, Straßenverbindungen, Wohn- und Feriensiedlungen und Produktionsstätten. Das Bewusstsein von dieser Veränderung bildet die notwendige Voraussetzung, um eine nachhaltige, mit den Standortverhältnissen kompatible Planung zu entwerfen.

Abb. 5: Die Villa Mylius Vigoni und ihre Umwandlungen: a. Epoche 2; b. Epoche 3; c. Epoche 4

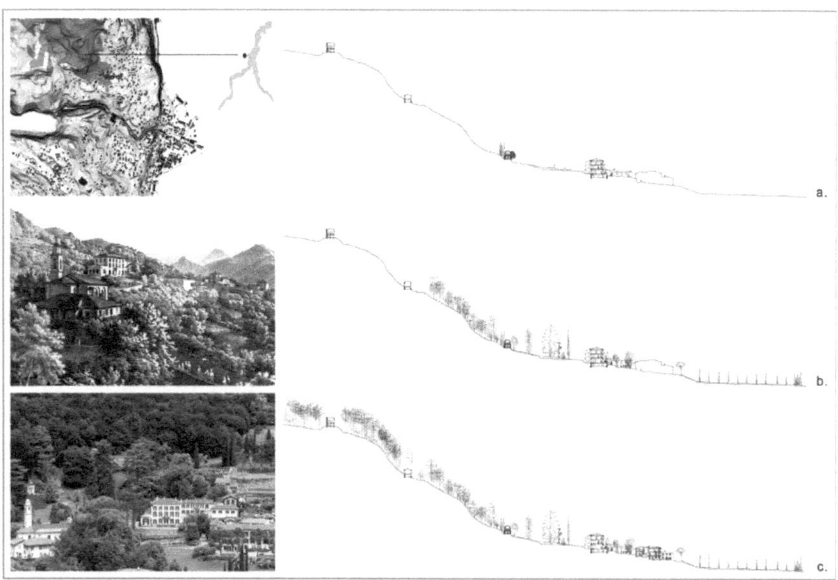

Quelle: Venturelli 2008

4 Von der Arbeitsmethode zum Projekt: Beispiele für mögliche Interventionen

Die Anwendung des im Abschnitt 2 beschriebenen methodologischen Modells auf verschiedene Fallstudien hat einsichtig gemacht, nach welcher Dynamik die drei Komponenten der multidimensionalen Nachhaltigkeit sich aufeinander bezogen und miteinander verflochten haben und wie sie die Potenzialitäten, aber auch die Konflikte und Störungen des gegenwärtigen Landschaftssystems hervorgebracht haben. Die unten dargestellten Forschungen haben sich auf spezifische Themen der Landschaftsplanung gerichtet, die sich aus der Analyse des Gebiets erschlossen haben, und zwar: sanfte Mobilität in der Verbindung zwischen Land und See und Neuordnung des historischen Besitzes der Villa Mylius-Vigoni im veränderten Gebietszusammenhang; nachhaltiger Tourismus im Naturreservat des Lago di Piano; Beteiligung der Bevölkerung am Schutz „ihrer" Landschaft und an der Entwicklung der lokalen Identität. In Tabelle 5 wird die Anwendung der allgemeinen Arbeitsmethode (siehe Abb. 1) auf den spezifischen Fall illustriert.

Tab. 5: Anwendung der allgemeinen Arbeitsmethode auf das Comer See Gebiet

Phasen des Planungsprozesses / Interpretationsschlüssel	Bestandsaufnahme	Analyse	Diagnose	Prognose	Planungshinweise	Überprüfung der Planungsvorschläge und Start des zirkulären Prozesses
Ökonomisch	(–) (+)	Produktionssysteme, Siedlungstypologie	Bewertung der ökonomischen Komponenten anhand der definierten Indikatoren	Ausschluss der nichtkompatiblen und Angabe der entwicklungsfähigen Funktionen	Unterstützung der mit den bestehenden Gebietsstrukturen kompatiblen Prozesse und Empfehlung von Strategien zur Rehabilitation der Landschaft. Übertragung auf die Raumordnung des Gebiets.	Erneute Anwendung der in der Analysephase definierten ökonomischen, ökologischen und sozialen Indikatoren. Ständige Beobachtung der unmittelbaren und späteren Folgen des Projekts für das Gebiet und Start des zirkulären Prozesses einer fortwährenden Anpassung der Bestandsaufnahme, Analyse, Diagnose, Prognose, des Projekts und der Überprüfung.
Ökologisch	(–) (+)	Definition struktureller und funktionaler ökologischer Belastungsindikatoren	Beurteilung des ökologischen Zustands anhand der definierten Indikatoren	Ausschluss der mit den ökologischen Strukturen nichtkompatiblen und Angabe der kompatiblen Funktionen		
Sozial und kulturell	(–) (+)	Definition sozialer und kultureller Belastungsindikatoren	Bewertung der sozialen Situation anhand der definierten Indikatoren	Ermittlung der Potenzialitäten für die Verbesserung der sozialen und kulturellen Situation		

Eigene Darstellung

4.1 Nachhaltigkeit und ökologische Kompatibilität

Die in der Comer See-Region verbreitete Entwicklung suburbaner Siedlungen hat einen erheblichen Anstieg des Straßenverkehrs mit sich gebracht, der sowohl mit den Tourismus- und Produktionsströmen wie mit dem Phänomen des grenzüberschreitenden Pendelverkehrs zusammenhängt. Vor allem am Westufer des Comer Sees lässt die Verkehrssituation fortwährend einen ökologischen Kollaps befürchten. Auf eine erheblich gestörte Umweltsituation könnte mithin ein starker Rückgang der tourismusabhängigen Tätigkeiten, eine der lokalen Haupteinnahmequellen, folgen, und damit wäre der Gesamtzustand der Landschaft bedroht, insofern der Kollaps schwer wiegende ökonomische und soziale Auswirkungen hätte.

Eine von der Arbeitsgruppe auf regionaler Ebene durchgeführte Untersuchung hat gezeigt, dass die Landschaftsgestalt des Gebiets viele Möglichkeiten für die funktionelle Wiederherstellung der Wechselwirkung zwischen See-Ökosystemen und Land-Ökosystemen bietet. Es wurde somit eine am allgemeinen Prinzip der sogenannten „sanften Mobilität" orientierte Neuordnung des lokalen Transportsystems nahegelegt, in deren Mittelpunkt die Anbindung eines engmaschigen Systems an die großen Nord-Süd-Verkehrsadern Europas steht. Ausgehend vom großen Maßstab der bestehenden Autobahnen und Bahnstrecken geht es um die Verbindung der Nebenstraßen und Schifffahrtslinien auf dem See mit den lokalen Straßen, bis hin zur Ebene des dichten Fußwegenetzes. Die Überprüfung dieses Vorschlags zeigt, dass er mit dem Wasserzustand des Sees und der bestehenden Verkehrssituation kompatibel wäre und sich einige Schnittstellen des kombinierten Verkehrs realisieren ließen. Die zu erwartenden Ergebnisse wären nicht nur in ökologischer Hinsicht sehr vorteilhaft, sondern auch in ökonomischer Hinsicht, da sie einen beträchtlichen Beitrag zur Qualitätssteigerung des Tourismus und zu einer allgemein verbesserten Lebensqualität darstellen würden (siehe Tab. 6).

Die zweite Forschung ist auf Bezirksebene durchgeführt worden, wobei wir uns auf das Beckengebiet des Sanagra, der am Westufer in den See mündet, insbesondere auf den unterhalb der Villa Vigoni gelegenen Bereich konzentriert haben. Entsprechend dem in Tabelle 4 angeführten „Landschaftsgürtel-Schema" untergliedert sich das Beckengebiet in

- die hohe Hügel- und Berglandschaft, wo der ökologische Zustand relativ gut ist, geprägt durch landwirtschaftliche Tätigkeiten, Almwirtschaft und Holzgewinnung;
- den Gürtel der historischen Villen, wo nur wenige Anlagen, die sich fast alle im Besitz öffentlicher wie privater kollektiver Subjekte befinden, die ursprüngliche dreiteilige Typologie bewahrt haben; die „Villenlandschaft"

hat sich hier verwandelt in eine „Ferien- und Reihenhauslandschaft“ von minderer Qualität aufgrund der Bauweise und der verwendeten Materialien;

- die Seeuferlandschaft mit Hafenbecken, privaten Anlegestellen und Landungsstegen, wo sich der Anblick der Villen vom Wasser aus genießen lässt, und die heute Ort eines Tourismus ist, der auf der „Wegwerf-Landschaft“ gründet und saisonal sehr intensive Besucherströme anzieht.

Tab. 6: Ökologische Komponente: eine strategische Sicht nachhaltiger Mobilität

Untersuchungsthema	Strategie nachhaltiger Mobilität
Vorwiegende Komponente der Nachhaltigkeit	Ökologisch
Geografisches Gebiet und Maßstab	Regionaler Maßstab: Region Insubrien, Comer See
Nachhaltigkeitsziele	Schaffung eines Systems „sanfter Mobilität“ 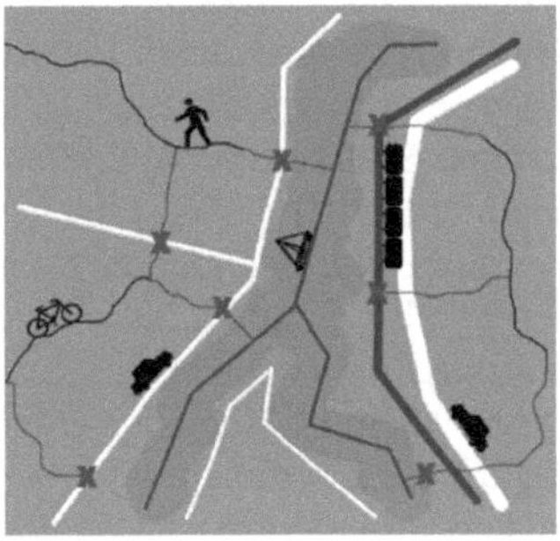
Überprüfung der Kompatibilität der Nachhaltigkeitsziele mit dem Zustand des Untersuchungsgebiets	Zustand der See-Ökosysteme Grad der Luftverschmutzung durch Flugverkehr Leistungsstärke des Straßennetzes Integration der verschiedenen kollektiven Verkehrsmittel an-hand von intermodalen Krite-rien
Beteiligte Akteure	Ansässige und fluktuierende Bevölkerung (Freizeit und Sport) Tourismusagenturen öffentliche und private Verkehrsgesellschaften
Erzeugtes Material	Diplomarbeit (vgl. Alessandrini 2007)

Eigene Darstellung

Das realisierte Forschungsprojekt zum Mylius-Vigoni-Besitz orientiert sich in zweifachem Sinn am Wiederherstellungskonzept: im Sinn der Umweltwiederherstellung im Verhältnis zum Siedlungssystem des städtischen Ballungsraums der Po-Ebene und zum Gebietssystem des südlichen Tessin und im Sinn der Wiederherstellung der Kulturlandschaftsressourcen des Gebiets. Die Untersuchung zur Liegenschaft richtete sich auf die Rehabilitation der ländlichen Ökosysteme, die früher landwirtschaftlich genutzt wurden, aber nicht mehr produktiv sind, um sie mit den anderen beiden Komponenten des Besitzes zu verknüpfen: der historischen Villa und ihrem jahrhundertealten Park. Hier steht die ökologische Nachhaltigkeit im Vordergrund, weil die ökologische Anfälligkeit und Komplexität der Anlage besonders groß sind. Eng verknüpft mit dem ökologischen Aspekt ist der Identitätswert der Mylius-Vigoni-Liegenschaft für die lokale Bevölkerung.

Die grundlegende Projektidee betraf die Neuordnung des Wegenetzes innerhalb der Liegenschaft in dem heute waldbedeckten Teil, wo früher landwirtschaftsnahe Tätigkeiten wie Seidenraupenzucht, Käseherstellung u.a. ausgeübt wurden, wie die ländlichen Gebäude an den Wegen bezeugen. So können drei verschiedene Themenwege geschaffen werden: ein erster, der die Hauptmerkmale des bürgerlichen Lebens in der „historischen Villenlandschaft" belegt, ein zweiter, der vom Landleben der lokalen Bevölkerung Zeugnis ablegt, und ein dritter, der zu einem Panoramapunkt führt, den das sogenannte „Schweizer Chalet" schmückt und der eine eingehende Besichtigung der Anlage der Villa Vigoni als bedeutendes Beispiel neoklassizistischer Architektur vorsieht.

Durch den Schutz und die Qualitätssteigerung der gegenwärtigen ländlichen Ökosysteme lassen sich vielfältige Ziele erreichen, darunter eine mit der Freizeitgestaltung verbundene und mit dem ökologischen Systemzustand kompatible Organisation kultureller Aktivitäten, Besucherführungen in der Villa, aus denen Einnahmen für die Instandhaltung und Restaurierung der gesamten Anlage erzielt werden können, eine Stärkung der kulturellen und landschaftlichen Identität des Ortes und schließlich die Erhaltung eines befriedigenden Zustands des betrachteten Ökosystems, der als Vorbild für das ganze Gebiet dienen kann (siehe Tab. 7).

4.2 Nachhaltigkeit und ökonomische Kompatibilität

Die traditionelle Agrarwirtschaft der Region Insubrien ist durch zwei wesentliche Wirtschaftszweige abgelöst worden, die beide für die jüngsten erheblichen Landschaftsveränderungen verantwortlich sind: den „Tourismus der zwei Geschwindigkeiten" und die Bauindustrie. Letztere hat die gegenwärtige Tendenz zu einer kaum kontrollierten Besetzung des Bodens hervorgebracht, die unter Bedrohung der historischen Villenlandschaft am Comer See alle Orte erfasst, an denen die Bebauung technisch möglich ist, bis an den Rand des Naturschutzgebiets des Lago di Piano und manchmal – mindestens versuchsweise – bis in das Schutzgebiet hinein. Der internationale Tourismus mit längeren Aufenthaltszeiten und die mit ihm verknüpften Aktivitäten erzeugen hohe, aber ungewisse Einnahmen, da sie konjunkturabhängig sind; hier wird eine hohe Professionalität der Angestellten verlangt, während die andere Seite des Tourismus, der sogenannte „Wegwerf-Tourismus", geringere, aber konstante Einnahmen erzeugt und mehr Besucher anzieht, allerdings für eine kurze Aufenthaltsdauer. Die Beschäftigung im Tourismussektor erfolgt mit Zeitverträgen für die Sommersaison, während die Arbeitskräfte in den Wintermonaten in die italienischen oder Schweizer Bergorte ziehen.

Die Region Lombardei hat ein Projekt zur Katalogisierung der historischen Villen durch die Erstellung eines Informationssystems gefördert, das die architektonischen und botanischen Bestände erfasst, um eine Landschaftsinterpretation und eine Grundlage für die Besichtigung der Villen bereitzustellen (siehe Tab. 8).

Das Ziel einer Anpassung der allgemeinen Nachhaltigkeitsprinzipien an die Definition von Maßnahmen entsprechend dem Landschaftszustand im Reservatsgebiet am Lago di Piano wurde durch die Arbeit erreicht, die die Forschungsgruppe geleistet hat, um die Anforderungen für den Beitritt zur Europäischen Charta für nachhaltigen Tourismus zu erfüllen. Die Charta ist ein Projekt, das die Verwaltungen und Veranstalter im Gebiet einbezieht, um nachhaltigen Tourismus sowie Schutz und Erhaltung von Naturgebieten zu fördern.[4] Durch den streng definierten Antragsweg für den Charta-Beitritt und nach Überprüfung

Tab. 7: Die ökologische Komponente: ökologische und kulturelle Wiederherstellung

Untersuchungsthema	Gestaltung thematischer Fußwege
Vorwiegende Komponente der Nachhaltigkeit	Ökologisch
Geografisches Gebiet und Maßstab	Bezirksebene: Liegenschaft Villa Vigoni und Umgebung
Nachhaltigkeitsziele	Rehabilitation und Effizienz der ländlichen Ökosysteme 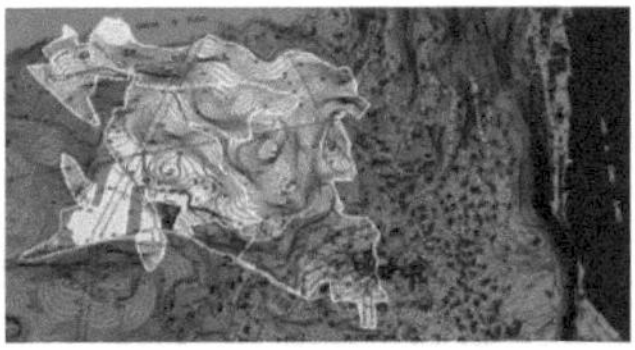
Überprüfung der Kompatibilität der Nachhaltigkeitsziele mit dem Zustand des Untersuchungsgebiets	– Zustand der ländlichen Ökosysteme – Erschließung des ländlichen und pflanzlichen historischen Erbes – geschlossene Einheit der Liegenschaft
Beteiligte und/oder betroffene Akteure	– Deutsch-Italienisches Zentrum Villa Vigoni – ansässige und fluktuierende Bevölkerung (Freizeit und Sport)
Erzeugtes Material	Raumplan der Liegenschaft und Vegetationsdatenbank des historischen Parks[a]

a „Für ein Wiederherstellungsgebiet": vom Deutsch-Italienischen Zentrum Villa Vigoni und der CARIPLO Stiftung in Auftrag gegebene Untersuchung und Planung. Arbeitsgruppe der UNIVPM unter Leitung von R. Colantonio und A. Galli, 2004.

Eigene Darstellung

4 Vgl. http://www.parks.it/federparchi/carta.europea.turismo.durevole/tu02.html.

der erarbeiteten Tourismusstrategie durch Europarc[5] wurde das Projekt angenommen. Das Gebiet erhielt dadurch ein Qualitätsmerkmal, das sowohl der lokalen Wirtschaft wie dem Naturerbe zum Vorteil gereicht. Auch in diesem Fall führt die vertiefte Erforschung einer Komponente der Nachhaltigkeit unmittelbar zu ihrem Systemzusammenhang mit den anderen beiden Komponenten zurück (siehe Tab. 9).

Tab. 8: Die ökonomische Komponente: Definition von Kriterien und Methoden für die Erhebung und Erschließung der historischen Villen und Parkanlagen im Comer See-Gebiet

Untersuchungsthema	Bestandserhebung der historischen Villen und ihrer Parkanlagen[a]
Geografisches Gebiet und Maßstab	Ökonomisch
Ort und geografischer Maßstab	Regionaler Maßstab: Westarm des Comer Sees
Nachhaltigkeitsziele	Erschließung der lokalen kulturellen Ressourcen
Überprüfung der Kompatibilität der Nachhaltigkeitsziele mit dem Zustand des Untersuchungsgebiets	Vertiefte Erforschung der Besonderheiten der lokalen Ökonomie für den Entwurf einer kompatiblen Entwicklungsstrategie
Beteiligte und/oder betroffene Akteure	– private Villeneigentümer – öffentliche Einrichtungen – Reiseveranstalter – Unternehmer – Tourismusangestellte
Erzeugtes Material	Katalogisierungskarten nach dem SIRBEC-Modell des Ministero dei beni culturali e ambientali

a Von der Region Lombardei in Auftrag gegebene Untersuchung: „Definizione di criteri e metodi per il rilievo e la valorizzazione delle ville e dei parchi storici dell'area lariana", geleitet von G. Paci und E. Marcheggiani.

Eigene Darstellung

4.3 Nachhaltigkeit und soziale Kompatibilität

In einem gesellschaftlichen Umfeld, das sehr stolz ist auf die historischen Werte und Traditionen des eigenen Gebiets, hat die Arbeitsgruppe einen fruchtbaren Boden für die Durchführung ihrer Untersuchungen und die Erprobung ihrer Arbeitsmethode vorgefunden. Die erste Gelegenheit bot sich, als spontan eine Bürgerinitiative entstand, um gegen den geplanten Bau einer Fußballsportanlage direkt hinter dem historischen Friedhof in Loveno di Menaggio zu protestieren.

---

5 Europarc: „Umbrella organisation of Europe's protected areas".

Der Arbeitsgruppe ist es gelungen, der lokalen Bevölkerung wissenschaftliche Unterstützung zu bieten, um die tatsächliche Tragweite des Projekts für die Sportanlage und seine Umweltfolgen zu verstehen. So wurde das Projekt schließlich aufgegeben und man gelangte stattdessen schrittweise zur Einrichtung eines *Parco locale d'interesse sovracomunale* (PLIS) auf demselben Areal.

Tab. 9: Die ökonomische Komponente: der ökonomische Wert als Möglichkeit für Landschaftsschutz

Untersuchungsthema	Beitritt zur Europäischen Charta für nachhaltigen Tourismus[a]
Vorwiegende Komponente der Nachhaltigkeit	Ökonomisch
Geografisches Gebiet und Maßstab	Bezirksebene: Naturreservat am Lago di Piano
Nachhaltigkeitsziele	Förderung des nachhaltigen Tourismus 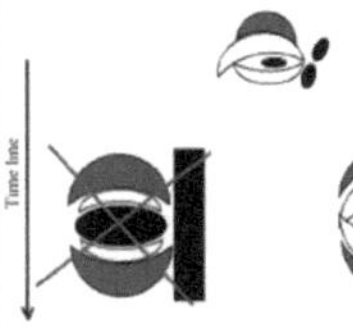
Überprüfung der Kompatibilität der Nachhaltigkeitsziele mit dem Zustand des Untersuchungsgebiets	Umformung des Tourismus in eine Möglichkeit für wirtschaftliche Entwicklung und Landschaftsschutz
Beteiligte und/oder betroffene Akteure	– Region Lombardei – Alpenverein der Lepontinischen Alpen – Gemeinde Porlezza – Einwohner – Touristen – Reiseveranstalter – Umweltvereine
Erzeugtes Material	Sammelband (Marcheggiani/Sala 2007)

a Projekt der Region Lombardei

Eigene Darstellung

Eine weitere Gelegenheit zur Beteiligung der Bevölkerung bot die Forschungsarbeit zur Unterstützung des Restaurierungsprojekt des „Schweizer Chalets" im historischen Park der Villa Vigoni. Aufbauend auf den Kenntnissen, die in einer früheren Untersuchung gesammelt worden waren (vgl. Colantonio 2002), wurde ein wissenschaftliches Projekt für integrierenden Landschaftsschutz im Bereich der Villa erarbeitet, bei dem Kultur, Ökologie und Architektur in fortwährender Wechselwirkung standen. Dabei wurde ein Dialog zwischen Fachleuten und lokaler Bevölkerung in Gang gebracht, die zu verschiedener Gelegenheit mit Treffen, gezielten Ortsbesuchen und Fragebögen in das Projekt einbezogen wurde, um die verschiedenen Phasen des Projekts und der Restaurierungsarbeiten fortwährend zu beobachten. Das greifbarste Ergebnis der Forschungsarbeit war, wie gesagt, die Restaurierung des Schweizer Chalets. Das Projekt war nicht nur auf die Restaurierung des Baus gerichtet, sondern auch auf die Wiedergewinnung der ursprünglichen wesentlichen Blickbeziehung zum Garten der Villa und zum See, die im Laufe der Zeit durch Waldwuchs völlig verhüllt worden war. Bei der letzten Begegnung mit der Öffentlichkeit wurde das Arbeitsergebnis im Zuge einer kleinen Zeremonie der Identität der Landschaft und ihrer Bewohner symbolisch „zurückgegeben". Raum, Architektur und Landschaft waren so nicht nur bei der visuellen Wiederherstellung der Identität eines Ortes verbunden, sondern haben auch bei der Erprobung einer integrierten multidisziplinären Methode des Studiums, der Forschung und der operativen Zusammenarbeit zusammengewirkt (siehe Tab. 10).

Tab. 10: Die soziale Komponente: Beteiligung der Bevölkerung an den Landschaftsveränderungen

<table>
<tr><td>Untersuchungsthema</td><td colspan="2">Restaurierung des „Schweizer Chalets" in architektonischer, visueller und kultureller Hinsicht</td></tr>
<tr><td>Vorwiegende Komponente der Nachhaltigkeit</td><td colspan="2">Sozial</td></tr>
<tr><td>Geografisches Gebiet und Maßstab</td><td colspan="2">Lokaler Maßstab: Mylius-Vigoni-Besitz</td></tr>
<tr><td>Nachhaltigkeitsziele</td><td>Wahrnehmung der „eigenen" Landschaft seitens der lokalen Bevölkerung im Einklang mit der ELK</td><td rowspan="3"></td></tr>
<tr><td>Überprüfung der Kompatibilität der Nachhaltigkeitsziele mit dem Zustand des Untersuchungsgebiets</td><td>Zurückgewinnung eines für die lokale Identität bedeutenden Symbolwerts</td></tr>
<tr><td>Beteiligte und/oder betroffene Akteure</td><td>- Ansässige Bevölkerung
- Stammtouristen
- Gäste des Deutsch-Italienischen Zentrums</td></tr>
<tr><td>Erstelltes Material</td><td colspan="2">Sammelband (Paci 2008)</td></tr>
</table>

a Interuniversitäres Forschungsprojekt der Leibniz Universität Hannover, des KIT und der UNIVPM im Rahmen des AQUST-Projekts der Region Lombardei (Rahmenplan für die Gebietsentwicklung), gefördert durch die Deutsche Stiftung Umwelt (DBU), die Cariplo Stiftung und das MIUR.

Eigene Darstellung

5 Schlussfolgerungen

Im Mittelpunkt der Forschungstätigkeit der multidisziplinären Arbeitsgruppe, die in die verschiedenen zuvor präsentierten Studien untergliedert war, stand die Beziehung zwischen den allgemeinen Prinzipien der Nachhaltigkeit und ihrer mit dem gegenwärtigen Zustand und folglich mit der Identität des betrachteten Gebiets und der betrachteten Landschaft kompatiblen Anwendung, ohne dass deren zukünftige Ordnung durch irreversible Entscheidungen belastet wird. Dieser Punkt ist nicht nur für die Erhaltung der kollektiven Ressourcen der ansässigen Bevölkerung wesentlich, sondern auch im Hinblick auf die Achtung der Freiheit künftiger Generationen, diesen Ressourcenbestand auf die ihnen geeignet erscheinende Weise zu verwalten. Dem Gebiet werden folglich keine ausschließlich auf Nutzungsabsichten beruhenden Veränderungen aufgeprägt, die heute korrekt erscheinen mögen, sich aber in ein paar Jahrzehnten, unter veränderten Gesamtbedingungen und vor allem vor dem Hintergrund eines anderen Kulturmodells, als falsch erweisen könnten (vgl. Keiner 2006).

Literatur

Alberti, M. (2008): Advances in Urban Ecology. New York u.a.O.et al.

Alessandrini, E. (2007): Per una visione strategica della mobilità dolce. Il caso dell'area lariana [Eine Strategie für „sanfte Mobilität". Visionen für den Comer See]. Diplomarbeit. Ancona (Università Politecnica delle Marche) (ital.)

Argan, G. C. (1970): Arte Italiana [Italienische Kunst]. Firenze (ital.)

Birindelli, M. (1987): Ortsbindung. Eine architekturkritische Entdeckung: Der Petersplatz des Gianlorenzo Bernini. Braunschweig

Brundtland, G. H (1987): Our Common Future. Report of the World Commission on Environment and Development (WCED). New York

Colantonio, R. (ed.) (2002): Villa Vigoni. Un microcosmo tra passato e futuro [Die Villa Vigoni. Ein Mikrokosmos zwischen Vergangenheit und Zukunft]. Ancona (ital.) (auch auf CD-ROM verfügbar)

Colantonio, R. (2008a): Villa Vigoni e il suo contesto regionale. Uno spazio d'azione per la pianificazione multidisciplinare [Die Villa Vigoni im regionalen Kontext. Ein Handlungsraum für multidisziplinäre Planung]. In: Paci, G. (ed.): Il progetto di tutela integrata. Cultura, ecologia, architettura: un'ipotesi di gestione del paesaggio di Villa Vigoni [Das Projekt zum Integrierenden Landschaftsschutz. Kultur, Ökologie, Architektur: Überlegungen zum Landschaftsschutz in der Umgebung der Villa Vigoni]. Ancona, S. 51-60 (ital.)

Colantonio, R. (Hg.) (2008b): Die Kultur der Landschaft in Europa. Akten der Trilateralen Forschungskonferenz 2005-2007 (URL: http://www.freidok.uni-freiburg.de/volltexte/5055)

Colantonio, R.; Galli, A.; Marcheggiani, E.; Paci, G. (2009): Per uno studio sistemico del territorio e del paesaggio [Systemische Ansätze für die Raum- und Landschaftsplanung]. Rom (ital.)

Colantonio, R.; Tobias, K. (ed.) (2005): La cultura del paesaggio. Le sue origini, la situazione attuale e le prospettive future [Die Landschaftkultur. Ursprünge, aktuelle Entwicklungen, Zukunftsperspektiven]. Firenze (ital.)

Corboz, A. (2001): Das Territorium als Palimpsest. In: Corboz, A. (2001): Die Kunst, Stadt und Land zum Sprechen zu bringen. Basel, Berlin, Boston, S. 143-166

Donadieu, P.; Küster, H.; Milani, R. (ed.) (2008): La cultura del paesaggio in Europa tra storia, arte e natura. Manuale di teoria e pratica [Die Kultur der Landschaft in Europa: Geschichte, Kunst, Natur. Ein Handbuch für Theorie und Praxis]. Firenze (ital.)

Dramstad, W. E.; Forman, R. T. T.; Olson, J. D. (1996): Landscape Ecology Principles in Landscape Architecture and Land-Use Planning. Cambridge

EUREK – Informelles Treffen der für Raumordnung und Raumpolitik zuständigen Minister (1999): Europäisches Raumentwicklungskonzept

Europarat (2000): Europäische Landschaftskonvention (ELK)

Galli, A. (2002): Aspetti rurali della proprietà [Die Landwirtschaft in der Villa Mylius-Vigoni]. In: Colantonio, R. (ed.): Villa Vigoni. Un microcosmo tra passato e futuro [Die Villa Vigoni. Ein Mikrokosmos zwischen Vergangenheit und Zukunft]. Ancona (ital.) (auch auf CD-ROM verfügbar)

Ingegnoli, V. (2002): Landscape Ecology. A Whidening Foundation. Berlin u.a.O.

Jencks, Ch.; Kropf, K. (2006): Theories and Manifestoes of Contemporary Architecture (2nd ed). Chichester

Kaufmann, E. (1955): Architecture in the Age of Reason. Baroque and Post-Baroque in England, Italy, and France. Cambridge

Keiner, M. (2006): The Future of Sustainability. Dordrecht u.a.O.

Küster, H. (Hg.) (2008a): Kulturlandschaften. Frankfurt/M. u.a.O.

Küster, H. (2008b): Landschaft – Naturlandschaft – Kulturlandschaft. In: Küster, H. (Hg.): Kulturlandschaften. Frankfurt/M., S. 9-19

Küster, H. (2008c): Die Landschaft der Villa Vigoni und ihrer Umgebung. In: Paci, G. (ed.): Il progetto di tutela integrata. Cultura, ecologia, architettura: un'ipotesi di gestione del paesaggio di Villa Vigoni [Das Projekt zum Integrierenden Landschaftsschutz. Kultur, Ökologie, Architektur: Überlegungen zum Landschaftsschutz in der Umgebung der Villa Vigoni]. Ancona, S. 19-50

Marcheggiani, E.; Sala S. (2007): Il turismo sostenibile nelle Aree Protette della Comunità Montana Alpi Lepontine. Rapporto diagnostico [Nachhaltiger Tourismus in den Naturschutzgebiete des Alpi-Lepontine-Gebietes. Eine diagnostische Untersuchung]. Porlezza (Regione Lombardia e Comunità Montana Alpi Lepontine) (ital.)

McHarg, I. L. (1969): Design with Nature. New York

Paci, G. (ed.) (2008): Il progetto di tutela integrata. Cultura, ecologia, architettura: un'ipotesi di gestione del paesaggio di Villa Vigoni [Das Projekt zum Integrierenden Landschaftsschutz. Kultur, Ökologie, Architektur: Überlegungen zum Landschaftsschutz in der Umgebung der Villa Vigoni]. Ancona (ital.)

Turri, E. (2006): Il paesaggio come teatro. Dal territorio vissuto al territorio rappresentato [Landschaft als Theater. Vom benutzten zum dargestellten Raum]. Venezia (ital.)

Ungers, O. M. (1982): Morphologie/City Metaphors. Köln

Valena, T. (1990): Stadt und Topographie. Berlin

Venturelli, F. (2008): Die Morphologie eines territorialen Kontextes. Villa Vigoni und der Comer See. In: Paci, G. (ed.) (2008): Il progetto di tutela integrata. Cultura, ecologia, architettura: un'ipotesi di gestione del paesaggio di Villa Vigoni [Das Projekt zum Integrierenden Landschaftsschutz. Kultur, Ökologie, Architektur: Überlegungen zum Landschaftsschutz in der Umgebung der Villa Vigoni]. Ancona, S. 143-158

Venturi, R. (1966): Complexity and Contradiction in Architecture. New York (The Museum of Modern Art)

Wiggering, H.; Müller, F. (2004): Umweltziele und Indikatoren. Berlin u.a.O.

Wittkower, R. (1974): Palladio and the English Palladianism. London

„Kultur“ in der systematischen Nachhaltigkeitsbewertung

Volker Stelzer

1 Konzeptuelle Erfassung nachhaltiger Entwicklung

Das Konzept der nachhaltigen Entwicklung als allgemeingültiges Leitbild gewinnt zunehmend an Bedeutung. Dies kann man an der Vielzahl von Publikationen aus Forschungseinrichtungen, Universitäten, Institutionen, Verbänden und Parteien zu diesem Thema erkennen. Bei der Konkretisierung dieses Leitbildes gehen die Vorstellungen allerdings nach wie vor auseinander.

Die bisher vorliegenden Nachhaltigkeitsbetrachtungen sind aus methodischen Gründen bzw. wegen unzureichender wissenschaftlicher Erkenntnisse und fehlender Datenbasis oft mit einem begrenzten Spektrum an Indikatoren durchgeführt worden. In der Regel ist deren Auswahl zudem ungleichgewichtig für die verschiedenen Nachhaltigkeitsdimensionen.

Oft konzentrieren sich die Arbeiten zur Nachhaltigkeit auf die ökologischen Problemstellungen. Hier kann teilweise bereits auf politisch festgelegte Ziele zurückgegriffen werden oder es besteht generell Konsens über die Schutzwürdigkeit der Umweltbereiche. In den Nachhaltigkeitsbetrachtungen wird in der Regel der Bodenschutz (Erosion, Verdichtung), der Grundwasser- und Gewässerschutz (vor Nitrat- und Pflanzenschutzmitteleinträgen), der Erhalt der Artenvielfalt und der Ressourcenschutz (fossile Energieträger, Phosphat) betrachtet. Bei den ökonomischen (z.B. Einkommen landwirtschaftlicher Betriebe) und sozialen Indikatoren ist die Diskussion und Konsensfindung dagegen noch nicht so weit fortgeschritten.

Zur Schließung dieser konzeptionellen Lücke und zur Austarierung der „ökologischen Schlagseite“ der vorliegenden Nachhaltigkeitsbetrachtungen ist das von der Helmholtz-Gemeinschaft Deutscher Forschungszentren entwickelte „Integrative Konzept nachhaltiger Entwicklung“ (IKoNE), das die unterschiedlichen Bereiche der Nachhaltigkeit zusammenhängend betrachtet (vgl. Coenen/Grunwald 2003; Grunwald et al. 2001; Kopfmüller et al. 2001), mittlerweile in unterschiedlichen thematischen Zusammenhängen erfolgreich angewendet worden.[1]

1 Das Integrative Konzept nachhaltiger Entwicklung wurde in unterschiedlichen Untersuchungen auf folgende Bereiche angewendet: Entwicklung Deutschlands (vgl. Coenen/Grunwald 2003), regionale Branchen (vgl. Schäfer 2006), börsennotierte Unternehmen in Österreich (vgl. Paulesich 2006), die Abfallwirtschaft (vgl. Hartlieb et al. 2006), die

2 Das Integrative Konzept nachhaltiger Entwicklung

Nachhaltigkeit wird im Konzept IKoNE in Anlehnung an den Bericht der Brundtland-Kommission und die Rio-Dokumente als eine globale Vision für die Entwicklung der menschlichen Zivilisation verstanden. Ausgehend von dem Postulat der intra- und intergenerativen Gerechtigkeit werden Mindestbedingungen einer nachhaltigen Entwicklung benannt, auf deren Gewährleistung alle Mitglieder der globalen Gesellschaft, unter Einschluss kommender Generationen, einen moralischen Anspruch haben. Diese Mindestbedingungen, die als Handlungsleitlinien oder „Regeln" formuliert sind, bilden den normativen Bezugsrahmen, der als Leitorientierung für die Nachhaltigkeitsbetrachtungen dient.

Die Entwicklung des „Integrativen Konzepts nachhaltiger Entwicklung" basiert auf einer umfassenden Analyse bisheriger Ansätze zur Operationalisierung des Leitbildes der Nachhaltigkeit in wissenschaftlichen Studien und in politischen Plänen und Programmen (nationale Nachhaltigkeitsstrategien, Umweltpläne und -programme, etc.).[2]

Die meisten der bisherigen Nachhaltigkeitskonzepte[3] haben die Definition der Brundtland-Kommission als Ausgangspunkt ihrer Überlegungen gewählt, nach der eine Entwicklung dann nachhaltig ist, „wenn sie die Bedürfnisse der Gegenwart befriedigt, ohne zu riskieren, dass künftige Generationen ihre Bedürfnisse nicht befriedigen können" (Hauff 1987, S. 46). Was die Kommission unter dem Begriff der Bedürfnisse versteht, erläutert sie gleich im Anschluss an diese Definition. Es geht „insbesondere um die Grundbedürfnisse der Ärmsten dieser Welt, die die überwiegende Priorität haben sollten". Armut ist nach Ansicht der Kommission nicht nur ein Übel per se, sondern gleichzeitig eine der Hauptursachen für Umweltzerstörung, Bürgerkriege, Vertreibung, Migration und andere Krisenphänomene. Die Erfüllung der Grundbedürfnisse setzt voraus, dass Ländern, in denen die Mehrheit der Bevölkerung arm ist, ein gerechter Anteil an den Ressourcen zugestanden wird. Nachhaltige Entwicklung erfordert daher eine Entwicklungspolitik, die auf Veränderung bezüglich des Zugangs zu

---

Aktivitätsfelder Mobilität und Verkehr (vgl. Keimel 2006; Keimel et al. 2004), Wohnen und Bauen (vgl. Jörissen et al. 2005; Stelzer/Jörissen 2005) sowie Energie aus Grünland (vgl. Rösch et al. 2007, 2009; Stelzer et al. 2007). Es dient aber auch der Entwicklung von kommunalen Indikatorensystemen (vgl. Hartmuth et al. 2006), der Planung einer Bioraffinerie (vgl. Schidler 2006), der Risikoabschätzung für eine nachhaltige Entwicklung von Megacities (vgl. Kopfmüller/Lehn 2006, 2009; Kopfmüller et al. 2009; Kopfmüller/Stelzer 2009) und als Baustein der Bildung für eine nachhaltige Entwicklung (vgl. Emmerich/Melzer 2006).

2 Zu den Ergebnissen dieser Analysen vgl. Coenen 2001; Jörissen et al. 2001.

3 Die folgenden Aussagen beschränken sich weitgehend auf die deutsche Nachhaltigkeitsdebatte.

Ressourcen, Gütern, Einkommen und sozialen Positionen sowie auf eine Umverteilung von Rechten und Pflichten, Chancen und Lasten, Kosten und Nutzen ausgerichtet ist (vgl. Hauff 1987). Die Verantwortung für soziale Gerechtigkeit zwischen aufeinander folgenden Generationen bezieht aus der Sicht der Kommission „logischerweise die Gerechtigkeit innerhalb jeder Generation" mit ein. Eine gerechte Gegenwart ist Voraussetzung für eine gerechte Zukunft.

Konstitutive Elemente

Aus der Nachhaltigkeitsdefinition der Brundtland-Kommission und den von ihr selbst dazu gegebenen Erläuterungen lassen sich fünf normative Grundannahmen oder konstitutive Elemente des Leitbildes herausarbeiten, über die auf einer sehr abstrakten Ebene mehr oder weniger Konsens besteht (vgl. zu Einzelheiten Kopfmüller et al. 2001, S. 129ff.):

(1) Nachhaltigkeit ist ein globales Konzept;
(2) Nachhaltigkeit ist ein integratives Konzept;
(3) Nachhaltigkeit beinhaltet Verantwortung gegenüber heutigen und kommenden Generationen;
(4) Nachhaltigkeit ist ein anthropozentrisches Konzept;
(5) Nachhaltigkeit ist universell (vgl. dazu näher Stelzer 2009, S. 7).

Generelle Ziele nachhaltiger Entwicklung

Der erste Schritt der Operationalisierung besteht in einer „Übersetzung" der konstitutiven Elemente von Nachhaltigkeit in drei „generelle Ziele nachhaltiger Entwicklung", die dann in einem zweiten Schritt durch die Angabe von Mindestvoraussetzungen für eine nachhaltige Entwicklung, die „Regeln", präzisiert werden. Die generellen Ziele zur Operationalisierung des Nachhaltigkeitsleitbildes im Sinne der obigen Ausführungen sind:

- Sicherung der menschlichen Existenz;
- Erhaltung des gesellschaftlichen Produktivpotenzials;
- Bewahrung der Entwicklungs- und Handlungsmöglichkeiten.

Diese Ziele werden durch Mindestbedingungen einer nachhaltigen Entwicklung konkretisiert, auf deren Gewährleistung alle Mitglieder der globalen Gesellschaft – unter Einschluss kommender Generationen – einen moralischen Anspruch haben. Diese Mindestanforderungen, die als Handlungsleitlinien oder „Regeln" formuliert sind, beinhalten sowohl ökologische, ökonomische und soziale, aber auch kulturelle Aspekte. Sie bilden den normativen Bezugsrahmen, der als Leitorientierung für die Kontextualisierung von Nachhaltigkeitsbetrachtungen dient.

Mindestanforderungen einer nachhaltigen Entwicklung

Zu den Voraussetzungen für eine nachhaltige Entwicklung gehören die 15 substanziellen Mindestanforderungen (siehe Tab. 1), die den Nachhaltigkeitsbegriff in Bezug auf gesellschaftliche Bereiche, wie z.B. den Umgang mit natürlichen Ressourcen, konkretisieren (vgl. ausführlicher Kopfmüller et al. 2001).

Tab. 1: Substanzielle Mindestanforderungen nachhaltiger Entwicklung

Generelle Nachhaltigkeitsziele		
Sicherung der menschlichen Existenz	Erhaltung des gesellschaftlichen Produktivpotenzials	Bewahrung der Entwicklungs- und Handlungsmöglichkeiten
Mindestanforderungen (Regeln)		
Schutz der menschlichen Gesundheit (1.1)	Nachhaltige Nutzung erneuerbarer Ressourcen (2.1)	Chancengleichheit im Hinblick auf Bildung, Beruf, Information (3.1)
Gewährleistung der Grundversorgung (1.2)	Nachhaltige Nutzung nicht erneuerbarer Ressourcen (2.2)	Partizipation an gesellschaftlichen Entscheidungsprozessen (3.2)
Selbstständige Existenzsicherung (1.3)	Nachhaltige Nutzung der Umwelt als Senke (2.3)	Erhaltung des kulturellen Erbes und der kulturellen Vielfalt (3.3)
Gerechte Verteilung der Umweltnutzungsmöglichkeiten (1.4)	Vermeidung unvertretbarer technischer Risiken (2.4)	Erhaltung der kulturellen Funktion der Natur (3.4)
Ausgleich extremer Einkommens- und Vermögensunterschiede (1.5)	Nachhaltige Entwicklung des Sach-, Human- und Wissenskapitals (2.5)	Erhaltung der sozialen Ressourcen (3.5)

Quelle: Verändert nach Kopfmüller et al. 2001, S. 172

Darüber hinaus gibt es Bedingungen, die definieren, welche institutionellen Anforderungen eine Einhaltung der substanziellen Mindestbedingungen ermöglichen, die institutionellen Mindestanforderungen. Diese werden an dieser Stelle nicht weiter ausgeführt, da sie auf Grund des regionalen Bezuges des Forschungsvorhabens und der speziellen Themenstellung nur marginale Berührungspunkte zu dem Projekt, das im Folgenden vorgestellt wird, aufweisen.

In den meisten Anwendungsfällen wurde das Regelwerk des IKoNE nicht unverändert übernommen, sondern jeweils an die speziellen Bedingungen des Vorhabens angepasst. Dabei wurden teils Regeln als nicht relevant für das Vorhaben erachtet, teils wurden Regeln abgeändert und in wieder anderen Fällen wurden neue Regeln eingeführt.

3 Das Aktivitätsfeld Wohnen und Bauen in Deutschland

Von 1999 bis 2003 wurde unter Federführung das HGF-Verbundprojekt „Global zukunftsfähige Entwicklung – Perspektiven für Deutschland“ durchgeführt (vgl.

Coenen/Grunwald 2003; Grunwald et al. 2001; Kopfmüller et al. 2001). Übergeordnetes Ziel des Projekts war es, wissenschaftlich fundiert und normativ reflektiert die Diskussion über Nachhaltigkeitsziele, Indikatoren, Defizite und Strategien für Deutschland im globalen Kontext voranzubringen. Dabei ging es darum, Orientierungs- und Handlungswissen für die gesellschaftlichen Akteure zu erarbeiten, die bei der Realisierung einer nachhaltigen Entwicklung in Deutschland mitwirken.

Hierzu wurden Indikatoren entwickelt und Ziele formuliert, mit deren Hilfe die Entwicklung der Nachhaltigkeitssituation gemessen werden kann, und es wurden explorative Szenarien erarbeitet, mit deren Hilfe abgeschätzt wurde, wie sich bestimmte Nachhaltigkeitsparameter in der Zukunft entwickeln könnten.

Neben den Analysen auf der gesamtgesellschaftlichen Ebene wurden auch Aktivitätsfelder wie „Mobilität und Verkehr", „Freizeit und Tourismus" und „Ernährung und Landwirtschaft" untersucht. Der kulturelle Aspekt wird im Aktivitätsfeld „Wohnen und Bauen" vor allem durch die Regel 3.3 „Erhaltung des kulturellen Erbes und der kulturellen Vielfalt" operationalisiert (vgl. ausführlicher Jörissen et al. 2005).

Erhaltung des kulturellen Erbes und der kulturellen Vielfalt (Regel 3.3)

Mit dieser Regel werden zwei Aspekte angesprochen: Einerseits soll das kulturelle Erbe, das frühere Generationen der gegenwärtigen hinterlassen haben, erhalten werden, indem es vor Zerstörung, Verfall oder Verlust geschützt wird. Im Sinne des Nachhaltigkeitsleitbildes ist es in möglichst unveränderter Form an zukünftige Generationen weiterzugeben. Andererseits soll die gegenwärtige kulturelle Vielfalt erhalten werden, die als Quelle der Kreativität ein wichtiger Faktor wirtschaftlicher, gesellschaftlicher und persönlicher Entwicklung ist (vgl. UNESCO 2002). Kultur wird dabei von der UNESCO als die Gesamtheit der unverwechselbaren geistigen, materiellen, intellektuellen und emotionalen Eigenschaften angesehen, die eine Gesellschaft oder eine soziale Gruppe kennzeichnen und die über Kunst und Literatur hinaus auch Lebensformen, Formen des Zusammenlebens, Wertesysteme, Traditionen und Überzeugungen umfasst (vgl. UNESCO 2002).[4]

Auf internationaler Ebene sind im Rahmen der UNESCO Maßnahmen und Instrumente zum Erhalt dieser beiden „Schutzgüter" Kulturelles Erbe und Kulturelle Vielfalt geschaffen worden. In Bezug auf den Schutz des kulturellen Erbes existieren inzwischen zwei Konventionen: die „Convention for the Protection of

4 Diese in der „Allgemeinen Erklärung zur kulturellen Vielfalt" der UNESCO von 2001 zu findende Definition geht auf den entsprechenden Kulturbegriff in der „Erklärung von Mexico City" der zweiten UNESCO-Weltkonferenz über Kulturpolitik zurück.

the World Cultural and Natural Heritage“ von 1972 und die „Convention for the Safeguarding of the Intangible Cultural Heritage“ von 2003. Erstere bezieht sich neben dem Naturerbe auf das materielle kulturelle Erbe in Form von Bauwerken und Ensembles von Bauwerken, die aus geschichtlichen, künstlerischen oder wissenschaftlichen Gründen von außergewöhnlichem universellem Wert sind (vgl. UNESCO 1972). Entsprechend dieser Konvention können die Vertragsstaaten bei der UNESCO Anträge stellen, in ihrem Hoheitsgebiet liegende Kultur- und Naturerbestätten in die sogenannte Liste der Welterbestätten aufzunehmen. Über diese Anträge entscheidet das Zwischenstaatliche Komitee für den Schutz des Kultur- und Naturerbes der Welt unter Anwendung bestimmter Kriterien. Diese Welterbeliste umfasst gegenwärtig weltweit 788 Stätten, von denen 30 in Deutschland liegen. Die Konvention verpflichtet nach Artikel 4 die Vertragsstaaten, ihre Welterbestätten zu schützen und zu erhalten sowie ihre Weitergabe an zukünftige Generationen sicherzustellen.

Die Konvention zum Schutz des immateriellen Kulturerbes definiert das Intangible Cultural Heritage als

> „the practices, representations, expressions as well as the knowledge and skills, that communities, groups and, in some cases, individuals recognize as part of their cultural heritage.“ (UNESCO 2003)

Hierzu gehören z.B. Musik, Theater, Literatur, Sprachen, traditionelle Handwerke, Baustile, Bräuche, Feste, etc. Der Schutz der kulturellen Vielfalt steht gegenwärtig im Zentrum internationaler Kulturpolitik. Zwischen dieser und dem immateriellen Kulturerbe bestehen insofern Zusammenhänge, als Letzteres die kulturelle Vielfalt früherer Generationen widerspiegelt.

In Bezug auf den Schutz der kulturellen Vielfalt hat die UNESCO auf ihrer 31. Generalkonferenz im Jahr 2001 die „Allgemeine Erklärung zur kulturellen Vielfalt“ verabschiedet und bereitet gegenwärtig eine Konvention zum Schutz der kulturellen Vielfalt vor, zu der bereits ein Entwurf vorliegt mit der Bezeichnung „Convention on the protection of the diversity of cultural contents and artistic expressions“ (UNESCO 2004). Diese internationalen kulturpolitischen Aktivitäten sind u.a. auch als Reaktion auf den Prozess der zunehmenden Globalisierung zu sehen. Dieser kann einerseits durch interkulturellen Austausch zu einer Bereicherung der einzelnen gesellschaftlichen Kulturen führen. Andererseits wird befürchtet, dass die wirtschaftliche Globalisierung die Vielfalt der Kulturen gefährden und zu einer internationalen kulturellen Uniformierung bzw. zu einer Dominanz bestimmter Kulturen führen könnte. Bei den derzeitigen Aktivitäten auf internationaler Ebene geht es deshalb auch darum, durch eine Konvention einen Freiraum für eigenständige nationale Kulturpolitik zu schaffen, da bisher nach den GATS-Regeln bzw. aus der Sicht der Welthandelsorganisation (WTO) eine Vielzahl kulturpolitischer Maßnahmen (steuerliche Maßnahmen,

Subventionen, Quotenregelungen bei Film/TV/Radio) als handelspolitisch unerwünschte Wettbewerbsbehinderungen einzustufen sind. Die auf den freien Welthandel fokussierte Sichtweise des WTO macht es für einzelne Staaten zunehmend schwieriger, ihren Markt in einer Weise zu regulieren, der die kulturelle Vielfalt weiter gedeihen lässt (vgl. Smiers 2004).

In der Allgemeinen Erklärung zur kulturellen Vielfalt der UNESCO aus dem Jahr 2002 wird festgestellt, dass die kulturelle Vielfalt für die Menschheit ebenso wichtig ist wie die biologische Vielfalt für die Natur und sie aus dieser Sicht das gemeinsame Erbe der Menschheit darstellt und zum Nutzen gegenwärtiger und zukünftiger Generationen anerkannt und bekräftigt werden muss (Artikel 1). Kulturelle Vielfalt eines Landes oder einer Gesellschaft ist aber nicht statisch, sondern erfährt im Laufe der Zeit vielfältige Erweiterungen, insbesondere auch durch Austausch mit anderen Kulturen. Heutige Gesellschaften sind so multikulturelle Gebilde, in denen Menschen und Gruppen mit unterschiedlichen kulturellen Identitäten zusammenleben. Dass dies in Harmonie erfolgt, kann der UNESCO-Erklärung zufolge nur durch eine Politik der Einbeziehung und Mitwirkung aller Bürger und damit durch die Anerkennung des kulturellen Pluralismus erreicht werden, der als politische Antwort auf die Realität der kulturellen Vielfalt zu betrachten ist (Artikel 12).

Zwischen dem Aktivitätsfeld Wohnen und Bauen und der Erhaltung des kulturellen Erbes sowie der kulturellen Vielfalt bestehen enge Verknüpfungen, da Kultur in Deutschland im Wesentlichen kommunale Kultur ist (vgl. Fuchs 2003). Der Großteil des baulichen Kulturerbes befindet sich in den Kommunen, und die Kommunen bzw. kommunalen Einrichtungen (Theater, Museen, Bibliotheken, Musikschulen, etc.) sind wichtige Anbieter kultureller Dienstleistungen und stellen damit wesentliche Teile der kulturellen Infrastruktur zur Verfügung. Auch kulturelle Vielfalt entfaltet sich dort, wo Menschen zusammenleben, d.h. in den Kommunen. Hier entscheidet sich auch, ob Menschen mit unterschiedlichem kulturellem Hintergrund in Harmonie zusammenleben. Im „Leitbild für die Stadt der Zukunft“, das im Mai 2003 von der Hauptversammlung des Deutschen Städtetages verabschiedet wurde, wird die Bedeutung der Kommunen für die Kultur entsprechend hervorgehoben. So heißt es dort u.a.:

> „Die Städte sind der Kristallisationspunkt unseres kulturellen Lebens. [...] Theater, Konzerte, Bibliotheken und Ausstellungen, soziokulturelle Orte und unterschiedliche ethnische Kulturen sind Bestandteile der Lebensqualität in der Stadt.“ (Zitiert nach Schuleri-Hartje/Meyer 2004)

Kulturpolitik sei als Schwerpunkt kommunaler Politik zu sehen, dabei seien interkulturelle Strategien vor dem Hintergrund weiterhin kontinuierlicher Zuwanderung von besonderer Bedeutung.

Das baulich-kulturelle Erbe in Deutschland

Gerade Bauwerke und historische bauliche Ensembles machen einen großen Teil unseres kulturellen Erbes aus. In ihnen kristallisieren sich die kulturellen Vorstellungen der jeweiligen Epochen, in denen sie errichtet wurden. Deutschland verfügt mit vielen gut erhaltenen bzw. wieder sanierten historischen Stadtkernen und bedeutenden Bauwerken (Schlösser, Kirchen, Klöster, Rathäuser, antike Stätten, Industriedenkmale, etc.) über ein reiches bauliches kulturelles Erbe. Darunter befinden sich auch, wie oben erwähnt, 30 Stätten, die wegen ihres außergewöhnlichen universellen Wertes in die UNESCO-Liste der Weltkulturerbestätten aufgenommen wurden. Dazu gehören die historischen Altstädte von Bamberg, Lübeck, Goslar, Worms, Quedlinburg, Stralsund und Wismar ebenso wie bedeutende Bauwerke, wie die Dome in Aachen, Speyer, Hildesheim, Trier und Köln und andere Sakralbauten (z.B. Benediktiner-Abtei Lorsch, Kloster Maulbronn), sowie Schlösser und Burgen (z.B. Wartburg, die Schlösser Augustusburg und Falkenlust in Brühl, Potsdam-Sanssouci) wie auch Industriedenkmale (Völklinger Eisenhütte, Bergwerk Rammelsberg, Zeche Zollverein).[5] Seit 2004 befindet sich der Kölner Dom allerdings auf der Liste der gefährdeten Erbestätten der Welt, der sogenannten Roten Liste, da nach Ansicht der UNESCO durch ein im Bau befindliches Hochhaus und andere geplante Hochhäuser in der Nähe des Doms, allerdings auf der anderen (rechten) Rheinseite in Köln-Deutz, die „visuelle Integrität des Kölner Doms und der einzigartigen Kölner Stadtsilhouette“ gefährdet sei, eine Einschätzung, die allerdings unter Fachleuten umstritten ist.

Neben den durch die UNESCO geadelten Glanzpunkten des kulturellen Erbes verfügt Deutschland aber noch über viele weitere bedeutende bauliche Kulturdenkmalen. Dies lässt sich durch die Zahl denkmalgeschützter baulicher Anlagen in Deutschland untermauern, die auf über 800.000 geschätzt wird (vgl. IEMB 2002). Denkmalgeschützte Gebäude unterscheiden sich dabei von Nichtdenkmalen durch das öffentliche Interesse an ihrer Erhaltung aus wissenschaftlichen, künstlerischen, technischen oder geschichtlichen Gründen (vgl. IEMB 2002, S. 40); es entscheiden also nicht nur ästhetische Gesichtspunkte über den Denkmalstatus.

Von den geschätzten gut 800.000 denkmalgeschützten baulichen Anlagen liegt ein Drittel in den neuen Bundesländern. Interessant ist dabei, dass sich nach dem zweiten Weltkrieg die Entwicklung in Bezug auf die Bausubstanz in den beiden Teilen Deutschlands unterschiedlich vollzogen hat. In der DDR wurde aufgrund der großen wirtschaftlichen Probleme vorwiegend in kostengüns-

5 Eine vollständige Liste der UNESCO-Welterbestätten in Deutschland befindet sich auf der Internetseite http://www.unesco.de.

tige Neubauten (Plattenbauten) investiert, während Altbauten und historische Altstädte langsam verfielen. Dadurch war zum Zeitpunkt der Wiedervereinigung im Osten in sehr vielen Städten noch eine umfangreiche, wenn auch höchst erneuerungsbedürftige alte Bausubstanz vorhanden, die durch hohe Schadstoffemissionen geschädigt und teilweise noch durch Kriegsschäden gezeichnet war. Aufgrund steuerlicher Förderung und staatlicher Investitionen sowie des finanziellen Engagements von Stiftungen wurde vieles inzwischen aufwändig restauriert. Mit Mitteln der Bundesstiftung Umwelt (DBU) und der Deutschen Stiftung Denkmalschutz und anderer privater Stiftungen wurden insbesondere in den Neuen Bundesländern viele wertvolle stark umweltgeschädigte Baudenkmale vor dem weiteren Verfall bewahrt (vgl. Brickwedde 2004). Der Sanierungsprozess des Altbaubestandes ist allerdings nach Auslaufen der Förderung ins Stocken geraten, obwohl noch immer großer Sanierungsbedarf besteht. Im Westen dagegen wurde in der Nachkriegszeit beim Wiederaufbau der Städte oft wenig pfleglich mit eigentlich erhaltungswürdiger Altbausubstanz umgegangen. Was nach den alliierten Bombenangriffen noch übrig geblieben war, wurde vielfach abgerissen und durch Neubauten ersetzt, und kleinteilige Stadtstrukturen wurden den Leitbildern einer autogerechten Stadt und der Funktionstrennung von Wohnen, Arbeiten, und Erholung geopfert (vgl. Siebel 2004). Dies führte zu einer Vereinheitlichung der Stadtbilder.

Denkmalschutz ist in starkem Maße auf private Initiative angewiesen, da der überwiegende Teil der denkmalgeschützten baulichen Anlagen in Privatbesitz ist.[6] Dabei besitzt der Denkmalseigentümer einerseits zwar ein außergewöhnliches Bauwerk, muss aber andererseits oft auch baukonstruktive und architektonische Mängel hinnehmen (vgl. IEMB 2002, S. 41), die oft mit Mehrkosten, z.B. für Heizung, verbunden sind. Auch Sanierungen von denkmalgeschützten Bauten sind kostenaufwändiger als bei nicht geschützten Bauten, da denkmalschutzrechtliche Auflagen zu erfüllen sind.

Durch die Eigentümerstruktur liegt die Aufgabe des Erhalts des kulturellen baulichen Erbes in Deutschland zu einem Großteil in privaten Händen. Um die Eigentümer hierbei zu unterstützen, vergeben die Bundesländer über die Denkmalschutzbehörden in ausgewählten Fällen Zuschüsse für die Erhaltung der Denkmale, die aber insgesamt als marginal betrachtet werden (vgl. IEMB 2002, S. 48). Wesentlich bedeutender ist die indirekte Förderung des Denkmalschutzes im Einkommensteuergesetz, das Steuervorteile in Form von erhöhten Abschreibungsmöglichkeiten für Sanierungskosten denkmalgeschützter Gebäude vorsieht, auch im Falle der Eigennutzung. Der Steuerausfall durch diese Abschreibungsvergünstigungen für denkmalgeschützte Bauten nach dem Einkommensteuerge-

6 Daneben sind Kirchen und Gebietskörperschaften Eigentümer, z.B. von Kirchen, Rathäusern, Schlössern und anderen öffentlichen Gebäuden.

setz wird für 1996 auf 17,5 Mio. DM beziffert. Durch diesen steuerlichen Anreiz wird aber ein Vielfaches an privaten Investitionen ausgelöst, so für 1996 ca. 2,4 Mrd. DM (vgl. IEMB 2002, S. 50). Diese kommen dem Baugewerbe und der mittelständischen Wirtschaft zugute und lösen damit auch wieder Steuereinnahmen aus, die die Mindereinnahmen durch die Abschreibungserleichterungen wieder ausgleichen können.

Das kulturelle bauliche Erbe ist für viele Gemeinden auch ein ökonomisch bedeutsames Kapital, weil es die touristische Attraktivität erhöht. Über den Tourismus sichert oder schafft es Arbeitsplätze und beschert Umsätze im Gastgewerbe und Handel. Für viele Kommunen bietet die Vermarktung ihrer einzigartigen Altbausubstanz eine Chance, den Tourismus voranzutreiben, da erhaltene historische Städte und andere bedeutende Baudenkmale Ziele eines in den letzten Jahren stark wachsenden Kulturtourismus sind, der, so die Deutsche Zentrale für Tourismus (DZT), der wichtigste touristische Trend der Zukunft ist. Städtereisen und Rundreisen sind mit einem Anteil von 48% der wichtigste Reisegrund im Inland (vgl. DZT 2002). Neben dem kulturellen Erbe wird aber auch die herausragende Gegenwartsarchitektur zunehmend zu einem attraktiven touristischen Ziel, insbesondere dort, wo sie eine gelungene Symbiose mit der historischen Bausubstanz eingeht; ein Beispiel ist der Deutsche Reichstag in Berlin (vgl. DV/DSD 2004). Nicht nur unter Nachhaltigkeitsgesichtspunkten, sondern auch aus handfesten ökonomischen Gründen ist also ein pfleglicher Umgang mit dem kulturellen Erbe angebracht. Neben den ökonomischen Vorteilen hat der städtische Kulturtourismus weitere positive Effekte. Um die Attraktivität zu erhöhen, lassen die Kommunen in der Regel auch dem urbanen Umfeld der kulturellen Erbestätten sowie dem öffentlichen Raum mehr Pflege angedeihen und bemühen sich, die Infrastruktur zu verbessern, Effekte, die nicht nur den Touristen, sondern vor allem den Einwohnern zugute kommen (vgl. Paskaleva-Shapira et al. 2004, p. 11).

Der Tourismus kann aber auch negative Effekte für das kulturelle Erbe haben. Dies betrifft insbesondere kulturhistorische Stätten von besonderer Anziehungskraft, die oft massiven Touristenströmen ausgesetzt sind. Zu große Besucherscharen können im schlimmsten Fall physische Beschädigungen von Kulturdenkmalen verursachen, zumindest aber ihre Attraktivität als touristisches Ziel beeinträchtigen. Darüber hinaus können solche Overcrowding-Effekte mit anderen negativen Auswirkungen verbunden sein. Vielen touristisch attraktiven Städten droht eine Überfremdung und ein Verlust der lokalen Identität (vgl. Coenen/Grunwald 2003, S. 197; Paskaleva-Shapira et al. 2004). Teilweise besteht auch die Gefahr einer Musealisierung und übertriebenen pittoresken, nicht authentischen Verschönerung von historischen Innenstädten, die zu einer historischen Verfälschung führt. Die Einwohner solcher Orte sind zudem durch das hohe Verkehrsaufkommen und die damit verbundenen Emissionen sowie durch

Lärm belastet. Schließlich kann der Tourismus zu einer Erhöhung des Preisniveaus für Güter, Dienstleistungen und Immobilien führen.

In einigen Fällen, bisher vornehmlich im Ausland, ist die Tragfähigkeit kulturhistorischer Stätten fast überschritten. So hat sich zum Beispiel Venedig veranlasst gesehen, den Zugang zur Innenstadt zu regulieren. Vielfach versuchen Städte und Regionen, in denen sich sehr attraktive Kulturdenkmale befinden, Touristenströme zu lenken, d.h. räumlich oder zeitlich zu entzerren, indem andere Attraktionen vor Ort herausgestellt werden oder der Ganzjahrestourismus gefördert wird.

Uniformierung von Innenstädten

Ein attraktives bauhistorisches Erbe, eine anspruchsvolle Gegenwartsarchitektur und ein vielfältiges kulturelles Angebot sind für eine Stadt als wichtiger weicher Standortfaktor anzusehen. Einerseits erhöhen sie die Ansiedlungswilligkeit von Investoren und Unternehmen mit hoch qualifizierter Mitarbeiterschaft. Andererseits können sie einer weiteren Suburbanisierung entgegenwirken. Neben der Baukultur und dem Angebot an Kulturdienstleistungen stellt ein vielfältiges Waren- und Dienstleistungsangebot (Einzelhandel, Gastronomie, Kino) ein weiteres wesentliches Kriterium für die Attraktivität und Urbanität von Innenstädten aus der Sicht der Einheimischen wie der Besucher dar. Gegenwärtig ist jedoch vielfach eine Uniformierung und Ausdünnung des Dienstleistungsangebots in den Innenstädten zu beobachten.

Der Rückgang des innerstädtischen Angebots ist u.a. auf die Konkurrenz der Einkaufszentren „auf der grünen Wiese“ zurückzuführen, die sich durch leichte, allerdings meist nur automobile Erreichbarkeit und ein großzügiges kostenloses Parkplatzangebot auszeichnen. Schon jetzt liegen nur noch ein Drittel der Einzelhandelsflächen in den Innenstädten, dagegen zwei Drittel im Außenbereich vor den Toren der Stadt. Zu dieser Entwicklung haben die Gemeinden durch unkoordinierte und großzügige Flächenausweisung häufig selbst beigetragen. Besonders extrem war die Entwicklung in den neuen Bundesländern, wo nach der Wende viele Einkaufszentren „auf der grünen Wiese“ entstanden, bevor die Stadtzentren saniert und ein geeignetes Flächenangebot für den Handel zur Verfügung gestellt werden konnte.[7] So findet man in Ostdeutschland vielfach vorbildlich und aufwändig sanierte historische Innenstädte, in denen aber ein vielfältiges, unterschiedlichen Ansprüchen genügendes Waren- und Dienstleistungsangebot fehlt. Die Folge ist ein Mangel an Urbanität und Lebendigkeit, wodurch die Städte ihre Attraktivität für die einheimische und Umlandbevölke-

7 So führten auch ungeklärte Eigentumsfragen zu Verzögerungen bei der Sanierung von innerstädtischen Ladenflächen.

rung einbüßen und sich Besucher oft wie in einem Museum fühlen. Angesichts stark schrumpfender Einwohnerzahlen im Osten könnten sich diese Tendenzen noch verstärken.

Zunehmend werden zudem Einzelhandelsfachgeschäfte und Einzelgastronomiebetriebe in den Innenstädten durch Filialen international operierender Handelsketten, Textilunternehmen, Restaurant- und Fastfoodketten sowie Billigläden verdrängt oder zur Aufgabe gezwungen, da sie die hohen Ladenmieten nicht mehr tragen können. Teilweise beträgt der Filialisierungsgrad bei den innerstädtischen Geschäften bereits 80% bis 90% (vgl. EK-NRW 2004, S. 136). Die Folge ist, dass man im In- und Ausland in den Stadtzentren mit demselben Angebot bzw. den gleichen Geschäften und Gastronomiebetrieben, vielfach in einheitlichem räumlichen Design, konfrontiert ist („McDonaldisierung"). Darüber hinaus führt der Wunsch, den internationalen Tourismus zu fördern, zur Entwicklung homogener und vertrauter Touristeneinrichtungen in den Touristenzentren (vgl. Marcuse 2004). Weniger umsatzträchtige Aktivitäten, die zur Vielfalt des Waren- und Dienstleistungsangebots beitragen könnten, werden aus den Innenstädten verdrängt. Der Grund ist, dass Filialbetriebe wegen ihres schnelleren Warenumschlags und der hinter ihnen stehenden finanzkräftigen Hauptunternehmen ein höheres finanzielles Potenzial haben, das ihnen erlaubt, höhere Mieten zu zahlen und aus marktstrategischen Gründen auch mehrjährige Verluste zu verkraften (vgl. Fleischhauer 1999). Durch diese Uniformierung und Filialisierung des Waren- und Dienstleistungsangebots verlieren die Städte ihre urbane Vielfalt und ihre kulturelle Identität.

Während es Anzeichen für eine Trendwende bei der Konkurrenz durch Einkaufszentren „auf der grünen Wiese" gibt, da Neuansiedlungen von Einkaufszentren zu 75% wieder in Innenstädten und Stadtteilzentren stattfinden (vgl. City-21 2002), ist der Trend zur Filialisierung ungebrochen. Sie fand und findet auch in den Einkaufszentren statt. Ob der Bau innerstädtischer Einkaufszentren für die Erhaltung der Urbanität positiv oder negativ ist, ist umstritten. So könnten sie als „halböffentliche Räume" die Besucher aus den traditionellen Einkaufsstraßen abziehen. Außerdem könnten sie die Attraktivität der Innenstädte beeinträchtigen, da sie wegen ihrer höheren Funktionalität und Flächenproduktivität Handelsbetriebe zum Umzug bewegen und so Leerstände in den Innenstädten verursachen könnten. Tatsache ist bereits jetzt, dass in vielen Innenstädten Einkaufsflächen leer stehen bzw. sich Billigläden ausbreiten, die Leerstände verdecken.

Generell sind die Möglichkeiten der Kommunen, solchen Entwicklungen entgegenzuwirken, begrenzt, da sich die Einzelhandelsflächen in der Regel in Privatbesitz befinden und die Verwaltung keinen unmittelbaren Einfluss auf die Höhe der Ladenmieten hat. Es gibt aber inzwischen Ansätze zur Kooperation zwischen öffentlicher Verwaltung, Gewerbetreibenden und Eigentümern von

Ladenflächen in Form von Public-Private Partnerships, mit dem Ziel, Einkaufsviertel wieder attraktiver zu machen, ein gemeinsames Marketing zu betreiben und dadurch die Innenstädte wieder zu beleben. Solche Kooperationsansätze greifen auf Vorbilder aus Kanada zurück, die sogenannten „Business Improvement Districts" (BID). In verschiedenen Bundesländern werden mittlerweile solche Kooperationsmodelle erprobt, teilweise auf gesetzlicher Basis, z.B. in Hamburg, oder auf freiwilliger Basis mit Landeszuschüssen als Lockmittel, z.B. in Nordrhein-Westfalen, das in einem Modellprojekt „Immobilien- und Standortgemeinschaften" mit Zuschüssen fördert, sofern sich Kommunen und Grundstückseigentümer an den Gesamtkosten beteiligen. Auch in Bayern, Sachsen und anderen Bundesländern wurden solche BID's als Pilotprojekte gefördert (vgl. Loibl 2005).

Städte als Orte des multikulturellen Zusammenlebens

Städte waren immer schon Orte, in denen Menschen mit unterschiedlicher kultureller Identität und unterschiedlichem sozialen Status zusammenlebten. Kulturelle und soziale Heterogenität der städtischen Bevölkerung sind sozusagen ein Definitionsmerkmal von Urbanität (vgl. Häußermann/Siebel 2001). Durch das Zusammenleben von Menschen verschiedener Ethnien kann die kulturelle Vielfalt in den Städten bereichert und die Vitalität und Qualität eines Gemeinwesens gesteigert werden. Diese Chance zu nutzen setzt jedoch voraus, dass Menschen verschiedener kultureller Identität harmonisch zusammenleben können und dass kein Druck auf kulturelle Minderheiten ausgeübt wird, sich einer Mehrheitskultur (oder „Leitkultur") unterzuordnen und ihre kulturelle Identität aufzugeben. Es geht also nicht um Assimilation, die in Deutschland lange Zeit von Zuwanderern erwartet wurde, sondern um die Integration von Ausländern in ein Gemeinwesen mit den gleichen Rechten und Chancen, wie sie die aufnehmende Bevölkerung hat (vgl. UKZ 2002).

Millionen von Menschen sind in den vergangenen 40 Jahren nach Deutschland zugezogen. Im Jahr 1998 hatte Deutschland 82 Mio. Einwohner, von denen 7,3 Mio. Ausländer waren, das sind fast 9%. In den Großstädten mit mehr als 100.000 Einwohnern ist der Anteil der Ausländer mit 13,7% höher, d.h. die Zuwanderung konzentriert sich auf die Großstädte, in denen 47% der Bevölkerung mit ausländischer Staatsangehörigkeit leben (vgl. Häußermann/Siebel 2001, S. 15).

Empirische Untersuchungen belegen, dass Migranten in Deutschland von Benachteiligungen betroffen sind, die ihre Integration erschweren (vgl. Bremer/Gestring 2004). Dazu gehören u.a. fehlende politische Rechte, benachteiligende Wohn- und Wohnumfeldbedingungen, kulturelle und soziale Isolation, unzureichende Qualifizierung und überdurchschnittliche Arbeitslosigkeit. Diese Benachteiligungen sind häufig mit räumlichen Segregationstendenzen verbunden.

In vielen Großstädten sind Zuwanderer vornehmlich auf die Wohnquartiere (unsanierte städtische Altbaugebiete, randstädtische Großsiedlungen des sozialen Wohnungsbaus) verwiesen, in denen sich auch die sozial benachteiligten Gruppen der einheimischen Bevölkerung konzentrieren. Ursache dafür ist weniger die Neigung der Zuwanderer, unter sich leben zu wollen, als vielmehr ihre wirtschaftliche Situation und der mangelnde Zugang zum Wohnungsmarkt in anspruchsvolleren Wohnvierteln.

Wohngebiete mit hoher Ausländerdichte können die Integration sowohl positiv als auch negativ beeinflussen. Für Neuzuwanderer leisten solche „ethnischen Kolonien" Hilfestellungen bei der Eingliederung, der Arbeitssuche und der emotionalen Stabilisierung. Oftmals bietet die ausgeprägte ausländische Infrastruktur auch Arbeitsplätze und damit Aufstiegsmöglichkeiten, die leichter zu erreichen sind als eine Karriere in der Mehrheitsgesellschaft. Der längere Verbleib in einer ethnischen Kolonie kann aber auch zu dauernder Randständigkeit führen, indem er Zuwanderer dazu verleitet, sich mit den dort gebotenen Möglichkeiten zufrieden zu geben, nicht in die weitere Qualifizierung zu investieren und die Möglichkeiten zur Integration zu ignorieren. Untersuchungen zeigen andererseits, dass ökonomisch und sozial integrierte Zuwanderer dazu tendieren, die Wohngebiete mit hoher Ausländerkonzentration zu verlassen und in attraktivere Wohnviertel umzuziehen. Sie entwickeln ähnliche Wohnvorstellungen wie die deutsche Mittelschicht, z.B. eine Präferenz für das Wohnen im Eigenheim im Umland der Städte (vgl. UKZ 2002).

Die vielfach in deutschen Großstädten zu beobachtenden Parallelgesellschaften bzw. das beziehungslose kulturelle Nebeneinander entspricht nicht den Vorstellungen von urbaner Vielfalt und ist auch nicht als eine Bereicherung anzusehen, die das harmonische Zusammenleben von Menschen prinzipiell bringen könnte. Eine echte Integration der Zuwanderer mit ihren positiven Effekten für die kulturelle Vielfalt erfordert, dass die genannten Benachteiligungen abgebaut werden. Um dies zu erreichen, muss neben konkreten Maßnahmen (Angebot von Sprachunterricht, kommunales Wahlrecht, Verbesserung der Wohnverhältnisse, Weiterqualifizierung, etc.) auch die Aufnahmegesellschaft sensibilisiert werden. Sie muss bereit sein, sich an die Kultur der Zuwanderer zu gewöhnen, z.B. daran, dass das Minarett künftig ebenso zur Silhouette der europäischen Stadt gehören wird wie die Türme der christlichen Kirchen (vgl. Kapphan 2004; Siebel 2004).

Andererseits muss auch ein Integrationswille seitens der Zuwanderer vorhanden sein, etwa die Bereitschaft, die deutsche Sprache zu erlernen und in den kulturellen Dialog mit der einheimischen Bevölkerung einzutreten. Eine wichtige Rolle kann dabei auch die kommunale Kulturpolitik spielen, indem sie kulturelle Aktivitäten in städtischen Problemvierteln (gemeinsame Stadtteilfeste, interkulturelle Feste, etc.) unterstützt, an denen alle Bevölkerungsgruppen beteiligt werden, und damit das harmonische Zusammenleben fördert (vgl. Schuleri-Hartje/Meyer 2004).

4 Energie aus Grünland – eine nachhaltige Entwicklung?

Im Projekt „Energie aus Grünland – eine nachhaltige Entwicklung?" wird das IKoNE angewandt, um die Nutzung überschüssiger Grünlandflächen zur Energieerzeugung im Bundesland Baden-Württemberg unter Nachhaltigkeitsgesichtspunkten zu bewerten. Hier werden zum einen der Umfang der Grünlandüberschussflächen und deren Potenzial für die Energieerzeugung ermittelt, zum zweiten die vorhandenen und in der Entwicklung befindlichen Technologien zur Nutzung des Grünlandaufwuchses untersucht und zum dritten die Auswirkungen der Nutzungen bewertet. Diese Bewertung erfolgt anhand unterschiedlicher Indikatoren wie SO_2-Emissionen, Arbeit oder gerechte Energienutzung. Als Indikator für die Implementierung der kulturellen Regel „Erhaltung der kulturellen Funktion der Natur" wurde die Landschaft gewählt.[8]

Erhaltung der kulturellen Funktion der Natur (Regel 3.4)

Die Nachhaltigkeitsforderung zum Erhalt der kulturellen Funktion der Natur bezieht sich auf ihren instrumentellen Wert als Basis für die Befriedigung essenzieller Bedürfnisse. Ausgehend von dem Gedanken einer universalen Gesellschaft (unter Einschluss kommender Generationen) werden Handlungsmaximen aufgestellt, deren Befolgung sicherstellen soll, dass die unverzichtbaren ökologischen Voraussetzungen menschlichen Lebens und Wirtschaftens (erneuerbare und nicht erneuerbare Ressourcen, Produktivität und Regulationsfähigkeit des Naturhaushaltes) über die Zeit erhalten bleiben. Ein nur auf die lebenserhaltende Funktion der Natur ausgerichtetes Nachhaltigkeitskonzept würde jedoch die lebensbereichernde Funktion der Natur als Gegenstand sinnlicher, kontemplativer, spiritueller und ästhetischer Erfahrung außer Acht lassen und wäre daher unvollständig. Das Spektrum der ethischen Begründungen zum Erhalt der Natur wurde deshalb im Nachhaltigkeitskonzept um eudämonistische[9] Argumente erweitert (vgl. Kopfmüller et al. 2001, S. 262ff.).

Während der instrumentelle Wert der Natur unbestreitbar ist, müssen eudämonistische Werte nicht für alle Menschen gleichermaßen nachvollziehbar sein.

---

8 Vgl. ausführlicher Rösch et al. 2007, 2009; Stelzer et al. 2007.

9 Eudämonistische Werte (von griech. „eudaimonia" = Glück) beziehen sich auf Erfahrungen oder Praktiken im Umgang mit der Natur, die sich für ein wertendes Subjekt „um ihrer selbst willen" lohnen (vgl. Ott 2000, S. 20).

Dennoch stellt die Naturerfahrung nicht nur eine subjektive Präferenz gewisser Leute dar, sondern wird als eine allgemein zugängliche wesentliche Option eines „guten Lebens“ betrachtet (vgl. SRU 2002, S. 17f.).

Die Rücksicht auf die Entfaltungsmöglichkeiten jener Menschen, für die das Erleben der Natur einen hohen Wert darstellt, gebietet es, ihre Schönheit und Vielfalt zu erhalten. Moralische Pflichten bestehen dabei nicht gegenüber der Natur, sondern in Ansehung von Natur (vgl. Ott 1998, S. 232f.).

Dies bedeutet z.B., dass das Grünland nicht um seiner selbst willen zu schützen ist, sondern deshalb, weil viele Menschen dem Erleben von Grünland einen hohen Wert zuschreiben.

In einer sehr allgemeinen Form besteht in Baden-Württemberg heute Übereinstimmung über die Notwendigkeit, Natur- und Kulturlandschaften zu erhalten. Dieser gesellschaftliche Grundkonsens liefert jedoch keine Antwort auf die Frage, welche Objekte, Bereiche oder Zustände der Natur unter Schutz gestellt werden sollen. Vielen Menschen gilt in erster Linie der Status quo als der erhaltenswürdige Zustand, der sich jedoch aufgrund der Dynamik von Natur und Kultur und der Wechselwirkungen zwischen naturräumlichen Gegebenheiten und menschlicher Einflussnahme prinzipiell nicht erhalten lässt (vgl. DRL 2005).

Nicht nur die Kulturlandschaft, sondern auch die Einstellung des Menschen zur Natur hat sich im Laufe der Zeit gewandelt. Die Frage, welche Landschaft bewahrt werden soll, lässt sich deshalb nicht wissenschaftlich entscheiden, sondern bedarf der Bildung eines gesellschaftlichen Konsenses. Vielen Bundesbürgern gilt z.B. die Lüneburger Heide als der Inbegriff einer erhaltenswerten extensiv bewirtschafteten Kulturlandschaft, obwohl sie das Ergebnis einer dauerhaften Übernutzung der natürlichen Ressourcen durch den Menschen darstellt. Ohne landschaftspflegerische Maßnahmen, die den historischen Raubbau mit moderner Technik simulieren, würde diese Landschaft ihre charakteristische Eigenart und damit ihren „Heimatwert“ verlieren. Ließe man der Natur freien Lauf, ginge die Heide in dichten Wald über. Ähnliches gilt für andere Gebiete, in denen der Status quo erhalten werden soll, wie Streuobstwiesen oder Hudewälder (vgl. Häpke 1990). Das heißt, die Gesellschaft muss sich entscheiden, wo sie eine bestimmte Kulturlandschaft erhalten oder die Landschaft der natürlichen Sukzession überlassen will. Notwendig ist daher vor allem eine offene und öffentliche Debatte über die weitere Entwicklung der Kulturlandschaft, in der zumindest Konsens über Leitbilder für die regionale und lokale Ebene hergestellt werden sollte (vgl. DRL 2005). Da eine umfassende Erhebung zur Einstellung der Bevölkerung zu den Grünlandflächen in Baden-Württemberg im Rahmen des Projektes nicht möglich war, wurde die Bedeutung aus allgemeinen Überlegungen und regionaler Literatur abgeleitet. So wird in Zeitungsberichten, Faltblättern und anderen Veröffentlichungen immer wieder auf die Schönheit der Grünlandflächen in Baden-Württemberg hingewiesen.

Wiesen und Weiden prägen mit ihrer typischen landwirtschaftlichen Nutzung und ihrer Artenvielfalt in weiten Teilen Baden-Württembergs die Kulturlandschaft und tragen wesentlich zu ihrer Eigenart, Vielfalt und Schönheit bei (vgl. Briemle/Elsässer 1997; Nowak/Schulz 2002, S. 9). Die Ausprägung der Natur ist ein entscheidender Faktor für das Wohlbefinden der Bewohner einer Region. Diese Gefühle werden bestimmt durch Aspekte wie Abwechslungsreichtum, Farbigkeit, Pflanzenbedeckung, Naturnähe, Erlebbarkeit, gewohnte Bilder. Mit einer über tausendjährigen Tradition bilden die Grünlandflächen darüber hinaus einen Erinnerungswert, d.h. sie sind für einen Teil der individuellen Identität der in den durch Grünland geprägten Regionen Baden-Württembergs beheimateten Menschen von Bedeutung, vermitteln ihnen Geborgenheit und sollten deshalb für kommende Generationen erhalten werden.

Welche hohe kulturelle Bedeutung der Erhalt des Grünlands in Baden-Württemberg hat, ist daran zu erkennen, dass dieses bereits seit vielen Jahren durch das Umbruchverbot im Rahmen der Marktentlastungs- und Kulturlandschaftsausgleich(MEKA)-Förderprogramme, durch die rund 80% des Dauergrünlands erfasst sind, geschützt wird. Andere baden-württembergischen Agrarumweltmaßnahmen, wie die Landschaftspflege-Richtlinie und die Schutzgebiets- und Ausgleichs-Verordnung (SchALVO) begünstigen ebenfalls die nachhaltige Nutzung und den Erhalt von Grünland. Hinzu kommt, dass im Rahmen von *cross compliance* der maximal zulässige Umbruch von Grünland zu Ackerland begrenzt ist, und in allen Gebietskulissen von PLENUM[10] haben Grünlandgebiete einen wichtigen Stellenwert (vgl. LUBW 2006).

Allerdings wirkt sich nicht jede Grünlandnutzung gleich auf das Landschaftsbild aus (siehe Tab. 2). So verhindert das einmalige Mulchen mit einem

Tab. 2: Auswirkungen der unterschiedlichen Nutzungsformen auf das Landschaftsbild

Grünlandnutzung	Positiv	Negativ
Mulchen	Grünland	Wenig Blühaspekte
Heugewinnung zur Verbrennung	Grünland, viel Blühaspekte	
Grassilageproduktion für Biogasanlage	Grünland	Kaum Blühaspekte
Mais	Die meiste Zeit Offenland	Vegetationsbedeckung nur zeitweise im Jahr, zeitweise keine „Fernsicht"

Quelle: Stelzer et al. 2007, S. 32

10 Projekte des Landes zur Erhaltung und Entwicklung von Natur und Umwelt.

Schnitt nach dem 15. Juli zwar das Aufkommen von Buschwerk, das Landschaftsbild verändert sich allerdings dahingehend, dass die Flächen lange Zeit des Jahres entweder mit einer hohen Gras- oder Krautvegetation bewachsen ist oder das sich langsam zersetzende Mulchmaterial auf der Fläche liegt (vgl. Briemle 2005). Die so behandelte Fläche weist in der Regel nur wenige Blühaspekte auf. Diesen letzten Aspekt hat die Fläche gemein mit dem Intensivgrünland, das allerdings deutlich niedrigeren Pflanzenwuchs und in weiten Regionen wie z.B. dem Allgäu, zumindest den Löwenzahnblühaspekt aufweist.

Die extensive Wiese mit einem oder zwei Schnitten und dem Abtransport des Mähgutes bietet durch ihre Kombination aus langer Wuchszeit und Vermagerung die ideale Kombination für ein buntes, sich im Jahresverlauf veränderndes Landschaftsbild, ohne die „Verbraunungsphase“ des Mulchens nach der Mahd. Der Umbruch zum Maisacker ist gegenüber jeder anderen Nutzungsart landschaftlich als negativ zu betrachten, da er ein sehr monotones Erscheinungsbild abgibt, sehr hoch wächst und zeitweise der braune Boden zu Tage tritt.

Diese unterschiedlichen Auswirkungen der verschiedenen Nutzungen der Grünlandstandorte auf die Landschaft werden in der Bewertung mit den anderen Indikatoren zusammen betrachtet (siehe Tab. 3).

5 Fazit

Wie aus den Beispielen ersichtlich, ist es durchaus möglich, kulturelle Belange in eine Bewertung von Nachhaltigkeit einzubeziehen. Wichtig ist, dass schon bei der Konzipierung der Bewertung darauf geachtet wird, dass nicht nur die klassischen und relativ leicht quantifizierbaren Themenbereiche, sondern auch die Kultur gleichberechtigt betrachtet werden. Ein Ansatz hierzu ist ein systematisches Vorgehen an Hand der im integrativen Konzept angelegten Nachhaltigkeitsregeln.

Tab. 3: Vorläufige Bewertung der Nachhaltigkeit der unterschiedlichen Nutzungsmöglichkeiten überschüssiger Grünlandflächen zur Energieerzeugung im Gegensatz zum Mulchen[a]

Nachhaltigkeitsindikator	Grasland		Umbruch
	Heu (Verbrennung)	Silage (Biogas)	Maissilage (Ackerbau)
SO_2-Emissionen	0	++	++
NO_x-Emissionen	– –	–	–
Staub-Emissionen	–	0	0
CO-Emissionen	++	–	–
HCl-Emissionen	?	?	?
Dioxine/Furane	?	?	?
Gesundheit	0	0	0
Arbeit	+	+	+
Einkommen	+	+	+
Selbst. Existenzsicherung	+	+	+
Gerechte Energienutzung	+	+	++
Gerechte CO_2-Äquivalentverteilung	+	+	++
Umweltnutzungsmöglichkeiten	+	+	+
Biodiversität	+	0 bis –	– –
Physischer Boden-/Wasserschutz	0	0	– –
Versauerung	–	– –	– –
Eutrophierung	–	– –	– –
Nutzung erneuerbarer Ressourcen	0	–	– –
Nutzung von Energieressourcen	+	+	++
Klimawandel	+	+	++
Landschaft	+	+ bis 0	–

Legende: ++ = erheblich besser, + = besser, 0 = gleich; – = geringer, – – = erheblich geringer

a: Mulchen regelmäßig einmal pro Jahr

Quelle: Rösch et al. 2007, S. 144

Literatur

Bremer, P.; Gestring, N. (2004): Migranten ausgegrenzt? In: Häußermann, H.; Kronauer, M.; Siebel, W. (Hg.): An den Rändern der Städte. Frankfurt/M., S. 258-285

Brickwedde, F. (2004): Die Rolle der Stiftungen unter besonderer Berücksichtigung der DBU. In: Brickwedde, F.; Weinmann, A. (Hg.): Nachhaltiger Schutz des kulturellen Erbes – Umwelt und Kulturgüter. Berlin, S. 357-364

Briemle, G. (2005): Effekte einer Grünland-Mindestpflege nach „Cross-Compliance". In: Berichte über Landwirtschaft, Bd. 83. Berlin (BMELV – Bundesministerium für Ernährung, Landwirtschaft und Verbraucherschutz), S. 376-387

Briemle, G.; Elsässer, M. (1997): Die Funktionen des Grünlandes. In: Berichte über Landwirtschaft, Bd. 75. Berlin (BMELV – Bundesministerium für Ernährung, Landwirtschaft und Verbraucherschutz), S. 272-290

City-21 (2002): Bündnis für lebendige Innenstädte. Gemeinsame Erklärung von Bundesministerium für Verkehr, Bau und Wohnungswesen, Bauministerkonferenz, Deutscher Städtetag, Deutscher Städte- und Gemeindebund, Hauptverband des Deutschen Einzelhandels, Bundesarbeitsgemeinschaft der Mittel- und Großbetriebe des Einzelhandels, Deutscher Industrie- und Handelskammertag, Gesamtverband der Wohnungswirtschaft, Allgemeiner Deutscher Automobilclub, Deutsches Forum für Kriminalprävention

Coenen, R. (2001): Die Umsetzung des Leitbildes in nationalen Nachhaltigkeitsstrategien. In: Grunwald, A.; Coenen, R.; Nitsch, J.; Sydow, A.; Wiedemann, P. (Hg.): Forschungswerkstatt Nachhaltigkeit. Wege zur Diagnose und Therapie von Nachhaltigkeitsdefiziten. Berlin, S. 59-75

Coenen, R.; Grunwald, A. (Hg.) (2003): Nachhaltigkeitsprobleme in Deutschland. Analyse und Lösungsstrategien. Berlin

DRL – Deutscher Rat für Landschaftspflege (2005): Landschaft und Heimat – ein Resümee. In: Schriftenreihe des Deutschen Rates für Landschaftspflege, H. 77: Landschaft und Heimat, S. 5-16

DV – Deutscher Verband für Wohnungswesen, Städtebau und Raumordnung; DSD – Deutsche Stiftung Denkmalschutz (2004): Gemeinsame Erklärung zur Tagung „Baukultur als touristische Destination – Strategien städtischer Entwicklung" (URL: http://www.bundesbaublatt.de)

DZT – Deutsche Zentrale für Tourismus (2002): Marktforschung (URL: http://www.deutschland-tourismus.de)

Emmerich, R.; Melzer, M. (2006): Das Integrative Konzept Nachhaltiger Entwicklung der HGF als Baustein der Bildung für eine Nachhaltige Entwicklung. In: Kopfmüller, J. (Hg.): Das Integrative Nachhaltigkeitskonzept der HGF in der Forschungspraxis. Berlin, S. 171-188

EK-NRW – Enquete-Kommission des Landtages von Nordrhein-Westfalen (2004): Zukunft der Städte. Düsseldorf

Fleischhauer, M. (1999): Bodenpreisentwicklung und Nutzungswandel in der City. Das Beispiel Dortmund. Dortmund (Universität Dortmund, Institut für Raumplanung)

Grunwald, A.; Coenen, R.; Nitsch, J.; Sydow, A.; Wiedemann, P. (Hg.) (2001): Forschungswerkstatt Nachhaltigkeit. Wege zur Diagnose und Therapie von Nachhaltigkeitsdefiziten. Berlin

Häpke, U. (1990): Die Unwirtlichkeit des Naturschutzes. Böse Thesen zum Naturschutz. In: Kommune, H. 1, S. 48-53

Hartlieb, N.; Bräutigam, R.; Kopfmüller, J.; Sardemann, G.; Achternbosch, M.; Kupsch, C. (2006): Das Integrative Konzept Nachhaltiger Entwicklung im Kontext der Abfallwirtschaft – Anwendung auf das Beispiel der Cadmiumstoffströme. In: Kopfmüller, J. (Hg.): Das Integrative Nachhaltigkeitskonzept der HGF in der Forschungspraxis. Berlin, S. 213-233

Hartmuth, G.; Huber, K.; Rink, D. (2006): Downscaling von Nachhaltigkeit. Das Integrative Nachhaltigkeitskonzept als Bauplan für kommunale Indikatorensysteme. In: Kopfmüller, J. (Hg.): Das integrative Nachhaltigkeitskonzept der HGF in der Forschungspraxis. Berlin, S. 99-114

Häußermann, H.; Siebel, W. (2001): Soziale Integration und ethnische Schichtung. Gutachten im Auftrag der Unabhängigen Kommission „Zuwanderung". Berlin, Oldenburg

Hauff, V. (1987): Unserer gemeinsame Zukunft. Greven

IEMB – Institut für Erhaltung und Modernisierung von Bauwerken e.V. an der TU Berlin (2002): Dialog Bauqualität. Endbericht. Berlin

Jörissen, J.; Coenen, R.; Stelzer, V. (2005): Zukunftsfähiges Wohnen und Bauen. Herausforderungen, Defizite, Strategien. Berlin

Jörissen, J.; Kneer, G.; Rink, D. (2001): Wissenschaftliche Konzeptionen zur Nachhaltigkeit. In: Grunwald, A.; Coenen, R.; Nitsch, J.; Sydow, A.; Wiedemann, P. (Hg.): Forschungswerkstatt Nachhaltigkeit. Wege zur Diagnose und Therapie von Nachhaltigkeitsdefiziten. Berlin, S. 33-57

Kapphan, A. (2004): Symbolische Repräsentation von Zuwanderergruppen im Raum. Zur Analyse von Konflikten um den Bau und die Nutzung von Moscheen. In: Siebel, W. (Hg.): Die europäische Stadt. Frankfurt/M., S. 244-252

Keimel, H. (2006): Nachhaltigkeitsberichterstattung im Verkehrsbereich. In: Kopfmüller, J. (Hg.): Das Integrative Nachhaltigkeitskonzept der HGF in der Forschungspraxis. Berlin, S. 299-309

Keimel, H.; Berghof, R.; Borken, J.; Klann, U. (2004): Nachhaltigkeitsberichterstattung im Verkehrsbereich. Berlin

Knaus, A.; Renn, O. (1998): Den Gipfel vor Augen. Unterwegs in eine nachhaltige Zukunft. Marburg

Kopfmüller, J.; Brandl, V.; Jörissen, J.; Paetau, M.; Banse, G.; Coenen, R.; Grunwald, A. (2001): Nachhaltige Entwicklung integrativ betrachtet. Konstitutive Elemente, Regeln, Indikatoren. Berlin

Kopfmüller, J.; Lehn, H. (2006): Nachhaltige Entwicklung in Megacities. In: Kopfmüller, J. (Hg.): Das Integrative Nachhaltigkeitskonzept der HGF in der Forschungspraxis. Berlin, S. 269-282

Kopfmüller, J.; Lehn, H. (2009). Megacities – ein zentraler Faktor für eine global nachhaltige Entwicklung. – Einführung in den Schwerpunkt. In: Technikfolgenabschätzung. Theorie und Praxis, Nr. 1, S. 4-7

Kopfmüller, J.; Lehn, H.; Heinrichs, D.; Nuissl, H.; Krellenberg, K. (2009): Die HGF-Forschungsinitiative „Risk Habitat Megacity": Ziele, Ansatz, Fragestellungen. In: Technikfolgenabschätzung. Theorie und Praxis, Nr. 1, S. 35-45

Kopfmüller, J.; Stelzer, V. (2009): Energieszenarien für Megacities. Konzept und erste Ergebnisse des HGF-Verbundprojekts „Risk Habitat Megacity". In: Möst, D.; Fichtner, W.; Grunwald, A. (Hg.): Energiesystemanalyse. Tagungsband des Workshops „Energiesystemanalyse" vom 27. November 2008 am KIT Zentrum Energie. Karlsruhe, S. 99-115

Loibl, R. (2005): Business Improvement Districts. Frischer Wind bläst durch Einkaufsstraßen. In: Süddeutsche Zeitung, 1. Juli

LUBW – Landesanstalt für Umwelt, Messungen und Naturschutz Baden-Württemberg (2006): Projekt des Landes zur Erhaltung und Entwicklung von Natur und Umwelt, Stuttgart (LUBW; URL: http://www.plenum-bw.de/; 05.01.2006)

Marcuse, P. (2004): Verschwindet die europäische Stadt in einem allgemeinen Typus der globalisierten Stadt? In: Siebel, W. (Hg.): Die europäische Stadt. Frankfurt/M., S. 112-117

Nowak, B.; Schulz, B. (2002): Wiesen. Nutzung, Vegetation, Biologie und Naturschutz am Beispiel der Wiesen des Südschwarzwaldes und Hochrheingebietes. Heidelberg, Ubstadt-Weiher, Basel (Naturschutz-spectrum Themen, Bd. 93)

Ott, K. (1998): Naturästhetik, Umweltethik, Ökologie und Landschaftsbewertung. Überlegungen zu einem spannungsreichen Verhältnis. In: Theobald, W. (Hg.): Integrative Umweltbewertung. Theorie und Beispiele aus der Praxis. Berlin u.a.O., S. 221-248

Ott, K. (2000): Umweltethik. Einige vorläufige Positionsbestimmungen. In: Ott, K.; Gorke, M. (Hg.): Spektrum der Umweltethik. Marburg, S. 13-39

Paskaleva-Shapira, K.; Besson, E.; Hoffmann, B.; Wintzer, S. (2004): Urban Governance of Cultural Tourism in Europe – Local Authorities Perspectives. Deliverable No. 6 of the PICTURE EU Project Karlsruhe (Forschungszentrum Karlsruhe)

Paulesich, R. (2006): EeseyX. Der HGF-Ansatz in einem Modell zur Bewertung börsennotierter Unternehmen. In: Kopfmüller, J. (Hg.): Das Integrative Nachhaltigkeitskonzept der HGF in der Forschungspraxis. Berlin, S. 189-212

Rösch, Chr.; Raab, K.; Skarka, J.; Stelzer, V. (2007): Energie aus dem Grünland – eine nachhaltige Entwicklung? Karlsruhe (Forschungszentrum Karlsruhe) (Wissenschaftliche Berichte, FZKA 7333)

Rösch, Ch.; Skarka, J.; Raab, K.; Stelzer, V. (2009): Energy Production from Grassland. Assessing the Sustainability of Different Process Chains under German Conditions. In: Biomass & Bioenergy, Vol. 33/No. 4, pp. 689-700

Schäfer, M. (2006): Der Beitrag wirtschaftlicher Akteure zu nachhaltiger Entwicklung und Lebensqualität. In: Kopfmüller, J. (Hg.): Das Integrative Nachhaltigkeitskonzept der HGF in der Forschungspraxis. Berlin, S. 115-137

Schidler, S. (2006): Interdisziplinäre Bildung von Nachhaltigkeitskriterien. Fallbeispiel Nachwachsende Rohstoffe – Grüne Bioraffinerie. In: Kopfmüller, J. (Hg.): Das Integrative Nachhaltigkeitskonzept der HGF in der Forschungspraxis. Berlin, S. 157-169

Schuleri-Hartje, U. K.; Meyer, U. (2004): Wie viel Kultur benötigt ein Stadtteil? Erfahrungen aus dem Bund-Länder-Programm „Soziale Stadt". Berlin (URL: http://www.difu.de/publikationen/difu-berichte-12004/wie-viel-kultur-benoetigt-ein-stadtteil-erfahrungen-aus.html)

Siebel, W. (2004): Die europäische Stadt. Einleitung. In: Siebel, W. (Hg.): Die europäische Stadt. Frankfurt/M., S. 11-50

Smiers, J. (2004): Der gefährliche Wettbewerb – UNESCO will kulturelle Vielfalt schützen. In: Süddeutsche Zeitung, 19. August

SRU – Der Rat von Sachverständigen für Umweltfragen (2002): Für eine Stärkung und Neuorientierung des Naturschutzes. Sondergutachten. Stuttgart (SRU), Juni

Stelzer, V. (2009): Systematische Nachhaltigkeitsbewertung in Energieprojekten. In: Cail, S.; Möst, D.; Fichtner, W.; Percebois, J. (Hg.): Umweltpolitische Ziele der EU. Deutsch-Französische Beiträge zur Zielerreichung. Tagungsband des 1. Deutsch-Französischen

Workshops Energiewirtschaft und Nachhaltigkeit in Karlsruhe am 29.-30. Januar 2009. Karlsruhe, S. 3-18

Stelzer, V.; Jörissen, J. (2005): Nachhaltiges Wohnen und Bauen. In: Banse, G.; Kiepas, A. (Hg.): Nachhaltige Entwicklung. Von der wissenschaftlichen Forschung zur politischen Umsetzung. Berlin, S. 251-269

Stelzer, V.; Rösch, Ch.; Raab, K. (2007): Ein integratives Konzept zur Messung von Nachhaltigkeit. Das Beispiel Energiegewinnung aus Grünland. In: ITA – Institut für Technikfolgen-Abschätzung (Hg.): Manuscript. Proceeding zur „TA '06 Vermessen, codiert, entschlüsselt? Potenziale und Risken der zunehmenden Datenverfügbarkeit". Wien, Österreich, 29.05.2006. Wien (Österreichische Akademie der Wissenschaften), S. 1-40

UKZ – Unabhängige Kommission Zuwanderung (2002): Bericht der unabhängigen Kommission Zuwanderung. Berlin (Bundesministerium des Innern)

UNESCO – United Nations Educational, Scientific and Cultural Organization (1972): Übereinkommen zum Schutz des Kultur- und Naturerbes (URL: http://www.unesco.de)

UNESCO – United Nations Educational, Scientific and Cultural Organization (2002): Allgemeine Erklärung zur kulturellen Vielfalt (URL: http://www.unesco.de/443.html)

UNESCO – United Nations Educational, Scientific and Cultural Organization (2003): Convention for the Safeguarding of the Intangible Cultural Heritage. Paris (MISC/2003/CLT/ CH/14)

UNESCO – United Nations Educational, Scientific and Cultural Organization (2004): Preliminary Draft of a Convention on the Protection of the Diversity of Cultural Contents and Artistic Expressions. Paris (CLT/CBP/2004/CONF-201/2, 2004-09-16)

III.
Kultur und Nachhaltigkeit – bewahren und gestalten

Kulturerbe – Dilemmata des Bewahrens im Wandel

Caroline Y. Robertson-von Trotha

1 Status Quo

1.1 Kulturrelevante Konventionen und Programme der UNESCO

Von Beginn an hat die Organisation der Vereinten Nationen für Bildung, Wissenschaft und Kultur (UNESCO) sich zum Ziel gesetzt, durch die Förderung der Zusammenarbeit zwischen den verschiedenen Völkern zur Wahrung des Friedens beizutragen. Ein Schwerpunkt des Beitrags liegt auf dem Erhalt und dem Schutz des Kulturerbes. In der Verfassung der UNESCO von 1945 heißt es deshalb in Artikel 1, dass es die Aufgabe sei,

> „Wissen [zu] bewahren, [zu] erweitern und [zu] verbreiten durch Erhaltung und Schutz des Welterbes an Büchern, Kunstwerken und Denkmälern der Geschichte und Wissenschaft." (UNESCO 2001)

Mehrere Abkommen präzisieren dieses Anliegen in den Folgejahren. 1954 wurde die Haager Konvention zum Schutz von Kulturgütern bei bewaffneten Konflikten mit Ausführungsbestimmungen beschlossen. Im Jahr 1961 wurde das Internationale Abkommen über den Schutz der ausübenden Künstler, der Hersteller von Tonträgern und der Sendeunternehmen unterzeichnet. 1970 verpflichteten sich die Vertragspartner zu dem Übereinkommen über Maßnahmen zum Verbot und zur Verhütung der unzulässigen Einfuhr, Ausfuhr und Übereignung von Kulturgut.

Ein weiterer wichtiger Schritt auf dem Weg zum Schutz und Erhalt des Weltkulturerbes war das 1972 geschlossene Übereinkommen, das mittlerweile von 185 Staaten ratifiziert oder zumindest akzeptiert wurde. Kernpunkte der Welterbekonvention sind erstens die Erweiterung der schützenden Tätigkeit der UNESCO, zweitens die erstmals explizite Unterscheidung von materiellem und immateriellem Kulturgut und drittens das Aufbrechen des beschränkten Konzepts eines „kulturellen Eigentums" zu einem „kulturellen Erbe". Besonders der terminologische Richtungswechsel, Kulturgüter als Erbe statt als Eigentum zu beschreiben, muss hervorgehoben werden (vgl. Weigelt 2007). Das Konzept des Eigentums war einer euro-amerikanischen Sichtweise verpflichtet, die Kulturgüter vor allem als handelbare Güter auf ökonomischen Märkten charakterisierte. Hingegen betont das Konzept des kulturellen Erbes ein Kulturgut stärker als symbolischen Gegenstand mit einer spezifischen, eigenständigen Identität, die weit mehr als eine Handelsware von monetärem Wert ist. Schutz des Kultur- und Naturerbes heißt folglich, das Kulturgut in seiner Tradition zu bewahren und im Kontext einer gelebten Kultur zu erhalten.

Der Konzeptwandel zum erweiterten Begriff des Kulturerbes ebnete den Weg zu einer verstärkten Berücksichtigung der immateriellen Kulturgüter, die von einem Begriff des Eigentums ausgeschlossen blieben.[1] Mit dem Programm *Memory of the World* von 1992 intensivierte die UNESCO ihre Bestrebungen zum Erhalt des dokumentarischen Kulturerbes. „Das Gedächtnis der Welt" umfasst ein Register der überlieferten Sammlungen von kulturell bedeutsamen Schrift-, Film- und Tondokumenten, um diese erstens zu sichern und zweitens elektronisch zugänglich zu machen. Zwei weitere Übereinkommen zum Erhalt des immateriellen Kulturerbes wurden Anfang des 21. Jahrhunderts beschlossen: *Übereinkommen zur Bewahrung des immateriellen Kulturerbes* von 2003 und 2005 das *Übereinkommen über Schutz und Förderung der Vielfalt kultureller Ausdrucksformen.*[2] Trotz der teils paradoxen und durchaus weitreichenden Implikationen der Zertifizierung von immateriellen Kulturgütern dürfen diese Abkommen als große Erfolge gelten (vgl. Meyer-Rath 2007), denn sie bringen das gestärkte Bemühen der UNESCO um die kulturelle Vielfalt der Welt zum Ausdruck. Beide Abkommen wurden von beinahe hundert Staaten akzeptiert oder ratifiziert. Oft übersehen, aber nicht zu unterschätzen ist hierbei die normative Wirkung der Abkommen. In Anlehnung an die Konventionen und Programme der UNESCO beschloss die Europäische Union 1992 die *Übereinkommen zum Schutz der nahrungskulturellen Vielfalt Europas,* die 2006 komplett novelliert wurden. Damit führen die Staaten der EU die Bestrebung der UNESCO, das immaterielle Kulturerbe zu schützen, eigenständig und konsequent fort.

1.2 Sensibilisierung und Bildungsprogramm

Der Erhalt des Kultur- und Naturerbes, wie er in der Konvention von 1972 neu formuliert ist, wird mittlerweile noch auf einem zweiten Weg verfolgt. Seit 1992 verknüpft die UNESCO die Sensibilisierung für die Idee des Bewahrens mit der Förderung der akademischen Ausbildung und der Forschung. Im Bereich der Bildung arbeitet die Organisation am Aufbau eines entsprechenden Bildungswesens mit. Zu diesem Zweck richtet die UNESCO seit 1992 im Rahmen des UNITWIN-Programms UNESCO-Lehrstühle ein, die international mit anderen Lehrstühlen kooperieren. In Deutschland wurden seit Ende der 1990er Jahre neun Lehrstühle gegründet, zuletzt 2006 die Professur für Materielles und Im-

1 Auf die umfangreiche Literatur zur Thematik der intellectual property rights sei hingewiesen; vgl. Hafstein 2007; Kirshenblatt-Gimblett 1998, 2004; Wendland 2004.

2 Vgl. z.B. zum immateriellen Kulturerbe „Karneval von Binche" Lefébure 1982.

materielles Kulturerbe der UNESCO an der Universität Paderborn. Andere Länder – wie Spanien, Schweden oder die USA – hatten bereits Mitte der 1990er Jahre die Gelegenheit wahrgenommen, kooperative Lehrstühle einzurichten.

Ausdifferenzierung der Hochschulbildung zum „Kulturerbe“

Innerhalb dieses Prozesses konnte die Hochschulbildung zum „Kulturerbe“ ausdifferenziert werden. Die inzwischen in Deutschland angebotenen Masterstudiengänge spiegeln die Vielfalt an unterschiedlichen Themenschwerpunkten wider. An der Brandenburgischen Technischen Universität Cottbus wird seit 2001 der Abschluss zum Master in „World Heritage Studies“ und an der Technischen Universität Dresden seit 2003 der Master in „Denkmalpflege und Stadtentwicklung“ angeboten. Das Angebot des Masterstudiengangs „Denkmalpflege“ an der Universität Bamberg besteht seit 2006 und das des „Kulturerbes“ an der Universität Paderborn erst seit 2008; beide sind somit die jüngsten Beispiele einer ausgeweiteten Bildungsförderung durch die UNESCO. Am Zentrum für Angewandte Kulturwissenschaft und Studium Generale (ZAK) des Karlsruher Instituts für Technologie (KIT) kann im Rahmen des interdisziplinären Begleitstudiums der Angewandten Kulturwissenschaft, welches Studierenden aller Fachrichtungen des KIT, der Hochschule für Gestaltung Karlsruhe und der Hochschule für Musik offen steht, der Baustein (das Modul) „Historische Dimension der Kulturpraxis/Kulturelles Erbe“ bereits seit 1990 gewählt werden.

Forschung im Bereich von „Kulturerbe und sozialem Wandel“

Auch die Forschung in Deutschland widmet sich zunehmend dem Bereich des kulturellen Erbes[3] – und dies mit Fragestellungen aus sehr unterschiedlichen Disziplinen.[4] Neben der spezialisierten Forschung aus den Fachbereichen zeigt sich zunehmend die zusätzliche Notwendigkeit von interdisziplinären Herangehensweisen. So wurde 2007 am Karlsruhe Institute of Technology (KIT) innerhalb des Kompetenzbereiches „Technology, Culture and Society/Technik, Kultur und Gesellschaft“ ein Schwerpunkt mit dem neu eingerichteten Kompetenzfeld „Cultural Heritage and Dynamics of Change/Kulturerbe und sozialer Wandel“ gebildet. Dieses Kompetenzfeld enthält sowohl interdisziplinäre Aspekte wie Architekturtheorie, Kunst- und Baugeschichte als auch disziplinäre Forschung auf den Gebieten Renovierung und Sanierung. In Bezug auf Wissen-

3 Beispiele sind die Sonderforschungsbereiche „Erhalten historisch bedeutsamer Bauwerke“ am KIT, „Erinnerungskulturen“ an der Justus-Liebig-Universität Gießen und „Literatur und Anthropologie“ an der Universität Konstanz.

4 In Kooperation mit der Stadt Karlsruhe wurde das Thema „Kulturelles Gedächtnis“ im Rahmen eines Internationalen Symposiums interdisziplinär erörtert, vgl. Dreier/Euler 2005; vgl. auch Assmann 2006.

schafts- und Technikgeschichte liegt der Schwerpunkt auf der Erforschung von ethischen, beruflichen und kulturellen Entwicklungen und dialektischen Prozessen von Bewahrung und Wandel. Innerhalb dieses Rahmens beschäftigt sich das neue Projekt „Kulturelle Überlieferung – digital" mit den materiellen und immateriellen Aspekten des Kulturerbes hinsichtlich seiner Erhaltung und Überführung in das digitale Zeitalter. Dabei stehen die vielfältigen gegenwärtigen und zukünftigen großen gesellschaftlichen Herausforderungen, die dieser Prozess hervorruft, im Fokus der Forschung. Rechtliche Aspekte der *immaterial property rights* und technische Fragestellungen der Digitalisierung und ihrer Folgen stellen hierbei weitere zentrale Problembereiche dar. Multidisziplinäre Forschungsarbeiten haben das Wechselspiel zwischen Kulturerbe, kultureller Vielfalt, der Bildung moderner Identitäten (vgl. hierzu Assmann/Friese 1999; Robertson-von Trotha 2009) und Konzeptionen zur sozialen Verantwortung im Blickfeld. Prozesse des Wandels stehen hierbei in einem komplexen Beziehungsgeflecht zwischen Zwängen, Anpassungs- und Erneuerungsnotwendigkeiten, zwischen der Bereitschaft, das Neue anzunehmen, und der Verantwortung, „alte" Kulturgüter zu bewahren. Wandel beinhaltet somit ein komplexes Gefüge von bewussten und unbewussten Prozessen, die meistens nicht gesteuert sind. Eine wichtige Aufgabe besteht daher in der Erforschung und der Antizipation intendierter und nicht-intendierter Folgen.

2 Dilemmata des Bewahrens im Wandel

Das Kulturerbe der Welt ist in seinen Ausdrucksformen und Zeugnissen vielfältig. Deswegen unterscheidet die UNESCO grundlegend zwischen einem materiellen und einem immateriellen Kulturerbe. Das immaterielle Kulturerbe umfasst nach der UNESCO-Konvention von 2003

> „die Praktiken, Darbietungen, Ausdrucksformen, Kenntnisse und Fähigkeiten – sowie die damit verbundenen Instrumente, Objekte, Artefakte und Kulturräume – [...], die Gemeinschaften und Gruppen und gegebenenfalls Individuen als Bestandteil ihres Kulturerbes ansehen." (UNESCO 2003)

Dagegen bezeichnet das materielle kulturelle Erbe jenes Kulturgut, das von stofflicher Natur ist – wie historische Bauten oder Naturgebiete – und von einer außergewöhnlichen Bedeutung. Demnach muss das materielle Kulturerbe, das von der UNESCO mit dem Prädikat „Weltkulturerbe" versehen sein will, einzigartig und von historischer Echtheit sein (vgl. UNESCO 1972).

Jedoch unterliegen immaterielle und materielle Zeugnisse des kulturellen Erbes per se einem Wandel. Bauten werden durch Umwelteinflüsse in ihrem materiellen Bestand beschädigt, tradierte künstlerische Ausdrucksformen werden von Generation zu Generation in veränderter Form weitergegeben. Deshalb steht das Konzept des Bewahrens im Spannungsverhältnis zu einem „natürlichen" Wandel. Drei Thesen sind in diesem Zusammenhang von Bedeutung:

Erstens findet durch die Zertifizierung als Kulturerbe durch die UNESCO eine symbolische Aufwertung statt, die dem jeweiligen kulturellen Zeugnis zuvor nicht zukam. Eine solche Zertifizierung kann zu einem Bruch der traditionellen Umgangsweise mit dem Kulturerbe führen. Durch das Programm des Bewahrens kann die physische Erscheinung eines Ortes oder eines Gegenstandes verändert werden. Besonders die Internationalisierung und die Medialisierung verändern die Wahrnehmung von und die Erinnerung an das jeweilige Kulturgut.

Zweitens steht das zertifizierte Kulturerbe oftmals in einem Spannungsverhältnis zwischen einer Erinnerungskultur und einem Kulturtourismus („Heritage Industry"), wie anhand des Beispiels der „Grimmschen Märchen" gezeigt werden kann (siehe unten). Auch kann der anwachsende Kulturtourismus infolge der Auszeichnung mit dem Prädikat „Weltkulturerbe" zu einer neuen ökologischen Problemlage vor Ort führen; die Pyramiden von Gizeh veranschaulichen dies.

Drittens können die Interessen von lokalen Akteuren zu denen der internationalen Organisation UNESCO sowie die Interessen von privaten und von öffentlichen Akteuren an einem kulturellen Erbe und somit an der Zertifizierung des Kulturerbes im Widerspruch zueinander stehen. Das Kulturgut wird zu einem stellvertretenden Austragungsort und zum Mittel eines politischen Interessenskampfes. Auf diese Punkte soll nun mit Bezugnahme auf das dokumentarische Kulturerbe näher eingegangen werden.

2.1 Internationalisierung der Erinnerung

Seit dem 5. November 2008 nimmt die UNESCO immaterielle Kulturgüter offiziell in ihre *Repräsentative Liste des dokumentarischen Kulturerbes der Menschheit* auf. Bereits seit 1992 führt sie das Register *Memory of the World.* Eine Eintragung in die Liste oder das Register kommt einer Zertifizierung als besonders einzigartiges und authentisches Kulturgut gleich. Mit der Zertifizierung als dokumentarisches Weltkulturerbe durch die UNESCO – das heißt innerhalb des Prozesses der Heritage-Produktion – werden kulturelle Fragmente aus einem ganzheitlichen habituellen Gebrauch herausgelöst. Zugleich widerfährt diesen zertifizierten Fragmenten ein zweites Leben als Repräsentanten ihrer selbst: Ein ausgewähltes kulturelles Produkt soll exemplarisch seine ursprüngliche kulturelle Bedeutung und die zugehörige ursprüngliche Kultur repräsentieren.

Dieser Prozess impliziert aber weitreichende Probleme, die beispielsweise an den „Grimmschen Märchen" veranschaulicht werden können. Die „Grimmschen Kinder- und Hausmärchen“ wurden 2005 in das Register des *Memory of the World* als außergewöhnliche national-kulturelle Narration aufgenommen, die exemplarisch für die deutsche Erzählkultur stehe. In der Aufnahmebegründung heißt es, dass die Märchenanthologie „the most well-known and most widely distributed book worldwide of German cultural history“ sei (Memory of the World 2005). Diese Begründung gewichtet explizit national und deutet eindimensional. Bereits Wilhelm und Jacob Grimm fassten – ihrerseits von einem romantisch-patriotischen Geiste getragen – die Märchen in zwei Bänden zusammen, um sie zum Urquell deutscher Erzählungen zu stilisieren. Für die Gebrüder Grimm waren die Märchen Überreste der von der Geschichte verschütteten urdeutschen Mythen. Folglich ist die Märchenanthologie von ihrer ersten Stunde an eine Umwertung eines Kulturguts – nämlich von mündlich tradierten Erzählungen im lokalen Kontext zu einem schriftlich fixierten, national überhöhten Kontext. Gerade die Sichtweise von den „ursprünglichen deutschen“ Märchen wurde von der Grimm-Gesellschaft im Deutschen Kaiserreich und von den Nationalsozialisten begierig rezipiert und weiter getragen (vgl. Hemme 2007, S 230ff.). Den nationalen Kontext der „Grimmschen Märchen“ zu betonen, greift damit zu kurz. Als Repräsentanten einer deutschen Kultur beschrieben, widerfährt den Märchen eine offensichtliche Umdeutung.

Zugleich bedeutet die Aufnahme eines Kulturguts in das *Memory of the World* eine explizite Internationalisierung der Erinnerung. So wird die Märchenanthologie der Gebrüder Grimm bewusst internationalisiert. An dieser Stelle werden die Märchen ein zweites Mal umgedeutet. Die kollektive Erinnerung wird aus dem genuin nationalen Gedächtnisraum in einen globalen transformiert. Aus den Ikonen-Märchen eines romantisch-patriotischen, dann nationalen, später nationalsozialistischen und schließlich bundesrepublikanischen Kontextes werden Heritage-Märchen der globalisierten Welt. Das Programm des Bewahrens offenbart sich als ein Programm der Kontextveränderung und der Umwertung. Es führt folglich in mehrfacher Hinsicht zu einer veränderten Rezeption und Wahrnehmung des zertifizierten Kulturguts.

Ein weiteres zentrales Problemfeld stellt die Vorbedingungen der durch kulturelle Sozialisation geprägten Lesarten dar, mit denen sich Kulturen jeweilig beobachten und bewerten. Die gleichzeitigen differenten regionalen Umdeutungen, die parallel zur Internationalisierung der Erinnerung stattfinden können, sind hervorzuheben: So können neue partikuläre Wahrnehmungen hervorgebracht oder aber bereits vorhandene Stereotypisierungen verstärkt werden.

2.2 Medialisierung der Erinnerung

Regionale und nationale Kulturgüter werden global dank neuer und neuester Medien – Kino, Fernsehen und Internet – wahrgenommen. Die Internationalisierung der Erinnerung an ein Kulturerbe kann nicht mehr ohne die global wirkenden Medien gedacht werden. Globale Medienkulturen sind Teil der internationalen Konjunktur von Gedächtnisorten. Die Medialisierung von Erinnerungen wiederum führt zu einer Entkontextualisierung und zu einem Bruch der traditionellen Umgangsweisen mit dem kulturellen Erbe. Beispielsweise widerfährt der Gedenkstätte Konzentrationslager Auschwitz-Birkenau seit ihrer Aufnahme in die Liste des UNESCO-Weltkulturerbes im Jahr 1979 eine weltweite Konjunktur der Wahrnehmung. Gleichzeitig aber werden durch Massenmedien populärkulturelle Darstellungen der Holocausterinnerung global verbreitet. Solche oftmals verkürzten und ungenügenden Darstellungen werden in spezifisch nationalen Erinnerungskontexten rezipiert und mit diesen verknüpft. Ein differenziertes Geschichtsverständnis des Holocausts durch die Rezeption der Gedenkstätte wird dabei offensichtlich nicht erreicht.

2.3 Heritage Industry: Kulturtourismus versus ökologische Nachhaltigkeit

Die Internationalisierung und globale Medialisierung von kultureller Erinnerung bedingt eine neuartige, konkrete Problemlage, die das Dilemma des Bewahrens im Wandel zusätzlich verschärft. Die weltweite Rezeption von lokalen Kulturgütern hat in den vergangenen Jahrzehnten eine Form des Tourismus angestoßen, der unter dem Begriff der Heritage Industry subsumiert wird. Heritage Industry wird in der anglo-amerikanischen Forschung als eine Hochkonjunktur der ökonomisierten Geschichtsrezeption verstanden. Heritage Industry ist jene spätmoderne Form der Industrie, die Kulturgüter als reproduzierbare Produkte und Kulturstätten als Museen oder Erlebnisparks anbietet. Die problematischen Dimensionen einer Heritage Industry lassen sich an der Rezeptionsgeschichte der „Grimmschen Kinder und Hausmärchen" nach 1945 und dem sogenannten „Kassler Kulturkampf" aufzeigen.

Die Zerstörung der ehemaligen Wohnhäuser der Gebrüder Grimm und der Verlust eines Teils ihres Nachlasses während des Zweiten Weltkriegs war Anlass, 1960 das Grimm-Museum in Kassel zu gründen. Es blieb „zunächst ein klassisches Museum mit erzieherischem Auftrag und belehrender, textzentrierter Präsentation" (Hemme 2007, S. 236). 1975 wurde die kulturtouristische „Deutsche Märchenstraße" ins Leben gerufen. Sie verbindet die Lebensstationen der Brüder Grimm und die Orte und Landschaften, in denen ihre Märchen beheimatet sein sollen. Die „Deutsche Märchenstraße" führt über eine touristische Route von 600 Kilometern hauptsächlich an Burgen und Schlössern entlang und verfolgt darin explizit ökonomisch-touristische Ziele. Dabei geriet das Grimm-Museum zunehmend in den Sog der Märchenstraße. Die lokalpolitische Interessenslage verschob sich vom Bewahren und Fördern der lokalen und regionalen Erinnerungskultur zu einem Ausbau der touristischen Erlebniskultur. Auf das

Grimm-Museum hatte das direkte Auswirkungen. Der Kassler Kulturetat verschob sich zu Gunsten des Tourismus, so „dass das Grimm-Museum zusehend mehr ‚touristisch' agierte, um schwindende Zuschüsse auszugleichen" (Hemme 2007, S. 239). Mit der UNESCO-Zertifizierung der „Grimmschen Märchen" im Jahr 2005 wurde die Forderung nach einer verbesserten wirtschaftlichen Nutzung der „Weltmarke Grimm" zunehmend lauter. Ein Märchenpark wurde öffentlich diskutiert, Wirtschaftsexperten erstellten Expertisen zu einer Ökonomisierung des Grimmschen Erbes. Was sich in der lokalen Öffentlichkeit zu einem „Kassler Kulturkampf" ausweitete, war die strittige Frage, wie man mit der Tradition und dem kulturellen Erbe umgehen solle (vgl. Hemme 2007, S. 240ff.).

Die Problematik der Heritage Industry ist aber nicht nur eine ideelle, die in der Diskussion um den geeigneten geistigen Umgang mit dem kulturellen Erbe zur Sprache kommt. Heritage Industrie bedingt – so lässt sich zeigen – auch materielle Probleme und wirft die Frage nach einer materiellen und ökologischen Nachhaltigkeit auf. Dafür sind Venedig und seine Lagune seit der Anerkennung als UNESCO-Weltkulturerbe im Jahr 1987 ein treffendes Beispiel. Die Lagune von Venedig liegt heute wegen des steigenden Meeresspiegels zwanzig Zentimeter höher als noch zu Beginn des 20. Jahrhunderts. Die Stadt ist öfter denn je von Hochwasser bedroht. Zudem hat man, um den wachsenden Bedürfnissen des zunehmenden Fremdenverkehrs gerecht zu werden, die Hafeneinfahrten mehrere Male vertieft, wodurch die Flut heute ungehinderter in Kanäle der Stadt vordringt. Ein kostenaufwändiges und ökologisch umstrittenes Schleusensystem soll nun an den Hafeneinfahrten die Stadt vor Hochwasser schützen. Vor allem aber führte die Zertifizierung Venedigs durch die UNESCO zu einem boomenden Tourismus. Den täglichen Touristenstrom befördern hunderte private Motorboote durch Venedig. Dieser verstärkte Bootsverkehr in den Kanälen führt nachweislich zu einer Zerstörung der Bausubstanz. Denkmalschützer kritisieren dabei seit langem, dass der Wellenschlag die Substanz der Häuser gefährdet. Auch reichern die hochtourigen Schiffsschrauben das Wasser mit Sauerstoff an und tragen in der Folge zur Bildung von Fäulnisbakterien an Stützpfeilern und Hausfassaden der Bauten bei. Die Bausubstanz ist deshalb nicht nur durch den steigenden Meeresspiegel gefährdet, sondern auch durch den stetig wachsenden Tourismus, insbesondere den Bootsverkehr. Die Zertifizierung Venedigs zum Weltkulturerbe verstärkt somit das Problem der Nachhaltigkeit und des Bewahrens der historischen Altstadt an der Lagune.

Auch die ökologische Nachhaltigkeit an den Weltkulturerbestätten steht in Frage. Zu dem weltweit bekanntesten Weltkulturerbe zählen zweifelsohne das antike Weltwunder der Sphinx von Gizeh und die Pyramiden. Seit 1979 sind sie Kulturdenkmäler der UNESCO. Auch hier lässt sich beobachten, wie die intensivere touristische Nutzung infolge der Auszeichnung zu einer physischen Transformation der Weltkulturerbestätten führt. Denn dem Heritage-Tourismus fehlt es oftmals an einer Sensibilisierung vor Ort für den notwendigen Schutz der kulturellen Stätten und ihrer Umgebung. An den Pyramiden kommt es seit Jahren zu einem verstärkten Umwelt- und Müllproblem, das die ökologische Nachhaltigkeit der Stätte zu beeinträchtigen droht. Insbesondere ist die Luftverschmutzung, die Verkehrsproblematik und das flächenmäßige Heranrücken der Stadt Kairo an die Kulturerbestätte zu nennen. Zudem hat die Touristenzahl derart zugenommen, dass zum Schutz der Pyramiden und der Sphinx von Gizeh erhöhte Sicherheitsvorkehrungen getroffen werden mussten, um die wachsenden Besucherströme steuern zu können. In einem gemeinsamen Projekt des Kulturministeriums und der Nationalen Sicherheitsbehörde wurde ein Zaun für umgerechnet acht Millionen Euro errichtet, der das Plateau des Welterbes nun seit 2006 schützen soll. Zwar betont der ägyptische Kulturminister, der Zaun falle nicht negativ im Erscheinungsbild des Plateaus auf, doch verändert der Sicherheitszaun unübersehbar das Erscheinungsbild. Obgleich das ursprüngliche Erscheinungsbild ohne den Sicherheitszaun noch schwieriger zu gewährleisten wäre, führt der Versuch des Bewahrens im Ergebnis also in jedem Fall zu einer Veränderung der Stätte.

2.4 Lokale Interessen versus Weltkulturerbe

Noch ein weiterer kritikwürdiger Sachverhalt wird oftmals unterschätzt. Die UNESCO als Organisation der UN verfolgt international vereinbarte Interessen und kann hierbei einerseits in einen unüberwindbaren Gegensatz zu den regionalen und lokalen Kulturträgern, aber auch andererseits in Konflikt mit kommunalen Repräsentanten geraten. Eine derartige Konfliktlage lässt sich an der Diskussion um den Bau der Waldschlößchen-Brücke in Dresden darstellen.

Seit Juli 2004 war das Dresdner Elbtal auf der UNESCO-Liste des Welterbes verzeichnet. Das Elbtal steht exemplarisch für eine deutsche Kulturlandschaft aus Stadt und Landschaft, Natur und Architektur:

> „Die aus dem 18. und 19. Jahrhundert stammende Kulturlandschaft des Elbtals in Dresden umfasst etwa 18 Kilometer von Schloss Übigau im Nordwesten bis zum Schloss Pillnitz und zur Elbe-Insel im Südosten. Mittelpunkt ist das Zentrum Dresdens mit seinen zahlreichen Monumenten und Parks aus dem 16. bis 20. Jahrhundert." (UNESCO 2008)

Diese weiträumige Kulturlandschaft jedoch wurde bereits zwei Jahre nach ihrer Nobilitierung im Juli 2006 auf die *Rote Liste des gefährdeten Welterbes* gesetzt – mit der wiederholten Warnung, das Elbtal spätestens 2009 von der Liste des Welterbes zu streichen. Anstoß war der beschlossene Brückenbau *Verkehrszug Waldschlößchenbrücke* in Dresden, der zur Entlastung der bisherigen Dresdner Elbbrücken beitragen soll. Kritiker – zu denen auch die UNESCO gehört – sehen in dem Brückenbauprojekt ein verkehrstechnisch sinnloses Vorhaben, das den Innenstadtverkehr nicht entlaste, sondern sogar verstärke, sowie eine Zerstörung der Naturlandschaft. Seit 2006 besteht inzwischen der massenmedial aufmerksam verfolgte „Dresdner Brückenstreit“. Politisch ließ sich aber bis heute die Brückenplanung nicht rückgängig machen, weil die Bürger Dresdens 2005 in einem Bürgerentscheid dem Bau der Waldschlößchen-Brücke zustimmten. Auch eine Verfassungsbeschwerde der Stadt Dresden gegen den durch Bürgerentscheid geklärten Willen wurde vom Bundesverfassungsgericht nicht zur Entscheidung angenommen. Die Verfassungsrichter bestätigten in ihrem Beschluss vom Mai 2007, dass der im Bürgerentscheid manifestierte Bürgerwillen nicht durch das Völkerrecht aufgehoben wird, denn die „Vertragsstaaten des Übereinkommens haben ausdrücklich die Souveränität der Staaten, in deren Hoheitsgebiet sich die geschützten Stätten befinden, und die bestehenden Eigentumsrechte anerkannt“ (BVerfG 2009). Auch wenn die UNESCO den Schutz des Dresdner Elbtals als Weltkulturerbe politisch – durch Kommissionsbeschlüsse und Zertifizierung – und medial – durch Pressemitteilungen – verfolgt, so widerspricht sie damit dem Entscheid einer unmittelbar demokratischen Abstimmung der Bürger vor Ort, die zugleich die Kulturträger des Elbtals sind. Wie erwartet, erkannte die UNESCO im Juni 2009 dem Dresdner Elbtal den Status als Weltkulturerbe ab und hielt damit den lokalen Kulturträgern vor, für ihre Kulturgüter nicht ausreichend Sorge getragen zu haben. Gerade bei einem Weltkulturerbe, bei dem die Stadt und die umliegende Kulturlandschaft gemeinsam erfasst werden, ist die Konfliktlage des Bewahrens im Wandel besonders schwierig zu lösen. Sie veranschaulicht die Wichtigkeit einer aufklärerischen Funktion der UNESCO und die Notwendigkeit, die Programme und Konventionen der UNESCO konsequent mit ihrem Bildungsauftrag zu verknüpfen.

2.5 Private versus öffentliche Interessen

Ein letzter wichtiger Aspekt sei noch erwähnt. In der Kulturindustrie konkurrieren vor Ort oftmals unterschiedliche private und öffentliche Akteure um die Deutungshoheit der kollektiven Geschichte. Besonders private Akteure generieren in engem Zusammenhang mit einer globalen Tourismusindustrie ökonomische Ressourcen. Eine solche Industrie lässt sich am Gedenkort *Checkpoint Charlie* in Berlin beobachten (vgl. Frank 2007). Der ehemalige Grenzkontrollpunkt wird von öffentlicher Seite als „Friedhof“ der Maueropfer während der Teilung Berlins wahrgenommen und zugleich von privater Seite als Ort des touristischen, simulierten Nacherlebens des Kalten Krieges. Vor Ort nutzen private Akteure den *Checkpoint Charlie* gezielt zur eigenen aufmerksamkeitsökonomischen Wertsteigerung, indem sie gegen Bezahlung Gruppenfotos mit Schauspielern, die als Sowjetsoldaten verkleidet sind, anbieten. Insofern ist der Ort ein Schauplatz permanenter Grenzüberschreitung zwischen Gedenk- und Erlebniskultur.

Schließlich kann das Weltkulturerbe der UNESCO auch zu einem politischen Instrument der Durchsetzung von Interessen genutzt werden. Derzeit ist dies in der zentralspanischen Provinz Soria um den Antrag der Ausgrabungsstätte Numancia zum Weltkulturerbe zu beobachten (vgl. The Olive Press 2008, p. 8) Numancia ist der historische Schauplatz einer Schlacht zwischen Rom und den Keltiberern um 133 v. Chr. Da die Regionalregierung kürzlich die Bebauungspläne eines Unternehmens für einen Wohn-, Freizeit- und Gewerbekomplex bewilligte, versucht die lokale Bevölkerung in Zusammenarbeit mit Spaniens Offener Universität (UNED), die Vereinten Nationen mit einer Online-Petition zur Anerkennung von Numancia als Weltkulturerbe zu bewegen. Ziel ist es, mittels einer Auszeichnung als Weltkulturerbe den Schutz der Ausgrabungsstätte zu erzwingen. Dieses Beispiel unterstreicht: Keinesfalls kann auf den Schutz des Kulturerbes durch öffentliche Behörden vertraut werden. Im Gegenteil, oft sind Privatpersonen und Initiativen entscheidend.

3 Ausblick und Auswahl möglicher Fragen

Das Kulturerbe befindet sich per se in einem Dilemma zwischen Bewahren einerseits und Wandel andererseits. Es zeigt sich, dass die hervorragenden internationalen Bemühungen der UNESCO, kulturelle Zeugnisse vor ihrer Zerstörung und einer Veränderung zu bewahren, einen Wandel sowohl in der Erinnerung als auch in der physischen Erscheinung herbeiführen können. Wenn sich die Entwicklung so fortsetzt, wie es bisher der Fall war, liegen vor allem vier Fragen nahe: Sind die Rahmenbedingungen der UNESCO dazu geeignet, das Weltkulturerbe im Sinne einer nachhaltigen Entwicklung zu bewahren? Erhöhen die UNESCO-Abkommen von der globalen bis zur lokalen Ebene die Sensibilisierung im Umgang mit dem kulturellen Erbe? Wird der ganzheitliche Ansatz eines materiellen und immateriellen Kulturerbes in der begleitenden Forschung und Lehre ausreichend berücksichtigt? Und letztlich: Wie soll mit Konflikten umgegangen werden, die aus gegensätzlichen Interessen oder mangelnder Sensibilität resultieren? – Dies sind sicherlich lohnende Fragen für ein interdisziplinäres Kompetenzfeld, das sich mit Cultural Heritage and Dynamics of Change befasst.

Literatur

Assmann, A. (2006): Der lange Schatten der Vergangenheit: Erinnerungskultur und Geschichtspolitik. München

Assmann, A.; Friese, H. (Hg.) (1999): Identitäten (2. Aufl.). Frankfurt/M.

BVerfG – Bundesverfassungsgericht (2009): Pressemitteilung Nr. 63/2007 zum Beschluss 2 BvR 695/07 (URL: www.bundesverfassungsgericht.de/pressemitteilungen/bvg07-063.htm l; 13.04.2009)

Dreier, Th.; Euler, E. (Hg.) (2005): Kulturelles Gedächtnis im 21. Jahrhundert. Tagungsband des internationalen Symposiums, 23. April 2005. Karlsruhe (Schriften des Zentrums für angewandte Rechtswissenschaft, Nr. 1)

Frank, S. (2007): Grenzwerte – Zur Formation der „Heritage Industry" am Berliner Checkpoint Charlie. In: Bendix, R.; Hemme, D.; Tauschek, M. (Hg.): Prädikat „HERITAGE". Wertschöpfung aus kulturellen Ressourcen. Berlin, S. 297-322

Hafstein, V. T. (2007): Claiming Culture: Intangible Heritage Inc., Folklore©, Traditional Knowledge™. In: Bendix, R.; Hemme, D.; Tauschek, M. (Hg.): Prädikat „HERITAGE". Wertschöpfung aus kulturellen Ressourcen. Berlin, S. 75-100

Hemme, D. (2007): „Weltmarke Grimm". Anmerkungen zum Umgang mit der Ernennung der Grimmschen Kinder- und Hausmärchen zum „Memory of the World". In: Bendix, R.; Hemme, D.; Tauschek, M. (Hg.): Prädikat „HERITAGE". Wertschöpfung aus kulturellen Ressourcen. Berlin, S. 225-251

Kirshenblatt-Gimblett, B. (1998): Destination Culture. Tourism, Museums, and Heritage. Berkeley

Kirshenblatt-Gimblett, B. (2004): Intangible Heritage as Metacultural Productions. In: Museum International, No. 1-2, pp. 52-65

Memory of the World (2005): Kinder- und Hausmärchen (Children's and Household Tales) (URL: http://portal.unesco.org/ci/en/ev.php-URL_ID=23214&URL_DO=DO_TOPIC&URL_SECTION= 201.html; 13.03.2009)

Meyer-Rath, A. (2007): Zeit-nah, Welt-fern? Paradoxien in der Prädikatisierung von immateriellem Kulturerbe. In: Bendix, R.; Hemme, D.; Tauschek, M. (Hg.): Prädikat „HERITAGE". Wertschöpfung aus kulturellen Ressourcen. Berlin, S. 147-176

Robertson-von Trotha, C. Y. (2009): Die Dialektik der Globalisierung. Kulturelle Nivellierung bei gleichzeitiger Verstärkung kultureller Differenz. Karlsruhe

The Olive Press (2008): Veni, Vidi, Construxi. Roman and Celtoiberian Settlement Threatened by Development Plans (URL: http://www.theolivepress.es/PDF/41W.pdf; 13.03.2009)

UNESCO (1972): Übereinkommen zum Schutz des Kultur- und Naturerbes der Welt (URL http://www.unesco.de/welterbekonvention.html?&L=0; 13.03.2009)

UNESCO (2001): Verfassung der Organisation der Vereinten Nationen für Bildung, Wissenschaft und Kultur (URL: http://www.unesco.de/verfassung.html?&L=0; 13.03.2009)

UNESCO (2003): Übereinkommen zur Bewahrung des immateriellen Kulturerbes (URL: www.unesco.de/ike-konvention.html?&L=0; 13.03.2009)

Weigelt, F. A. (2007): Von „Cultural Property" zu „Cultural Heritage". Die UNESCO-Konzeption im Wandel der Zeit. In: Bendix, R.; Hemme, D.; Tauschek, M. (Hg.): Prädikat „HERITAGE". Wertschöpfung aus kulturellen Ressourcen. Berlin, S. 129-146

Wendland, W. (2004): Intangible Heritage and Intellectual Property: Challenges and Future Prospects. In: Museum International, No. 1-2, pp. 97-107

Transkulturalität, Hybridität und neue Ethnizitäten im Spiegel der Diskussion um „Kulturelle Vielfalt" im Rahmen einer Bildung für nachhaltige Entwicklung

Verena Holz

1 Kulturelle Herausforderungen des globalen Wandels. Eine Einführung in den Diskussionsrahmen um kulturelle Vielfalt und nachhaltige Entwicklung

Durch die „Schrumpfung" der Welt zum „Globalen Dorf" infolge der medial und verkehrstechnologisch bedingten Verkürzung der Distanzen, der Steigerung der Mobilität und der Zunahme der Migrationsbewegungen sehen sich die Menschen überall auf der Welt täglich mit übergreifenden, kulturellen Fragen konfrontiert. Diese betreffen nicht nur das unmittelbare Zusammenleben, sondern weiten sich aus auf zentrale Fragen von wirtschaftlicher und ökologischer Bedeutung. Schließlich sind alle Menschen eingebunden in Stoff-, Energie- und Kapitalströme (– man denke z.B. an südasiatische Arbeitsmigranten, die einen größeren Bevölkerungsanteil in Dubai ausmachen als die Emirater selbst, oder Konflikte zwischen der indigenen Bevölkerung in der Amazonasregion und Großkonzernen der Holzwirtschaft). Die Weichen für künftige Entwicklungen solcher Kreisläufe werden heute gestellt.

Zwei Kräfte scheinen in der aktuellen und historischen Entwicklung kultureller Vielfalt, deren Teil heute alle Menschen sind, relevant. Zu nennen sind zum einen die Veränderungen infolge des globalen Wandels und der Globalisierung sowie die damit verbundene Bedrohung bestimmter Lebensformen. Ebenfalls wesentlich für die heutige Entwicklung kultureller Vielfalt ist allerdings auch der Einfluss durch den Kolonialismus in den vergangenen Jahrhunderten. Die Folgen dessen sind nach wie vor überall auf der Welt zu spüren. Die Wirkung des Kolonialismus betrifft nicht nur die politische und wirtschaftliche Situation vieler Länder, sondern die Identitäten der meisten heute lebenden Menschen – also auch das, was kulturelle Vielfalt heute ausmacht.

Im Gegensatz zum globalen Wandel zeichnet sich der Kolonialismus im Verhältnis Kolonisierte – Kolonisateure durch ein scheinbar eindeutig zu identifizierendes Machtgefüge aus, dessen Erbe in inter- und transkulturellen Diskussionen auch heute eine Rolle spielt.

Kultur und kulturelle Vielfalt in der Agenda 21

Dass kulturelle Fragen zwangsläufig zur Diskussions- und Handlungsrundlage einer nachhaltigen Entwicklung gehören, wurde 1992 schon im Leitpapier, der Agenda 21, verankert. Die Agenda 21 erkennt eine bestimmte kulturelle Ordnung an, die die Verhältnisse der Menschen untereinander, aber auch Verhältnisse der Menschen zu ihrer natürlichen Umgebung strukturiert. (Ob diese Ordnung nun stabil oder dynamisch ist, wird nicht näher definiert.) Daraus ergeben sich weitere Aspekte, wie etwa der Schutz eines bestimmten kulturellen Fundus und entsprechender Riten. Aus der kulturellen Ordnung lassen sich aber auch bestimmte Rechte ableiten, wie etwa das Recht der Freiheit zur Ausübung kultureller Praktiken. Die Berücksichtigung der kulturellen Gegebenheiten bei der Kommunikation bestimmter Werte und Ideen im Sinne einer nachhaltigen Entwicklung ist unerlässlich für die Verbreitung der in der Agenda verfassten Leitgedanken. Mit der im Papier eingeforderten Sensibilität wird eine künftige Verminderung kultureller Streitigkeiten verbunden, die von bestimmten, kulturpessimistischen Autoren im Zusammenhang mit der wachsenden Globalisierung prognostiziert werden (vgl. z.B. Huntington 1996). Entsprechende Maßnahmen wären etwa kultursensible Tourismusprogramme oder Rücksichtnahme, wenn wirtschaftliche und kulturelle Interessen, etwa bei der Ressourcennutzung, aufeinander treffen.

Der Leitgedanke jedoch hinter der Achtung kultureller Strukturen und Werte ist ein partizipatorischer: Es wird davon ausgegangen, dass die Interessen der gesamten Menschheit einbezogen werden müssen, um eine lebenswerte Zukunft zu gestalten.

All die genannten Aspekte zielen auf ein damit verbundenes und umfassendes Themenfeld in der Agenda 21: die kulturelle Vielfalt.

Dabei ist nicht die Rede von einer Kultur, die nachhaltiger Entwicklung Rechnung trägt – vielmehr werden immer wieder unterschiedliche kulturelle Interessen, Nutzungsmuster, Verhaltensweisen und Traditionen angesprochen. Auch wird davon ausgegangen, dass kulturelle Verhältnisse disparitätisch sind, die Interessen bestimmter Ethnien marginalisiert oder nicht wahrgenommen werden.

Kulturelle Vielfalt als Arbeitsfeld der UNESCO

Kulturelle Vielfalt ist ein Thema, mit dem sich ebenfalls die UNESCO als transnationales, kulturell übergreifendes Forum verstärkt auseinandersetzt. Schon 1998 machte sie auf der *Konferenz zu Kultur und Entwicklung* in Stockholm auf die Relevanz von nachhaltiger Entwicklung als Grundlage für den Erhalt und die weltweite Förderung kultureller Vielfalt deutlich. Das erste Prinzip des dort verabschiedeten Aktionsplans lautete: „Nachhaltige Entwicklung und kulturelle Entfaltung sind wechselseitig voneinander abhängig“ (vgl. UNESCO 1998, S. 2). Ein weiterer wesentlicher Schritt in der öffentlichen Diskussion um dieses Thema war die Verabschiedung des *Übereinkommens über Schutz und Förderung der Vielfalt kultureller Ausdrucksformen* – ein Völkerrechtsvertrag zur internationalen Kulturpolitik im Jahr 2005, basierend auf der 2001 verfassten *Allgemeinen Erklärung zur Kulturellen Vielfalt* der UNESCO. Das Thema wurde als Jahresthema 2007 auch Teil der UN-Dekade *Bildung für eine nachhaltige Entwicklung*, und damit in neue Diskussionskontexte gestellt.

Fragen nach der Integration von kultureller Vielfalt in Bildungszusammenhänge, nach der Beschaffenheit kultureller Vielfalt und damit verbundenen sozialen Bedingungen rückten nun in den Vordergrund. Wie wirken Bewusstsein und Kommunikation im Rahmen kultureller Vielfalt und wie können diese geschult werden?

Kulturelle Vielfalt in der kulturwissenschaftlichen Diskussion?

Diskussionspunkte, die den (bildungs-)politischen Diskurs um kulturelle Vielfalt bestimmen, sind seit langem ebenfalls Gegenstand der Kulturwissenschaften und Kulturtheorie. Das Begriffspaar „Kulturelle Vielfalt“ ist jedoch nicht explizit Teil des Diskurses, stattdessen werden mit Termini wie *Hybridität, Liminalität, Dritter Raum, Polyphonie, Heterogenität* oder *Neue Ethnizitäten* ähnliche Phänomene angesprochen, um die kulturelle Ordnung[1] unserer Welt und das Verhältnis verschiedener kultureller Organismen samt ihrer Bedeutungssphären zu beschreiben. Schon an dieser Stelle sei angemerkt, dass mit den oben genannten Begrifflichkeiten nicht ausschließlich spezifische Subjekte mit einer Art Doppelidentität – wie etwa die sogenannten Deutschen mit Migrationshintergrund – beschrieben werden. Tatsächlich handelt es sich um ein Phänomen, das die gesamte Kultur samt ihrer Symboliken und Praktiken betrifft, und dem bei der Untersuchung kultureller Vielfalt auch Rechnung getragen werden sollte.

Die Erkenntnisse und Paradigmen des wissenschaftlichen Diskurses sind aufgrund ihrer Komplexität und der Vielperspektivität von Standpunkten und Akteuren nicht unmittelbar in politische Strategien zu transferieren, auch wenn selbstverständlich einige Paradigmen der theoretischen Diskussion dort eingeflossen sind.

---

1 In der neueren Theoriebildung werden kulturelle Strukturen als instabil und dynamisch beschrieben (vgl. z.B. Loomba 1978, S. 178). Clifford Geertz spricht von einem „unübersichtlichen Feld von Differenzen und Verbindungen“, dessen Oppositionen „mit Leichtigkeit ineinander übergehen“ (vgl. Geertz 1996, S. 75).

Das Wissen um diese ermöglicht ein differenziertes Bild auf Strategien, Aktionen im politischen Diskurs und die öffentliche Wahrnehmung um kulturelle Vielfalt. Im Folgenden sollen daher bestimmte Linien des Themenfeldes *Vielfalt* im Rahmen der Dekade durch aktuelle kulturtheoretische Überlegungen ergänzt werden. Dazu werden im nächsten Schritt instruktive Ausschnitte aktueller wissenschaftlicher Ansätze vorgestellt und bildungsrelevante Leitfragen für den Diskurs um kulturelle Vielfalt im Kontext einer Bildung für nachhaltige Entwicklung formuliert. Im zweiten Schritt wird das für das Dekadethema grundlegende *Übereinkommen über Schutz und Förderung der Vielfalt kultureller Ausdrucksformen* im Hinblick auf seine Ziele, Handlungsvorschläge und Vorstellungen von Kultur und Identität untersucht. Synthetisch führt das letzte Kapitel zusammen, welche Arbeitsfelder für eine Bildung für nachhaltige Entwicklung im Kontext kultureller Vielfalt relevant sind und wie bzw. mit welchen Arbeitsweisen entsprechende Fragestellungen umgesetzt werden können.

2 Hybridität, Kreolisierung, Métissage – Konzepte der Kulturtheorien hinsichtlich kultureller Vielfalt

Zur Entwicklung eines pluralistischen Kulturverständnisses

Der Blick auf den Gegenstand „Kultur" hat sich in den letzten einhundert Jahren grundlegend verändert und ist auch heute noch vielfältig und offen. In der Selbstbestimmung einiger kulturwissenschaftlicher Disziplinen, wie der Ethnologie/ Anthropologie, hat sich diese Entwicklung deutlich abgezeichnet, auch sind entsprechende neue Theoriezweige wie die postkolonialen Studien entstanden.

War in den vormodernen Jahrhunderten noch die Rede von einer universalen Kultur, deren Ausdifferenzierung sich in ihrer Distanz zur Natur zeigte, haben ethnologische Untersuchungen zur Etablierung eines konfigurationalen Kulturbegriffs beigetragen: verschiedene, eigenständige Kulturen existieren aus dieser Perspektive nebeneinander. Wesentlicher Vertreter und Vordenker eines solchen Konzepts war Johann Gottfried Herder, der unterschiedliche Kulturen innerhalb der historischen und geografischen Achsen verortete (vgl. Herder 1989; vgl. auch Eagleton 2001, S. 22).

In Zeiten der frühen ethnologischen Studien ging man zwar von einem pluralistischen, aber abgeschlossenen Kulturkonzept aus: jedes Volk hatte seine eigene Kultur, die sich von anderen unterschied. Kulturen wurden als Entitäten betrachtet. Eine Sichtweise, die durch nationalstaatliche Kulturkonzepte oder in schlimmeren Fällen durch Rassetheorien zusätzlichen Nährboden fand (vgl. Geiss 1988). Auch heute existieren im Alltags(sprach)gebrauch noch essenzialisierende Vorstellungen einer genuinen, „naturbelassenen" Kultur – man denke nur an die Debatte um eine deutsche Leitkultur.

Axiologien und Ethnozentrismus

Claude Levi-Strauss hat in seinem Aufsatz „Rasse und Geschichte" deutlich gemacht, dass sich der westliche Blick auf andere Kulturen in der Regel im Rahmen von Axiologien mit einer starken Bindung an humane Evolutionskonzepte bewegt und entsprechend eine Darstellung der Unterentwicklung der *Anderen* nach sich zieht (vgl. Levi-Strauss 1975). In unserer Alltagsterminologie werden bestimmte, darauf zurückgehende Werthaltungen noch immer sichtbar. In abgeschwächter Form zwar – etwa, wenn die Rede von Entwicklungsländern ist (meist wird damit in erster Linie die wirtschaftliche Entwicklung angesprochen, doch schwingt in der Begrifflichkeit häufig eine gewisse Form kultureller Unterentwicklung mit, beispielsweise, wenn in diesem Zusammenhang von Alphabetisierungsquoten gesprochen wird). Ähnlich verhält es sich in Beschreibungen der in Afrika oder Lateinamerika ansässigen Bevölkerung – häufig ist die Rede von „Buschmännern". Hier kommt die oben angesprochene Nähe zur Natur deutlich in der Bezeichnung zum Ausdruck, bestimmte, klischierte Bilder werden auf diese Weise suggeriert. Auch wurden die Sprachen der indigenen Bevölkerung vieler Länder lange Zeit als Dialekte bezeichnet. Damit verbunden war der Verlust des Anspruchs auf Anerkennung als vollwertiges und ausdifferenziertes Sprachsystem.

In der auf der Weltkulturkonferenz der UNESCO 1982 in Mexico verabschiedeten Erklärung wird von den Staaten der ehemaligen Kolonialgebiete dezidiert auf kulturelle Disparitäten in diesem Sinne hingewiesen. So wurde schon 1975 auf der zwischenstaatlichen Konferenz afrikanischer Staaten in Accra beklagt, dass sämtliche afrikanischen Sprachen nach und nach durch die der sogenannten „Mutterländer" ersetzt wurden. Die lateinamerikanischen und karibischen Staaten nahmen in ihre Erklärung von Bogota aus dem Jahr 1978 explizit das Prinzip der Würde aller in dieser Region lokalisierten Kulturen auf (vgl. UNESCO 1982). Mit derartigen Beispielen soll unterstrichen werden, dass Toleranz und die Anerkennung kultureller Würde und Vielfalt keineswegs zur ideellen Grundausstattung des 21. Jahrhunderts gehörten.

Der analytische Blick auf Kulturen – vom Einzug der Hybridität in die Ethnologie

Mit der Ausweitung der ethnologischen Untersuchungsgegenstände auf uneinheitlichere, „durchmischtere" Kulturen, die Resultat des Kolonialismus z.B. in Indien oder Frankreich waren, erweiterte sich auch der ethnografische Blick. Man musste sich eingestehen, dass ein Großteil der Bevölkerung nicht, wie die bis dahin untersuchten, weitgehend für sich lebenden oder gar „unentdeckten" „Naturvölker" als geschlossene Entität zu betrachten war. Stattdessen hat die koloniale Geschichte an die Oberfläche gebracht, dass sich das Gesicht von Kultur im Normalfall als „unabgeschlossen, innerlich differenziert, äußerlich verwickelt“ und in historischen Kontexten zeigt (Geertz 1996, S. 73). Die Suche nach Geschlossenheit als Ideal stellte sich als unerreichbares Ziel heraus.

Clifford Geertz vergleicht den kulturellen Suchprozess mit dem Blick auf ein pointillistisches Gemälde, dessen „Farbtupfer oder Kästchen in Wahrheit weder kompakt noch homogen, weder einfach noch einförmig“ sind:

> „Was wir dann vor uns haben, sind aber keine wohldefinierten Einheiten, die nur noch auf ihre Einordnung in eine Art Mendelsche Tabelle der natürlichen Gattungen warten würden. Wir sind vielmehr konfrontiert mit einem nur teilweise entwirrten Knäuel von Unterschieden und Ähnlichkeiten.“ (Geertz 1996, S. 73f.)

Weder Authentizität (im Sinne einer „reinen“ und ursprünglichen Kulturform) noch die Kreolisierung besitzen ontologische Validität (vgl. Kortenaar 1995, S. 30-42). Auch innerhalb der Konzepte von Métissage und Hybridität gibt es Abstufungen und Unterschiede, wie im Folgenden gezeigt wird.

Formen der Hybridität: Hybridität und Machtverhältnisse

Auf den Komplex Hybridität existieren verschiedene Sichtweisen. Ursprünglich wurde der Begriff in der Botanik gebraucht, synonym für das Ergebnis der Kreuzung zweier Arten, eine Konnotation, die eine semantische Nähe zur menschlichen Rassenideologie denken lässt. In der kolonialen Weltordnung fand dieses Phänomen entsprechend seinen Platz. Schließlich war die „Vermischung“ von Kolonisateuren und Kolonisierten, wenn auch nicht immer erwünscht, alltäglich. Ein Ziel der „Vermischung“ in der kolonialen Fortpflanzungsideologie war die schrittweise Europäisierung der eingenommenen Kontinente (vgl. Loomba 1998, S. 173). Diese „Vermischungstaktik“ war bestimmt von imperialistischen und machpolitischen Interessen zur Herstellung der kulturellen Reinheit auf einem vielleicht etwas weniger radikalen Wege. Hybridität, aus dieser Perspektive betrachtet, ist also keinesfalls ein neutrales Phänomen.

Heute wissen wir, dass diese Politik nicht so, wie ursprünglich beabsichtigt, funktioniert hat. Auch die Nachkommen der Kolonisierten verbinden mit der Métissage oder Kreolisierung bestimmte Machtverhältnisse – nicht immer grundsätzlich zu ihren Ungunsten im Sinne einer Viktimisierung, sondern auch zur Nutzung anti-kolonialer Strategien.

Paul Gilroy hat in seiner Publikation *The Black Atlantic* auf Zusammenhänge zwischen den (Autonomie-)Bewegungen der Schwarzen in Richtung Europa und dem europäischen Denken von Emanzipation, Autonomie, Demokratie und Staatsbürgertum hingewiesen (vgl. Gilroy 1993). Auch ermöglichte die Kreolisierung den Nachkommen einiger Kolonisierter die Teilhabe am westlichen Bildungssystem und die damit verbundene Artikulation ihrer Interessen – selbstverständlich in der Sprache der „Unterdrücker", die z.B. die panafrikanische Négritude-Bewegung für sich nutzte, um auf den Wert der kulturellen und philosophischen Traditionen Afrikas aufmerksam zu machen sowie deren Rechte als Bürger dieser Welt zu formulieren.

Dieses Beispiel zeigt erneut, dass ein dichotomes Schwarz-Weiß-Denken gerade im Blick auf kulturelle Dispositionen und Entwicklungen den tatsächlichen Praktiken nicht gerecht wird. Auch wenn Vertreter der Négritude den Verlust der ursprünglichen afrikanischen Sprachen beklagt haben, verschafften sie sich in der Sprache der Unterdrücker Gehör.[2] Unkonventionelle und kreative Wege der politischen Artikulation haben sich insbesondere im kulturellen Feld als erfolgversprechend erwiesen.

In diesem Abschnitt wurde darauf hingewiesen, dass mit kultureller Vielfalt häufig Machtverhältnisse impliziert werden, die eine lange Geschichte haben, die es auch in aktuellen Diskussionen zu berücksichtigen gilt. Eine einseitige Wahrnehmung des Machtgefüges führt häufig zu einer Viktimisierung und Aberkennung von Handlungsoptionen. So hat auch Homi Bhabha Edward Said, der mit *Orientalismus* ein Grundlagenwerk der postkolonialen Theorie verfasst hat, dafür kritisiert, dass er den kolonialen Diskurs als so mächtig beschrieben hat (vgl. Bhabha 1994, S. 121-131).

Hybridität und die Rückkehr zur Authentizität – neue Identitäten

Die Möglichkeit, zu einem kollektiven, „wahren" kulturellen Selbst zurückzukehren, das den vorkolonialen Zustand der ursprünglichen Bevölkerung bestimmte, bleibt heutigen und auch künftigen Generationen verwehrt. Das Verhältnis der Kolonisierten zu ihren Vorfahren im vorkolonialen Zustand vergleicht Steward Hall mit dem Verhältnis des Kindes zu seiner Mutter nach der Geburt. Die Wiederherstellung einer alten Ordnung ist also faktisch unmöglich und kann damit auch nicht Ziel der politischen Forderungen sein. Frantz Fanon hat diesen (Identitäts-)Zustand mit dem Bild von „weißen Masken auf schwarzer Haut" als repressiv beschrieben (vgl. Fanon 2008). Es existieren aber auch weniger belastende Vorstellungen von diesem unvermeidlichen Status. In diesem Zusammenhang wird auch Identität neu gedacht als eine zunächst wenig vertraute und beunruhigende Situation – mehr als *Werdendes* denn als *Seinszustand* (vgl. Loomba 1998, S. 181).

---

2 Die postkoloniale Literaturwissenschaft hat die hybriden Sprachformen von Autoren aus den ehemaligen Kolonien und auf die eigenen Stile und Erzählformen, die aus dem indigenen Sprachfundus Einfluss auf die Sprache der Kolonisateure genommen haben, untersucht (vgl. z.B. Autoren wie Mongo Beti, Rachid Boudjedra, Salman Rushdie, Arundhati Roy, Vidiadhar Surajprasad (Sir V. S.) Naipaul, Octavio Paz, Laura Esquivel, etc.).

Identitäten also nicht als statisch, kulturell determiniert oder gar als Konsens zu begreifen, ist eine Herausforderung, aber auch Chance für Bildung, gerade im Kontext der Gestaltung einer gemeinsamen Zukunft, an der alle partizipieren.

Formen der Hybridität: Neue Konzepte

Infolge der vorangegangenen Ausführungen dürfte deutlich geworden sein, dass mit den Begrifflichkeiten nicht allein die biologische Zusammenführung von Kolonisierten und Kolonisateuren gemeint ist. Auch die Forderungen der afrikanischen, lateinamerikanischen und karibischen Staaten haben deutlich gemacht, dass ein Einfluss auf vielen Ebenen stattgefunden hat und sich nach wie vor vollzieht. Diese Ebenen werden mit einem Begriff, der die Lebensweisen und Umstände beschreibt, zusammengefasst: *Kultur*. Aufgrund der Schwierigkeiten, die durch das globale Zusammenwachsen und die Wirren der kolonialen Geschichte vielseitigen, kulturellen Einflüsse auseinander zu dividieren oder gar zu benennen, erscheint es hilfreich, verschiedene Aktionsebenen von Kultur näher zu analysieren.

Die Kultursoziologie setzte sich, ähnlich wie die Vertreter der postkolonialen Theorien und der Ethnologie, damit auseinander, dass sich eine trennscharfe Analyse verschiedener sozialer Felder als trügerisch erwiesen hat und bietet daher ein Ensemble aus mehreren Artikulations- und Untersuchungsebenen an. So wird davon ausgegangen, dass sich das Subjekt im Rahmen von nicht-homogenen Praxis- und Diskurskomplexen in Form von hybriden und synkretistischen Codes formt. Diese werden sichtbar auf verschiedenen Ebenen des täglichen Umgangs: Sprache, Religion, Ethnie, Geschichte, Ideologie, Gebräuche und ihren Verschachtelungen sowie vielfältigen Beziehungen untereinander.

Das Subjekt selbst nimmt die Form mehrerer, unterschiedlich miteinander kombinierter und sich einander überlagernder Codes an. Diese Sinnschichten und Bedeutungen überformen sich gegenseitig. Dies kann auch zu double bind-ähnlichen Widersprüchlichkeiten innerhalb der Identitätskonstitution führen, wie etwa am Beispiel der Négritude-Bewegung deutlich wird – eher Normalfall als Ausnahme (vgl. Reckwitz 2006, S. 81ff.). Kulturelle Identitäten zeichnen sich nicht durch Einmütigkeit, sondern durch die Wiederkehr von vertrauten Unterscheidungen aus (vgl. Geertz 1996, S. 75).

Insofern fragen die Kulturwissenschaften nach den verschiedenen, uneinheitlichen, kulturellen Codes, die innerhalb einer dominanten Kultur bzw. eines sozialen Feldes zum Ausdruck kommen. Auch hier wird auf die Instabilität dieser Konstruktionen hingewiesen (vgl. Reckwitz 2006, S. 84).

Gewinnbringender als die Bestimmung von Einzelkulturen im Hinblick auf ein zukunftsgerichtetes Handeln ist die Untersuchung der vielfältigen *Beziehun-*

gen der unterschiedlichen Ansichten und Lebensweisen auf den genannten Analyseebenen. Dies schafft eine Vielzahl von Identifikationsmomenten, gemeinsamen Problemstellungen und Grundlagen für polyphone Gespräche. In diesem Zusammenhang soll noch auf die von Gayatri Spivak thematisierte Problematik der Subalternen aufmerksam gemacht werden, denen jegliche Beteiligungsmöglichkeit in der heutigen politischen Ordnung verwehrt ist (vgl. Spivak 2008).

Hybridität in Deutschland?

Der vorangegangene Abschnitt macht deutlich: Hybridität in einem umfassenden kulturellen Verständnis ist nicht nur Teil der Kultur der vormals Kolonisierten bzw. ihrer Nachkommen. Dass diese jedoch einen Großteil der Weltbevölkerung ausmachen, ist für den globalen Diskurs um nachhaltige Entwicklung nicht unerheblich.

Die direkte und intensive Konfrontation von völlig unterschiedlichen Ansichten, Praktiken und Lebensweisen wie in den Zeiten des Kolonialismus hat zu einem Austausch (natürlich im Rahmen bestimmter Machtverhältnisse) geführt, der die europäische Kultur und Denkweise entscheidend mit beeinflusst hat (vgl. Gilroy 1993). Ein intensiver Austausch wird heute unter anderen politischen Voraussetzungen fortgesetzt. Vielerorts staunen Menschen darüber, wenn Dinge, die sie für sich als kulturspezifisch und lokal verortet haben, an anderen geografischen Orten für ebenso genuin und eigen gehalten werden.

Das gemeinsame Aufspüren der wechselseitigen Einflüsse der gemeinsamen, wenn auch zum Teil unrühmlichen Geschichte kann sich als sehr zukunftsträchtig erweisen – insbesondere an den Brüchen und kulturellen Streitfällen bietet sich eine Vielfalt an Diskussionsmöglichkeiten und Handlungsoptionen, die ausfindig gemacht werden können. Hybridität ist also eine Grundeigenschaft von Kultur im Allgemeinen, die alle Menschen, zumindest, wenn man von einem erweiterten kulturwissenschaftlichen Verständnis ausgeht, betrifft. Trägt man diesem Phänomen Rechnung – ein zunächst verunsichernder Zustand –, so bewahrt dies hoffentlich vor einer weiteren Verbreitung stereotypisierenden Denkens. Ein geläufiges Negativ-Beispiel wird nach wie vor an deutschen Schulen praktiziert: die Unterrichtseinheit zu „den Indianern“ gehört scheinbar nach wie vor zum Pflichtprogramm der meisten Grundschulen.

Dass es „die Indianer“ nicht gibt und die damit angesprochenen Personen sich selbst schon gar nicht als solche sehen wollen, wird dann „der Sache halber“ meist marginalisiert, wenn überhaupt wahrgenommen. Ein differenziertes Kulturverständnis achtet auf die gewählten Begrifflichkeiten zur Beschreibung des „Anderen“ und hinterfragt stabile Identitäten sowie kulturelle Entitäten.

Auswirkungen auf Konzepte wie nationale Kultur – zum Verhältnis von Ort und Kultur

Traditionelle, nationale *Kultur*konzepte können vor so einer differenzierten Herangehensweise nicht bestehen. Eine Tatsache, die die Etablierung neuerer, zeitgemäßer Entwürfe nicht erleichtert. Andererseits führen uns die afrikanischen Staaten, an deren Demarkation die ehemaligen Kolonisateure beteiligt waren, explizit vor, wie heterogen die kulturelle Struktur eines Landes sein kann. Geertz fragt zu recht: „Warum ist Burma ein eigenes Land und nicht Bengalen? Warum sind einige Joruber Nigerianer, andere dagegen Bürger Benins?" (Geertz 1996, S. 78). Nationalstaaten sind, ähnlich wie die kulturelle Ordnung, Teil der Weltordnung und haben aktuell ihre politische, soziale und auch kulturelle Berechtigung. Dennoch sollte ihre Rolle in Belangen der kulturellen Identität der Menschen nicht überschätzt werden. Kultur ist in der Regel eine partizipative Angelegenheit aller Menschen (und darin liegt ihre Kraft), die sich durch totalitäre Steuerung oder Übervorteilung bestimmter Gruppierungen nicht entsprechend entfalten kann. Es hat sich gezeigt – nicht zuletzt an der Geschichte des Kolonialismus –, wie schwerfällig Lenkung und Kontrolle in diesem Bereich funktionieren.

3 Kulturelle Vielfalt im Rahmen der UN-Dekade *Bildung für eine nachhaltige Entwicklung*

Die UNESCO-Dekade ist in verschiedene Jahresthemen gegliedert, die im Rahmen einer Bildung für nachhaltige Entwicklung ein hohes Diskussionspotenzial bieten und als zentral für die Gestaltung von Zukunft gelten. Im Jahr 2007 war *Kulturelle Vielfalt* ein solches Dekade-Jahresthema. In diesem Kontext widmeten sich Veranstaltungen im Rahmen der UNESCO, das *BNE-Journal* und verschiedene Dekade-Projekte (unabhängige Initiativen in ganz Deutschland) diesem Gegenstand. Grundlegend für die Aktivitäten im Rahmen der Dekade ist das *Übereinkommen über Schutz und Förderung der Vielfalt kultureller Ausdrucksformen* aus dem Jahr 2005, aber auch der UN-Bericht über die menschliche Entwicklung von 2004. Im Kontext der im vorangegangenen Kapitel ausschnitthaft skizzierten Beiträge der Kulturwissenschaften zum Themenfeld „Kulturelle Vielfalt" erscheint es sinnvoll, ergänzend Leitgedanken der politisch-praktischen Diskussion in den Blick zu nehmen, um aus dieser Zusammenschau weitere Aufgaben für eine Bildung für nachhaltige Entwicklung zu formulieren. Insofern richtet sich der Fokus nun auf die Aufgaben und Forderungen, die von den Vereinten Nationen im Völkerrechtsvertrag von 2005 festgehalten sind und die die Grundlage der Aktivitäten hierzulande bilden.

Im Kontext von Partizipation und Bildung für eine nachhaltige Entwicklung ist das Wissen um Völkerrechtsverträge, Abkommen der Staatengemeinschaft und um den öffentlichen Diskurs als Ordnungs-, Handlungs- und Sachwissen hilfreich (vgl. Stoltenberg 2009). In diesem Zusammenhang unterstützen die Internetportale der UNESCO eigene Handlungsmöglichkeiten und vernetzen Akteure untereinander. Daher sollten sie in politische Lernzusammenhänge im Rahmen einer Bildung für nachhaltige Entwicklung eingebunden werden.

Den Völkerrechtsvertrag der UNESCO zum Schutz der Vielfalt kultureller Ausdrucksformen aus dem Jahr 2005 haben bislang ca. 50 Staaten ratifiziert. Er stellt vor allem die große Bedeutung einer kulturellen Vielfalt für die künftige Entwicklung der Menschheit in den Vordergrund. Es wird darauf hingewiesen, dass durch kulturelle Vielfalt

> „die Wahlmöglichkeiten erhöht und die menschlichen Fähigkeiten und Werte bereichert werden, und dass sie daher eine Hauptantriebskraft für die nachhaltige Entwicklung von Gemeinschaften, Völkern und Nationen ist." (UNESCO 2005, S. 15)

Man hat in diesem Kontext den Wert des kulturellen Wissens insbesondere der indigenen Völker über natürliche Zusammenhänge schätzen gelernt. Nicht nur die Anerkennung eines solchen, nicht immer nach westlichen Maßstäben der Wissenschaft formulierten Wissens ist eine Bildungsaufgabe, auch die Sensibilität dafür, dass Großkonzerne sich dieses Wissen patentieren lassen und damit für die ursprünglichen Träger unzugänglich machen, ist bildungsrelevant.[3] Laut UN ist der Erhalt der kulturellen Vielfalt als Garant für Sicherheit und Frieden unabdingbar.

Es hat sich gezeigt, dass das Übereinkommen von 2005 – anders als die vorgestellten kulturtheoretischen Ansätze – durchaus utilitaristisch für den Erhalt der kulturellen Vielfalt argumentiert. Es geht also darum, den Nutzen eines respektablen Umgangs miteinander hervorzuheben.

In diesem Zusammenhang ist häufig die Rede von einem gemeinsamen kulturellen Erbe, das erhalten werden muss. So heißt es gleich in den einleitenden Worten der Konvention: In „der Erkenntnis, dass die kulturelle Vielfalt ein gemeinsames Erbe der Menschheit darstellt und zum Nutzen aller geachtet und erhalten werden soll" (UNESCO 2005, S. 15). Diese Terminologie ist in ihrer semantischen Konnotation leicht irreführend, zumindest, wenn man von einem dynamischen Kulturverständnis ausgeht – es entsteht hier möglicherweise der Eindruck, man könne bestimmte kulturelle „Schätze" gleichsam in einem musealen

---

3 Entsprechend des Völkerrechtsvertrages sind solche Praktiken selbstredend rechtswidrig aufgrund des Verstoßes gegen das Recht auf geistiges, kulturelles Eigentum und Zugang zu diesem.

Verfahren konservieren. Natürlich ist unbestritten, dass es eine Vielzahl kultureller Artefakte und kultureller Wissensformen gibt, die bedeutend für die Entwicklung der Menschheit waren und immer noch sind. Eine Herausforderung in diesem Zusammenhang ist jedoch der Umgang mit dynamischen Kulturprodukten und, wie die Staatengemeinschaft gerade in jüngster Zeit deutlich gemacht hat, der Schutz von kulturellen Artefakten, die immateriell oder flüchtig sind. Nicht nur die Frage nach angemessenen Verfahren, sondern auch die Kommunikation, die Sensibilisierung der Öffentlichkeit und die Plausibilisierung eines solchen Schutzes sind eine Herausforderung für Bildungsaktivitäten im Rahmen einer nachhaltigen Entwicklung.

Wie auch die postkolonialen Kulturtheorien weist die UNESCO auf Ungerechtigkeiten innerhalb der derzeitigen wirtschafts- und machtpolitischen Konstellationen hin. Diese haben einen entscheidenden Einfluss auf die Situation der kulturellen Vielfalt. Den einzelnen, souveränen Staaten wird in den Papieren der UNESCO eine wesentliche Rolle beim Schutz der kulturellen Vielfalt zugeschrieben – während die Kulturwissenschaften, eher gleichsam einem Bottom-up-Prozess, das kulturelle Handlungspotenzial der einzelnen kulturellen Akteure hervorheben.

Werte wie Demokratie, Toleranz, Menschenrechte und kulturelle Entfaltungsmöglichkeiten bestimmen als Grundlage die weiteren Ausführungen des Völkerrechtsvertrages. In der postkolonialen Theoriebildung und den kulturwissenschaftlichen Ansätzen kommen diese und ähnliche Werte im Rahmen der vorgeschlagenen Strategien vor, sie bilden aber nicht die explizite Grundlage der Bemühungen, denn schließlich geht es dort auch um eine Wertediskussion im Rahmen der globalen Entwicklungen. Im Kontext der wissenschaftlichen Argumentation ist es erlaubt, Grundwerte an ihre Grenzen zu führen oder zuweilen in Frage zu stellen – natürlich vollzieht sich dies meist im Rahmen rhetorischer Figuren. Dies zieht das Denken des „nach europäischen Maßstäben" Unmöglichen, Unverständlichen nach sich. Der ehemalige indonesische Präsident Haji Mohamed Suharto etwa lehnte demokratische Grundinstitutionen wie Gewerkschaften, freie Zeitungen und Wahlen ab mit der Begründung, sie seien unvereinbar mit dem asiatischen Gemeinschaftssinn (vgl. Geertz, S. 88). Vermutlich war er mit dieser Ansicht zum damaligen Zeitpunkt nicht allein – wir nehmen hier einmal an, dass die Aussage nicht ausschließlich an machtpolitische Interessen gebunden war, sondern sich tatsächlich auf einen kulturellen Wert – den „asiatischen Gemeinschaftssinn" – bezog. Aus politisch-praktischer Sicht erscheint es in diesem Fall unerlässlich, sich mit kulturellen Werten Anderer auseinanderzusetzen, die an unseren kulturellen Grundfesten und Überzeugungen, wie etwa den Menschenrechten, rütteln, auch wenn der Gedanke eines „asiatischen Gemeinschaftssinns" ähnlich totalitär und ethnozentrisch klingt wie der einer deutschen Leitkultur.

Begriffsbestimmung Kulturelle Vielfalt

In den Ausführungen über Hybridität wurde eine kulturtheoretische Entsprechung zu dem Komplex, der mit der kulturellen Vielfalt in der politisch-öffentlichen Diskussion verwendet wird, vorgestellt. Wie definiert die UNESCO kulturelle Vielfalt, welche Sphären und Praktiken menschlichen Handelns werden mit dieser Terminologie angesprochen?

„Kulturelle Vielfalt“ bezieht sich auf die mannigfaltige Weise, in der die Kulturen von Gruppen und Gesellschaften zum Ausdruck kommen. Sie zeigt sich

> „auch in den vielfältigen Arten des künstlerischen Schaffens, der Herstellung, der Verbreitung, des Vertriebs und des Genusses von kulturellen Ausdrucksformen, unabhängig davon, welche Mittel und Technologien verwendet werden.“ (UNESCO 2005, S. 20)

Kulturelle Vielfalt bezieht sich auch in den Konventionen der UNESCO nicht, wie der Begriff vielleicht suggerieren mag, auf einzelne „Volksgruppen“, sondern auf symbolische Ebenen und Bedeutungssphären sowie deren Ausdrucksformen. Die Analyse und Beschaffenheit derer liefert ein hohes Potenzial im Zusammenhang von Bildungs- und Entwicklungsprozessen.

Auch komplexere Identitätskonzepte, wie im vorangegangenen Kapitel über neuere Konzepte von Hybridität angedeutet, spielen eine Rolle in den Ausführungen der Staatengemeinschaft:

> „[...] harmonische Interaktion und die Bereitschaft zum Zusammenleben von Menschen und Gruppen mit zugleich mehrfachen, vielfältigen und dynamischen kulturellen Identitäten [sind] sicherzustellen.“ (UNESCO 2005, S. 105)

Für Bildungsprozesse relevant ist in diesem Zusammenhang allerdings auch die Problematik der sprachlichen Ebenen und ihren Bedeutungssphären: Wenn die Rede von „gegenseitiger Achtung der Völker und Kulturen“ (UNESCO 2005) oder „Interaktionen zwischen den Kulturen“ (UNESCO 2005) ist, so suggeriert dies nicht nur eine kulturelle Bipolarität, sondern erneut das Bild für sich abgeschlossener und als solche bestimmbarer Einzelkulturen als natürliche Entitäten – ein Grund auch für die Tatsache, dass im Rahmen dieses Aufsatzes der Begriff *Interkulturalität* (Zwischen-den-Kulturen) weitgehend vermieden wurde. In diesem Zusammenhang soll noch einmal explizit darauf hingewiesen werden, dass die UNESCO bereits 1980, basierend auf wissenschaftlicher Forschung, erklärt hat, dass der Begriff „Rasse“ ein soziales Konstrukt und keinesfalls ein biologisch oder genetisch existentes Faktum sei. Dennoch findet sich in Dokumenten, wie der *Kurzfassung des Berichts über die menschliche Entwicklung* aus dem Jahr 2004, diese Begrifflichkeit wieder (vgl. DGNV 2004). Daraus soll an dieser Stelle kein Vorwurf formuliert werden – vielmehr ist dies eines der vielen Beispiele dafür, wie tiefgreifend kulturelle Vorurteile in den menschlichen Ausdrucksformen verankert sind, etwa durch ihre sprachliche Sedimentierung (vgl. Butler 1998). Dies bedeutet einmal mehr die Relevanz eines Bewusstseins für Fehlertoleranz im Rahmen nachhaltiger Entwicklungsprozesse und natürlich die Herausforderung einer Bildung für nachhaltige Entwicklung, auch auf solchen Ebenen der kulturellen Ausdrucksformen zu agieren.

4 Aufgaben einer Bildung für nachhaltige Entwicklung im Kontext von zeitgenössischen Kulturtheorien und kultureller Vielfalt

Welche Auswirkungen hat ein differenziertes Kulturverständnis auf die Methoden und Lernsituationen innerhalb der kulturellen Dimension einer Bildung für nachhaltige Entwicklung? Die angeführten Beispiele und insbesondere die diskursiven Vorgehensweisen der Kulturwissenschaften haben gezeigt, dass der umfassende, symbolische Bereich, den wir behelfsmäßig mit dem Begriff „Kultur" beschreiben, im Zusammenhang mit der Diskussion zwischenmenschlicher, globaler und entwicklungspolitischer Fragen als offener Diskussionsrahmen verstanden werden muss, innerhalb dessen Grenzen zumindest simulativ in Frage gestellt werden dürfen; ein Anspruch, von dem Kunst als spezifische Wissensform häufig Gebrauch macht (vgl. Kurt/Wagner 2002). Die kulturelle Sphäre unterliegt häufig eigenen Gesetzmäßigkeiten und Dynamiken, die auch für ihre Akteure nicht ad hoc zu entschlüsseln sind. Gerade hier bieten sich vielfältige Anknüpfungspunkte für gemeinsame Such- und Lernprozesse (vgl. Stoltenberg 2009). Diese entspinnen sich an offenen Diskussionen über Spannungsfelder wie Pluralismus – Universalismus, anknüpfend an reale Kontexte aus der kulturellen Praxis und ihren Reibungspunkten. Fragen nach den Positionen und Ursachen dafür, warum eine Vielzahl von Staaten den Völkerrechtsvertrag zur Vielfalt kultureller Ausdrucksformen nicht ratifiziert hat, können ebenfalls zu einer intensiven Auseinandersetzung hinsichtlich eines gemeinschaftlichen Gesprächs sein. Ähnlich verhält es sich mit den anhaltenden Debatten um die eurozentristische Ausrichtung der Menschenrechte – auch diese bieten vielfältige Anlässe für Bildungsprozesse im Sinne einer nachhaltigen Entwicklung. Nur wer sich mit konträren Positionen auseinander gesetzt hat, ist fähig, einen differenzierten Standpunkt jenseits von Ideologien zu beziehen. Gerade in den Brüchen und Missverständnissen liegt ein besonderes Bildungspotenzial. Die Kompetenz zu einer solchen, distanzierten Reflexion über individuelle wie kulturelle Leitbilder wird zu den Schlüsselkompetenzen im Sinne einer nachhaltigen Entwicklung gerechnet (vgl. Haan 2002, S. 16).

Selbstverständlich muss Bildung in den beschriebenen Kontexten als ein Prozess verstanden werden, der alle Beteiligten in starke Unsicherheiten versetzt, die thematisiert werden müssen. Hier besteht die Notwendigkeit darin, Lernende in ihrer Unsicherheit zu begleiten, den Ursachen der Beklommenheiten auf den Grund zu gehen.

Gegen ein dichotomes Wahrheitsverständnis: Gut – Böse, Unterdrücker – Unterdrückte

Der Paradigmenwechsel weg von einem binären Wirklichkeits- und Wahrheitsverständnis, der sich im letzten Jahrhundert als ein Strang der europäischen Geistesgeschichte vollzogen hat, erscheint im Zusammenhang mit kulturellen Lernprozessen im Sinne einer nachhaltigen Entwicklung als inhaltliches Muster essenziell zu sein. Die Geschichte der Kolonialisierung wie auch die jüngere Geschichte Deutschlands haben gezeigt, dass Naturalisierungen und Essenzialisierungen von Kultur sowie dichotomische Sichtweisen den komplexen Bedeutungsgefügen, die wir mit Kultur umschreiben, nicht im Mindesten gerecht werden. Dies ist eine Thematik, die auch in Bildungszusammenhängen eine Rolle spielen muss – zumal der Transfer solcher Inhalte in Praxiskontexte immer mit Reduktionen verbunden ist. Insofern ist der Vergleich von kultureller Vielfalt und Biodiversität nicht unumstritten. Gleichzeitig bietet er aber ein hohes Potenzial für das Verständnis und die Anerkennung der Notwendigkeit kultureller Diversität.

Der erste Teil dieses Aufsatzes hat sich intensiv mit der historischen Perspektive von Globalisierung auseinandergesetzt, möglicherweise sind Stimmen zitiert worden, deren Positionen zunächst ungewöhnlich und kompliziert erscheinen. Ein wesentlicher Aspekt im Lernen um eine nachhaltige Entwicklung ist die Teilhabe aller Beteiligten (vgl. Stoltenberg/Michelsen 1999). Um nicht bestimmte Gruppen von vornherein von der Gestaltung einer gemeinsamen Zukunft auszuschließen, muss das postkoloniale Arbeitsfeld innerhalb von Lernprozessen und Diskussionen um kulturelle Vielfalt eine zentrale Rolle spielen. Den Axiologien, die im Feld der kulturellen Vielfalt bestehen, muss auch in Bildungszusammenhängen Rechnung getragen werden.

Das Wissen um die eigene Hybridität und die damit verbundene Einbindung in globale Wirkungszusammenhänge macht ein kulturelles Engagement auch in der unmittelbaren Umgebung unter Aspekten von Vielfalt interessant: Welche Kultur des Miteinander pflegen wir? Welche semantischen Überstülpungen und Katachresen bestimmen unser Umfeld und tägliches Miteinander? Finden sich mit Hilfe eines differenzierten Blicks auf „eigene und fremde Kulturen" nicht vielfältigere Anknüpfungspunkte für Gespräche jenseits einer vorurteilsbehafteten Gegenüberstellung?

Literatur

Bhabha, H. (1994): The Location of Culture. Abingdon (Oxfordshire), New York

Butler, J. (1998): Haß spricht. Zur Politik des Performativen. Berlin

DGVN – Deutsche Gesellschaft für die Vereinten Nationen e.V. (Hg.) (2004): Bericht über die menschliche Entwicklung 2004. Kulturelle Freiheit in unserer Welt der Vielfalt. Kurzfassung. Berlin

Eagleton, T. (2001): Was ist Kultur? Eine Einführung (2. Aufl.). München

Fanon, F. (1992): Schwarze Haut, weiße Masken [1952]. Frankfurt/M.

Geertz, C. (1996): Was ist eine Kultur, wenn sie kein Konsens ist? In: Geertz, C.: Welt in Stücken. Kultur und Politik am Ende des 20. Jahrhunderts. Wien, S. 69-90

Geiss, I. (1988): Geschichte des Rassismus. Frankfurt/M.

Gilroy, P. (1993): The Black Atlantic. Modernity and Double Conciousness. London

Haan, G. de (2002): Die Kernthemen der Bildung für eine nachhaltige Entwicklung. In: ZEP – Zeitschrift für internationale Bildungsforschung und Entwicklungspädagogik, Jg. 25, H. 1 „2002: Rio + 10. Zehn Jahre nach dem Weltgipfel", S. 13-20

Hall, St. (1994): Cultural Identity and Diaspora. In: Williams, P.; Chrisman, L. (eds.): Colonial Discourse and Postcolonial Theory. New York, pp. 392-403

Herder, J. G. (1989): Ideen zur Philosophie der Geschichte der Menschheit [1784/91]. In: Herder, J. G.: Werke, Bd. 6. Frankfurt/M.

Huntington, S. Ph. (1996): Der Kampf der Kulturen. Die Neugestaltung der Weltpolitik im 21. Jahrhundert. München u.a.O.

Konferenz der Vereinten Nationen für Umwelt und Entwicklung (1992): Agenda 21. Rio de Janeiro

Kortenaar, N. ten (1995): Beyond Authenticity and Creolization. Reading Achebe Writing Culture. In: Publications of the Modern Language Association of America, Vol. 110/No. 1 (January), pp. 30-42

Kurt, H.; Wagner, B. (Hg.) (2002): Kultur – Kunst – Nachhaltigkeit. Die Bedeutung von Kultur für das Leitbild nachhaltige Entwicklung. Bonn u.a.O.

Levi-Strauss, C. (1975): Rasse und Geschichte. In: Levi-Strauss, C.: Strukturale Anthropologie II. Frankfurt/M., S. 232-254

Loomba, A. (1998): Colonialism/Postcolonialism. London, New York

Reckwitz, A. (2006): Das hybride Subjekt. Eine Theorie der Subjektkulturen von der bürgerlichen Moderne zur Postmoderne. Weilerswist, S. 81-96

Spivak, G. C. (2008): Can the Subaltern Speak? Postkoloniale Identität und subalterne Artikulation. Wien

Stoltenberg, U. (2009): Mensch und Wald. Theorie und Praxis einer Bildung für eine nachhaltige Entwicklung am Beispiel des Themenfelds Wald. München

Stoltenberg, U.; Michelsen, G. (1999): Lernen nach der Agenda 21. Überlegungen zu einem Bildungskonzept für eine nachhaltige Entwicklung. In: Stoltenberg, U.; Michelsen, G.; Schreiner, J. (Hg.): Umweltbildung – den Möglichkeitssinn wecken. In: NNA-Berichte – Alfred Toepfer Akademie für Naturschutz, Jg. 12, H. 1, S. 45-54

UNESCO (1982): World Conference on Cultural Policies. Mexico (URL: unesdoc.unesco.org/images/0004/000495/049538eb.pdf; 12.03.2010)

UNESCO (1998): The Power of Culture. Aktionsplan Kulturpolitik für Entwicklung. Grundlagentexte der Deutschen UNESCO-Kommission, Stockholm (URL: www.ifa.de/pdf/abk/inter/unesco_kulturpol_entwick.pdf; 12.03.2010)

UNESCO (2005): Übereinkommen über Schutz und Förderung der Vielfalt kultureller Ausdrucksformen. Magna Charta der internationalen Kulturpolitik. Bonn

Kultur als Dimension eines Bildungskonzepts für nachhaltige Entwicklung

Ute Stoltenberg

Bildung ist Voraussetzung und zugleich Bestandteil nachhaltiger Entwicklung. Sie beteiligt sich an der Suche nach zukunftsfähigen Verhältnissen von Mensch und Natur und der Menschen untereinander in dieser Einen Welt – und damit auch nach neuen Gestaltungsmöglichkeiten in den verschiedenen Dimensionen gesellschaftlichen Handelns. Kultur wird – gemeinsam mit der ökologischen, ökonomischen und sozialen Dimension – als eine Dimension verstanden, in der nicht-nachhaltige Entwicklungen, aber auch Gestaltungsmöglichkeiten und zentrale Akteure für eine nachhaltige Entwicklung identifiziert werden können. Dabei wird mit einem Kulturverständnis gearbeitet, mit dem man das Verhältnis von Mensch und Natur in den Blick bekommt, und das Alltagspraktiken und zugrunde liegende Werte und Normen wie auch kulturelle Artefakte und das Potenzial von Kultur als kritische Wahrnehmung, Reflexion und Gestaltungskraft einschließt.

1 Bildung in ihrer Bedeutung für eine nachhaltige Entwicklung

Nachhaltige Entwicklung als Orientierung für Gegenwarts- und Zukunftsgestaltung ist die Antwort auf die in Wissenschaft, Politik und Öffentlichkeit übereinstimmend – wenn auch mit unterschiedlichen Akzenten – getroffene Feststellung, dass ein anderer Umgang mit unseren natürlichen Lebensgrundlagen und mit den Entwicklungsdisparitäten in dieser Einen Welt gefunden werden muss, um Menschen langfristig eine gute Lebensmöglichkeit zu sichern. Mit Respekt vor anderen Kreaturen und der Entwicklung von Leben auf der Erde wird in diese Diskussion auch der Erhalt der Natur um ihrer selbst willen einbezogen.

Es geht um nicht weniger als um einen Paradigmenwechsel im Verhältnis von Mensch und Natur und der Menschen untereinander. Grundlegend dafür ist eine Wertediskussion, in der Menschenwürde, Erhalt der natürlichen Lebensgrundlagen und Gerechtigkeit gegenüber den Menschen in dieser Einen Welt und gegenüber zukünftigen Generationen sowie auch eine Bewertung der Natur als Zusammenhang gesehen werden.

Eine Analyse und Kritik an nicht-nachhaltiger Entwicklung sowie eine kritische Auseinandersetzung mit bisherigem Wissen und bisherigen Denkweisen führen jedoch nicht unmittelbar zu verantwortlichen Zukunftsentwürfen. Vielmehr ist nachhaltige Entwicklung als individueller und gesellschaftlicher Lern-, Such- und Gestaltungsprozess zu verstehen, in dem über verantwortliche Wege öffentlich zu streiten ist. Die Interessengegensätze, die eine nachhaltige Entwicklung behindern, und die regionalen und globalen Kräfteverhältnisse sowie Machtstrukturen sind in Rechnung zu stellen. Diese Herausforderungen setzen komplexes Wissen, neues Wissen, Einschätzung von Nichtwissen und die Bereitschaft zum Umdenken und Neudenken voraus.

Das ist keine Aufgabe, die man an die künftige Generation delegieren kann; Umdenken und Neu-Denken-Lernen sind aktuelle Herausforderungen für alle Generationen und alle gesellschaftlichen Gruppen, weltweit. Bildung ist damit zugleich Voraussetzung als auch Bestandteil einer nachhaltigen Entwicklung.

Diese Aussage impliziert, dass Bildung neu gedacht werden muss. Nicht die Tradierung bisheriger kultureller Bestände steht im Mittelpunkt, sondern die Frage nach einem verantwortlichen Umgang mit bisherigen Wissensbeständen und die Suche nach neuen Wegen in der Gestaltung des Mensch-Natur-Verhältnisses und des Verhältnisses der Menschen untereinander. Damit wird auch eine Aussage über das Verhältnis von Bildung und Kultur getroffen: Bildungsprozesse setzen sich kritisch mit kulturellen Beständen, Werten und Normen sowie kulturellen Prozessen auseinander. Bildung ist beteiligt an der Ausbildung (auch neuer) kultureller Werthaltungen, Wissensbestände und Praktiken.

Vor diesem Hintergrund verändern sich auch die Ziele von Bildungsprozessen: Es sollen solche Kompetenzen gefördert werden, die beitragen können, neue Antworten auf die Herausforderungen des globalen Wandels zu finden. Menschen soll ermöglicht werden, gemeinsam mit anderen ihre Gegenwart und Zukunft unter dem Anspruch von Zukunftsfähigkeit zu gestalten. Dazu sind auch Einsichten in zentrale Problemzusammenhänge, die über die Zukunftsfähigkeit entscheiden – wie Ernährung, Klimawandel, Erhalt von Biodiversität und kulturelle Vielfalt – notwendig.

2 Bildung für eine nachhaltige Entwicklung – zentrale Elemente des Konzepts

Die Konsequenzen für Bildungsprozesse und -institutionen sollen hier knapp als Anforderungsprofil für eine Bildung für eine nachhaltige Entwicklung skizziert werden (vgl. ausführlicher dazu Stoltenberg 2009). Danach zeichnet sich Bildung für eine nachhaltige Entwicklung aus durch

- eine ethische Orientierung;
- ein integratives Naturverständnis;
- integrative Problembetrachtung, komplexes Denken und interdisziplinäres Arbeiten;

- Zusammenführung unterschiedlicher Wissensformen und Perspektiven; transdisziplinäres Arbeiten;
- Offenheit: Denken in Alternativen, visionäres, kreatives Denken;
- Einbeziehung von Gestaltungsmöglichkeiten einer nachhaltigen Entwicklung in Bildungsprozesse, also: Lernen an ernsthaften Aufgaben.

Ethische Orientierung

Das Leitbild einer nachhaltigen Entwicklung ist eine Antwort auf die Herausforderungen des globalen Wandels. Der Begriff „Globaler Wandel" (WGBU) steht für die zunehmende Verflechtung von weltweiten Umweltveränderungen, grenzenlosem Wirtschaften (Globalisierung), kulturellem Wandel und einem wachsenden Nord-Süd-Gefälle. Die Kernprobleme des globalen Wandels zeigen, dass neue Strategien im Umgang mit Menschenwürde und Gerechtigkeit und damit in engem Zusammenhang mit den natürlichen Lebensgrundlagen gefunden werden müssen, um auch langfristig ein gutes Leben auf diesem Planeten zu ermöglichen.

Entsprechend versteht sich das Konzept einer Bildung für nachhaltige Entwicklung als ein Beitrag, Menschen in die Lage zu versetzen, sich an einer nachhaltigen Entwicklung zu beteiligen. Der Charakter einer nachhaltigen Entwicklung als offener Prozess, dessen Rahmenbedingungen wir zunehmend besser kennenlernen, der jedoch in seiner Komplexität weiterhin ein Such-, Lern- und offener Gestaltungsprozess bleibt, bestimmt auch den Charakter dieses Bildungskonzepts. Partizipation, Umgang mit Offenheit und Unsicherheit, Risikobewusstsein, eine reflexive Wertediskussion sind ebenso Bestandteile wie die Suche nach tragfähigem, belastbarem Wissen über den Handlungskorridor einer nachhaltigen Entwicklung.

Integratives Naturverständnis

Die Beachtung des Wirkungszusammenhangs von Umweltbelastungen, Verlust von Biodiversität, Degradation von Böden, Anzeichen eines Klimawandels – um nur einige Beispiele zu nennen – mit menschlichen Praktiken kann wieder in Erinnerung rufen, dass alle unsere Produkte und menschlichen Tätigkeiten auf natürlichen Lebensgrundlagen beruhen. Klingt im Verständnis von Umweltschutz ein eher distanziertes Verhältnis des Menschen zur Natur als Gegenüber mit, so rückt das Angewiesensein des Menschen auf Natur die Verhältnisse wieder zurecht. Mensch und Natur können – wie auch Kultur und Natur – nicht als Gegensätze betrachtet werden. Bildung für nachhaltige Entwicklung hat die Aufgabe, das Verhältnis von Mensch und Natur als auch von Kultur und Natur zu reflektieren, die „Naturvergessenheit" (vgl. Altner 1991; Kruse 1974) bewusst zu machen, sich damit auseinanderzusetzen, dass sich „Naturbeherrschung existenzgefährdend zuspitzt“ (Hohnsträter 2004, S. 35). Natur ist in seinen verschiedenen Bedeutungen für den Menschen sichtbar zu machen: als ein Lebenssystem mit Gesetzen und Zeiten, in die Menschen eingebunden sind; als Zusammenhang aller Kreaturen; als Lebensraum und Lebenselement für alle Kreaturen; als Quelle von Ökosystemleistungen, natürlichen Ressourcen; als Wissensschatz für medizinische, technologische, vielleicht auch soziale Entwicklungen; nicht zuletzt: als Ergebnis der Auseinandersetzungen des Menschen mit der Natur, also als kulturalisierte Natur. Es geht darum, durch Bildung dazu beizutragen, dass das Verhältnis von Mensch und Natur als gestaltbar erfasst und zukunftsfähig gestaltet werden kann. Die Reflexion über Kultur, die Auseinandersetzung mit „Kultur“ und kulturelle Gestaltung werden hier bereits als zentrale Elemente einer Bildung für nachhaltige Entwicklung sichtbar.

Integrative Problembetrachtung, komplexes Denken und interdisziplinäres Arbeiten

Bildung für nachhaltige Entwicklung erfolgt in Auseinandersetzung mit komplexen Problemstellungen, die Bezüge zu gesellschaftlicher Praxis und damit auch zum eigenen Leben haben. Dazu werden Wissensbestände und Arbeitsweisen unterschiedlicher Disziplinen herangezogen. So wird der Erwerb von Sachwissen eingebettet in relevante Kontexte, die zugleich den Erwerb von Orientierungswissen (Bewertungswissen) und Handlungswissen erlauben. Interdisziplinäre Arbeitsweisen ermöglichen neue Sichtweisen und Fragestellungen.

Um den komplexen Handlungszusammenhängen gerecht zu werden, die nachhaltigkeitsrelevante Entscheidungen beeinflussen, sind diese in Analysen und Gestaltungsideen einzubeziehen. Modelle wie das „Nachhaltigkeitsviereck“ (siehe Abb. 1; vgl. Stoltenberg 2009; Stoltenberg/Michelsen 1999) ermöglichen einen systematischen Umgang mit Komplexität in der gesellschaftlichen Praxis ebenso wie in Bildungsprozessen.

Als Dimensionen gesellschaftlichen Handelns werden hier die ökonomische, die soziale, die ökologische und die kulturelle berücksichtigt. Ihnen sind jeweils eine eigene (dominante) Logik, spezifische Entwicklungsdynamiken, Interessen und Handlungsmöglichkeiten eigen, die von denen der anderen Dimensionen unterscheidbar sind (auch, wenn es innerhalb der Dimensionen durchaus unterschiedliche Positionen und Entwicklungsdynamiken gibt). In den Dimensionen lassen sich Handlungen erkennen, die zu einer nicht-nachhaltigen Entwicklung führen. Umgekehrt lassen sich Strategien finden, die dem Erhalt natürlicher Lebensgrundlagen dienen können und an einem gerechten Zusammenleben in dieser Einen Welt orientiert sind. Zugleich können damit Akteure in den verschiedenen Handlungsfeldern identifiziert und nach (gemeinsamen)

Gestaltungsmöglichkeiten einer nachhaltigen Alternative für Frage- und Problemstellungen gesucht werden.

Abb. 1: Nachhaltigkeitsviereck

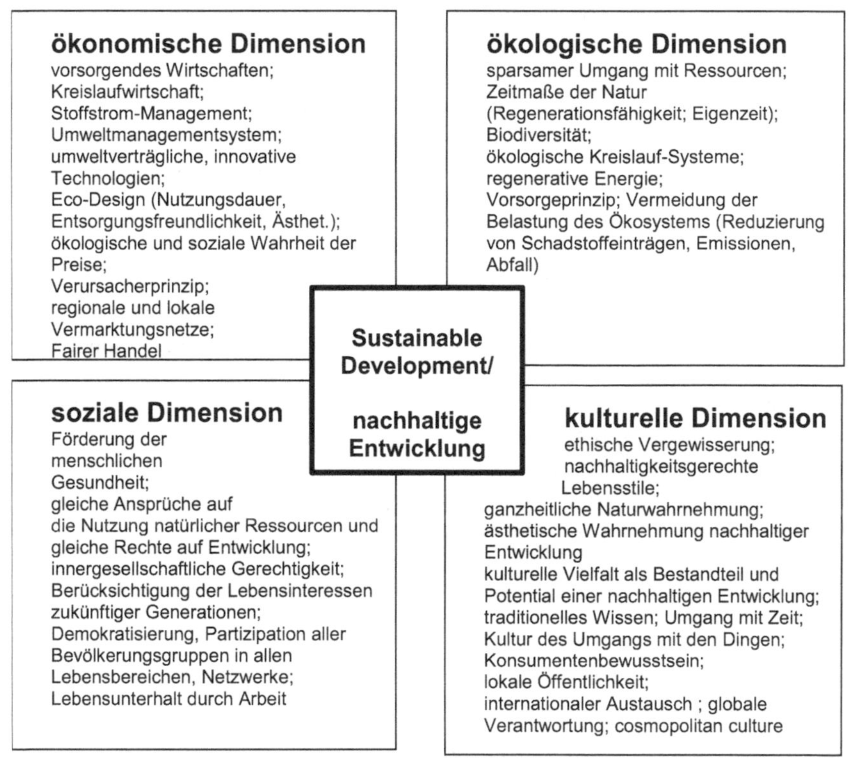

Eigene Darstellung

Die vier Dimensionen lassen sich jedoch auch als Konfliktfelder in der Auseinandersetzung um Entscheidungen für nachhaltige Entwicklung lesen. Interessensgegensätze, unterschiedliche Machtverhältnisse, aber auch unterschiedliche Gewichtigkeit für eine nachhaltige Entwicklung sind zu analysieren. Zugleich wird deutlich, dass eine nachhaltige Entwicklung nur unter Beteiligung der Akteure in allen Dimensionen möglich ist.

Eine ökologische Nachhaltigkeit kann es ebenso wenig geben wie eine soziale; eine zukunftsfähige Entwicklung hat wirtschaftliches Auskommen, soziale Gerechtigkeit und Zusammenleben sowie kulturelle Identität mit ökosystemaren Grundbedingungen der Existenz zusammenzubringen.

Wenn im Folgenden von der kulturellen Dimension nachhaltiger Entwicklung die Rede ist, wird sie in diesem Zusammenhang und nicht als unabhängiges Handlungsfeld gesehen. Mit dem Konzept Nachhaltigkeit werden Sachverhalte, gewachsene und hergestellte Dinge also in ihre komplexen Kontexte gestellt: Die Stadt, der Lebensraum, den wir bewohnen, die belebte Natur, die soziale Umwelt sind durch ökonomische, ökologische, soziale und jeweilige kulturelle Ausprägungen zu erschließen. Verständlich sind Probleme und Handlungsmöglichkeiten in diesen Bereichen erst durch eine gemeinsame Sicht dieser Aspekte; es geht nicht um einzelne „Sachen", sondern um „Verhältnisse", um Beziehungen, um das, was hinter den Dingen steckt und was sie verbindet. Diese werden jedoch nicht beliebig befragt; in ihrer Aufklärung spielt die Frage nach dem Umgang mit den menschlichen Lebensgrundlagen jeweils eine leitende Rolle. Damit werden das Verhältnis von Mensch und Umwelt bzw. von Mensch und Natur als kultureller Prozess und die Umweltfragen als geschichtlich und aktuell von Menschen verantwortet gesehen.

Eine analytische Unterscheidung der Dimensionen einer nachhaltigen Entwicklung ist gleichwohl sinnvoll, da so das Potenzial der jeweiligen Dimensionen für nachhaltige Entwicklung, aber auch der spezifische Beitrag zu einer nicht-nachhaltigen Entwicklung herausgearbeitet werden kann. Genau dies ist ein Anliegen der folgenden Ausführungen.

Zusammenführung unterschiedlicher Wissensformen und Perspektiven; transdisziplinäres Arbeiten

Die Arbeit an komplexen Problemstellungen erfordert, das Wissen der Experten aus den verschiedenen gesellschaftlichen Handlungsfeldern einzubeziehen. Darüber hinaus sind in Nachhaltigkeitsstrategien Wissensformen zu berücksichtigen, die eine besondere Perspektive hinsichtlich sozialer respektive ökologischer Fragen einbringen können (z.B. von Kindern, Menschen mit Handicaps, Menschen mit Erfahrungen in globalen Lebenszusammenhängen oder Landwirten). Indigenes Wissen über Natur, Sichtweisen der Zusammenhänge von Natur und Kultur können zu neuen Nachhaltigkeitsentwürfen beitragen. Kulturelles Wissen, Werthaltungen und kulturelle Praktiken sind Ausdruck eines spezifischen Verhältnisses von Mensch und Natur, das hinsichtlich seiner Entstehungsbedingungen und heutigen Ausprägungen für den Entwurf einer nachhaltigen Entwicklung bedeutsam sein kann. Von Anderen lernen ermöglicht auch immer, eine neue Perspektive auf die eigene Situation einzunehmen.

In der Generierung neuen Wissens entwickelt sich unter Nachhaltigkeitsperspektiven eine neue Kultur der Kooperation zwischen Wissenschaft und Praxis: Transdisziplinarität. „Robuste Lösungen" (vgl. Nowotny 1999) für Zukunftsfragen werden gefunden, indem man Fachwissen von Expertinnen und Experten der Praxis und wissenschaftliches Wissen in gemeinsamen Arbeitsprozessen zusammenführt.

Offenheit: Denken in Alternativen, visionäres, kreatives Denken

Wenn eine nachhaltige Entwicklung als individueller und gesellschaftlicher Such-, Lern- und Gestaltungsprozess verstanden wird, dann müssen Bildungsprozesse Raum geben für Visionen und für konkrete alternative Entwürfe für das Zusammenleben der Menschen und das Nutzen natürlicher Lebensgrundlagen. Wahrnehmung von Vielfalt, Sensibilität für komplexe Naturerfahrungen, die einen berühren, Kreativität und Experimentierfreude, Mut zum Querdenken sind als Potenziale für eine nachhaltige Entwicklung zu verstehen. Kulturelle Praktiken, auch Kunst, werden so zu Elementen einer Bildung für nachhaltige Entwicklung.

Einbeziehung von Gestaltungsmöglichkeiten einer nachhaltigen Entwicklung in Bildungsprozesse, also: Lernen an ernsthaften Aufgaben

Ziel einer Bildung für nachhaltige Entwicklung ist es, Menschen aufzuzeigen, dass sie sich an einer zukunftsfähigen Entwicklung beteiligen können, und ihnen zu ermöglichen, die Kompetenzen und das Wissen zu erwerben, die dafür erforderlich sind. Gestaltungskompetenzen (wie Partizipationskompetenz oder die Kompetenz zur distanzierten Reflexion über individuelle wie kulturelle Leitbilder; vgl. Haan 2008) erwirbt man nicht durch Buchwissen, sondern durch Bildungsprozesse, die diese Kompetenzen (und das erforderliche Wissen) als sinnvoll erweisen. Projektförmiges Arbeiten an ernsthaften Aufgaben entspricht daher am ehesten den Ansprüchen einer Bildung für nachhaltige Entwicklung.

In diesen Prozessen findet Aneignung von Welt statt, die aktive Auseinandersetzung des Menschen mit seiner Umwelt, durch die der Mensch seine Umwelt für seine Zwecke ändert oder definiert und sie dadurch zu einer menschlichen Umwelt macht (vgl. Kruse/Graumann 1978, 2002). Sie können so angelegt sein, dass ihre Ergebnisse Beiträge zu einer nachhaltigen Entwicklung sind. Und sie können dem Individuum ein Gefühl von Zugehörigkeit geben, ohne das Gestaltungswillen schwer vorstellbar ist. „Die Welt zur Heimat machen" (vgl. Engelhardt/Stoltenberg 2002) kann auch auf der lokalen und regionalen Ebene angesiedelt werden.

3 Kulturelle Dimension einer nachhaltigen Entwicklung

In dem skizzierten Profil einer Bildung für nachhaltige Entwicklung wurde „Kultur“ als wichtiges Moment bereits herausgearbeitet. Im Folgenden wird mit Kultur als einer der Dimensionen nachhaltiger Entwicklung im Sinne eines Analyse- und Handlungsfelds einer (nicht-)nachhaltigen Entwicklung gearbeitet.

Für dieses Kapitel und die folgenden Ausführungen insgesamt soll deshalb das zugrunde gelegte Verständnis von Kultur umrissen werden. Kultur wird hier als Basis, als Bewegungskraft und Äußerungsform dessen, was den Menschen ausmacht, gesehen. Gearbeitet wird mit folgenden Unterscheidungen:

Kultur als materieller Ausdruck der Gestaltungskraft von Menschen.

Dazu gerechnet werden Dinge, kulturelle Ausdrucksformen (Musik; Malerei, darstellende und bildende Kunst; Kulturlandschaft). In bzw. an ihnen sind das (geschichtliche) Verhältnis von Mensch und Natur und das (geschichtliche) Verhältnisse der Menschen untereinander ablesbar. Sie repräsentieren ein Werte- und Bedeutungsfeld, das Ausdruck individueller und gesellschaftlicher Werthaltungen und Praktiken ist und die zugleich Individuen und Gesellschaft beeinflussen.

Kultur als System von Werten, Orientierungsmustern, Bedeutungen.

Diese schlagen sich im individuellen Verhalten und in der Regulierung des sozialen Zusammenlebens als Werthaltungen, Handlungsmuster, symbolische Praktiken und Sprache nieder. Aus ihnen sprechen Antworten auf soziale und natürliche Umwelten. In ihnen sind Erfahrungen der Auseinandersetzung des Menschen mit der Natur und der Menschen untereinander aufgehoben. Die Eine-Welt-Perspektive hat die Pluralität der Kulturen als Reichtum menschlicher Evolution erkennbar werden lassen. Entsprechend muss von verschiedenen „kulturellen Ausprägungen der Moderne“ gesprochen werden (vgl. Barloewen 2008); es kommt darauf an, kulturspezifische Werte, Orientierungsmuster und Bedeutungen unter Beachtung von Werten universeller Gültigkeit anzuerkennen. Letztere muss man voraussetzen, denn: „Jede Kultur liefert verschiedene Antworten auf im Grunde gleiche anthropologische Fragen. Es gibt folglich Kristallisationspunkte, die alle Kulturen durchdringen“ (Barloewen 2008, S. 110).

Kultur als Prozess

Kultur kann nicht als statisches System verstanden werden, wenn die Beziehung von Mensch und Natur und die Beziehungen der Menschen untereinander als immer wieder zu gestaltendes Verhältnis begriffen werden. Kultur ist also zugleich immer ein Prozess. In diesem können sich Menschen reflexiv zu Kultur, also zu den kulturellen Artefakten, zu Werten, Orientierungsmustern und symbolischen Bedeutungen und deren Vergegenwärtigungen als Werthaltungen, Praktiken und Sprache verhalten. Sie können auch neue Entwürfe dagegensetzen.

4 Kultur als Analyserahmen einer nicht-nachhaltigen Entwicklung

So kann ein Zugang zum Verständnis einer nicht-nachhaltigen Entwicklung auch über die kulturelle Dimension gesellschaftlichen Handelns gesucht werden. Die Bedeutung kultureller Artefakte, Werte und Orientierungen für nachhaltige Entwicklung erweist sich, wenn man den kulturellen Blick in Beziehung zu ökologischen, ökonomischen und sozialen Fragen setzt.

Kulturelle Artefakte wie Kirchen, Stadtmauern, Gärten, Kernkraftwerke, nicht kompostierbare Produkte, Trinkwasser verbrauchende Golfplätze, Medienmonopole oder Wäschetrockner können zum Anlass von Bildungsprozessen genommen werden. Sie lassen sich als Ausdruck des Mensch-Natur-Verhältnisses und des Verhältnisses der Menschen untereinander als auch in ihrer Wirkung auf diese, orientiert an den ethischen Prinzipien einer nachhaltigen Entwicklung, prüfen.

Nehmen wir den Wäschetrockner: Er ist Ausdruck eines komplexen Gemischs aus Rationalisierung des Alltags, technologischer Machbarkeitsorientierung und ökonomischen Interessen. Offenbar aber ist er kulturell auch Ausdruck einer sozialen Schicht, die sich die Abwendung von der Natur leisten kann. Wäscheleinen sind, so berichtet ein Artikel aus der „Süddeutschen Zeitung“ vom 12. November 2009, in Teilen des modernen Amerika ein ästhetisches Problem (siehe Abb. 2). „Wäscheleinen symbolisieren das Gegenteil des amerikanischen Traums vom Aufstieg.“ Deshalb sind Wäscheleinen in einigen Kommunen verboten, Wäschetrockner der kulturell in Wert gesetzte Ersatz (vgl. Steinberger 2009).

Klimaschützer haben diese Situation zum Anlass genommen, um auf die ökologischen Wirkungen von Wäschetrocknern zu verweisen, die neben einem erhöhten Energiebedarf auch zu einer hohen CO_2-Belastung beitragen (vgl. www.dbu.de/projekt_08639/_db_1036.html). Es liegt auf der Hand, dass die symbolische Bedeutung von Wäscheleinen und Wäschetrocknern verändert werden muss, um einen Nachhaltigkeitsprozess zu unterstützen.

Gartenkultur ist ein weiteres dankbares Feld, um Ursachen einer nicht-nachhaltigen Entwicklung zu erkennen – bietet sich in ihnen doch die Chance, den Zusammenhang von kultureller und biologischer Vielfalt zu thematisieren und die Wirkung (normierter) kultureller Artefakte auf kulturelle Sichtweisen und Haltungen zu untersuchen. Vorgärten, in denen sich „deutsche Kultur“ durch Gartenzwerge manifestiert und in denen zugleich heimische Natur zugunsten von Neophyten wie Bambus oder Bärenklau verdrängt wurde, bieten vielfältige Bildungsanlässe (vgl. Eser 1999; Schmoll 2003).

Abb. 2: „Luftgetrocknet ...“

Luftgetrocknet und mit kaltem Wasser gewaschen

„[...] Wäscheleinen sind in Teilen des modernen Amerika vielmehr ein ästhetisches Problem. Sie gelten als hässlich. Sie erinnern an Armut, die man heutzutage ausschließlich im südlichen Europa pittoresk findet und dort folglich sehr gern fotografiert. Wäscheleinen symbolisieren das Gegenteil des amerikanischen Traums vom Aufstieg. Mit Wäscheleinen werden höchstens Einwanderer assoziiert, aber die von heute, die man eigentlich so gern gar nicht haben möchte. Deshalb sind Wäscheleinen vielerorts verboten. Nicht von Staats wegen, sondern von Gemeinden und Kommunen. Wer ein Haus in einer „Gated Community“ kaufen möchte, muss häufig eine Gemeindeordnung unterschreiben, die das Aufhängen der Wäsche überall da untersagt, wo sie ein Nachbar erblicken könnte. [...] zum Wäschetrocknen wurde schließlich der Wäschetrockner erfunden. Den hat jeder daheim. Sehr praktisch. Der Trockner hat nur einen gewaltigen Nachteil: Er verbraucht eine ziemlich große Menge Energie. Fast sechs Prozent des Energieverbrauchs eines durchschnittlichen amerikanischen Haushalts gehen auf Kosten von Wäschetrocknern; bis zu einer Tonne CO_2 produziert jeder im Jahr. Und genau diese jämmerliche Öko-Bilanz hat nun in den letzten Jahren einen kleinen Kulturkrieg in Amerika ausgelöst. Kämpfer gegen den Klimawandel haben sich mit Nachbarn, mit Eigentümergemeinschaften und mit ganzen Gemeinden angelegt. [...] Inzwischen gibt es eine eigene Interessenvertretung der Wäscheaufhänger, die ‚Project Laundry List‘, die ihren gesellschaftlichen Auftrag darin sieht, ‚luftgetrocknete Wäsche und mit kaltem Wasser gewaschene Wäsche akzeptabel und erstrebenswert zu machen‘. In Italien besäßen nur drei Prozent aller Haushalte einen Trockner, meint Gründer Alexander Lee, in Amerika seien es dagegen eher 80 Prozent. Stiegen sie aus, könnten sie im Jahr zwischen zehn und zwanzig Prozent ihrer Stromkosten sparen. [...]“.

Quelle: Steinberger 2009

Die kulturelle Dimension nachhaltiger Entwicklung manifestiert sich in *kulturellen Praktiken, Werthaltungen* oder *Sprache* von Menschen. Ein in Bildungsprozessen inzwischen etabliertes Themenfeld sind Konsummuster (vgl. u.a. Empacher/Stieß 2007; Weller et al. 2002) und in sie einfließende Werthaltungen; die Sprache der Werbung ist ein Teilaspekt dieses Komplexes, dessen Analyse eine nicht-nachhaltige Entwicklung verständlicher macht.

Unterschiedliche kulturelle Werthaltungen und ihre Folgen lassen sich am Beispiel der Patentierung von Lebewesen und Lebensprozessen analysieren. Hier stehen das Verständnis von Natur als Quelle ökonomischen Profits, gerechtfertigt mit Eigentumsideologien, dem Verständnis von Natur als Gemeingut und kulturellem Erbe entgegen.

Als eine „Verdichtung“ von Werthaltungen und Orientierungsmustern lassen sich Lebensstile lesen. Ihre jeweiligen Ausprägungen können ein Zugang zu Hindernissen nachhaltiger Entwicklung sein, zumal, wenn man sie mit sozialen Bedingungen und dem Zugang zu Bildung in Beziehung setzt.

Betrachtet man *Kultur als Prozess* in einer nicht-nachhaltigen Entwicklung, lassen sich Strukturen freilegen, die man kennen muss, um in den Prozess im Sinne nachhaltiger Entwicklung eingreifen zu können. Ein instruktives Beispiel dafür ist ein umfassendes Projekt auf der Hochebene von Ecuador und Peru: das Paramo-Projekt, das die nachhaltige Regionalentwicklung auf ein breites Erkundungs- und Bildungsprojekt stützte. Das Problem der Hochland-Indianer ist ein völlig gestörter Wasserhaushalt, der keine Existenzgrundlage sichern kann. Durch die Analyse der „Wasser-Geschichte“, des Einflusses der spanischen Kolonialmacht auf die Zerstörung der traditionellen Wasserbewirtschaftung sowie der „Wasservergessenheit“ der Nachfolgegenerationen wurden Ansatzpunkte für die künftige Gestaltung der Wasserwirtschaft freigelegt (vgl. Rivadeneira et al. 2009). In ähnlicher Weise wird in Europa gefragt, warum „bis zum Ende des 18. Jahrhunderts der Mensch sich auf das Zusammenleben mit den Flüssen verstand“ (Gonzáles del Tanago/Garcia de Jalón 2004, S. 188).

Die kulturelle Dimension nachhaltiger Entwicklung als Analyserahmen einer nicht-nachhaltigen Entwicklung bleibt nicht bei einer Beschreibung stehen. „Freilegen“ von kulturellen Strukturen bietet vielmehr die Chance,

- neue Zusammenhänge und damit Handlungsmöglichkeiten zu erschließen;
- Akteure und Strukturen einer nicht-nachhaltigen Entwicklung zu identifizieren;
- alternative Werte, Bedeutungszuschreibungen und Handlungsmuster zu entdecken.

5 Kulturelle Dimension einer nachhaltigen Entwicklung als Gestaltungsfeld: Kultur als Potenzial einer nachhaltigen Entwicklung

Im Sinne eines integrativen Nachhaltigkeitsverständnisses soll hier weiter gefragt werden, wie durch Reflexion und Aktivitäten bezogen auf kulturelle Artefakte, Werte und Orientierungsmuster und bezogen auf Kultur als Prozess für Bildung für nachhaltige Entwicklung ein Beitrag zu einer Bildung für nachhaltige Entwicklung erbracht werden kann. Die Akteure können, müssen aber nicht Künstler und Künstlerinnen sein. Aus einer Kooperation von Kunst, Wissenschaft und Bildungseinrichtungen kann ein besonderes Potenzial erwachsen. Beispiele dazu werden in die folgenden Ausführungen einfließen.

Kulturelle Artefakte

Kulturelle Artefakte können Anlass zur Vergewisserung eines verantwortbaren Verhältnisses der Menschen untereinander und von Mensch und Natur sein. Auf der Ebene der Reflexion bieten sie Einsichten, die heute zum Teil verschüttet sind. Ein nachhaltig bewirtschafteter Wald, der Natur und zugleich kulturelles Artefakt ist, kann zeigen, dass ein Arbeiten mit der Natur und nicht gegen sie ein kulturell, sozial, ökonomisch und ökologisch zufriedenstellendes Produkt hervorbringt (vgl. ausführlicher dazu Stoltenberg 2009). Geschichtliche Artefakte (wie die Menhire) können in ihrer Anordnung und Gestaltung als Ausdruck der Auseinandersetzung der Menschen mit der Natur verstanden werden. Autobahnen sind kulturelle Artefakte, an denen sich der Zusammenhang von Technologieentwicklung, ökonomischen Rationalitäten, Sicherheitsaspekten, ökologischen Eingriffen und ästhetisch-kulturellen Gestaltungsprinzipien ablesen lässt. Die Idee der „Kultivierung des Fahrens durch landschaftliche Perspektiven" (vgl. Reitsam 2009) deutet an, wie die kulturelle Dimension des Autobahnbaus eine eigene Dynamik im Sinne nachhaltiger Entwicklung entfalten könnte.

Auf einer emotionalen Ebene können kulturelle Artefakte Kontext für Identitäts- und Zugehörigkeitsgefühle sein. Landschaften als kulturelle Artefakte bieten die Möglichkeit, Menschen für das Ziel einer nachhaltigen Entwicklung zu gewinnen. Ohne das kultivierte Bedürfnis von Menschen nach Zugehörigkeit, Schönheit und Vielfalt wird man kaum eine Strategie nachhaltiger Entwicklung verfolgen können, die Empathie, Denken in Zusammenhängen, Offenheit für Fremdes und Neues und auch uneigennütziges, solidarisches Verhalten fordert. Landschaften haben das Potenzial, uns berühren zu können, unser Interesse zu wecken für Gestaltungsmöglichkeiten und zugleich die Botschaft zu vermitteln, dass eine nachhaltige Entwicklung machbar ist (vgl. Eisel/Körner 2007). Landschaft, deren Produkte und die praktizierte Lebensweise sind ein Gestaltungsfeld nachhaltiger Entwicklung, das sich beispielsweise die Organisation Slow-Food erfolgreich als Ansatz gewählt hat, um zu einer nachhaltigen Entwicklung beizutragen.

Artefakte des Weltkulturerbes öffnen den Blick für kulturell unterschiedliche Gestaltungsmöglichkeiten im Zusammenhang mit den jeweils verfügbaren Naturmaterialien. Eine Analyse von in diesen Artefakten erkennbaren universellen Werten könnte Nachhaltigkeitsstrategien eröffnen.

Eine Kultur des Umgangs mit den Dingen entwickeln – mit dieser Forderung ließen sich zwei Einsichten zusammenfassen, die im Verhältnis zwischen Menschen und Dingen unter der Perspektive nachhaltiger Entwicklung von Bedeutung sind: *Zum einen* verfügen wir nicht endlos über natürliche Ressourcen, um beliebige Dinge produzieren zu können, und unser Ökosystem Erde ist auch nicht beliebig in der Lage, vernutzte, weggeworfene Dinge zu „verdauen". *Zum anderen* fließen in die kulturelle Gestaltung erhebliche humane Ressourcen in der Auseinandersetzung des Menschen mit Dingen ein. Sich nicht von den Dingen beherrschen lassen, sondern ein Verhältnis zu ihnen herstellen, ist mehr als ein Bildungsinhalt: es ist eine Grundhaltung, die man in Bildungsprozessen fördern kann (vgl. Hübner in diesem Band; Stoltenberg 2000).

Werte, Orientierungsmuster, symbolische Bedeutungen und Sprache

Ulrich Grober kommt das Verdienst zu, das Nachhaltigkeitsverständnis selbst als „Weltkulturerbe" beschrieben zu haben. Er ist den Wurzeln dieses Denkens in unserer europäischen Kultur- und Geistesgeschichte nachgegangen und hält die Auseinandersetzung mit ihr und außereuropäischen ähnlichen Entwicklungen für grundlegend:

> „Erst auf dieser Basis lässt sich Nachhaltigkeit zu einem neuen zivilisatorischen Entwurf weiterentwickeln. [...] Dazu gehören neue Bilder des guten Lebens und Entwürfe der Lebenskunst ebenso wie Metaphern der ‚Wiederverzauberung' der Welt." (Grober 2002)

Die Reflexion– auch in unserer Gesellschaft – über kulturell unterschiedliche Werte, Orientierungsmuster, symbolische Bedeutungen und Sprache gehören in den Mittelpunkt einer Bildung für nachhaltige Entwicklung.

Als Zugang zur Reflexion und zur Gestaltung einer nachhaltigen Entwicklung können hier nur einige zentrale Diskurse angesprochen werden, die vorkommen sollten, weil sie Grundideen einer nachhaltigen Entwicklung entsprechen.

Dazu gehört ein ganzheitliches Naturverständnis als Schlüssel zu einer nachhaltigen Entwicklung, wie weiter oben ausgeführt wurde. Die unterschiedlichen Sichtweisen, die mit dem Umwelt- und dem Mitwelt-Begriff verbunden sind, entscheiden über eigene Grundhaltungen zu einer nachhaltigen Entwicklung (vgl. Lersner 1997).

Nachhaltige Entwicklung wird durch die Beteiligung aller auch in ihrem unmittelbaren Lebensumfeld und in ihrem Alltag entschieden. Gemeinwohlorientierung und Gestaltungsverantwortung sind Werthaltungen, die in ihrer Bedeutung für das Individuum und die Gesellschaft erkannt werden müssen (vgl. Helfrich 2009).

Die kulturelle Dimension einer Bildung für nachhaltige Entwicklung ist auch Ausgangspunkt einer Verständigung über Gerechtigkeit im Sinne globaler Verantwortung und im Sinne von Zukunftsverantwortung. Die kodifizierten Menschenrechte, die Erdcharta (Verein Ökumenische Initiative Eine Welt e.V.) oder Menschenwürde in verschiedenen Religionen und Kulturen können Anlass dafür sein. So können auch kulturell unterschiedliche Konstruktionen von Gerechtigkeit und Zukunft beachtet werden.

Zugleich werden diese Reflexionsebenen die derzeit gegebene kulturelle Akzeptanz für Nachhaltigkeitswerte einbeziehen müssen. Welche Veränderungen „im Kopf" möglich sind, welche Symbole und Orientierungsmuster geeignet sind, sich auf den unsicheren Weg veränderter Lebensgestaltung und Lebensentwürfe im Sinne nachhaltiger Entwicklung zu begeben, ist bewusst zu machen, um in Bildungsprozessen auch Gestaltungserfahrungen und Gestaltungskompetenzen für nachhaltige Entwicklung zu ermöglichen.

Das Potenzial von Sprache für Bildungsprozesse für nachhaltige Entwicklung lässt sich zum einen durch die Betrachtung von Sprache als „geronnene Erfahrung", als Abbild geschichtlicher Strukturen oder als kulturelles Bedeutungsfeld nutzen. Sprache kann aktuell als Indikator agieren und kulturelle Entwicklungen zeitnah dokumentieren – unter Umständen schneller als andere Artefakte. Zum anderen ist Sprache als Mittel der kulturellen Verständigung, als Medium für Identität und Selbstverständigung bedeutsam. Ihr wird eine eigene Wirkungsmacht zugeschrieben (vgl. Austin 1962; Butler 1998), die in dem Titel eines Projekts der Goethe-Gesellschaft zum Ausdruck kommt, das die Bedeutung von Sprache in einer globalisierten Welt untersucht hat: „Die Macht der Sprache" (vgl. Goethe-Institut 2008).

Kultur als Prozess

Unter dem Verständnis von nachhaltiger Entwicklung als individuellem und gesellschaftlichem Such-, Lern- und Gestaltungsprozess kommt der Beschäftigung mit „Kultur als Prozess" herausragende Bedeutung zu. Lernen in kulturellen Prozessen eröffnet die Chance, kulturelle Werthaltungen, Orientierungsmuster und Praktiken in Frage zu stellen, sie als veränderbar im Sinne nachhaltiger Entwicklung zu erfahren. Die Erfahrung, dass nachhaltige Entwicklung machbar ist, vermag vielleicht am ehesten die Widersprüche zwischen Einsicht und Handlungsbarrieren aufzulösen. An Wissen über notwendige Schritte zu nachhaltiger Entwicklung mangelt es nicht (auch wenn wir mit zunehmendem Unwissen leben, wenn die Probleme komplex sind). Dennoch reicht unser heutiges Wissen für alternative Handlungsentwürfe. Um diese zu realisieren, bedarf es der Menschen, die sich berühren lassen von den Problemen, die sich emotional angesprochen fühlen, die (neuen) Sinn erfahren. Kulturelle Prozesse – und als eine Form Kunst – können Potenziale wachrufen, um neue Wege zu gehen.

Lokale Öffentlichkeit ist ein wichtiger Ort für Bildungsprozesse in diesem Sinne. Dabei geht es um informelle Bildungsprozesse, die zwar der Reflexion zugänglich gemacht werden können, jedoch auch „nebenbei" ablaufen. Zwei Beispiele mögen das illustrieren: Stadträume können als Begegnungsräume der Kulturen organisiert werden; Flohmärkte als regelmäßige Institution und Tauschbörsen bestärken ein Konsumverhalten, das Ressourcenverantwortung, wirtschaftliches Verhalten, soziales Miteinander und vielleicht auch Kreativität und Eigensinn eher fördert als normiertes Kaufverhalten. Regionale Wochenmärkte richten den Blick eher auf saisonale und regionale Produkte; sichtbare Handwerker im Stadtbild könnten auffordern, eher zu reparieren und zu restaurieren als wegzuwerfen und zu erneuern (in Bologna, das lange eine partizipative Quartiersentwicklung verfolgt hat, gibt es noch Spuren dieser Idee in der Altstadt).

Mit dem Konzept der Slow Cities wurde ein Anstoß für einen kulturellen Prozess gegeben, der für alle Beteiligten zugleich ein Gestaltungs- als auch ein Bildungsprozess sein kann. Dabei werden als ein Motor für eine neue Stadtgestaltung Menschen gesehen, die bereit sind, ihre Stadt neu zu erfahren, „die bereit sind, innezuhalten, um die Schönheit und Qualität eines Ortes wahrzunehmen“ (www.cittaslow.info/).

Ein weiteres Beispiel von städtischer Raumgestaltung als kultureller Prozess bezieht insbesondere auch die globale Perspektive mit ein: die verschiedenen Formen von Gemeinschaftsgärten. In dem unterschiedlichen Sprachgebrauch deuten sich bereits wichtige Botschaften an: Neben interkulturellen Gärten werden Nachbarschaftsgärten oder Piraten- und Guerilla-Gärten gegründet. Sie verdanken sich Bürgerinitiativen oder gezielten Regelübertretungen durch Inbesitznahme nicht genutzter Flächen. Auf ihnen wird durch Kultivierung (sic!) die Grundlage von Eigenversorgung geschaffen, soziales Miteinander praktiziert und – insbesondere in den internationalen Gärten – das Bewusstmachen und der Erhalt biologischer Vielfalt mit kultureller Vielfalt in Beziehung gesetzt.

Prozesse, in die Vertreter der Länder des Nordens und Südens einbezogen sind, bergen das Potenzial zur Entwicklung eines Weltbürgerbewusstseins. Allerdings sind sie durch theoretische Reflexionen, wie sie die postcolonial studies (vgl. Loomba 1998) anbieten, zu begleiten, um ethnozentristischen Wahrnehmungen entgegenwirken zu können. Kultureller Austausch von Studierenden kann einen solchen kulturellen Prozess befördern, wenn er gemeinsame Zukunftsentwürfe mit den Gastländern beinhaltet. Verständigung über gemeinsame Vergangenheiten – wie auf einer Tagung der „Werkstatt der Kulturen“ in Berlin 200 Jahre nach Aufhebung der Sklaverei mit Vertretern der Nachkommen der Sklaven – kann Ausgangspunkt für die Entwicklung hin zu einem Weltbürgerbewusstsein sein.

Dieser Prozesscharakter wird auch von Künstlern angestrebt, die Mensch-Natur-Verhältnisse nicht abbilden, illustrieren, sondern mit ästhetischen Mitteln auf globale und gesellschaftliche Bedingungen, Strukturen und Entwicklungen aufmerksam machen oder gar einen Beitrag zu nachhaltiger Entwicklung leisten wollen. Er kann darin bestehen, dass durch künstlerische Gestaltung Orte (wieder) in die Gesellschaft integriert werden (vgl. Derungs/Steinmann 2004), die Auskunft geben können über gelingende Mensch-Natur-Verhältnisse.

> „Eine Kunst, gründend auf Positionen einer ökologischen Ästhetik, entfaltet Zeichen und Orte in der Umwelt, die in ihrem formalen, materiellen und geschichtlichen Kontext einen Dialog über das Sein in der Natur kulturell dechiffrieren." (Prigann 2004, S. 181)

Kulturelle Gestaltungsformen können unsere soziale Phantasie mit neuen Bildern für eine lebenswerte Zukunft anregen. Jeder künstlerische Akt eröffnet neue Räume – und Räume sind übliche „ökologische Formen" in zeitgenössischer Kunst (vgl. Hohnsträter 2004, S. 103ff.).

> „Eine Arbeit ist dann gelungen, wenn ihre Komposition bzw. Anlage derart ist, dass sie neuen, überraschenden Assoziationen, Vorstellungen und Empfindungen Raum gibt." (Rabe 2004)

Diese Aussage ist unter dem Anspruch, zu einer nachhaltigen Entwicklung beizutragen, zu ergänzen: wenn dabei Räume sichtbar werden, in denen der Erhalt der Lebensgrundlagen, ein erfülltes kulturelles und soziales Leben, ökonomische Sicherheit und Gerechtigkeit möglich wären oder Wege dazu aufgezeigt werden. Dirk Hohnsträter sieht heute eine Aufgabe von Kunst in der „bewussten Hinwendung zur Natur" (Hohnsträter 2004, S. 88). „[...] das Bestehende zu irritieren, heißt heute, das verdeckte Gegebene freizulegen, Natur zu rehabilitieren, Leiblichkeit zu reetablieren", einen neuen Umgang mit Natur zu praktizieren (Hohnsträter 2004, S. 76).

Künstler fragen in ihren Arbeiten nach transkulturellen Elementen nachhaltiger Entwicklung, die zu einer „Kultur von Nachhaltigkeit" beitragen können (vgl. Kagan/Dielemann 2008). Joseph Beuys hat diesen Ansatz der Thematisierung gesellschaftlicher Verhältnisse mit dem Anliegen, zu neuen demokratischen und zukunftsfähigen zu gelangen, in vielen Projekten unter der Idee der Sozialen Plastik realisiert, indem er damit gearbeitet hat, dass sich Kultur als widerständiger Bereich der Logik des Sozialen und der Wirtschaft ebenso wie der ökologischer Gesetze entzieht (vgl. Altner 2008). George Steinmann verfolgt mit seinem Konzept einer „Wachsenden Skulptur" ähnliche Intentionen. Er selbst beschreibt seine Arbeitsweise so:

> „Es gibt die Sicht der wechselseitigen Abhängigkeit der Dinge. Was die Biodiversität den Biologen ist dem Künstler die Multifunktionalität: das Resultat von Ursache und Wirkung. Der Wert der Vielfalt. Wenn diese Kraft an Bedeutung gewinnt und als Gegenmittel wirkt, schwindet allmählich das, was ihr entgegensteht: die Monokultur, die Intoleranz, das Unflexible." (Steinmann 2007, S. 67)

Damit können Strukturen einer Lebensweise, die eine nachhaltige Entwicklung möglich macht, sichtbar werden. Insbesondere eine neue Zeitkultur und eine neue Raumkultur könnten Schlüssel für einen anderen Umgang mit Menschen und Dingen sein. Steinmann entwickelt seine Projekte partizipativ mit den am jeweiligen Gestaltungsfeld Beteiligten. Harald Heinrichs spricht im Zusammenhang mit Partizipation und Nachhaltigkeit von Kultur-Evolution (vgl. Heinrichs 2007) – eine Formulierung, die unterstreicht, dass Partizipation in einer nachhaltigen Entwicklung und entsprechend in darauf bezogenen künstlerischen und Bildungsprozessen ein auch gesellschaftlich produktives Moment ist.

Die kulturelle Dimension einer nachhaltigen Entwicklung wird – wie die Beispiele gezeigt haben – bereits in formellen und informellen Bildungsprozessen genutzt. Sie wird Chancen haben, auch in andere als das hier vorgestellte Konzept einer Bildung für nachhaltige Entwicklung integriert zu werden, wenn daran gearbeitet wird, dass öffentliche Räume für die Verständigung über eine Kultur nachhaltiger Entwicklung und für Erfahrungen und Begegnungen mit kultureller Vielfalt als Moment dieser Einen Welt zur Verfügung stehen. Bildung für nachhaltige Entwicklung bedarf derartiger öffentlicher Räume, um nicht nur reflexive Aufklärung zu verfolgen, sondern mit an einer nachhaltigen Entwicklung zu arbeiten.

Literatur

Altner, G. (1991): Naturvergessenheit. Darmstadt

Austin, J. L. (1962): How to Do Things with Words. Oxford (deutsch: Zur Theorie der Sprechakte. Stuttgart 1972)

Barloewen, C. von (2008): Arena oder Agora. Fortschritt und menschliche Würde in der Pluralität der Kulturen. In: Lettre International, Bd. 81, S. 110-111

Butler, J. (1998): Haß spricht. Zur Politik des Performativen. Berlin

Derungs, K.; Steinmann, G. (2004): Raumgestaltung – Mythenlandschaft. Bedrohte Kultplätze im Dreiseenland. Ein interdisziplinäres Studien- und Forschungsprojekt an der Hochschule der Künste Bern HKB. Bern (Projektdokumentation 1/04)

Eisel, U.; Körner, St. (Hg.) (2007): Landschaft in einer Kultur der Nachhaltigkeit. Landschaftsgestaltung im Spannungsfeld zwischen Ästhetik und Nutzen. Kassel (Universität)

Empacher, C.; Stieß, I. (2007): Nachhaltiger Konsum im Alltag. Konzeptioneller Zugang und empirische Erkenntnisse. In: Michelsen, G.; Godemann, J. (Hg.): Handbuch Nachhaltigkeitskommunikation (2. Aufl.). München, S. 472-483

Engelhardt, W.; Stoltenberg, U. (2002): Die Welt zur Heimat machen? – Mehr als nur eine Frage. In: Engelhardt, W.; Stoltenberg, U. (Hg.): Die Welt zur Heimat machen? Heilbrunn, S. 11-26

Eser, U. (1999): Der Naturschutz und das Fremde. Ökologische und normative Grundlagen der Umweltethik. Frankfurt/M., New York

Goethe-Institut (2008): Die Macht der Sprache. München (URL: www.die-macht-der-sprache.de; 10.03.2010)

Gonzáles del Tanago, M.; Garcia de Jalón, D. (2004): Ökologische Ästhetik der Restauration von Fluss-Systemen. In: Strelow, H.; David, V.; Prigann, H. (Hg.): Ökologische Ästhetik. Theorie und Praxis künstlerischer Umweltgestaltung. Basel, S. 188-194

Grober, U. (2002): Tiefe Wurzeln. Eine kleine Begriffsgeschichte von „sustainable development" – Nachhaltigkeit. In: Natur und Kultur der Gesellschaft für ökologisch-nachhaltige Entwicklung, 3/1 (URL: www.umweltethik.at; 10.03.2010)

Haan, G. de (2008): Gestaltungskompetenz als Kompetenzkonzept für Bildung für nachhaltige Entwicklung. In: Bormann, I.; Haan, G. de (Hg.): Kompetenzen für Bildung für eine nachhaltige Entwicklung. Wiesbaden, S. 23-43

Heinrichs, H. (2007): Kultur-Evolution: Partizipation und Nachhaltigkeit. In: Godemann, J.; Michelsen, G. (Hg.): Handbuch Nachhaltigkeitskommunikation. Grundlagen und Praxis (2. Aufl.). München, S. 715-726

Helfrich, S.; Heinrich-Böll-Stiftung (Hg.) (2009): Wem gehört die Welt? Zur Wiederentdeckung der Gemeingüter. München

Hohnsträter, D. (2004): Ökologische Formen. Die ökologische Frage als kulturelles Problem. Würzburg

Kagan, S.; Dielemann, H. (2008): Seven Points for an Agenda. Research and Action on Cultures and Arts for Sustainability. In: Kagan, S.; Kirchberg, V. (eds.): Sustainability. A New Frontier for the Arts and Cultures. Frankfurt/M., pp. 560-564

Kruse, L. (1974): Räumliche Umwelt. Die Phänomenologie des räumlichen Verhaltens als Beitrag zu einer psychologischen Umwelttheorie. Berlin, New York

Kruse, L.; Graumann, C. F. (1978): Sozialpsychologie des Raumes und der Bewegung. In: Hammerich, K.; Klein, M. (Hg.): Materialien zur Soziologie des Alltags. Opladen (Sonderheft 20/1978 der Kölner Zeitschrift für Soziologie und Sozialpsychologie)

Lersner, H. von (1997): Die Begriffe Natur und Umwelt. In: Altner, G.; Mettler-von Meibom, B.; Simonis, U.; Weizsäcker, E. U. von (Hg.): Jahrbuch Ökologie 1998. München, S. 265-270

Loomba, A. (1998): Colonialism/Postcolonialism. London, New York

Nowotny, H. (1999): Es könnte so – aber auch anders sein. Frankfurt/M.

Prigann, H. (2004): Kunst und Wissenschaft – Wege und Perspektiven. In: Strelow, H.; David, V.; Prigann, H. (Hg.): Ökologische Ästhetik: Theorie und Praxis künstlerischer Umweltgestaltung. Basel, S. 180-183

Reitsam, Ch. (2009): Autobahn- und Schnellstraßenausbau. In: Stadt+Grün, H. 9, S. 55-59

Rivadeneira, S.; Suárez, E.; Téran, J. F.; Velásquez, C. (2009): Gente y ambiente de páramo: realidades y perspevtivas en el Ecuador [Mensch und Umwelt im Páramo: Aktuelle Herausforderungen und Perspektiven im Páramo Ecuadors]. Quito (Ecuador)

Schmoll, F. (2003): Multikulti im Tierreich. Über das Fremde in der Natur, Globalisierung und Ökologie. In: Zeitschrift für Volkskunde, Jg. 99/H. 1, S. 51-64

Steinberger, P. (2009): Luftgetrocknet und mit kaltem Wasser gewaschen. In: Süddeutsche Zeitung, 12. November

Steinmann, G. (2007): Komi, eine wachsende Skulptur 1997-2006. Bern

Stoltenberg, U. (2009): Mensch und Wald. Theorie und Praxis einer Bildung für eine nachhaltige Entwicklung am Beispiel des Themenfelds Wald. München

Stoltenberg, U. (2000): Die Dinge und wir. In: Stoltenberg, U. (Hg.): Lebenswelt Hochschule. Raum-Bildung, Konsum-Muster und Kommunikation für eine nachhaltige Entwicklung. Frankfurt/M., S. 9-12

Stoltenberg, U.; Michelsen, G. (1999): Lernen nach der Agenda 21. Überlegungen zu einem Bildungskonzept für eine nachhaltige Entwicklung. In: Stoltenberg, U.; Michelsen, G.; Schreiner, J. (Hg.): Umweltbildung – den Möglichkeitssinn wecken. In: NNA-Berichte – Alfred Toepfer Akademie für Naturschutz, Jg. 12/H. 1, S. 45-54

Weller, I.; Hayn, D.; Schultz, I. (2002): Geschlechterverhältnisse, nachhaltige Konsummuster und Umweltbelastungen. In: Balzer, I.; Wächter, M. (Hg.): Sozial-ökologische Forschung. Ergebnisse der Sondierungsprojekte aus dem BMBF-Förderschwerpunkt. München, S. 431-452

Selbstreferenzielles Lernen – Nachhaltigkeit und Kultur

Wilfried Wittenberg

In den Denkwelten der Epochen „Fortschritt“, „Modernisierung“ oder auch „nachhaltige Entwicklung“ werden die natürlichen Gegebenheiten nicht mehr als ein Gefüge betrachtet. Mit dieser Vernachlässigung gehen die Erfahrung und das Bewusstsein verloren, dass der Lebensvorgang und damit auch die eigene Existenz in eine natürliche Umgebung eingebettet sind und von dieser getragen werden. Der ursprüngliche Sinngehalt von Kultur bezieht sich – trotz vieler anderer Vorstellungen – auf den „Umgang mit der natürlichen Wirtschaft“. Es besteht also eine Entsprechung (Korrespondenz) zwischen Kultur und Natur. Wenn im nachindustriellen Zeitalter die ursprüngliche Handlungsorientierung der Kultur verloren geht, dann verliert diese auch ihre Aufgabe und Bedeutung. Vor diesem Hintergrund ist nach einem Diskurs über „Nachhaltigkeit“ zu suchen, der die Ursachen und die Folgen von Vergessenheit einbezieht.

1 Physikalisch-chemische Umgebung: Gegebenheiten für Lebewesen

Unbestreitbar ist die Tatsache, dass alle Gegenstände und Lebewesen ein „Um-sich-herum“ haben. Die Umgebung ist ein Ort oder Gebiet, das zugleich die Lebensgrundlage für die belebte Natur bildet; genauer handelt es sich um die nur wenige Zentimeter dicke Durchdringungsschicht oder Bodenkrume, die sich aus Bestandteilen der Litho-, der Atmo- und der Hydrosphäre sowie biogenen Rückstandsstoffen zusammensetzt. Selbst wenn die menschliche Reichweite von einigen Kilometern in die Tiefe oder Höhe berücksichtigt wird, beträgt dieser Wirkbereich nur etwa ein Tausendstel der Ausdehnung des Körpers Erde. Die dünne Durchdringungsschicht wird nach unten von festem Gestein begrenzt. In beide Richtungen existiert keine morphologische Grenze. Die stoffliche Zusammensetzung an einem Ort wird zunächst von der Beschaffenheit des geologischen Untergrundes und dann von der durch die Sonne eingestrahlten Energie bestimmt, deren Energieimpulse die Taktung für das Naturgeschehen sind.

Die eingestrahlte, umgewandelte und abgestrahlte Energie treibt das Naturgeschehen (entropische Vorgänge bei Energieumwandlungen, durch Thermik entstehen Luftdruckunterschiede und der Wind erzeugende Ausgleichsvorgang, verschiedene Wasserkreisläufe mit Verdunstung und Kondensation, physikalische und chemische Verwitterung mit Materialverfrachtung und -akkumulation, Umformung und Abbau von bio- und geogenen Stoffen und Stoffneubildung) in der Durchdringungsschicht an. Die lokale Stoffzusammensetzung verändert sich im Laufe der Zeit durch das Gegen- oder Zusammenwirken der verschiedenen natürlichen Vorgänge und damit auch das Verhältnis der Orte zueinander. Das Energie- und Stoffmosaik *(patchwork)* der Durchdringungsschicht (Erdoberfläche) befindet sich in einem ständigen Wandel. Der Umschlag der vielen unterschiedlichen Stoffe und die Energieumwandlung erfolgen nach den naturgesetzlich bestimmten Zwangsläufigkeiten (Erhaltungssätze, Stoffverbindungsgesetze, Dissipations- oder Schwundregeln). Die jeweiligen physikalisch-chemischen Gegebenheiten (geogene Regimes) bestimmen den Spielraum für den Lebensvorgang und sind damit die Regimes für die Biosphäre.

2 Leben: Selbstherstellung und Selbsterhaltung in geogenem Regime

Leben, das es seit etwa 3,5 Milliarden Jahren auf der Erde gibt, ist ein emergenter Vorgang im und mit dem geogenen Regime. Mit dem Aufkommen von Lebewesen und der Entstehung der Biosphäre entstehen neue, dynamische Ordnungszustände der Materie (vgl. Eigen 1987, S. 47). Die Lebewesen haben einen für sie spezifischen Stoffwechsel (Metabolismus). Für die Umwandlung (Produktion) eignet sich das Lebewesen Energie und Stoffe aus der Umgebung an. Die von ihm nicht mehr benötigten, durch die Umwandlung veränderte Energie und Stoffe werden in die Umgebung ausgestoßen, die eine dazu passende Aufnahme- sowie Weiterverarbeitungskapazität (Abbau) besitzen muss. Lebewesen betreiben eine „natürliche Wirtschaft“, mit der körpereigene Produkte hergestellt werden. Die Gesamtheit aller geo- und biogenen Vorgänge und Verhältnisse bilden den Naturhaushalt.

Mit der selbständigen Herausbildung eines Randes wird ein Unterschied zwischen Lebewesen und Umgebung geschaffen (vgl. Heiden et al. 1985). Mit der Entstehung von morphologischen Einheiten wird ein „Innen“ und ein „Außen“ festgelegt. Die Darstellung der Beziehungen zwischen den beiden unterscheidbaren Bestandteilen ist von vornherein einseitig, unsymmetrisch oder unvollständig, wenn diese nicht von beiden Seiten – also von innen und von außen – aus erfolgt. Dem somatischen Stoffwechsel, der mit den Arbeitsschritten „Aneignung – Umwandlung – Entledigung“ gefasst wird, steht ein entgegen gerichteter Stofffluss als Teil des Naturhaushalts gegenüber. Die Zusammensetzung des somatischen Bedarfs (Innen) ist in der Zusammensetzung des Dargebots (Außen) der Umgebung enthalten. Das Dasein von Lebewesen ist zu jeder Zeit an das Dargebot der Umgebung gebunden und wird von diesem getragen. Die Beschaffenheit der beiden Schnittstellen (Aneignung und Entledigung) entscheidet über die Art der Lebensführung. Durch den rekursiven Verbund mit der Umgebung verringern Lebewesen – wie das Beispiel des Mineralstoffkreislaufs der Pflanze zeigt – die Wirkungen von Schwankungen in der Umgebung, was eine Stabilisierung der Lebensführung zur Folge hat (vgl. Wittenberg 2001).

Im Laufe der Zeit und infolge von Emergenz entstehen zunehmend spezialisierte, jedoch aufeinander abgestimmte Produktionsbetriebsteile oder -stufen innerhalb der Lebewesen (Zellen und Organe) und zwischen den Lebewesen (Nahrungsnetze). Dabei werden neue Stoffe hervorgebracht, die sich aus bereits vorhandenen Stoffbestandteilen zusammensetzen und neu konfiguriert werden. Deshalb lassen sich die neuen Stoffe problemlos mit den existierenden Umwandlungsverfahren verarbeiten oder verwerten. Nach der Hervorbringung neuer Stoffzusammensetzungen entstehen keine unabbaubaren Abfalllager. Zu diesem Kennzeichen der natürlichen Wirtschaft kommt noch die enorme Wandlungsfähigkeit hinzu, wie die bestehende Artenvielfalt belegt. Weil der Lebensvorgang über Milliarden Jahre erhalten geblieben ist, haben Lebewesen die Fähigkeiten hervorgebracht, mit regelmäßigen und unvorhersehbaren geogenen Schwankungen umzugehen sowie sich gegen thermodynamische Dissipation zu behaupten. Die Fotosynthese und die darauf aufbauenden biogenen Gebilde halten Energie und Stoffe zurück und stemmen sich erfolgreich gegen alle Ausgleichsvorgänge.

Aneignung und Entledigung sind Eingriffe in die natürlichen Vorgänge und Verhältnisse, die diese beeinträchtigen, stören oder gar zum Erliegen bringen. Die Existenz der Biosphäre über Milliarden Jahre hinweg bedeutet, dass die natürliche Umgebung in der Lage war, die Eingriffe der Lebewesen zu (er)tragen. Das umgebende natürliche Gebilde muss demnach die Eigenschaft oder Eigenart besitzen, die mit der Nutzung (Gebrauch/Verbrauch) einhergehende Störung wieder zu beheben und dadurch die ursprüngliche Eigenart und Eigenschaft wiederzuerlangen. Die Umgebung steht den Lebewesen für weitere Nutzungen zur Verfügung. Der Lebensvorgang bleibt erhalten, wenn bei einer Passung von somatischem und natürlichem Stoffwechsel – also einer Nutzung – die Tragfähigkeit des natürlichen Gebildes nicht überschritten wird. Weil das Kennzeichen der Erdoberfläche ein Energie- und Stoffmosaik mit einem stets unterschiedlichen Dargebot ist, ergibt sich eine von Standort zu Standort lokal spezifische Tragfähigkeit und Eignung für nachhaltige Nutzungen.

Neben der Erfindung der natürlichen Wirtschaft und des Stoffwechsels zeichnet sich die Biosphäre durch das Hervorbringen von Information aus, die im Erbgut oder den Genen gespeichert ist. Die Verarbeitung der molekular codierten Information folgt nach Manfred Eigen dem Schema (vgl. Eigen 1987, S. 50) „Legislative (DNA) → Nachricht (RNA) → Exekutive (Protein) → Funktion (Stoffwechsel)“. Der Informationsspeicher enthält einen Bauplan oder ein Programm, der bzw. das von Generation zu Generation weitergereicht wird. Weil dabei keine

Kopien entstehen, sondern nur abgewandelte Replikate (vgl. Eigen 1987, S. 33f.), gleichen in etwa die Nachkommen den Vorfahren. Neben der generativen Weitergabe kann das Erbgut auch über die Umgebung durch Wind und Wasser geografisch weiterverbreitet werden. An allen Orten mit vergleichbaren Gegebenheiten oder kontingenten Umweltbedingungen ist dieselbe Ontogenese möglich. Aus dem Genotyp entsteht ein Phänotyp, der nicht nur wegen des Stoffwechsels Wirkungen in seiner Umgebung hinterlässt. Ein Lebewesen kann durch ein im Genom enthaltenes Programm extrasomatische Artefakte (Nest, Netze, Bauten, etc.) herstellen, mit denen die Existenz gesichert und die Lebensführung verbessert wird. Der Phänotyp und die durch ihn angereicherte Umgebung bilden eine funktionale Einheit. Durch den Nischenausbau und die anschließende Einnistung wird der rekursive Verbund von Lebewesen mit der Umgebung gefestigt.

Lebewesen bilden schon vor der Etablierung der neuen Gattung „homo“ bestimmte Korrespondenzen zwischen den geo- und biogenen Vorgängen und Verhältnissen und den Fähigkeiten im Umgang mit der Mitwelt aus. Die dabei herausgebildeten Muster haben sich in einer wandelnden Mitwelt bewährt und sind uns als Erbe erhalten geblieben. Leben ist historische Realität (vgl. Eigen 1987, S. 101).

3 Akteur – Umgebung – Verbund: Lernen

Die bisherige Darstellung ist von der unbestreitbaren Tatsache ausgegangen, dass alle Gegenstände und Lebewesen ein „Um-sich-herum“ haben. Bisher wurden die energetischen und stofflichen Beziehungen zwischen dem Lebewesen (Kern) und dem geogenen Regime (Hülle) thematisiert. Mit dem Lernvorgang, d.h. der Hervorbringung von Können und Wissen durch das Gehirn und das Nervensystem, setzt sich der evolutionäre Vorgang fort.

Für das Thema „Umgang mit der natürlichen Wirtschaft“ wird für die Beziehung zwischen Akteur und Umgebung der rekursiv geschlossene Verbund „Mitwelt – Merkwelt – Denkwelt – Wirkwelt“ zugrunde gelegt (siehe Abb. 1). Der verwendete Ansatz basiert auf den Vorstellungen Jakob Johann von Uexkülls (vgl. Uexküll 1928) und Alfred J. Lotkas (vgl. Lotka 1925) und hat auch die autopoietische Richtung der neueren Systemtheorie bestimmt (vgl. Heidemann 1988; Luhmann 1986; Maturana/Varela 1980). Damit wird der Zustand einer Wirkeineinheit (Lebewesen, Person, Betrieb, Behörde, etc.) gefasst oder bestimmt, der das Ergebnis der Eigeninterpretation der Umgebung im Hinblick auf die eigene Selbsterhaltung ist. Die Güte der Entsprechung zwischen den Gegebenheiten der Mitwelt und den Begrifflichkeiten der Denkwelt entscheidet darüber, welche verlässlichen Aufschlüsse gefunden und Folgerungen abgeleitet werden, welche Verhaltensänderungen möglich sind und welche Handlungen für die Realisierung gesehen werden. Der Ansatz präzisiert die Vorstellungen zum Thema Bildung von Philosophen und Pädagogen wie Georg Wilhelm Friedrich Hegel, Friedrich Daniel Ernst Schleiermacher oder Wilhelm von Humboldt, hebt die Bedeutung des Wirkorgans hervor und damit die Handlung als Eingriff in die Umgebung.

Abb. 1: System als Verbund von Akteur und Umgebung

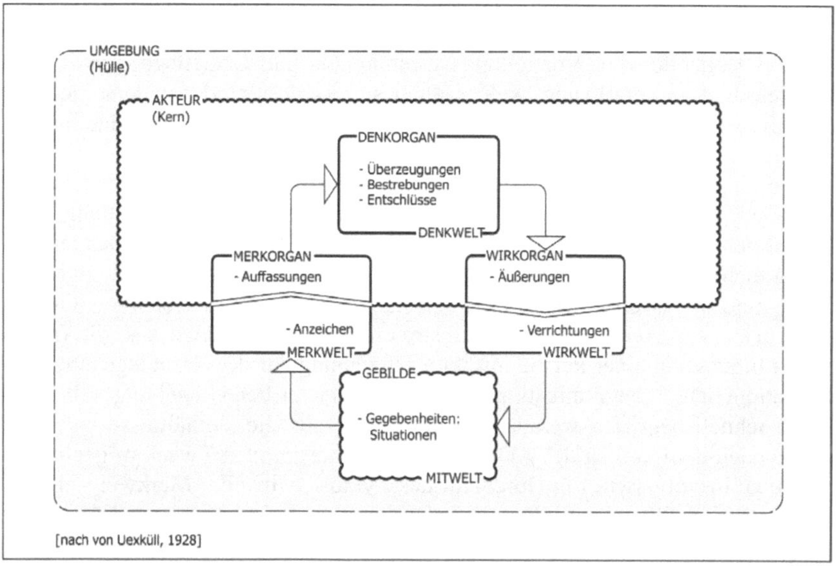

Quelle: Verändert nach Heidemann 2004, S. E-24

Die Erscheinungen in der Mitwelt werden durch Erleben, Ausmachen, Erkennen etc. in der Merkwelt zu Eindrücken verarbeitet. In der Denkwelt wird das jeweils Aufgefasste nach der Überzeugung des Akteurs gedeutet (mittels vorstellen, unterscheiden, begreifen und ordnen). Das Zwischenergebnis ist ein Vorurteil im hermeneutischen Sinne (Denkwelt) – als einer noch nicht durch eine Handlung überprüften Vermutung oder Hypothese. Ob die Eigeninterpretation (Überzeugung und Vorstellung) eines Akteurs mit Blick auf seine Erwartungen und Absichten zutreffend ist oder nicht, wird erst anhand der eintretenden Wirkung einer absichtsvollen Verrichtung (Wirkwelt), der Handlung als Eingriff in das umgebende Gebilde (Mitwelt), bestätigt. Im Verbund bildet sich bei wiederkehrenden Situationen mit wiederholten Handlungen eine positive Erfahrung zur

Selbstwirksamkeit und damit Festigkeit (Asservität) aus. Bei Misserfolg aufgrund unzureichender oder fehlerhafter Eigeninterpretation oder einer unangemessenen Handlung besteht die Möglichkeit der Korrektur. Damit ist der Verbund lernfähig und offen für die Erkundung von Unbekanntem sowie für das Entdecken durch Neuinterpretation von bereits Bekanntem. Erfahrung machen bedeutet über einen Vorrat an bewährtem Können und Wissen Informationsgewinnung durch das Nervensystem und das Gehirn.

Denken besteht zunächst aus einem Umgang mit Begriffen zur selbständigen Aneignung der Umgebung. Zu den ausgemachten Unterschieden werden begriffliche Unterscheidungen getroffen. Denken hat den Zweck, die Eindrücke zu solchen Vorstellungen, Vorstellungsverbindungen und Begriffsgebilden umzuwandeln und zu verarbeiten, welche unter sich schlüssig oder widerspruchsfrei sind und den Gegebenheiten der Umgebung so entsprechen, dass Handlungen treffsicher und wirksam sind. Die ausgeführten Handlungen sollen nicht die eigene Lage beeinträchtigen, Verletzungen hervorrufen oder die eigene Existenz bedrohen, d.h., der eigentliche Zweck des Denkens und der Herstellung einer gedanklichen Ordnung ist nicht das „Denken an sich“, sondern das „Denken, um erfolgreich zu handeln“. Die Aufgabe des eingeschobenen Mittelglieds zwischen Merk- und Wirkwelt (siehe Abb. 1) ist nach Hans Aebli „Denken das Ordnen des Tuns“ (vgl. Aebli 1980/81). Selbstreferenzielles Lernen ist also die (materielle) Interaktion einer Person mit ihrer Umgebung auf der Grundlage einer (informationellen) Kommunikation. Das Geschehen in der Umgebung soll möglichst schnell begriffen werden, um gegebenenfalls die Verhältnisse und Vorgänge nach dem Willen des Akteurs für einen bestimmten Zweck in geeigneter Weise zu beeinflussen. Ein Durchlauf des Zyklus „Mitwelt – Merkwelt – Denkwelt – Wirkwelt“ stellt ein für ein Individuum spezifisches Zeitmaß dar. Jeder Akteur hat seine individuelle kognitive Eigenzeit.

Die herausragenden Fähigkeiten unseres Gehirns und Nervensystems bestehen nicht nur in der Informationsverarbeitung zur Sicherung der Erhaltung und Entfaltung des Akteurs. Das Gehirn ist ein Problemlösungsinstrument, das zugleich das subjektive Erleben, also Empfindungen, Gefühle und Erwartungen hervorbringt. Lernen ist ohne Emotion und ohne innere Beteiligung nicht möglich. Das selbstreferenzielle Lernen setzt einen Antrieb voraus. In der Natur treibt die Energie die natürlichen Vorgänge an, in der Wirtschaft das Geld und beim Lernen sind es

- Neugier und Lust auf Unbekanntes, Begeisterung für Entdecken und Gestalten;
- Verlangen nach Aufmerksamkeit und Zuwendung der Mitmenschen;
- Zweifel an der Selbstpositionierung und Selbstwirksamkeit.

Besonders Kleinkinder bemerken, dass sie jeden Tag ein Stück über sich herauswachsen und Neues lernen können. Wenn durch Neugier, Phantasie oder positive Erfahrung Interesse an den vorgefundenen Gegebenheiten entsteht und die Suche nach Deutung und Handlung unter die Haut geht (vgl. Hüther 2008), dann werden auch emotionale Zentren aktiv und schütten vermehrt neuroplastische Botenstoffe aus. Wenn die ausgewählte Handlung dann auch die erwartete Wirkung zeigt, wird dieses Ergebnis nochmals mit Freude, also mit Emotionen, zur Kenntnis genommen. Das mit dieser Erregung und Begeisterung Gelernte führt zu einer Verformung oder einem Umbau im Gehirn, wobei das Ergebnis fest und tief verankert wird. Durch die Selbstwirksamkeit werden das selbständige Dasein bestätigt, Selbstbedeutung und Selbstvertrauen gestärkt. Ohne diese emotionale Beteiligung findet kein Lernen und Behalten statt. Jan Amos Comenius formulierte das so: Alles, was dem Lernen Freunde macht, unterstützt das Gedächtnis, und zum idealen Lernen gehören nach Johann Heinrich Pestalozzi „Kopf, Herz und Hand“.

Die ausgemachten Problemlagen in der Mitwelt dürfen nur einen Umfang und Schwierigkeitsgrad haben, der das Problemlösungsinstrument Denkorgan nicht überfordert. Sie müssen verstehbar, bedeutsam und sinnhaft gestaltbar sein. Mit einer erfolgreich ausgeführten Handlung stellt sich eine hoffungsvolle, optimistische Haltung ein, ein Kohärenzgefühl (vgl. Antonovsky 1997, S. 36). Wird ein Akteur mit undurchschaubaren oder zu großen Problemlagen konfrontiert oder fehlt die Zuversicht auf Gestaltung und Veränderung, dann stellt sich Hoffnungslosigkeit ein, Frust und Blockaden bauen sich auf.

Lernen bedeutet das Hervorbringen von Ideen und Deutungen, Können und Wissen, um zweckgerichtet und erfolgreich zu handeln. Es ermöglicht die Erkundung von Unbekanntem sowie das Entdecken durch Neuinterpretation von bereits Bekanntem. Der selbstreferenzielle Lernvorgang ist wie die Evolution ein emergenter Vorgang. Wenn der Evolutions- und der Lernvorgang „Neues“ hervorbringen, ist zu vermuten, dass beide Vorgänge gemeinsamen Regelmäßigkeiten oder Gesetzen unterliegen (vgl. Bateson 1984, S. 11).

4 Lernen mit sozialer Einbettung oder Regimes

Bisher wurde das selbstreferenzielle Lernen unter dem Gesichtpunkt der Selbstbezogenheit betrachtet. Zu dem Selbstantrieb Neugier und Zweifel kommt noch das Verlangen nach Aufmerksamkeit und Zuwendung von Mitmenschen als Antrieb zur Findigkeit (vgl. Franck 1998, S. 11) hinzu. Die sich aufbauende Verbindung zu anderen Menschen beginnt schon im Mutterleib und führt später zu der Erwartung, auch zukünftig mit anderen Menschen verbunden zu bleiben. Die soziale Einbettung ermöglicht zunächst durch Anbindung die Übernahme von Erfahrung und Bedeutung (nachahmendes Lernen) und später mit zunehmender Abkopplung und Selbstständigkeit Resonanz für die eigenen Tätigkeiten. Nach Gerald Hüther handelt es sich dabei um ein menschliches Verlangen nach Nähe, Geborgenheit und Anbindung und nach Wachstum von Eigenständigkeit und Selbstwirksamkeit (vgl. Hüther 2008). Wird dieses nicht gestillt, dann wird nach Ersatzhandlungen oder -drogen gesucht. Ohne die anerkennende Aufmerksamkeit von Mitmenschen gibt es kein Gemerktwerden, Gespürtwerden und Empfundenwerden. Die benötigte Selbstbezogenheit bedeutet Zuwendung, ist nicht nur Empathie, sondern in besonderer Weise Resonanz. Zur sozialen Einbettung gehört zugleich die Fremdbezogenheit, die Fähigkeit, die Gegebenheiten auch aus der Perspektive des anderen zu betrachten. Für Hegel heißt Bildung auch die Fähigkeit, die Dinge vom Standpunkt eines anders denkenden Mitmenschen zu sehen, seine Haltung und Sicht der Dinge zu respektieren und darauf Rücksicht zu nehmen (siehe Abb. 2).

Damit geht die Anerkennung unterschiedlicher Deutungen zu einer gemeinsam erlebten oder beobachteten Situation einher sowie der mit dem jeweiligen Zweck verbundenen unterschiedlichen Handlungen. Die Mehrdeutigkeit der Mit-

Abb. 2: Antrieb und Bindung des Akteur-Umgebung-Verbundes

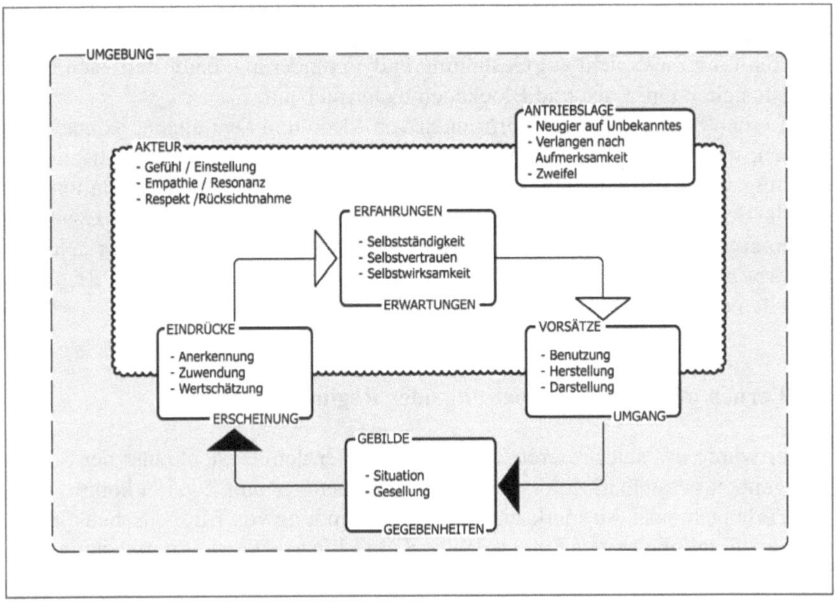

Eigene Darstellung

welt erzeugt Zweifel, ob die eigene Haltung und Sichtweise die angemessene oder richtige ist, und die Einsicht einer nur zeitweilig bestehenden Selbstwirksamkeit. Überzeugung und Zweifel sind in diesem Zusammenhang ein untrennbares Begriffspaar. Während der Akteur nach Anerkennung und Wertschätzung, Aufmerksamkeit und Zuwendung giert und auf Ermutigung und Unterstützung für seine Verrichtungen hofft, muss er selbst Verständnis für Mitmenschen (Einfühlung, Empathie, Respekt, Rücksichtnahme) besitzen und aufbringen. Darauf bauen Vertrauen und Anerkennung auf. Verständnisfähigkeit und Resonanzfähigkeit werden niemanden in die Wiege gelegt, sondern sie müssen genauso gelernt werden wie Toleranz oder Fairplay.

Für den Antrieb des Lernens ist demnach nicht nur das Unbekannte im Umgang mit den natürlichen Gegebenheiten ausschlaggebend, sondern auch die interpersonelle Einbettung in die jeweilige Gesellung als dem Zusammenschluss von Akteuren, die sich gemeinsam um ihre Selbsterhaltung und Entfaltung kümmern. Dabei haben bestimmte Maßgeblichkeiten (Zeichen und Symbole, Sitten und Gebräuche, Gesetze und Normen, Codes und Regeln; Verhaltensstile und Kommunikation, etc.) Geltung.

Bei der Auseinandersetzung mit der Umgebung entstehen die Ergebnisse nicht nur durch die Selbstbezogenheit, sondern auch durch den Grad der Übernahme der von der Gesellung getragenen Sichtweisen, Bewertungen und Urteile sowie Ansichten (Institutionen).

Die Denkwelt bringt Bedeutung und Sinn zu den Gegebenheiten der Mitwelt hervor. Sie hat die Aufgabe, die natürlichen Zwangsläufigkeiten und die gesellschaftlichen Maßgeblichkeiten in Einklang miteinander zu bringen. Traditionen sind zugleich Kenntnisspeicher im Umgang mit der Natur sowie ein Vorrat an bewährten Konventionen für die Existenzsicherung der Gesellung und das Zusammenleben der Mitglieder, also die Prägestöcke für das Bewahren und Erhalten in einer Gesellung. Im Gegensatz zum natürlichen Geschehen sind die sozialen Gegebenheiten durch weniger Schwankungen und mehr Starrheit und Unveränderlichkeit gekennzeichnet.

Neben diesem Unterschied besteht noch ein Spannungsverhältnis zwischen einem neugierigen Lernen, das nicht nur Wissenszuwachs bedeutet, sondern auch das Bestehende in Frage stellt, und einer auf Konstanz und Erhaltung ausgerichteten sozialen Regelung.

Das in seinen Grundzügen dargestellte selbstreferenzielle Lernen bildet die Grundlage für weitere Spezifizierungen (vgl. Wittenberg 2008a): Wandel der sozialen Einbettung als das jeweilige Verhältnis von Anbindung und Abkopplung, Beseitigung von Mehrdeutigkeit und Reduzierung von Verwirrung, Einzel-, Beteiligungs- und Gemeinschaftshandeln, Handeln und Sprache, Können und Wissen und deren Weitergabe, Kognition als Errechnungen von Errechnungen (vgl. Förster 1985, S. 31).

5 Kultur: durch Handlungen Hervorgebrachtes

Im Umgang mit der Natur ist es den Akteuren in der Vergangenheit gelungen, für ausgemachte Problemlagen in der Mitwelt unter Beachtung der Regimes (natürliche Zwangsläufigkeiten, soziale Maßgeblichkeiten) das Erfasste so geschickt und kunstvoll zu verarbeiten, dass Sachen entstehen, die es zuvor in der Natur noch nicht gegeben hat, wie z.B. die Selbsterhaltung sichernde Agrikultur. Somit ist folgende Unterscheidung zu treffen: Natur ist das, was von selbst geschieht – ohne Zutun des Menschen. Kultur bezieht sich auf das, was Akteure zweckbestimmt durch Handlungen hervorbringen, also Nahrung, Kleidung, Behausung, Werkzeug. etc.

Die hier vertretene Auffassung von Kultur deckt sich nicht mit der weitverbreiteten Alltagsauffassung, die von ästhetischen Vorstellungen oder zivilisatorischen Zuschreibungen geprägt wird. „Natürlich" ist bestimmt durch Verursachung (Dichteunterschiede und Gefälle), „kultürlich" durch Absichten und Bezweckungen.

Mit zunehmenden Artefakten entstehen auch neue Sachkonfigurationen und damit neue Lebensumstände (Regimes), die eine neue Passung und damit eine veränderte Lebensführung der Akteure bedingen. Aus der Gesamtheit der materiell-physischen Anlagen, der Art ihrer Bestandteile wie der Art ihrer Zuordnung entstehen Sachverhältnisse, die Spielräume für die Nutzung durch Akteure – also Verhalten unterschiedlicher Art – eröffnen und begrenzen, was Hans Linde als Sachdominanz in Sozialstrukturen bezeichnete (vgl. Linde 1972). Wenn die Nutzung der Sachen nach sozial geformten Schemata erfolgt, dann ergibt sich eine zweite Sichtweise als Umkehrung.

Sozialverhältnisse bestehen aus allen rechtlichen, organisatorischen und wirtschaftlichen Bedingungen, die Art, Ort und Zeit der Ausführung von Tätigkeiten regeln (vgl. Heidemann/Wittenberg 1988, S. 24f.). Sachkonfiguration, Sozialverhältnisse und auch Zeitordnungen werden zu neuen Regimeformen (Gegebenheiten) und schaffen neue Gelegenheiten und Beschränkungen für Tätigkeiten, so dass sich auch für die Tätigkeiten und Handlungen neue Repertoires, Programme und Muster herausbilden (vgl. Heidemann 2004, S. R-49).

Die „natürlichen" und „kultürlichen" Regimebereiche wirken gleichzeitig und zusammen in der Mitwelt. Sie lassen sich nur analytisch unterscheiden und auch noch weiter auflösen (vgl. Heidemann 2004, S. R-16; Sieferle et al. 2006, S. 11). Die unterscheidbaren kultürlichen Wirkbereiche (z.B. die Wirtschaft mit Produktionsweisen und Austauschverhältnissen, der Lebensraum mit seinen traditionell überlieferten Deutungsmustern und Sozialgliederungen, die Verwaltung im Spannungsfeld von Eigenständigkeit und Einbindung) sind nach eigenen Wirkprinzipien organisiert und untereinander durch Wirkbeziehungen verbunden. Durch „Überlagerung" der Wirkbereiche entsteht eine spezifisches Gefüge, ein Lebensraum mit einer charakteristischen Prägung, der zugleich die Gelegenheiten für die Lebensführung darstellt. Mit den Schwierigkeiten bei „Überlagerungen“ befassen sich Wissenschaftler und Künstler beim Zustandebringen von Artefakten schon von jeher. Pollio Vitruvius, ein Architekt und Theoretiker der spätrepublikanischen Zeit in Rom, formulierte als Aufgabe und Schwierigkeit eines Entwurfs, die drei Wirkbereiche „Festigkeit, Zweckmäßigkeit und Schönheit“ miteinander in Einklang zu bringen. In einem dem Entwurf vorausgehenden Arbeitsschritt wird das Problem in ausgemachte Bestandteile zerlegt. Unterscheidung/Zerlegung und Konfiguration/Zusammenfügen von Bestandteilen bilden eine Einheit – sie gehören zusammen wie die beiden Seiten einer Medaille. Durch das Konfigurieren/Zusammenfügen entsteht aufgrund der eigenen Vorstellung ein Bild oder eine Konstruktion (Landkarte) von der Realität (Territorium). Der Vollzug einer Handlung basiert auf der Landkarte, die Wirkungen der Handlung werden dagegen auf dem Territorium sichtbar.

Durch das Hervorbringen von Gerätschaften (Artefakten) und Technik sowie die Nutzung von exosomatischer Energie verändert der Akteur die jeweiligen Regimes und vergrößert das Spektrum seiner Handlungsmöglichkeiten, seine Wirkungsreichweite oder seine Eindringtiefe in seiner bzw. seine Umgebung. Mit anderen Worten: Unter Beachtung der natürlichen Vorgaben und Vorgänge in Form von Energie, Stoff und Information trifft der Akteur eine Entscheidung über die Verwendung oder den Einsatz der ihm zur Verfügung stehenden Budgets für den Vollzug der einen Zweck verfolgenden Handlung. Dies sind zunächst Zeit und Geschick, später dann Gerät und Technik, einfach ausgedrückt neue Sachen. Mit der Hervorbringung von Gerät und Technik verringert er seinen Aufwand für seine Selbsterhaltungsbemühungen. Die eingesparten Budgets stehen für neue Tätigkeiten oder Entfaltungsbestrebungen zur Verfügung. Das jeweilige Set der für eine Handlung eingesetzten Budgets wird auch als Mitteleinsatz beim Vollzug bezeichnet. Das Hervorbringen von Artefakten ist nicht umkehrbar. Nur ihre Nutzung kann außer Kraft, ausgesetzt oder vergessen werden.

6 Denkwelt und Mitwelt: Korrespondenz

Durch den Umgang mit der natürlichen Wirtschaft bilden sich in der Denkwelt für die natürlichen Vorgänge und Verhältnisse und für die mit Handlungsvollzug ausgelösten Einwirkungen ein passendes Begriffsgerüst und bei sich wiederholendem Erfolg auch die geeigneten Deutungsmuster (siehe Abb. 1). Die Ordnungen der Denkwelt korrespondieren mit dem Gefüge der Gegebenheiten (Mitwelt), d.h. zwischen den natürlichen und den mentalen Vorgängen besteht eine Entsprechung oder Kopplung. Wenn dieses zutrifft, dann enthält unsere Denkwelt und Kultur die Erbschaft des Umgangs mit der Natur. Bei einer einseitigen Veränderung der Mitwelt ist es ratsam, die bestehende Korrespondenz nicht zu übersehen und zu übergehen. Die Unterschiede zwischen der natürlichen Wirtschaft, die Erbinformation und Biomasse hervorbringt, und den mentalen Vorgängen, die implizites und explizites Wissen, Geräte und Technik erzeugen, sind ein besonderer Grund, darauf Rücksicht zu nehmen.

So ist es nicht verwunderlich, dass die natürliche und die kulturelle Wirtschaft auf den ersten Blick viele Gemeinsamkeiten haben: Die jeweiligen Wirkeinheiten sind über Schnittstellen mit der Umgebung verbunden, die Wirkungen des äußeren Geschehens können zu Beeinträchtigungen oder gar zum Tod führen, sie sind mit ihrer Lebensführung an die Beschaffenheit der Umgebung (Energie und Stoffe) gebunden (offene Systeme), zeichnen sich durch Stoffwechsel und Produktion aus (mit Aufbau- und Abbauvorgängen), stemmen sich Ausgleichvorgängen entgegen, haben Eigenzeiten und Zeitordnungen, besitzen Wandlungsfähigkeit, etc. Wegen der Korrespondenz ist eigentlich zu erwarten, dass die Organisationsformen und Produktionscharakteristika der natürlichen Wirtschaft, die sich aus evolutionärer Sicht bewährt haben, auch in der kultürlichen Wirtschaft zu finden sind. Die Gegenüberstellung der beiden Produktionsvorgänge anhand des Schemas „Aneignung – Umwandlung – Entledigung“ belegt, dass sich die kultürliche Wirtschaft in vielen Punkten entscheidend von der natürlichen Produktion unterscheidet (vgl. Wittenberg 2008b, S. 6), d.h., die bewährte Art und die Vorteile der natürlichen Wirtschaft wurden und werden nicht erkannt oder dem Wissen über die natürliche Wirtschaft wird keine Bedeutung für die kultürliche Wirtschaft beigemessen. Wenn es zu keiner Übertragung der Organisationsformen der natürlichen auf die kultürliche Wirtschaft gekommen ist, dann enthalten Kultur und Institutionen dafür auch keine entsprechenden Maßgeblichkeiten. In beiden Fällen entsteht eine kultürliche Wirtschaft, die sich über die bewährten Organisationsformen der natürlichen Wirtschaft hinwegsetzt.

Aus systemischer Sicht steht außer Frage, dass der Austausch zwischen einem Subsystem mit dem übergreifenden System grundsätzlich von den Eigenschaften des übergreifenden Systems her geregelt werden muss. Wenn das Subsystem bei seiner Positionierung diese Regel bewusst oder unbewusst missachtet, dann erfüllt das Subsystem seine wichtigste Aufgabe, die Selbsterhaltung durch nachhaltige Nutzung des übergreifenden Systems, nicht. Das Hinwegsetzen und Ignorieren der evolutionären Fakten und systemischen Feststellungen durch das Abkoppeln von den natürlichen Vorgängen und Verhältnissen entspricht beim selbstreferenziellen Lernen der Abkopplung von den sozialen Bindungen und Zwängen, um die Selbstwirksamkeit zu erproben (siehe Abb. 2). Mit der Abkopplung nehmen Überzeugung und Vertrauen auf die eigene Selbstständigkeit und Selbstwirksamkeit zu. Wenn bei diesem Übergang auch der Respekt und die Rücksichtnahme auf die Gegebenheiten der Umgebung verloren gehen, dann ist es nur noch ein kurzer Weg bis zu der neuen Überzeugung, Freiheit zu haben oder unabhängig zu sein. Mit der Aufhebung der Obrigkeitszwänge hat ein Spuk der Aufklärung verbreitet, dass die Gewährleistung egalitärer Bürgerrechte vollkommene Freiheit bedeutet und nicht an neue Pflichten und Disziplin gebunden ist.

Wenn Freiheit und Unabhängigkeit nicht an eine Selbstverpflichtung, z.B. zu Respekt und zu Rücksichtnahme, gekoppelt ist, dann kann sich jeder Akteur seine Selbstständigkeit und Selbstwirksamkeit auch durch das Ausüben von Dominanz auf die Umgebung nachweisen. Dieser Vorgang entspricht einer grundlegenden Systemumkehrung. Selbstherstellung, -erhaltung und -entfaltung bestand im Erkennen von Gegebenheiten, die durch Emergenzen entstanden sind, und dem Ergreifen darin enthaltener Möglichkeiten. Demgegenüber bringen Dominanzen Gegebenheiten hervor. Das haben uns die Folgen der aktuellen Wirtschaftkrise, die durch eine Systemumkehrung von Real- und Finanzwirtschaft verursacht wird, verdeutlicht, die vielen kultürlichen Naturkatastrophen in der Vergangenheit wurden dagegen nicht als Systemumkehrung interpretiert. Der Verlust von „Geld“ trifft härter und sorgt für mehr Aufregung als der Verlust von „Natur“.

Wenn Nahrungsmittel im Geschäft abgeholt werden und die exosomatische Energie aus der Steckdose kommt, verfallen offensichtlich die zur Existenzsicherung ausgebildeten Verarbeitungs- und Deutungsmuster für den Umgang mit der natürlichen Wirtschaft. Die Regimes mit den Maßgeblichkeiten für die kultürliche Mitwelt erhalten im Laufe der Zeit eine größere Bedeutung als die natürlichen Regimes mit ihren Zwangsläufigkeiten. Wenn die kultürliche Wirtschaft nicht die Organisationsprinzipien der natürlichen Wirtschaft enthält, greifen die geerbten Deutungsmuster für eine vielschichtige Mitwelt nicht. Die Korrespondenz von Denkwelt und Naturwelt wird nicht mehr gebraucht. Die kulturellen Muster sind keine Orientierung mehr für die der Selbsterhaltung dienenden Handlungen, und der Erfolg oder Misserfolg des Vollzugs ist nicht mehr durch den Akteur beobachtbar. Unsere Denkwelt muss sich auf die neuen Gegebenheiten einstellen.

7 Denkwelt und Mitwelt: zunehmende Unterschiede

Während die oben genannten Naturgesetze die Abläufe der natürlichen Wirtschaft bestimmen, kommt die kultürliche Wirtschaft durch zweckgeleitete Tätigkeiten der Akteure im Rahmen der natürlichen und kultürlichen Regimes zustande. Dazu müssen Akteure eine Vorstellung davon haben, wie sie vorgehen müssen. Die vorgefundenen Gegebenheiten sind gedanklich so zu fassen und zu begreifen, dass sie die gewünschten Wirkungen in der Umgebung auch treffsicher erzeugen können. Der Akteur entscheidet aufgrund seiner Annahmen und

Vorstellung oder seiner Konstruktion von der natürlichen Wirtschaft. Die Art und das Ausmaß der Differenz zwischen Konstruktion (Landkarte) und Lebenswelt (Territorium) sind entscheidend für die Art und das Ausmaß der durch eine vermeintlich treffsichere Handlung ausgelösten Wirkungen. Diese Differenz zwischen Denk- und Mitwelt wird größer, weil eine Auseinadersetzung mit der Sachlage nicht mehr stattfindet, der Sinngehalt nicht mehr deutlich und der Inhalt der Denkwelt immer ärmlicher und zusammenhangloser wird. Dieses wird nun anhand der Vorstellungen über die natürliche Wirtschaft erläutert.

In der Aberntewirtschaft treffen die Akteure – wie Ethno- und Anthropologen berichten – viele Unterscheidungen zu ausgemachten Unterschieden in der natürlichen Umgebung und benennen diese. Sie wissen Veränderungen zu deuten und einzuschätzen. Die Kenntnisse bestehen mehr aus einer Liste und weniger aus einem Wirkungsgefüge. Die Bestandteile der Natur werden durch Gottheiten und Dämonen „personifiziert“, wodurch eine wechselseitige Beziehung existiert. Um das Ernteergebnis nicht durch falsche Eingriffe zu gefährden, müssen bestimmte Handlungen unterlassen werden. Rücksichtnahme auf die natürliche Wirtschaft bedeutet, dass die Lebensführung sich mit dem natürlichen Dargebot begnügt und damit das Auskommen gesichert ist.

Die Natur kann auch durch Einhängen in die natürlichen Vorgänge und Verhältnisse (Anbau, Technik) genutzt werden. Ferdinand Redtenbacher, der Begründer des wissenschaftlichen Maschinenbaus, sieht die Aufgabe der Technik in der Erzeugung von gewollten Wirkungen in den natürlichen Vorgängen durch Kanalisierung dieser Vorgänge durch Kombination (Anordnung, Abfolgen, Verkettung), Bemessung, Gestalt oder Form. Nach dem Schema „Denkwelt – Wirkwelt – Mitwelt“ (siehe Abb. 1) wird mit dieser Vorgehensweise Bewirkungswissen erzeugt, das die Fragen „wie und warum etwas zu tun ist“ beantwortet. Eine brillante Idee reicht dazu nicht aus, sondern es müssen auch die Potenziale für das „Einhängen“ der Technik erkannt und die Vorteile der Einwirkung beurteilt werden. Über die natürlichen Vorgänge und Verhältnisse müssen präzise Vorstellungen und deren Eignung für den Technikeinsatz vorhanden sein. Mit Bewirkungswissen werden die Möglichkeiten für das Zustandebringen von Tatsächlichkeiten festgelegt.

Die Schöpfungs- und Entledigungswirtschaft kommt mit einer ärmeren Vorstellung vom natürlichen Wirkungsgefüge aus, weil die kultürliche Wirtschaft in eine natürliche Quelle-Senken-Beziehung „eingehängt“ gedacht wird. Bei der so reduzierten Vorstellung von Natur nimmt die Überzeugungskraft des Akteurs zu, dass die Quellen immer ergiebig schütten oder neue Quellen gefunden werden, die Senken stets aufnahmefähig bleiben, und in der natürlichen Wirtschaft keine Verbindungen zwischen Senken und Quellen bestehen. Mangelnde Sachkenntnis wird mit Zuversicht und mit Glauben kompensiert. Die Schüttung der Quellen kann durch einen höheren Aufwand (Arbeit) erhöht werden. Dazu wird bei der Gegenüberstellung von Mehraufwand und zusätzlicher Ausbeute mit einem rationalen (wirtschaftlichen) Kalkül eine Entscheidung getroffen. Kenntnisse über das natürliche Produktionsnetz und Bewirkungswissen werden bei dieser Entscheidung nicht benötigt, weil dadurch die eigene Überzeugung und Zuversicht zu bezweifeln ist.

Die industriell geprägte Umwandlungswirtschaft erzeugt einen Durchsatz von Stoffmengen und hat neuartige Erzeugnisse hervorgebracht, die so in der Natur noch nicht vorgekommen sind. Nach dem Produktionsrezept der Umwandlungswirtschaft werden stets erwünschte Erzeugnisse und unerwünschte Abprodukte hergestellt. Beide gehören zusammen wie die beiden Seiten einer Medaille. Die unerwünschten Abprodukte werden durch einen Buchungstrick isoliert, obwohl der natürliche Wert nicht auf Geld übertragbar ist (Korrespondenz), und Geld immer transitiv bewertet wird (vgl. Bateson 1984, S. 72). Wenn den erwünschten Erzeugnissen durch ein wirtschaftliches Regime Preise zugeschrieben werden, dann sind sie in der Geldwirtschaft verrechenbar und in der Sozialproduktsbilanz darstellbar. Durch diesen Buchungstrick wurde lange Zeit verdeckt, dass die industrielle Umwandlungswirtschaft in Wirklichkeit eine Umweltproblemerzeugungswirtschaft ist.

In der kultürlichen Wirtschaft sollen die Produktionskonzepte nicht nur reibungslos und verlustfrei arbeiten, sondern auch rationell. Dies kann jedoch nur realisiert werden, wenn die Anforderungen des Konzepts mit den Beschaffenheiten der vorhandenen Gegebenheiten übereinstimmen, z.B. die benötigten Inputs auch bereitstehen. Ist dies nicht der Fall, dann muss bei Realisierung des Produktionskonzepts die natürliche und soziale Umgebung so umgestaltet werden, dass die jeweiligen Anforderungen erfüllt werden. Der Aufbau der Produktion und Technik in der Laborwelt wird zur Blaupause für die Umgestaltung der Realität. An die Stelle von Sinngehalt der Gedanken und Zweck einer Handlung treten die Anforderungen der Technik. Die in der Mitwelt bestehenden Gelegenheiten spielen keine Rolle mehr, um etwas Neues hervorzubringen oder entstehen zu lassen (Emergenz). Technische und ökonomische Dominanz bestimmen das Gepräge der Mitwelt.

Die wenigen Beispiele belegen, dass in der Denkwelt nur ausgesuchte Bestandteile der natürlichen Wirtschaft in den Focus gerückt werden, die sowohl mit Eigenschaften als auch mit Zuschreibungen charakterisiert werden. Das natürliche Produktionsnetz oder das Wirkungsgefüge werden immer weniger thematisiert. Weil dem Bewirkungswissen keine Bedeutung mehr beigemessen wird, steht das analytisch erzeugte Beschreibungswissen hoch im Kurs. Unter Beschreibungswissen wird der Vorrat an Aufschlüssen (Feststellungen und Folgerungen, Muster und Regelmäßigkeiten, etc.) verstanden, die Aussagen über wesentliche Zusammenhänge zwischen den aus der Lebenswelt gedanklich hervorgehobenen Sachverhalten der Tatsächlichkeiten machen. Mit der Beantwortung von W-Fragen (was, wie, wann, wo, warum) werden schließlich Aussagen über ein gedanklich herauspräpariertes oder analytisch herausgelöstes Gebilde (Figur – Grund) gemacht.

Die Entscheidung, an welchen Stellen die vorhandenen Kopplungen gekappt werden, trifft der Akteur aufgrund seines Wissen (Sachkenntnis) oder seiner Zuschreibungen. In beiden Fällen entsteht ein gedanklich erzeugtes Unikat, das mit Hilfe der jeweiligen Fachschemata auf Zusammenhänge hin untersucht wird. Mit den Arbeitsschritten „Mitwelt – Merkwelt –Denkwelt“ (siehe Abb. 1) wird nach Erklärungen für das Zustandekommen von Tatsächlichkeiten gesucht. Mit der Kappung sind die Vorgänge und Verhältnisse des Grundes – also der Hülle – nicht mehr von Interesse. Mit der Vorgehensweise der Zusammenhangsentfernung entsteht eine Art Stückliste von Ergebnissen oder Bestandteilen ohne Verdeutlichung ihrer Herkunft oder Anschlüsse. Kontextfrei lassen sich die Bestandteile nach Vorstellungen der Denkwelt neu und widerspruchsfrei (logisch konsistent) ordnen. Entitäten werden zu Trägern von Merkmalen, die dann zum Bestand einer Variablenwelt werden. Die sich seit Francis Bacon in der Wissenschaft mehr und mehr ausbreitende Vorgehensweise des Reduzierens, des Zergliederns und der Zusammenhangsentfernung hat bereits Gottfried Benn beklagt und das darauf aufbauende Beschreibungswissen kritisiert (vgl. Benn 1958, S. 78).

Während das selbstreferenzielle Lernen Deutungsmuster hervorbringt, die auf den Vollzug einer Handlung mit anschließender Erfolgskontrolle ausgerichtet sind, befasst sich das Beschreibungswissen mit der Erklärung des Zustandekommens von Tatsächlichkeiten. Weil in den Ingenieur- und Planungswissenschaften der Bestand an Bewirkungswissen um ein vielfaches geringer ist als der an das Beschreibungswissen, greifen Akteure, deren Profession die Veränderung der Tatsächlichkeiten ist, auf Beschreibungswissen zurück und kommen nur über pragmatische Überlegungen zu ihren Vorschlägen. Diese Vorgehensweise ist aus wissenschaftlicher Sicht jedoch nicht haltbar, weil es bis heute keinen deduktiven Weg gibt, Beschreibungswissen in Bewirkungswissen zu verwandeln. Entscheidungen und Handlungen, die auf der Grundlage von unzureichendem Bewirkungswissen fußen oder mit Beschreibungswissen unter Beigabe von Plausibilitäten und Zuversicht begründet werden, führen nicht zu treffsicheren Einwirkungen. Wegen der gedanklichen Ausschaltung der Vernetzung der Alltagwelt entstehen bei einer Einwirkung auf einen Bestandteil der Umgebung nicht nur die gewünschte Wirkung, sondern Wirkungsbündel oder auch „Kollateralschäden“. Entsprechendes gilt für das Hervorbringen von neuen Artefakten. Die Technikfolgenabschätzung kennt den Entstehungszusammenhang einer Erfindung, stellt Mutmaßungen über den Wirkungszusammenhang an und rätselt über den Verwendungszusammenhang, weil ein Artefakt auch von anderen Akteuren für einen anderen Zweck und in einer anderen Mitwelt verwendet werden kann. Die Themen Folgenverantwortlichkeit und Umdeutbarkeit von Artefakten haben keine Relevanz.

Bewirkungswissen für das Zustandebringen von Tatsächlichkeiten und Beschreibungswissen zur Erklärung des Zustandekommens von Tatsächlichkeiten beziehen sich auf Sachverhalte der Mitwelt. Dabei werden in der Denkwelt die Alltagsvernetzung ignoriert und die Mitwelt immer mehr in Fragmente aufgelöst. In der Denkwelt greift die mentale „informationelle" Dissipation um sich, das Kennzeichen der nachindustriellen Wissensgesellschaft, für die schon die energetische und stoffliche Dissipation – also Abfall – keine Bedeutung hatte. Wenn die einzelnen Bestandteile der Mitwelt aus ihrem Kontext gerissen werden, dann kann diesen sehr leicht durch Zuschreibung Sinn und Bedeutung gegeben werden. Kennzeichen der nachindustriellen Wissensgesellschaft ist die „Hochblüte des inszenierten Auffallens und des dicken Auftragens" (Franck 1998, S. 12). Durch das Herstellen von Attributen werden eine Differenz zur Umgebung geschaffen und ein Signal erzeugt. Für das gesellschaftliche Leben oder in der Alltagswelt wird mit Kleidung/Mode, Aufmachung und Pflege von Figur und Friseur, Kosmetik, Handy, Alkohohlkonsum, Autos, etc. das Ansehen geschaffen. Das Hervorbringen besteht im Design der Güter, mit denen eine Fassade aufgebaut werden kann, die wiederum Aufmerksamkeit erzeugt: Übertreiben, Überzeichnen (Darbieten) und Provokation, dickes Auftragen. In diesem Sinne sind die Menschen erfolgreich, die am besten täuschen und die besten Fassaden aufbauen oder Plagiate besitzen. Zudem bezieht die Merkwelt ihre Eindrücke nicht mehr aus den Tatsächlichkeiten der Sachen, sondern aus dem Geschehen und den Geschichten der digitalen Scheinwelt.

Die öffentlichen Diskussionen zu grundlegenden natürlichen und kultürlichen Problemlagen haben alle Züge eines polylogischen Feldes, wobei Klärungen der Sachlage und die Bestimmungen der Ursachen von der „Vielberedetheit" durch eine Vielzahl subjektiver Einreden (Urteile, Erfahrungen, Ansichten, Meinungen Maximen) überwuchert werden, dadurch verschwimmen und verloren gehen. Annahmen und Fiktionen bestimmen die Diskussion, die dann schnell zu dem Punkt kommt, „an dem die Vorstellung Glauben findet, die Fortdauer der bestehenden und problematisierten Verhältnisse berge eine Gefahr für die unmittelbaren Betroffenen, für die Gesellschaft, für die Freiheit oder die Ordnung, die Zivilisation oder die Kultur in sich, nur eine entscheidende Wendung der Dinge könne und müsse das drohende Verhängnis abwenden, hier und jetzt, fünf Minuten vor zwölf" (Linde 1988, S. 80). Nach der anfänglichen heißen Diskussionsphase lässt die Diskussionsbereitschaft langsam nach, kommt schließlich zum Erliegen, und die Sachlage hat sich nicht verändert.

Damit ist dann auch die leichte Austauschbarkeit von Grundhaltungen, Überzeugungen und Sekundärtugenden möglich, die ja eine bewährte Ausrichtung oder Orientierung für das Dasein und das Tun sind. Subsidiarität wird durch

Fremdsteuerung, Neugier durch Geldgier oder Respekt und Rücksichtnahme durch Konkurrenz, etc. ersetzt. Auf diesem Boden gedeiht eine kultürliche Wirtschaft, die Artefakte und unübersehbare mentale, natürliche und kultürliche Problemlagen hervorbringt.

8 Fazit

Die Evolutionsmedizin erforscht, welche Krankheiten entstehen, weil unser Erbgut nicht zu den heutigen Lebensumständen passt. Dieser Untersuchungsansatz ist auch auf unser Denkorgan (siehe Abb. 1) zu übertragen. Die meisten von uns haben den Sinn für die Einheit der Biosphäre und der Menschheit verloren (vgl. Bateson 1984, S. 28). Den Cartesischen Dualismus, der Geist und Materie voneinander trennt, haben wir Realität werden lassen. Durch Technik, Artefakte, Tradition, Bürokratie, Sekundärtugenden, etc. ist das selbstreferenzielle Lernen so beschnitten und deformiert worden, dass in einer vielschichtiger werdenden Mitwelt mit kleiner gewordenen Spielräumen eine eigene, für eine Problemlösung geeignete, gedankliche Ordnung nicht mehr hervorgebracht und durch den Vollzug einer Handlung auch überprüft werden kann. Wenn wir die mentalen Vorgänge besser verstanden haben, sind wir in der Lage, zum Thema „Nachhaltigkeit und Kultur“ Stellung zu nehmen. Dazu müssen wird die Ideen von Uexküll und Gregory Bateson zur einer „ecology of mind“ aufnehmen und weiterverfolgen.

Literatur

Aebli, H. (1980/81): Denken das Ordnen des Tuns (2 Bde.). Stuttgart

Antonovsky, A. (1997): Salutogenese. Tübingen

Bateson, G. (1984): Geist und Natur. Eine notwendige Einheit. Frankfurt/M.

Benn, G. (1958): Prosa und Szenen. Gesammelte Werke in vier Bänden (hg. v. D. Wellershoff). Wiesbaden

Bunge, M. (1974): Treatise on Basic Philosophy. Vol. 2: Interpretation and Truth. Dordrecht

Bunge, M. (1983): Treatise on Basic Philosophy. Vol. 6: Understanding the World. Dordrecht

Eigen, M. (1987): Stufen zum Leben. München

Finke, P. (2007): Wirtschaft – ein kulturelles Ökosystem. Über Evolution, Dummheit und Reformen. In: Lang, E.; Busch-Lüty, Chr.; Kopfmüller, J. (Hg.): Wiedervorlage dringend. Ansätze für eine Ökonomie der Nachhaltigkeit. München, S. 60-73

Fischer-Kowalski, M.; Haberl, H.; Hüttler, W.; Payer, H.; Schandl, H.; Winiwarter, V.; Zangerl-Weisz, H. (Hg.) (1997): Gesellschaftlicher Stoffwechsel und Kolonisierung der Natur. Ein Versuch in Sozialer Ökologie. Amsterdam

Förster, H. von (1985): Sicht und Einsicht. Braunschweig

Franck, G. (1998): Ökonomie der Aufmerksamkeit. München

Heidemann, C. (1988/2004): Methodologie der Regionalplanung. Karlsruhe (Institut für Regionalwissenschaft, Diskussionspapier Nr. 16)

Heidemann, C.; Wittenberg, W. (1988): Städtebauliche und soziale Hintergründe der Kriminalität in ausgewählten Quartieren der Stadt Karlsruhe. Karlsruhe

Heiden, U. an der; Roth, G.; Schwegler, H. (1985): Die Organisation der Organismen. Selbstherstellung und Selbsterhaltung. In: Funktionelle Biologie & Medizin, Jg. 5, S. 330-346

Hüther, G. (2008): Die Macht der inneren Bilder. Göttingen

Janich, P. (2000): Was ist Erkenntnis? München

Janich, P. (2006): Was ist Information? Frankfurt/M.

Linde, H. (1988): Soziologische Aspekte der Polylogie [1963]. In: Linde, H.: Kritische Theorie. Opladen, S. 80-86

Linde, H. (1972): Sachdominanz in Sozialstrukturen. Tübingen

Lotka, A. J. (1925): Elements of Physical Biology. New York

Luhmann, N. (1986): Ökologische Kommunikation. Opladen

Maturana, H. R.; Varela, F. J. (1980): Autopoiesis and Cognition. Dordrecht

Sieferle, P.; Krausmann, F.; Schandl, H.; Winiwarter, V. (2006): Das Ende der Fläche. Zum gesellschaftlichen Stoffwechsel der Industrialisierung. Köln

Uexküll, J. J. von (1928): Theoretische Biologie. Berlin

Wittenberg, W. (2001): Gesellschaftliche Stoffdurchflüsse. Tragfähigkeit und Nachhaltigkeit. In: Strassert, G.; Wittenberg, W. (Hg.): Ökologie und Ökonomie – eine vernetzte Welt. Auf dem Wege zu einem integrativen Ansatz. Karlsruhe, S. 45-58 (Vereinigung für ökologische Ökonomie, Berichte und Beiträge 3/2001)

Wittenberg, W. (2008a): Über die Notwendigkeit und Schwierigkeit eines Wandels bei der Beschulung und Ausbildung. Teil 1: Grundlegung. Karlsruhe (Fachgebiet Wissenschaftliche Grundlagen der Planung, Diskussionspapier Feb.)

Wittenberg, W. (2008b): Bei Wiedervorlage vergessen? – Statement zur VÖÖ-Jahrestagung 2008. Karlsruhe (Fachgebiet Wissenschaftliche Grundlagen der Planung, Diskussionspapier Mai)

Kultur und Nachhaltigkeit im Netz alltäglicher Lebenspraktiken

Karl H. Hörning

Die Moderne mit ihren ressourcenfressenden und klimaschädigenden Lebensformen tut sich bis jetzt sehr schwer mit der ökologischen Nachhaltigkeitsfrage.[1] Zu lange hat sie sorglos die Natur geplündert und dabei gerne übersehen, dass das damit aufgeworfene Problem der Nachhaltigkeit sie immer begleitet hat.[2] Die Wieder-„Entdeckung" der Nachhaltigkeit geht zurück auf die Energiekrise der frühen 1970er Jahre. Die Krise hat Geschichte gemacht, weil sie heftig an den kulturellen Grundlagen der Moderne rüttelte. Das Bewusstsein von den endlichen Ressourcen hat sich seither – als schlechtes Gewissen – in eine sorglos energieverbrauchende Kultur eingenistet. Nimmt man das normative Prinzip der Nachhaltigkeit aber beim Wort, dann ist damit viel mehr verbunden, dann läutet es einen tiefgreifenden kulturellen Wandel ein, manche sprechen sogar von kultureller Revolution. Es lässt nicht nur Vieles an unseren Selbstverständlichkeiten fraglich werden, es ruft nicht nur Zweifel und Unbehagen hervor. Es fordert Zäsuren: Es attackiert grundlegend unsere Vorstellungen vom guten Leben und fordert von uns neue und andere Überlebenstechniken und Lebensmuster.

Doch so leicht lassen sich unsere eingefleischten Lebensformen nicht ändern. Die meisten von uns ahnen oder wissen zwar, was an unseren *ways of life* nicht zukunftsfähig, ja selbstschädigend ist. Aber ein verzichtorientierter Lebensstil hat bei den meisten Mitgliedern der Gegenwartsgesellschaften wenig Chancen. Dies lässt viele ungeduldig nach dem Staat und seinen Instrumenten rufen, seien es politische Regulierungen und Gesetze oder ökonomische Anreize und Belastungen (wie Ökosteuern, Subventionen, „Abwrack"-Prämien). Doch betrachten wir die bisherigen Ergebnisse dieser Interventionen aus einer gewissen Distanz, dann sind diese in ihren Wirkungen doch ziemlich enttäuschend, erst recht, wenn man sie an den großen Hoffnungen und Versprechungen misst. So tauchen neuerdings immer mehr Zweifel auf, ob die Politik überhaupt derartig umfassend zum Schutz von Umwelt und Klima beitragen kann.

---

1 Dieser Text geht zurück auf Vorträge, die ich in den Jahren 2008 und 2009 an der Evangelischen Akademie Loccum, an der Universität Klagenfurt und an der Akademie der Künste Berlin gehalten habe.

2 Ulrich Grober sieht in seiner Kulturgeschichte des Begriffs der Nachhaltigkeit die Frage nach dem Recht des Menschen, die Natur zu plündern, erstmals 1429 in einer allegorischen Erzählung des sächsischen Humanisten Paulus Niavis aufgeworfen (vgl. Grober 2010).

Deshalb plädiere ich im Folgenden für einen Perspektivenwechsel in der Nachhaltigkeitsdiskussion. Statt ständig auf Klimagipfel und Klimapakte zu starren und deren verpassten Chancen zu beklagen, statt ständig neue politische, ökonomische oder technische Ziele zu propagieren, die doch nicht zu erreichen sind, starte ich mit dem *kulturgeprägten Alltag,* der nachhaltig werden soll bzw. kann. Es ist die Praxis unseres alltäglichen Tuns, es sind die kulturell eingefahrenen Gepflogenheiten und sozial eingespielten Praktiken, die große Ansatzpunkte für Verhaltensänderungen auch hin zur Nachhaltigkeit bieten. Von hier aus können meiner Ansicht nach bottom up-Prozesse in einem Umfang ausgehen bzw. angestoßen werden, die wir bisher soziologisch noch nicht genügend in den Blick genommen haben. Hilfreich ist dabei, dass das Prinzip der Nachhaltigkeit neuerdings einen einflussreichen Verbündeten gewonnen hat, die Diskussion über den „globalen Klimawandel“, die den Druck auf nachhaltiges Handeln erheblich verstärkt und dramatisiert. Es ist nun gerade diese Druckverstärkung, die uns die Spielräume, die Möglichkeiten, aber eben auch die Veränderungshürden deutlicher erkennen lassen, die der Nachhaltigkeit im Alltag den Weg öffnen oder verstellen.

Um die Frage nach den Chancen und Hindernissen für ökologisch nachhaltiges Handeln voranzutreiben, nehme ich im folgenden eine *Praxis-Perspektive* ein und suche den Alltagsmenschen in seinen unterschiedlichen Praxisfeldern auf. Auf dieser Ebene gilt es, die Veränderungen – und seien sie noch so schleichend – weg vom gleichgültig schädigenden hin zum achtsam ressourcenschonenden Handeln ernst zu nehmen und sorgfältig zu analysieren. Hierbei erweist sich eine Theorierichtung hilfreich, die im letzten Jahrzehnt in der Soziologie immer mehr Aufmerksamkeit auf sich zog: die „Theorien sozialer Praktiken“ (vgl. hierzu Hörning 2001, S. 157-243; Reckwitz 2003). Dieses Theoriebündel, so unterschiedlich auch seine einzelnen Stränge verfahren,[3] geht von zwei Grundannahmen aus:

Erstens: Das meiste, was wir Alltagsmenschen tun, ist nicht Ergebnis wohlüberlegter intentionaler Entscheidungen, sondern basiert auf einem praktischen Erfahrungswissen und einem interpretativen Können, das wir in häufig wiederholten Handlungszügen eingeübt haben und das uns vieles, wenn nicht das meiste, ohne längeres Überlegen ausführen lässt.

Zweitens: Erst im Kontext praktischer Lebenszusammenhänge wird vorhandenes Wissen relevant und wirksam, findet seinen Einsatz und seine Veränderung. Erst wenn sich uns größere Probleme aufdrängen und stören, wenn wir

---

3 In der Soziologie bildete sich dieser Praxisbezug vor allem durch die Arbeiten von Pierre Bourdieu und Anthony Giddens heraus, die vom späten Ludwig Wittgenstein und der Ethnomethodologie beeinflusst sind, die alle direkt oder indirekt vom Pragmatismus gelernt haben (vgl. hierzu Reckwitz 2000, insbesondere S. 542-643).

nach konkreten Lösungen suchen und unsere Praktiken ändern müssen oder wollen, werden all die großen Wissensbestände thematisch, über die wir als Mitglieder einer Wissensgesellschaft zwar verfügen, die jedoch meist passiv in uns ruhen. So folgt das Wissen der Praxis und nicht – wie üblich unterstellt – die Praxis dem Wissen.[4] Aus dieser Sicht ist die immer wieder ungeduldig gestellte Frage, warum denn das viele Wissen über den Klimawandel nicht zu einem entsprechenden Handeln führt, falsch gestellt oder einem vorurteilsgeladenen Intellektuellendiskurs geschuldet, der dem Alltagsmenschen, den „Leuten", sowieso nicht viel zutraut.

Im Zentrum dieses Theorieansatzes stehen die *„sozialen Praktiken"*. Sie sind fortlaufend, sind eingespielt; als alltägliche Handlungszüge und Geflogenheiten sind sie vor allem sozial und kulturell geprägt. Sie entstehen im Zusammenleben mit anderen, in der Familie, in der Schule, in der Ausbildung, bei der Arbeit, beim Sport, im alltäglichen Miteinander. Sie üben sich dort ein, werden uns zu Selbstverständlichkeiten und transportieren doch eine ganze Reihe uns wichtiger kultureller Bedeutsamkeiten und Werthaltungen, ohne dass wir darüber kommunizieren würden. So entfaltet sich in modernen ausdifferenzierten Gesellschaften eine Vielzahl sozialer Praktiken. Im Folgenden greife ich Wohnpraktiken, Ernährungspraktiken, Konsumpraktiken, Kommunikationspraktiken und Zeitpraktiken heraus. An ihnen nehmen wir teil, in sie klinken wir uns ein und spielen nach meist impliziten „Spielregeln" mit.[5] Sie müssen nicht wie einzelne intentionale Handlungen jeweils erst durch eine irgendwie geartete motivierende Kraft vom Akteur in Gang gesetzt werden. Eine Praktik ist von vornherein interaktiv in Lebenssituationen und kulturelle Kontexte eingebettet, in denen auch materielle Dinge, Techniken, Artefakte eine wichtige Rolle spielen. Soziale Praktiken sind in der Regel Praktiken *mit* und *in* Dingen, *mit* Techniken *in* Gebäuden, *mit* Autos *in* Städten. Somit werden Artefakte als integrale Bestandteile sozialer Praktiken gesehen, sie beeinflussen diese, sie prägen sie mit, werden „Mitspieler", ohne sie zu determinieren.[6]

---

4 Dahinter steht die Grundannahme vom Primat der Praxis, die besonders deutlich im Pragmatismus von John Dewey und anderen in ihrem anti-cartesianischen Handlungsmodell ausgearbeitet ist; für eine Übertragung in die praxistheoretische Diskussion vgl. Hörning 2004b.

5 „Praktiken" sind dem analog gebaut, was Wittgenstein als „Sprachspiele" umschreibt: „Das Wesentliche des Sprachspiels ist eine praktische Methode (eine Art des Handelns)", eine Praxis gemäß offener, aber nicht beliebiger Regeln (vgl. Wittgenstein 1988, S. 241-345).

6 Der Einfluss der Artefakte ist umstritten. Für Bruno Latour sind die nicht-menschlichen „Aktanten" konstitutiv für das Soziale, sind Voraussetzungen für soziale Handlungsroutinen und stabilisieren soziale Ordnungen („Technik als eine auf Dauer gestellte Gesellschaft"; vgl. Latour 1991, 2001).

An den konkreten Beispielen lässt sich zeigen, wie sich sozialer und kultureller Wandel in nachhaltiger Richtung einstellen kann, aber auch, welchen tiefgreifenden Widerständen er unterliegt. Das Kulturelle daran, also das, was wir *„Kultur"* nennen, kommt dabei aus praxistheoretischer Sicht erst in der tatsächlich ausgeübten Praxis zum Ausdruck. Dort entfaltet das kulturelle Geflecht an Sinnmustern und Deutungsangeboten seine Wirkung. Dort wird es durch unser Handeln zu etwas, was uns und unseren Mitspielern wichtig und wertvoll ist. Praxistheorien betonen Kultur in ihrem konkreten Einsatz: „Kultur als Praxis" – „doing culture" (vgl. Hörning 2004a; Hörning/Reuter 2004). Dabei fungiert der Praxisbegriff gewissermaßen als Scharnier zwischen den kulturellen Deutungs- und Wissensschemata, den kulturellen Codierungen auf der einen Seite und den gemeinsam handelnden Subjekten auf der anderen Seite. In den fortlaufenden Praktiken wirken dann die kulturellen Schemata nicht so sehr als von außen kommende Normen und Sinnangebote, sondern als kulturelle Vorannahmen und Wissensbestände, die sich den Handlungen der Akteure weithin unthematisch unterlegen und ihnen bestimmte Handlungszüge nahe legen und andere als unpassend ausschließen und auf diese Weise kollektive Handlungsmuster und Gepflogenheiten stabilisieren. Damit es dazu kommt, sind bestimmte interpretative Kompetenzen der Handelnden erforderlich, die erst die kulturellen Wissens- und Deutungsbestände in der Praxis zur Wirkung bringen, indem sie Teil ihres Handlungswissens werden.

Aus dieser Perspektive liegt die Stabilität der kulturellen Formen weniger in der Kontinuität kultureller Systeme oder Schemata als in bestimmten Entwicklungsbedingungen, unter denen Menschen in sozialen und kulturellen Welten aufwachsen und dabei ihre Fähigkeiten, Fertigkeiten und eben auch kulturellen Kompetenzen erlangen und einleben können. Denken wir nur an die Lern- und Einübungspotenziale, die die weitreichenden Veränderungen der Arbeits- und Kommunikationspraktiken durch Computer, Handy und Internet mit sich brachten. Dabei erwerben wir über den Gebrauch der neuen technischen Geräte nicht nur neue Geschicklichkeiten und Erfahrungen, sondern gelangen gleichzeitig zu veränderten Vorstellungen und Urteilen darüber, was wir von ihnen zu halten haben, wie auch zu neuen kulturellen Kompetenzen, wie wir sie am besten in unser Leben einpassen.

Doch für das strenge, fordernde Prinzip der Nachhaltigkeit sind die Ausgangsbedingungen viel schwieriger als bei der Verbreitung neuer Kommunikationstechniken, die weitreichende Möglichkeitsspielräume eröffneten, vor denen die kulturellen Traditionen und Konventionen oft recht schnell kapitulierten. Ich will dieses Problem der Nachhaltigkeit an zwei großen Praxisfeldern aufzeigen. Zum einen an den sozialen Praktiken des *Wohnens* und zum anderen an den sozialen Praktiken des *Sich-Ernährens*. Beide sind nicht nur Schlüsselpraktiken in ihrer Zentralität für die Alltagsgestaltung, sondern auch in ihrer Rolle als besonders große *Klimaschädlinge.*

Wohnen ist ein zentraler Teil unserer eingespielten Lebenspraxis. Wollen wir Wohnpraktiken in Richtung Nachhaltigkeit verändern, vor allem den Energieverbrauch deutlich reduzieren, dann treffen wir auf einen Komplex von besonders verdichteten Handlungszügen, die größere Bereiche des sozialen Lebens vernetzen und so keineswegs leicht verändert werden können, ohne kollektiv etablierte Konventionen und kulturelle Vorannahmen vom guten Leben grundlegend umzuformen. Die Wohnung, das Haus, ist der Ort, an dem wir uns vorzugsweise aufhalten, unsere Gewohnheiten pflegen und vertraut sind mit allem, so dass wir uns „zu Hause" fühlen können. In seiner „Poetik des Raums" meint Gaston Bachelard, dass ein Grossteil unserer Erinnerungen und Imaginationen im Haus untergebracht sind (vgl. Bachelard 2003, S. 30-59). Es ist vor allem der Ort, an dem so vieles mit einer gewissen Kontinuität stattfindet: schlafen, lesen, kochen, arbeiten, entspannen, pflegen, reden, Privatheit herstellen.

Kein Wunder, dass sich angesichts dieser Bedeutungsvielfalt der Energieverbrauch der Privathaushalte nicht so leicht nachhaltig verändern lässt. Schon gar nicht durch bloße Technisierung, wie es etwa das elektronisch vernetzte „smart home" oder das völlig isolierte „Niedrigenergiehaus" (auch „Nullemissionshaus" oder „Passivhaus" genannt) mit seiner strengen Wärmeregulierung und seiner raffinierten Lüftungstechnik anbieten. Diese Häuser sind noch immer der bauhäuslerischen Idee eines rationalistisch perfekten Gebäudes verhaftet. Das *Bauhaus* beanspruchte für sich höchste Sachlichkeit durch nüchterne Ästhetik und strengen Funktionalismus. Der ursprüngliche Gegner war vordergründig das Ornament, aber eigentlich ging es von Anfang an um eine neue *Logik des Wohnens,* ausgedrückt in Gebäuden, Raumanordnungen, Möbeln und Gegenständen des täglichen Gebrauchs, unterstützt durch Erklärungen und Theorien, aber vor allem durch Übungen, Vorschriften und Alphabete, die von den Schülern zu lernen waren (vgl. Galison 1990; Wünsche 1989).

Achtzig bis neunzig Jahre später wirken diese Maximen noch immer kräftig unter den heutigen Architekten. Doch jetzt wird zunehmend von ökologisch sensibilisierten Architekten das Bauhaus-Prinzip „form follows function" in „form follows sustainability" oder „form follows energy" übersetzt. Aber noch immer wird alles *einem* Prinzip untergeordnet. Jedoch: *Es gibt nicht nur eine Logik des Wohnens.* Aus der Sicht der Bewohner gibt es sehr unterschiedliche Kriterien und Maßstäbe, an denen sich ein Gebäude, ein Haus, eine Wohnung messen lassen muss. Mehrere Untersuchungen zum Niedrigenergiehaus zeigen etwa, dass es bei seiner äußerst geringen Akzeptanz keineswegs nur um das fehlende Wissen oder die „falschen" Präferenzen der Bewohner geht, sondern vor allem um die schwierige Einpassung der raffinierten Technik in die etablierten Wohnpraktiken. Die Bewohner haben große Probleme vor allem mit den störenden Geräuschen der Lüftungsanlagen, den immer geschlossen zu haltenden Fenstern („Leben wie in einer Thermoskanne") und der im Innern erzeugten Wärme, die eben möglichst ohne zusätzliche Heizung ausreichen sollte (vgl. hierzu die ausgezeichnete empirische Studie Rohracher 2006).

Das Problem besteht im Fehlen alltagstauglicher Lösungen. Die Architekten und all die anderen beteiligten Experten müssen Abschied nehmen vom Entweder-Oder und sich auf ein Patchwork des Sowohl-als-Auch einlassen, das eher nach flexiblen und unabgeschlossenen Lösungen sucht und die unterschiedlichen kulturellen lokalen Gepflogenheiten mitberücksichtigt. Zum Erfolg führen dann eher Mischungen aus neuen und herkömmlichen Elementen, die nicht nur das völlig Neue wollen, sondern auch aus dem Alten das Neue herausholen. Meiner Ansicht nach liegt der Knoten ökologischen Bauens und Wohnens in *gemeinsamen sozialen Lernprozessen,* in denen sich möglichst alle beteiligten Akteure, allen voran die beteiligten Bewohner, die Konstrukteure, die Architekten, die Lüftungsfirmen, die Handwerker und andere permanent rückkoppeln. Das Ergebnis könnte ein *inklusives Design* sein, das den Bewohner mit einschließt, nicht als willigen oder störrischen Endnutzer, sondern als Akteur, der durch seine Teilnahme lernt und gestärkt wird. Erst in solchen Austauschprozessen wird den Experten klar, welche Vorstellung angemessener Wohn- und Lebenspraxis den Entscheidungen der Nutzer unterliegen und welche Spielräume für nachhaltige Veränderungen offen stehen. Denn die Dinge, die Räume, die Wohnungen, die Gebäude existieren nicht an sich, sie sind zutiefst in die alltäglichen Praktiken verwickelt. Sie finden ihren je spezifischen Ort erst in der Praxis einer „Lebensform", wie Wittgenstein in seiner sprachphilosophisch fundierten „Gebrauchstheorie der Bedeutung" betont: „Lass dich die Bedeutung durch den Gebrauch *lehren*" (Wittgenstein 1988, S. 550). Martin Heidegger sagt es noch grundsätzlicher: „Das Wohnen aber ist der *Grundzug des Seins. Nur wenn wir das Wohnen vermögen, können wir bauen.*" Deshalb müssen wir „aus dem Wohnen bauen und für das Wohnen denken" (Heidegger 2004, S. 155f.).

Solange es nicht zu partizipativen Austauschprozessen kommt, in denen die Grenzen zwischen Experten und Nutzer brüchig werden, solange haben wir es mit *„imaginierten Laien"* zu tun, also Vorstellungen, Bilder vom Laien, die dem Handeln der Experten meist völlig unthematisch und vorbewusst unterliegen[7] und durch einen einseitigen Kommunikationsfluss ständig verstärkt werden, in denen die Experten immer wieder versuchen, durch noch mehr Informationen,

7 Unter „imaginierten Laien" verstehen Wissenschaftssoziologen wie Helga Nowotny u.a. implizite Modelle vom Adressaten, den Nutzern, denen von den Experten bestimmte Fähigkeiten und Handlungszüge unterstellt werden. Der Experte imaginiert sich in etwas hinein, das er so genau nicht kennt, oder das er sich aus seiner Perspektive so vorstellt oder wünscht (vgl. Nowotny 2004).

Broschüren und Handreichungen dem vorgeblichen Wissensdefizit der Nutzer abzuhelfen. Sie huldigen noch immer dem einseitigen Sender-Empfänger-Modell und wehren sich gegen das Kreislaufmodell mit seinem fortlaufenden Kommunikationsfluss ohne Anfang und Ende. Im letzteren nehmen Viele teil an der Wissensproduktion, die durch ihren Problembezug die ökologisch wichtigen gemeinsamen Willensbildungs- und Entscheidungsprozesse voranzutreiben vermag.

Dies wird besonders relevant, wenn man bedenkt, dass es gar nicht so sehr um das sogenannte „Neue Bauen“ geht, das die Architekten so lieben, sondern viel mehr um die ökologische Sanierung eines großen, energiefressenden Altbaubestandes. Diese kommt aber nur sehr langsam voran. Das hat viele Gründe. Eigentlich müssten die Mitglieder der aufstrebenden Mittelschichten, die so gerne in den Großstädten in die Altbauwohnungen ziehen, die Sanierung vorantreiben (vgl. z.B. Dangschat 2002). Doch obwohl sicherlich die meisten von ihnen dem Ökologiegedanken nahe stehen und ihn verbal vertreten, ist ihr alltägliches Handeln nur wenig auf Energiesparen ausgerichtet. Energiesparen passt nicht so recht in die grosstädtische Lebensweise mit ihrem verschwenderischen Umgang mit Energie, Licht und Bewegung. In Klein- und Mittelstädten ist man da schon weiter. Hinweise hierzu geben die Erfolge der kommunalen Bewegung „100 Prozent erneuerbar“. Viele Kommunen, Städte und Regionen in Deutschland haben ihre Energieversorgung schon komplett auf Erneuerbare Energien im Strom- und Wärmebereich umgestellt.[8] Für die Überwindung der damit verbundenen Akzeptanzprobleme spielt offensichtlich der „Größen-Effekt“ eine wichtige Rolle. Der Umstand, dass wir es mit einem globalen Problem zu tun haben, scheint den Schluss nahe zu legen,

> „dass wir es auch nur global lösen können. [...] Es könnte genau umgekehrt sein. Grosse Probleme erfordern kleine Lösungen, komplexe Probleme erfordern einfache Lösungen. Zum Beispiel (sind) kleinere Gruppen sehr viel effektiver im Finden und Umsetzen von Lösungen [...] als große.“ (Welzer 2009, S. 107)

Überschaubare kommunale Kontexte sind förderlich, sie schließen mehr ein, ihnen kann man sich nicht so leicht entziehen. Sie schaffen konkrete gemeinsame Kooperationseinheiten und darüber sozial geteilte Maßstäbe und Interpretationen. Öffentliche Belange in unserem alltäglichen Tun zu berücksichtigen, d.h. als verantwortliche Bürger tätig zu sein, die einen Beitrag zur Ressourcenschonung leisten wollen, fällt leichter, wenn wir das Vertrauen haben, dass an-

---

8 So berichtete die kommunale Bewegung „100 Prozent Erneuerbar“ Anfang 2010, dass Neckarsulm eine Solarsiedlung errichtet, Föhrensbach ein stillgelegtes Wasserkraftwerk saniert hat, Husum, Emden und andere mit Windkraftanlagen erfolgreich sind, und die Stadt Prenzlau in der Uckermark durch eine aufwendige Speicherung von Biogas mehr Strom aus Erneuerbaren Energien produziert, als sie selbst verbraucht (vgl. www.kommunal-erneuerbar.de; 14.01.2010).

dere ähnlich handeln. Um solches Vertrauen zu stärken, können insbesondere Bürger- und Nachbarschaftsinitiativen und andere soziale Netzwerke sehr hilfreich sein. Vieles spricht für eine „kleinräumige Vergesellschaftung" und den Aufbau von Wir-Gruppen (wie Claus Leggewie und Harald Welzer knapp konstatieren), in denen sich die „Maßstäbe für gutes oder schlechtes Handeln, für Scham, Erfolg, Stolz und dergleichen [...] entwickeln und aufrechterhalten werden" (Leggewie/Welzer 2009, S. 233). Auf jeden Fall ist bei solchen ökologischen Umstellungen viel soziales Lern- und Erfahrungspotenzial involviert, aber auch viel Kommunikation und wechselseitige Verständigungsprozesse auf der lokalen Ebene, die etwa auch die sonst so mächtigen Hausbesitzerinteressen in den Hintergrund zu drängen vermögen. Das, was wir als Zivilgesellschaft bezeichnen, entwickelt sich vor allem auf der lokalen und regionalen Handlungsebene. Hier gewinnt der öffentliche Raum neue Konturen.

Nun zur *Ernährungspraxis.* Auch Sich-Ernähren ist eine soziale Schlüsselpraxis, deren Umstellung gleichermaßen wie beim Wohnen kollektiv etablierte Gepflogenheiten und kulturelle Vorannahmen vom guten Leben zutiefst attackiert. Und doch können wir in der letzten Zeit eine rasante ökologische Veränderung der Ernährungsgewohnheiten beobachten. Hierfür gibt es viele Erklärungen. Derart komplexe Prozesse sind nicht reduzierbar auf eine einzige Erklärung, auf eine einzige Bedeutung.

Um eingefleischte Routinen aufzubrechen, um uns zum nachhaltigen Handeln zu veranlassen, muss schon einiges an Irritierendem, Provozierendem passieren, müssen wir auf Probleme auflaufen, die uns zu Erkundungen, Reflexionen und Suchprozessen Anlass geben. In low-cost-Situationen sind wir schnell mal bereit, auf Ökogüter umzuschwenken, da müssen wir unsere eingespielten Konsumpraktiken nicht wesentlich ändern. Wenn es aber um die Umstellung einer von Kindheit an gewohnten Ernährungspraxis geht, dann braucht es zum einen sehr viel neues Körperwissen um Gesundheit und Krankheit und etliche Tier- und Fleischskandale mit entsprechenden öffentlichen Diskursen. Und zum anderen braucht es eine städtische Mittelklassenbewegung, die die höheren Kosten und den höheren Zeitaufwand ökologischer Ernährung durch einen hohen sozialkommunikativen Aufwand zu plausibilisieren versteht. Dabei sollten wir den Begriff „Bewegung" nicht missverstehen. Er bezeichnet nicht Gemeinschaften, Gruppen oder Organisationen, die von ihren Mitgliedern ähnliches Handeln erwarten, sondern er verweist auf große unabgeschlossene Assoziationen von Individuen, die aus eigenem Antrieb ähnlich handeln und es vernünftig finden, sich ökologisch zu ernähren. Darüber kommunizieren sie, gleichen ständig ihr Handeln mit anderen ab, suchen ihr Handeln anderen verständlich zu machen und durch ihr Handeln sozialen Anschluss und Anerkennung zu finden. Dabei nehmen sie ständig Bezug auf öffentlich und medial verhandelte Argumentationsmuster.

Warum schreitet die Ökologisierung der Ernährungspraxis so rasant voran? Ich führe das kultursoziologisch auf ein bestimmtes *Subjektmodell* zurück, das sich in den letzten Jahrzehnten schnell verbreitete. Es geht zwar zurück auf die kulturrevolutionären Bewegungen der 1960er Jahre, die in Westeuropa und Nordamerika gegen die rationalistische Moderne und gegen die bürgerlichen Normalitätsstandards eine *counter culture* der entgrenzten und spielerischen Suche nach intensiven und authentischen Erfahrungen des Ichs entwickelten. Sie propagierten eine Subjektkultur mit spezifisch ästhetisch-expressiven Zügen, eng gekoppelt an neue Formen von Musik, Kunst, Sexualität und Konsum (vgl. hierzu und zum Folgenden Reckwitz 2006, S. 441-630). Doch als verallgemeinerter Lebensstil verbreitete sich das Subjektmodell erst ab den 1980er Jahren. Schnell drang es in die urbanen Zentren vor und wurde zu einem „Modell eines Subjekts, das sich über Konsumobjekte und -leistungen experimentell selbst stilisiert und dort Befriedigung findet [und] sich in Körpererfahrungen transformiert" (Reckwitz 2006, S. 555). Ab da trat immer mehr die *Leitsemantik des Erlebens* in den Vordergrund, nicht nur in Richtung Erlebniskonsum, sondern vor allem auch durch die Aufwertung des Körpers als Ort vielfältiger Erfahrungen und Praktiken (vgl. hierzu empirisch Schulze 1992). Interessant ist nun, wie sich der Konsum zur Selbststilisierung (dem „self-fashioning") immer mehr an *immateriellen* Objekten und Ereignissen orientiert, an Information, Beratung und Kommunikation, an Unterhaltung und Erlebnis, am Shopping und vor allem an der Körper- und Gesundheitspflege.

Auf dieser kulturellen Hintergrundfolie lässt sich nun meine Frage besser beantworten. Die Ökologisierung der Ernährungspraxis ist deshalb so erfolgreich, weil ihr keine kulturelle Codierung entgegensteht, ganz im Gegenteil, die Ökologie macht Spaß, sie unterstützt die wachsende Sorge um Körper und Gesundheit und wird so zum Element subjektiver Selbststilisierung. Auch liefert sie den passenden kulturellen Rechtfertigungsrahmen. Denn mit einer ökologischen Ernährungspraxis werden nicht nur Gesundheit und Wohlergehen assoziiert, sondern sie liefert auch Argumente gegen das ökologisch fatale Agro-Business: Mit ökologisch orientierten Konsumentscheidungen lässt sich Einfluss auf die Herstellung der Ernährungsprodukte nehmen.[9] Der Erfolg hat auch damit zu tun, dass die neue Ernährungspraxis an viele traditionelle, von den Großeltern überlieferte Koch- und Ernährungsgewohnheiten anknüpft, so dass es sich keineswegs um eine völlig neu einzuübende Praktik handelt. Dies senkt die kulturellen Schwellen.

---

9 Zur „Ernährungskette" (Produktion – Handel – Konsum) und den Handlungsmöglichkeiten und -schwierigkeiten der an der Ernährungskette beteiligten und für einen nachhaltigen Konsum relevanten Akteure vgl. die Forschungsbefunde in Brand 2006; Brunner/Schönberger 2005; Eberle et al. 2006.

An den beiden Beispielen des Wohnens und Ernährens zeigt sich gut, wie *eng kultureller und ökologisch-nachhaltiger Wandel verzahnt sind.* Nachhaltigkeit verliert dabei seinen Charakter als abstraktes Prinzip und tritt hervor als *offener Such-, Lern- und Erfahrungsprozess,* der nicht unbedingt völlig Neues erreichen will, sondern auch an alte Vorbilder anknüpfen kann. Dann geht es eher darum, Spielräume auszuloten, für unsere Überzeugungen praktizierbare und umsetzbare Lösungen zu finden, die uns und alle nach uns auch noch morgen und übermorgen erlauben, ein gutes Leben zu führen. Nur so können wir auch die subjektive Überforderung gegenüber dem erhabenen Imperativ der Nachhaltigkeit abwehren. Denn wie kann es mir als Adressaten des Imperativs gelingen, die Wirkungen meines Handelns in jedem Augenblick auf die Ökologie der Weltgesellschaft hochzurechnen, wie es viele Umwelt-Ethiker fordern. Nur so können wir aus einem abstrakten, uns als einzelne Individuen schnell erschlagenden Thema, jetzt „Klimawandel", ein kulturelles Thema machen, etwas, was uns angeht, etwas, was sich auch sozial bearbeiten lässt. Dann geht es nicht darum, „den einzelnen in die Pflicht zu nehmen", wie es so oft heißt, oder ihm, sollte er nicht entsprechend handeln, Realitätsverweigerung zu unterstellen. Eher geht es darum, uns sozial und kulturell nicht zu *unter*fordern und damit die großen Chancen zu übersehen, die in sozialen und kulturellen Veränderungsprozessen liegen.

Ohne Zweifel stellt der „Klimawandel" eine große kulturelle Herausforderung dar. Er zeigt besonders drastisch und dramatisch die großen Nachhaltigkeitsdefizite auf. In dieser Rolle vermag er als *Aufklärer* über unsere schlechten Gewohnheiten und abträglichen Wertorientierungen zu fungieren, auch als *Provokateur,* der unsere achtlosen sozialen und kulturellen Praktiken aufrüttelt und skandalisiert, wie auch als *Konfliktgenerator,* der uns anhand des Maßstabs „Nachhaltigkeit" darüber streiten lässt, was an unseren Alltagspraktiken schädlich ist, das, was besser werden und das, was unbedingt vermieden werden, und darüber, was unbedingt stattfinden und was dagegen in die zweite Reihe treten müsste (vgl. Hulme 2009, S. 326-365). Auf diese Weise kommen Horizonterweiterungen ins Spiel, bearbeiten wir Kriterien und Normen und fällen Urteile über schlechte, falsche, energieverschleißende Gewohnheiten und setzen sie in deutliche Differenz zu wünschenswerten, richtigen, nachhaltigen Praktiken.

So tritt ein *normativer Begriff von Kultur* in den Vordergrund, der sich gegen die scheinbare Gleichwertigkeit aller Lebens- und Kulturformen richtet, indem er die besseren, einübenswerten Praktiken gemeinsamen Überlebens hervorhebt und auf Distanz zu den anderen, maßlosen, ökologisch „unkultivierten" Gewohnheiten geht. Nicht alles ist richtig, nicht alles ist erlaubt. Diese Normativität von Kultur entwickelt sich im konkreten Handlungsprozess selbst, sie ist nicht von außen aufgesetzt oder angedient. Zwar tritt sie im Krisenfall (jetzt

„Klimawandel")[10] in ein enges Beziehungsgeflecht mit den externen Normen und Prinzipien ein. Doch das, was uns konkret als passend oder unpassend, als gut oder schlecht, als vorteilhaft oder schädlich vorkommt, ist einem praktischen Wissen und Urteilsvermögen geschuldet, die zwar auf kulturellen Vorgaben und normativen Rahmungen aufsitzen, jedoch im Fortgang der jeweiligen Praktiken ihre spezifische Formung und Veränderung erfahren.

Damit wird eine *neue Freiheit des modernen Menschen* sichtbar, sich nicht nur *von* etwas – etwa überholten Traditionen – zu befreien, oder sein Recht *auf* etwas – etwa auf Gleichbehandlung – einzuklagen, sondern auch eine neue Freiheit *zu* etwas (vgl. zu dieser Unterscheidung Berlin 2002). Bisher verstanden wir diese moderne Freiheit zu etwas vor allem als Freiheit, uns zu bilden, zu informieren, zu konsumieren, uns selbst zu verwirklichen und teilzunehmen am Fortschritt und Wohlstand der Welt. Von jetzt an müssen wir dazu neue Freiheiten lernen und einüben: Die Freiheit, sich einzuschränken, gegen Verschwendung anzugehen, schädliche Verhaltensweisen zu meiden, sich und andere zum Besseren zu ermuntern, mit den Dingen schonender umzugehen, Energie zu sparen, kleinere Autos zu fahren, die Dinge zu entschleunigen, neue Zeitpraktiken[11] einzuüben. Vor allem die Freiheit, seinen Lebensstil zu verändern, gelassener und besonnener zu werden, oder allgemeiner, wenn nicht am wichtigsten, die Freiheit, Wohlstand *kulturell* neu und anders zu interpretieren. Völlig neu wird das alles nicht sein, denn wir beginnen nie von Grund auf. Soziale Lebenspraxis ist immer beides zugleich, Wiederholung *und* Veränderung, Iteration *und* Innovation, Beharrung *und* Neuerschließung.

Literatur

Bachelard, G. (2003): Poetik des Raums (7. Aufl.). Frankfurt/M.

Berlin, I. (2000): Two Concepts of Liberty. In: Berlin, I.: Liberty. Oxford/New York, pp. 166-217

Brand, K. W. (Hg.) (2006): Von der Agrarwende zur Konsumwende? Die Kettenperspektive. Ergebnisband 2. München

10 Zur historischen Dimension von gesellschaftlichen Krisen und deren Wahrnehmung vgl. Scholten 2007; zur soziologischen Analyse derartiger Krisen vgl. Friedrichs 2007.

11 Der „zeitjonglierende Spieler" gibt ein schönes Beispiel dafür, wie derartige neue Zeitpraktiken aussehen könnten. Wir, d.h. meine Aachener Kolleginnen und ich, haben in einer empirischen Untersuchung über Formen des Umgangs mit Zeit bei der Nutzung neuer Kommunikationstechniken diesen Typus detailliert herausgearbeitet (vgl. Hörning et al. 1997).

Brunner, K. M.; Schönberger, G. U. (Hg.) (2005):Nachhaltigkeit und Ernährung. Produktion – Handel – Konsum. Frankfurt/M., New York

Dangschat, J. S. (2002): Soziale Aspekte der nachhaltigen Stadtentwicklung. In: Klotz, A.; Frey, O.; Rosinak, W. (Hg.): Stadt und Nachhaltigkeit. Ein Diskurs. Wien, New York, S. 43-62

Eberle, U.; Hayn, D.; Rehaag, R.; Simshäuser, U. (Hg.) (2006): Ernährungswende. Eine Herausforderung für Politik, Unternehmen und Gesellschaft. München

Friedrichs, J. (2007): Gesellschaftliche Krisen. Eine soziologische Analyse. In: Scholten, H. (Hg.): Die Wahrnehmung von Krisenphänomenen. Fallbeispiele von der Antike bis zur Neuzeit. Köln, S. 13-26

Galison, P. (1990): Aufbau / Bauhaus: Logical Positivism and Architectural Modernism. In: Critical Inquiry, Vol. 16, pp. 709-727

Grober, U. (2010): Die Entdeckung der Nachhaltigkeit. Kulturgeschichte eines Begriffs. München

Heidegger, M. (2004): Bauen Wohnen Denken. In: Heidegger, M.: Vorträge und Aufsätze (10. Aufl.). Stuttgart, S. 139-156

Hörning, K. H. (2001): Experten des Alltags. Die Wiederentdeckung des praktischen Wissens. Weilerswist

Hörning, K. H. (2004a): Kultur als Praxis. In: Jaeger, F.; Liebsch, B. (Hg.): Handbuch der Kulturwissenschaften. Bd. 1. Stuttgart, S. 139-151

Hörning, K. H. (2004b): Lob der Praxis. Praktisches Wissen im Spannungsfeld technischer und sozialer Uneindeutigkeiten. In: Gamm, G.; Hetzel, A. (Hg.): Unbestimmtheitssignaturen der Technik. Eine neue Deutung der technisierten Welt. Bielefeld, S. 297-310

Hörning, K. H.; Ahrens, D.; Gerhard, A. (1997): Zeitpraktiken. Experimentierfelder der Spätmoderne. Frankfurt/M.

Hörning, K. H.; Reuter, J. (Hg.) (2004): Doing Culture. Neue Positionen zum Verhältnis von Kultur und sozialer Praxis. Bielefeld

Hulme, M. (2009): Why We Disagree About Climate Change. Understanding Controversy, Inaction and Opportunity. Cambridge, New York

Latour, B. (1991): Technology Is Society Made Durable. In: Law, J. (ed.): A Sociology of Monsters? Essays on Power, Technology, and Domination. London, New York, pp. 101-131

Latour, B. (2001): Eine Soziologie ohne Objekt. Anmerkungen zur Interobjektivität. In: Berliner Journal für Soziologie, Bd. 11, S. 237-252

Leggewie, C.; Welzer, H. (2009): Das Ende der Welt, wie wir sie kannten. Klima, Zukunft und die Chancen der Demokratie. Frankfurt/M.

Nowotny, H. (2004): Der imaginierte Dialog zwischen Wissenschaft und Öffentlichkeit. Von imaginierten Laien zur sozialen Robustheit des Wissens. In: Gisler, P.; Guggenheim, M.; Maranta, A.; Pohl, Chr.; Nowotny, H. (Hg.): Imaginierte Laien. Die Macht der Vorstellung in wissenschaftlichen Expertisen. Weilerswist, S. 171-195

Reckwitz, A. (2000): Die Transformation der Kulturtheorien. Zur Entwicklung eines Theorieprogramms. Weilerswist

Reckwitz, A. (2003): Grundelemente einer Theorie sozialer Praktiken. In: Zeitschrift für Soziologie, Bd. 32, S. 282-301

Reckwitz, A. (2006): Das hybride Subjekt. Eine Theorie der Subjektkulturen von der bürgerlichen Moderne zur Postmoderne. Weilerswist

Rohracher, H. (2006): The Mutual Shaping of Design and Use. Innovations for Sustainable Buildings as a Process of Social Learning. München, Wien

Scholten, H. (Hg.) (2007): Die Wahrnehmung von Krisenphänomenen. Fallbeispiele von der Antike bis zur Neuzeit. Köln

Schulze, G. (1992): Die Erlebnisgesellschaft. Kultursoziologie der Gegenwart. Frankfurt/M., New York

Welzer, H. (2009): Vom Wissen zum Handeln – vom Handeln zum Wissen. Harald Welzer im Gespräch mit Sebastian Gießmann. In: Gießmann, S.; Brunotte, U.; Mauelshagen, F.; Böhme, H.; Wulf, Chr. (Hg.): Politische Ökologie. Bielefeld, S.103-110 (Zeitschrift für Kulturwissenschaft, H. 2)

Wünsche, K. (1989): Bauhaus: Versuche, das Leben zu ordnen. Berlin

Wittgenstein, L. (1988): Philosophische Untersuchungen. In: Wittgenstein, L.: Werkausgabe. Bd. 1 (4. Aufl.). Frankfurt/M., S. 225-580

Nachhaltige Entwicklung als kulturelles Projekt und große Erzählung

Thomas Haderlapp, Rita Trattnigg

Der kulturellen Dimension nachhaltiger bzw. zukunftsfähiger Entwicklung wurde bislang in Relation zu den vorrangig in Diskussion stehenden Dimensionen Ökonomie, Soziales und Umwelt vergleichsweise nur wenig Bedeutung zugemessen.[1] Kultur verstehen wir als die Art und Weise, wie wir leben, arbeiten und wirtschaften, oder, wie es ein Mitbegründer der *cultural studies*, Raymond Willliams, zusammenfasst, Kultur als unseren *„whole way of life"*.

Angedeutet wurde die kulturelle Dimension nachhaltiger Entwicklung bereits im Grundlagentext zum Konzept der nachhaltigen Entwicklung, dem Bericht der UN-Weltkommission für Umwelt und Entwicklung aus dem Jahre 1987. Das Ziel nachhaltiger Entwicklung sei es, kurz gesagt, für gegenwärtige und zukünftige Generationen ein gutes Leben sicherzustellen (vgl. Di Giulio 2004). Schon allein dieser Anspruch enthält unserer Ansicht nach bereits eine kulturelle Dimension, da er uns eine Reflexionsleistung dahingehend abverlangt, dass wir sowohl den Status-quo unserer gegenwärtigen globalen Gesellschaft als auch unseren Umgang mit der Zukunft als dem Möglichkeitsraum zukünftiger Generationen zu hinterfragen angehalten sind.

> „Nachhaltige Entwicklung betrifft [...] das Verhältnis von menschlicher Wirtschaftsweise, den sozialen Grundlagen einer Gesellschaft und den verfügbaren natürlichen Ressourcen. Mit dem Leitbild ist somit eine Gestaltungsaufgabe in einer Komplexität verbunden, die einmalig in der Menschheitsgeschichte ist: Die Menschheit bzw. Weltgesellschaft ‚als Ganzes' wird zum Objekt von bewusster Gestaltung." (Grunwald/Kopfmüller 2006, S. 11)

Zum einen geht es ganz pragmatisch darum, sich mit Zusammenhängen und Wechselwirkungen der Dimensionen Wirtschaft, Soziales und Umwelt zu beschäftigen. Und zum anderen stehen im Kern nachhaltiger Entwicklung bzw. Zukunftsfähigkeit grundlegende Kulturfragen: Auf welche Art und Weise ver-

1 Der vorliegende Beitrag basiert auf den Arbeiten der beiden Autor/inn/en zum laufenden Dissertationsprojekt „Kultur der Zukunftsfähigkeit – Hemmnisse und Gelingensfaktoren aus Sicht von Politik und Zivilgesellschaft" an der Alpen-Adria-Universität Klagenfurt, das von Univ.-Professor Dr. Peter Heintel (Erstbetreuer) und Univ.-Professor Dr. Peter Filzmaier betreut wird. Die Überlegungen sind wesentlich von den Arbeiten zum Thema „Kulturelle Nachhaltigkeit" inspiriert, die vom Institut für Interventionsforschung und Kulturelle Nachhaltigkeit an der Alpen-Adria-Universität Klagenfurt ausgehen.

wirklichen wir unser Leben? Was ist Grundlage und Inhalt guten Lebens – individuell wie kollektiv? Welche Ziele und Mittel sind in diesem Zusammenhang relevant? Welche Auswirkungen hat unsere – in diesen Zielen und Mitteln zum Ausdruck kommende – kulturelle Verfasstheit auf gegenwärtige und zukünftige Generationen?

Kultur und die darauf aufbauenden kulturellen Prägungen einer Gesellschaft haben maßgeblichen Einfluss darauf, wie eine Gesellschaft mit sich, der Umwelt und der Zukunft umgeht. Kultur könnte man dahingehend zugleich als Grundlage *und* Ergebnis der jeweiligen gesellschaftlichen Wertekonstitution bezeichnen. Kultur ist wie nachhaltige Entwicklung ein Prozess, in dem wir uns immer wieder mit unseren Einstellungen und Sichtweisen sowie unseren Umgangsformen mit Gesellschaft und Natur auseinandersetzen und diese bei Änderungen im zeitlichen und räumlichen Kontext auf ihre Stimmigkeit überprüfen müssen. In dieser Sichtweise ist der Anspruch nachhaltiger Entwicklung, zu einem Reflexionsprozess intra- und intergenerativer Gerechtigkeit beizutragen, ein zutiefst kultureller Anspruch, weil er uns mit den Grundlagen und Zielen unserer kulturellen Umgangsformen in Bezug auf Gesellschaft und Natur und damit mit Grundfragen unserer Existenz konfrontiert.

In diesem Zusammenhang könnte man davon sprechen, dass das Konzept nachhaltiger Entwicklung sowohl eine diskursinitiierende als auch eine diskursleitende Wirkung hat, indem es einen gesamtgesellschaftlichen, globalen Diskurs über die Grundlagen und Rahmenbedingungen eines guten Lebens im Sinne der Frage „Wollen wir es so, wie wir es uns eingerichtet haben?" (Peter Heintel) initiiert und diese Diskussion dann im Sinne der Frage „Wie wollen wir als Gesellschaft sein?" leitet. Oder anders formuliert: „Der Weg hin zu einer nachhaltigen Entwicklung stellt einen ethisch orientierten Such-, Lern- und Erfahrungsprozess dar" (Grunwald/Kopfmüller 2006, S. 12).

Im Verständnis der UN-Weltkommission für Umwelt und Entwicklung (World Commission on Environment and Development – WCED; 1987) ist nachhaltige Entwicklung Ausdruck eines normativ-ethischen Ansatzes. Nachhaltigkeit sei ein Prinzip,

> „das menschliches Handeln leiten und nach dem menschliches Handeln beurteilt werden soll. [...] Indem nicht die Absichten oder die Maximen, die Handlungen zugrunde liegen, bewertet werden sollen, sondern die Folgen des Handelns im Zentrum der Überlegungen stehen (führt die Handlung dazu, dass heutige und künftige Generationen ihre Bedürfnisse und ihren Wunsch nach einem guten Leben befriedigen können?), kann Nachhaltigkeit näherhin als Ausdruck einer konsequentialistischen Ethik bezeichnet werden." (Di Giulio 2004, S. 60f.)

Weil es in diesem Verständnis darum gehe, das Überleben der Menschheit sicherzustellen, würde dem Begriff der Nachhaltigkeit jedoch ein genuin sozialethischer, kein umweltethischer Ansatz zugrunde liegen. Die Dimension oder auch Annahme einer umfassenderen *Verbundenheit von Mensch und Natur* mag für die WCED im Hintergrund eine Rolle gespielt haben, im formulierten Konzept steht sie jedoch nicht im Vordergrund.

Doch gerade die Auseinandersetzung mit dem Verhältnis von Mensch und Natur, das durch die (erste) Aufklärung maßgeblich geprägt wurde, ist im Nachhaltigkeitsdiskurs eine Schlüsselfrage. Der Philosoph Peter Heintel meint, dass der Wissenschaft dabei eine besonders wichtig Rolle zukommt, hätte sie sich doch zu einer *„Freiheitsmacht"* über die Natur erhoben, der jedoch kein Maß inne wohne, weshalb die Gefahr der Willkür bestünde (vgl. Heintel 2005a, S. 61f.). In diesem Verständnis würde die Natur erst durch den Menschen, durch die Wissenschaft, ihren Sinn und Zweck erhalten. „In der Wissenschaft kommt durch menschliches Fragen die Natur erst zu sich selbst" (Heintel 2005a, S. 61). Die Transzendierung der im Zuge der ersten Aufklärung vollzogenen Trennung („Entbettung") des Menschen von der Natur wäre eine Aufgabe der von Heintel geforderten „zweiten Aufklärung".

Eine zweite wichtige Aufgabe der zweiten Aufklärung sieht Heintel darin, einen anderen Umgang mit Gefühlen und Ausgeschlossenem zu finden. Die Ausrichtung der Wissenschaft auf die Objektivität von Erkenntnis hätte dazu geführt, dass Sinnlichkeit, Gefühle und Emotionen als wissenschaftliche Erkenntnisquellen ausgeschlossen und entwertet werden (vgl. Heintel 2005a, S. 41f.). Und dies hat von der Autoritätsmacht Wissenschaft auch auf die Gesellschaft ausgestrahlt. Hinsichtlich des nicht ausschließbaren Vorhandenseins dieser menschlichen Phänomene wäre es erforderlich, so Heintel, einen neuen, wissenschaftlichen Umgang mit Sinnlichkeit und Gefühl zu finden (vgl. Heintel 2005a, S. 45). Die zweite Aufklärung könnte in diesem Sinne auch als ein „emotionales Projekt" bezeichnet werden: Der allzu einseitig ausgeprägten Dimension rationaler Vernunft als menschliche Qualität sollte die Dimension des Fühlens, der Gefühle zur Seite gestellt werden. Das Finden geeigneter methodischer Antworten wäre wichtig, um über die Integration dieser Dimension in soziale Prozesse ein *„Re-Connecting"* zu ermöglichen, wo derzeit in der Moderne eher Entfremdungstendenzen festzustellen sind. Auf vielen verschiedenen Ebenen könnten neue Verbundenheiten entstehen: Die Verbundenheit mit sich selbst, mit anderen Menschen in der Gemeinschaft, mit der Natur, mit der Welt als Ganzes. Aufklärung wäre dann nicht etwas von außen an uns Herangetragenes, sondern vielmehr ein Prozess der Selbstaufklärung, der darin bestünde, unseren kulturellen Habitus (vgl. Leggewie/Welzer 2009) zu verändern: Zur Disposition stehen unsere – von uns selbst geschaffenen und doch bisweilen als „naturgegeben" und unveränderlich angesehenen – kulturellen Konditionierungen, internalisierten (Sach-)Zwänge, inneren Bilder, Dogmen usw.

In diesem anderen Verständnis und Paradigma von Wissenschaft wäre auch Wahrheit nicht etwas von außen an die Menschen Herangetragenes, sondern das Ergebnis eines gemeinsamen Schöpfungs-Prozesses. Dass über Wahrheit kollektiv entschieden wird, könne, so Heintel, als wesentliches Kennzeichen der anderen – einer nachhaltigen Entwicklung zugeneigten und aufgeschlossenen – Wissenschaft gelten:

> „Wahrheit ist damit nicht mehr Sache der Erkenntnis allein, sondern der Entscheidung, wie der Philosoph und Mathematiker Roland Fischer ausführt. Historisch gesehen hatten die Menschen drei Zugänge zur Wahrheit: Den Glauben, die Erkenntnis und die Entscheidung. Heute leben wir in einem Zeitalter der Entscheidung oder anders gewendet: wir sind eine Entscheidungsgesellschaft, wenngleich noch inmitten des Umbruchs.“ (Heintel 2006, S. 48)

Wenn Kultur die Art und Weise ist, wie wir leben, dann muss Kultur auch einen Modus dafür bereitstellen, wie wir mit unterschiedlichen Interessen und Widersprüchen umgehen. Bereits Sokrates erkannte, dass die Welt, in der wir leben, voller Widersprüche ist. Wie wir mit diesen zumeist existenziellen und nicht endgültig (auf-)lösbaren Widersprüchen umgehen, ist eine kulturell-politische Herausforderung, der wir uns zu allen Zeiten stellen müssen. Gerade die nachhaltige Entwicklung bzw. Zukunftsfähigkeit konfrontiert uns mit mehreren dieser unauflösbaren Widersprüche: Wie gehen wir etwa mit dem Verhältnis Mensch – Natur um oder wie mit dem Verhältnis von gegenwärtigen und zukünftigen Generationen? Das sind ewige Fragen, der sich die Menschheit zu allen Zeiten stellen und auf die sie eine im räumlichen und zeitlichen Kontext jeweils stimmige Antwort bzw. Umgangsform finden muss.

In der Welt und im Leben jedes Menschen sind wir mit Widersprüchen konfrontiert. Damit sind jedoch nicht nur die kleinen Widersprüchlichkeiten des täglichen Lebens gemeint, sondern wir haben es – philosophisch gesprochen – allgegenwärtig mit sogenannten Aporien, unauflösbaren, „ewigen“ Widersprüchen, zu tun: Darunter fallen insbesondere existenzielle Widersprüche wie der Widerspruch (die Polarität) von Mensch – Natur, Mann – Frau oder Leben – Tod (vgl. dazu insbesondere das Klagenfurter Widerspruchs-Modell).

> „Dieses schwer übersetzbare griechische Wort bedeutet im Deutschen soviel wie logische Ausweglosigkeit. [...] Im Deutschen wird die Aporie oft mit den Worten ‚Zielkonflikt‘, ‚Dilemma‘, ‚Henne-Ei‘ oder ‚Quadratur des Kreises‘ wiedergegeben.“ (Schwarz 2001, S. 287)

Aporien stellen, so der Philosoph Gerhard Schwarz, zwei einander widersprechende Behauptungen oder Interessen dar, die beide wahr bzw. berechtigt sind und insofern voneinander abhängig sind, als die eine Behauptung nur wahr sein kann, wenn es die andere auch ist und umgekehrt (vgl. Schwarz 2001, S. 287). Das wiederum bedeutet, dass Aporien nicht endgültig (auf-)gelöst werden können. Der Physiker und Philosoph Herbert Pietschmann bedauert die fehlende Verankerung des griechischen Begriffs „Aporie“ in unserem Wortschatz:

> „Unsere Kultur ist wahrscheinlich die einzige, die den entsprechenden Begriff versinken hat lassen, und so müssen wir uns mit Hilfsausdrücken zurechtfinden, wenn eine Aporie auftritt. ‚Ein Problem von Henne und Ei‘ wird dann oft gesagt, je eher werden Begriffe fremder Kulturen wie ‚Tao‘ [...] herangezogen als unser eigener.“ (Pietschmann 2002, S. 30f.)

Pietschmann führt dies auf den Siegeszug der Logik und der daran anknüpfenden Verhaltensweisen zurück. Ein Widerspruchsteil kann also ohne den anderen nicht bestehen. Dies wird besonders deutlich im Widerspruch Mann – Frau, wo die beiden Pole einander brauchen, sich für ein gemeinsames Leben jedoch die Bedingungen und den Umgang miteinander aushandeln müssen. Man könnte es auch so formulieren: Die Welt und das Leben bestehen aus Widersprüchen, mit denen wir einen Umgang pflegen müssen.

Jedoch erliegen wir in unserem Denken immer wieder der Versuchung, diese Widersprüche logisch lösen und in eindeutige Ordnungen bringen zu wollen. Diese Versuchung gründet sowohl in dem in unserem Denken vorherrschenden logisch-mechanistischen Weltbild als auch im Erfordernis, eine unserem Denken zugängliche Komplexitätsreduktion durchzuführen. Dass mit derartigen Reduktionsvorgängen gewaltige Verluste an Zusammenhängen und „Zwischentönen“ einhergehen, braucht wohl nicht extra betont zu werden. Darüber hinaus führt dieses Bestreben dazu, dass gerade die bedeutendsten und Hauptfragen unserer Existenz aufwerfenden Grundwidersprüche, die nach dem logischen „Entweder – Oder“ nicht eindeutig lösbaren Aporien, kaum wirklich angesprochen werden. Ein gesellschaftlicher Diskurs zur Aushandlung dieser existenziellen Grundwidersprüche findet also wenig und wenn, dann vor allem – logisch dominiert – einseitig statt, was regelmäßig zu verzerrten Sicht- und Handlungsweisen, auch in Form von Konflikten, führt.

Weder die Welt noch der Mensch und seine Begriffe sind frei von Widersprüchen, wieso sollten es dann die als institutionelle Wahrheiten feststehenden Weltbilder sein? So reizvoll eine derartige Vorstellung auch wäre, es kann aufgrund der ewigen Grundwidersprüche wohl keine feststehende und alles erklärende „Weltformel“, kein in sich geschlossenes Welterklärungsmodell geben. „Wir sind ständig von Widersprüchen umgeben und daher in Konflikte notwendigerweise verstrickt“ (Heintel 2005b, S. 17). Konflikte sind die Folge nicht adäquat bearbeiteter Widersprüche. In vielen Bereichen wachsen sich Konflikte schließlich auch zu Systemkrisen aus.

Da die genannten Widersprüche, die auch im Konzept der nachhaltigen Entwicklung bzw. Zukunftsfähigkeit zum Ausdruck kommen, nicht endgültig (auf)gelöst werden können, stellen sie einen Quell permanenter (Interessens-)Konflikte dar, die, weil sie im Laufe unserer Geschichte bislang immer nur unzureichend beachtet wurden und bislang keiner weitergehenden gesamtgesellschaftlich-globalen Bearbeitung zugeführt wurden, sich zu krisenhaften Phänomenen entwickeln. Umwelt-, Wirtschafts- und soziale Krisen sind also Ausfluss einer unzureichenden Bearbeitung der zugrunde liegenden Widersprüche. Diese Widersprüche in einem gesamtgesellschaftlich-globalen, intra- und intergenerativen Kontext zu thematisieren, ist Aufgabe einer zukunftsfähigen Kulturentwicklung. Ein umfassender gesellschaftlicher Diskurs zur Aushandlung des Umgangs mit Grundwidersprüchen wäre ein essenzieller Gelingensfaktor einer reflexiven Kultur der Zukunftsfähigkeit. Als philosophische (Denk-)Methode, auf deren Grundlage dieser aushandelnde Diskurs denkbar erscheint, könnte die Methode des dialektischen Denkens herangezogen werden. Mittels eines kollektiven, dialektischen Diskussions- und Aushandlungsprozesses sollten wir Zusammenhänge reflektieren und feststehende Wahrheiten hinterfragen, um gemeinsam zu zukunftsfähigen Syntheseleistungen zu gelangen. Heintel plädiert dafür, eine Art „Widerspruchsmanagement" zu entwickeln, das es uns ermöglichen solle, passender als bisher mit den vorhandenen Widersprüchen umzugehen (vgl. Heintel 2005b). Die Entwicklung einer „Widerspruchs-Kompetenz", also die Fähigkeit, Widersprüche offen zu legen und kreativ mit ihnen umzugehen, wäre also eine wesentliche Voraussetzung für die Entwicklung eines politischen Bewusstseins und einer Kultur der Zukunftsfähigkeit. Dabei sollte der wissenschaftliche Diskurs mit dem öffentlichen Diskurs verbunden werden:

> „Zur Herausbildung eines Politik- oder Demokratiebewusstseins bedarf es Möglichkeiten und Räume, Politik zu erleben und politische Erfahrungen zu sammeln (etwa durch eine tatsächliche Mitbestimmung und politische Partizipation [...]). [...] Vor allem jedoch sollten die Probleme gegenwärtiger Politik im akademischen Diskurs nicht gemieden werden. Es gilt vielmehr, die Widersprüche offen zu legen und die politischen Verhältnisse und Kontroversen sichtbar zu machen und so zu ermöglichen, dass sich ein politisches Bewusstsein entwickeln kann." (Lösch 2007, S. 85)

Die institutionalisierte Politik einerseits und die politisch aktive Zivilgesellschaft andererseits sehen wir in einer repräsentativen Demokratie als wesentliche gesellschaftliche Akteure im Bereich der Kulturkonstituierung. Die Sphäre der Politik beeinflusst die kulturelle Verfasstheit insbesondere durch ihre Funktion der Normsetzung (z.B. in Form von Gesetzen), die einerseits Ausdruck einer gesellschaftlichen Kultur sind und gleichzeitig als Rahmenbedingungen für gesellschaftliches Handeln kulturkonstituierende Wirkung haben. Die Zivilgesellschaft agiert in repräsentativ-demokratischen Prozessen als notwendiger Widerspruch zur Politik, indem sie auf „blinde Flecken" aufmerksam macht, denen sie gleichzeitig ihre Existenz schuldet. Weil die geschaffenen Normen Grundlage und Rahmenbedingungen unserer gelebten Kultur und der allfälligen

Alternativen darstellen, ist der demokratische Diskussionsprozess ein wichtiger Bestandteil einer kulturellen Dimension von nachhaltiger Entwicklung bzw. Zukunftsfähigkeit. Fragen danach, wie die politische Meinungsbildung konkret erfolgt, welche Zugangs- und Beeinflussungsmöglichkeiten von politischen Entscheidungen bestehen, welche Ausgangspunkte es gibt und welche Prämissen in politische Entscheidungen einfließen, sind unserer Ansicht nach essenziell für den Kulturprozess und die Möglichkeiten nachhaltiger bzw. zukunftsfähiger Entwicklung.

Der Umgang der Politik mit dem Phänomen des Widerspruchs ist ganz allgemein dadurch gekennzeichnet, Eindeutigkeit herstellen zu wollen. Der Versuch, Eindeutigkeit herzustellen, bringt es mit sich, dass meist eine Seite des Widerspruchs übermäßig betont wird, wobei die andere Seite meist gar nicht als legitimes „Gegenteil" anerkannt wird. Das Hereinbringen oder offensive Ansprechen der anderen Seite wird als Kritik am bisher verfolgten Weg gedeutet. Die bevorzugt praktizierte „Eindeutigkeitslogik" entspringt zum einen aus dem Verlangen des Menschen nach Sicherheit, Planbarkeit und Orientierung. Denn das Aufdecken oder Ansprechen von Widersprüchen macht Angst. Dazu kommt, dass Institutionen diese Eindeutigkeiten als verfestigte Glaubenssätze in sich aufnehmen, ja den Gründungsmythos vieler Institutionen bilden. Die Eindeutigkeitslogik führt allerdings oftmals zur Vereinfachung von komplexen Problemen. Es wird zudem immer schwieriger, die Komplexität nach außen hin zuzugeben. So gehört etwa die Aussage eines ehemaligen österreichischen Bundeskanzlers, wonach alles so kompliziert wäre, zu den am häufigsten persiflierten Aussagen eines Politikers. Die Tendenz, die andere Seite des Widerspruchs zu unterdrücken oder überhaupt zu leugnen, führt schließlich dazu, dass Konflikte, die sich aus der Nicht-Bearbeitung von Widersprüchen ergeben, nicht offen diskutiert werden können. In unserem Forschungsfeld stehen die organisierte Zivilgesellschaft (beispielsweise die Nichtregierungsorganisationen) oder auch die Opposition dafür, diese anderen Seiten der Widersprüche oder auch blinde Flecken anzusprechen. Eine zukünftige Herausforderung wird es daher wohl sein, Entwicklungs- und Entscheidungs-Prozesse zu organisieren, in denen es gelingt, beide Seiten eines Widerspruchs anzusprechen und damit umzugehen, ohne „zu entscheiden, wer Recht hat" (Schwarz 2001, S. 297). Die partizipative Methode der Interventionsforschung könnte hier gute Dienste leisten (vgl. Heintel 2006).

Aus unserer Sicht sind es neben Pionier/inn/en neuer Lebensweisen gerade Kunst- und Kulturschaffende, die mit ihrem Blick auf die Welt – der sich in ihrer künstlerischen Arbeit manifestiert – wesentliche Sichtweisen in den Diskurs einbringen. Als Wanderer zwischen Alltagswelt und Vorstellungswelt greifen sie in ihren Arbeiten Widersprüche und Polaritäten auf – ja, sie sind oft geradezu der Anlass und Ausgangspunkt künstlerischer Arbeit. Indem Kunst uns mit unserer eigenen Widersprüchlichkeit konfrontiert, ist sie meist Quelle der Irritation. Durch das Ansprechen und Aussprechen universeller Weltsichten sprengen Kunst- und Kulturschaffende das Korsett der Partikularität. Sie lassen sich im System der gesellschaftlichen Arbeitsteilung keinen „künstlichen" Platz zuweisen, sondern sprechen das Ganze an. In elf außergewöhnlichen Gesprächen mit Kunst- und Kulturschaffenden aus Österreich wurden von der Robert-Jungk-Bibliothek für Zukunftsfragen in Salzburg Verbindungslinien zwischen Kunst/Kultur und nachhaltiger Entwicklung erkundet und in einem Buch zusammengefasst (vgl. JBZ 2009). Die Gespräche zeigen, dass sich Kunst- und Kulturschaffende sehr grundsätzlich mit unserer Art und Weise zu leben, zu arbeiten und zu wirtschaften auseinandersetzen, also mit unserer Lebens-*Kultur*. Auf die Frage, was für ihn Nachhaltigkeit bedeuten würde, meint etwa der Schriftsteller und Reisende Karl-Markus Gauß:

> „Ausgehend von einer radikalen Analyse der Gegenwart zu Perspektiven zu kommen, die weiter reichen als zu kosmetischen Korrekturen oder zu einem populistischen Hurra-Aktionismus, die vielmehr in die Zukunft weisen und gerade darum bereits auf die Gegenwart einwirken: das ist Nachhaltigkeit. Es handelt sich um einen dialektischen Prozess. Die Zukunft können wir nur besser gestalten, wenn wir heute damit beginnen, unsere Gegenwart zu verändern. Nachhaltigkeit weist vektorenmäßig in die Zukunft, ist aber zugleich eine rigorose Infragestellung dessen, was wir in der Gegenwart machen." (JBZ 2009, S. 98)

Und ganz praktisch gesprochen von der Schauspielerin Ulrike Arp: „Die eigentliche Arbeit an einer zukunftsfähigen, nachhaltigen Entwicklung findet also vor allem im täglichen Leben statt" (JBZ 2009, S. 145).

Gerade der Zukunftsforscher Robert Jungk hat den Künstler/inne/n und Kulturschaffenden immer eine wichtige Rolle für eine zukunftsfähige Entwicklung zugeschrieben.

> „Der Künstler ist der ewige Revolutionär, der die Gesellschaft mit dem anderen, dem vorläufig logisch noch nicht Erfassbaren konfrontieren kann, mit den größeren Möglichkeiten des Menschen. Die Kunst ist also für unsere Zukunft so notwendig wie das Atmen. Ohne Kunst würde der Mensch das Essentielle des Menschsseins verlieren." (JBZ 2009, S. 11f.)

Jungk ging davon aus, dass gesellschaftliche Veränderungen in der Kunst/Kultur als erstes sichtbar werden und Kulturschaffende Entwicklungen erkennen, die erst als Ahnung in der Luft liegen. Etwas ratlos war er hingehen darüber, dass dieses Potenzial für gesellschaftliche Veränderungen nicht genutzt wird:

> „Jeder von uns weiß um diese zukunftsgerichtete Sensibilität der Künstler. [...] Wie kommt es dann, dass Kunst und Dichtung zwar gerühmt und anerkannt, aber doch nicht wirklich ernst genommen werden, wenn es um soziale, politische und geschichtliche Probleme geht?" (JBZ 2009, S. 11)

Die Kunst könne gesellschaftlich eine wichtige Rolle spielen, so Arp: „Wo ein Anstoß zu einer neuen, veränderten Sichtweise gegeben wird, würde ich der Kunst das Attribut nachhaltiger Wirkung einräumen“ (JBZ 2009, S. 145). Der Autor und Regisseur Kurt Palm formuliert es sehr umfassend:

> „Indem Kunst aktuelle Herausforderungen benennt und diese auch in immer wieder neuen Formen präsentiert, macht sie darauf aufmerksam, dass die Gesellschaft ein Konstrukt – und damit veränderbar ist.“ (JBZ 2009, S. 163)

Die Kunst müsse immer wieder Irritationen schaffen, auch im Sinne von Kritik und von Reflexion als wertvolle Ressourcen für individuelles und gesellschaftliches Lernen. Der landart-Künstler Hans Schmidt umreißt es folgendermaßen:

> „Dabei [...] stellen KünstlerInnen vor allem Fragen, ohne freilich vorrangig Antworten zu geben. Das war und ist die Funktion von Kunst [...]: die Situation in der wir leben reflektieren. [...] Ich möchte bewegen. Es genügt also nicht, wenn Menschen nur etwas schön oder angenehm finden. Manchmal kann das Gegenteil reizvoller sein.“ (JBZ 2009, S. 51, 53)

Besonders interessant wird es, wenn sich die Kunstschaffenden in einen kokreativen Prozess mit der Gesellschaft begeben. Dabei geht es immer wieder um das Prinzip der „individuellen und kollektiven Selbstermächtigung“ (in der Tradition von Michel Foucault, Hannah Arendt u.a.) – gemeint als politisches Tätigsein, für die Ermöglichung eines guten Lebens aller Menschen, heute und morgen. Die Kulturschaffenden formulieren den Wunsch, dazu beitragen zu wollen, bei den Menschen innere Freiräume zu öffnen, Potenziale freizusetzen oder auch im Sinne eines – in der Kunst nicht immer gerne gesehenen – „Bildungsauftrags“ Impulse zur (Selbst-)Aufklärung zu setzen. Der Aktionskünstler Joachim Eckl formuliert es so:

> „Ich sehe mich in meiner Rolle als Künstler bestärkt, wenn es über künstlerische Aktivitäten gelingt, den inneren Freiraum von Menschen mit Kreativität zu bereichern und damit zu neuen, eigenen Erkenntnissen anzuregen.“ (JBZ 2009, S. 20)

Dabei wird immer wieder das Denken in Alternativen angesprochen, das Denken von Dingen, die auf den ersten Blick noch etwas verrückt oder unrealistisch erscheinen. Dazu Gauß:

> „Wir müssen die Autonomie individuellen und gesellschaftlichen Handelns wieder gewinnen und erkennen, dass die Religion des Sachzwangs uns gerne darauf verpflichten würde, nicht mehr in Alternativen denken zu können.“ (JBZ 2009, S. 106)

Hans Holzinger von der Robert-Jungk-Bibliothek für Zukunftsfragen ergänzt:

> „Es entstehen gesellschaftliche Blockaden, wenn Menschen nicht mehr in Alternativen denken können, wenn sie sich nicht mehr trauen, Träume von einem anderen Leben zu artikulieren.“ (JBZ 2009, S. 44)

Deshalb wäre es wichtig, so der Musiker Fritz Messner, die materielle Basis zu sichern, nicht jedoch weitere Konsumwünsche zu nähren: „Fragen wir uns selbst, was wir wirklich brauchen“ (JBZ 2009, S. 45).

Wir denken, es spricht vieles dafür, davon auszugehen, dass wir Menschen alle miteinander verbunden sind. Unser individuelles Wohlergehen hängt viel stärker als wir vielleicht meinen vom Wohlergehen unserer Mitmenschen (und auch unserer Umwelt) ab. Dazu gehört auch die Einsicht, dass jedes Leben eine Gemeinschaftsleistung ist. Dessen sollten wir uns immer wieder bewusst werden. Auch Messner betont die Bedeutung zwischenmenschlicher Wertschätzung als Basis für nachhaltige Entwicklung.

> „Zum Glücklichsein brauchen wir vor allem Zwischenmenschliches, das gar nichts kostet außer Zeit. [...] Gegenseitige Wertschätzung würde die Lebensqualität aller bereichern.“ (JBZ 2009, S. 35, 45)

Auch etwas gemeinsam zu schaffen wird von den Kunst- und Kulturschaffenden als eine wesentliche Quelle für Lebensqualität gesehen. Dazu der Objekt-Künstler Gernot Tusch: „Etwas miteinander zu gestalten ist ein wesentlicher Aspekt von Glück“ (JBZ 2009, S. 74). Die Keramikerin Barbara Reisinger ergänzt dies im Zusammenhang mit partizipativer Kunst um die Aspekte der Neugier und Freude bei allen Beteiligten sowie die Grundhaltungen der Teilhabe und des Teilens (vgl. JBZ 2009, S. 74). Was unser Zusammenleben betrifft, wird von den Künstler/inne/n immer wieder das Prinzip der Kooperation gegenüber dem vorherrschenden Konkurrenz-Denken hervorgehoben. Sehr oft wird im Zusammenhang mit nachhaltiger Entwicklung von einer „Kultur der Vielfalt“ gesprochen und der Notwendigkeit, Widersprüche offensiv zu pflegen, wie Palm hervorhebt: „Es geht aber vor allem auch um die Förderung einer Kultur der Vielfalt“ (JBZ 2009, S. 168).

Nachhaltige Entwicklung hat nichts mit Stillstand zu tun – und nachhaltige Entwicklung ist etwas, das nur in der Gemeinschaft werden kann, so sieht es Eckl:

> „Nachhaltigkeit bedeutet aus meiner Sicht niemals, etwas einfach zu konservieren. [...] Nach meinem Verständnis von Nachhaltigkeit müssen wir unseren Weg immer wieder gemeinsam neu ausrichten, uns immer wieder neu orientieren.“ (JBZ 2009, S. 19)

Die Autorin Brita Steinwendtner ergänzt:

> „Um Ideen, Einsichten, auch Gesetze mit Leben zu erfüllen, ja das Leben in all seinen Formen zu erhalten, darf es kein starres, unverrückbares Konzept geben. [...] Und wir sollten nicht vergessen, dass auch Nachhaltigkeit aufs Engste mit Veränderung verbunden ist.“ (JBZ 2009, S. 86)

Das Konzept der nachhaltigen Entwicklung trägt den Widerspruch zwischen Bewahren und Verändern als notwendiges Spannungsfeld in sich. Dieses Spannungsfeld wird auch in den Gesprächen deutlich. Walter Spielmann von der Robert-Jungk-Bibliothek für Zukunftsfragen bringt es in einer seiner Fragen so auf den Punkt: „Wir müssen also Tradiertes hinter uns lassen, um es zugleich zu bewahren?“ (JBZ 2009, S. 140). Die Antwort von Arp: „Immer auf ‚Nummer sicher' zu setzen, schließt jede Form von Innovation, und damit auch nachhaltige Entwicklung aus“ (JBZ 2009, S. 140). Und weiter, auf sich persönlich bezogen: „Sobald ich stehen bleibe, nicht mehr über mich selbst nachdenke, mich nicht mehr in Auseinandersetzung erlebe, werde ich einrosten, wo ich stehe“ (JBZ 2009, S. 151). Der Leiter eines Multi-Media-„Museums“, Gerfried Stocker, spricht als Kontrapunkt auch den Aspekt zu rasanter – vor allem technischer – Veränderungen an: Er betont die Wichtigkeit einer Art kultureller Nachholbewegung oder Nachvollziehung, da wir den technischen Fortschritt jetzt erst „kulturell verdauen“ müssten (vgl. JBZ 2009, S. 198). Doch:

> „Es ist jedoch vermutlich wenig Erfolg versprechend, die Menschen in Anbetracht der ökologischen Herausforderungen mit der Parole ‚Marsch, zurück, wo wir schon waren' zu umweltbewusstem Verhalten zu motivieren. Weitaus zielführender dürfte es sein, darüber nachzudenken, wie das, was heute gemacht werden soll oder muss, sinnvoller und effizienter erreicht werden kann.“ (JBZ 2009, S. 207)

Wenn der Wohlstand eines Landes, einer Gemeinde oder Gemeinschaft nur mittels eines einzigen Indikators, des Bruttoinlandsprodukts (BIP), gemessen wird, kann nur allzu leicht der Blick für die Fülle an Natur, an Kunst/Kultur, an Gemeinschaft, an Fähigkeiten und Talenten, an Gedanken und Ideen verloren gehen – eine Fülle, die auch da ist und die uns anders reich macht. Mehr Wertschätzung und die Sicht auf die Fülle, die jenseits des Materiellen vorhanden ist, wären wichtig. Dieser Blick sollte jedoch nicht dazu führen, verschwenderisch mit der Fülle umzugehen. Es gehe insgesamt um mehr Achtsamkeit, Sorgsamkeit und die Einübung eines anderen Blicks. Dazu Schmidt:

> „Nachhaltigkeit hat meines Erachtens nicht nur mit dem sorgsamen Umgang mit Ressourcen zu tun, sondern ist vor allem eine Frage der Ethik und der Werte. Ist man sich dessen bewusst, so eröffnet sich – fast wie von selbst – ein neuer Blick auf die Fülle der Dinge, die uns umgibt.“ (JBZ 2009, S. 50)

Die Politik ist ein Spiegel der Gesellschaft – in diesem Sinne liegt es auch an unser aller Einstellungen und Verhalten, welches „Mandat“ die Politik von uns erhält. Steinwendtner formuliert es so:

> „Ich würde dafür vorrangig nicht nur die Politik und ihre Vertreter in die Pflicht nehmen wollen, denn ich bin davon überzeugt, dass Veränderung primär von je-

> dem Einzelnen selbst und bei den Menschen, für die man verantwortlich ist, ausgeht.“ (JBZ 2009, S. 91)

Auf die Frage, warum es so schwer wäre, über die Herausforderungen einer nachhaltigen Entwicklung zu kommunizieren bzw. entsprechend zu handeln, nennt die Medienkünstlerin Gudrun Bittner folgende Punkte, die gleichzeitig auch als zukünftig zu behandelnde Aufgaben gelten könnten:

> „Weil wir alle so sehr an unseren Gewohnheiten festhalten. Weil wir uns noch zu wenig vernetzen und organisieren. Als Einzelne fühlen wir uns oft ohnmächtig, gefesselt von den Interessen ‚der Wirtschaft' oder ‚der Politik'. Hinzu kommt der permanente Mangel an Zeit, der auch auf destruktive Arbeitsstrukturen zurück zu führen ist. Nicht vergessen sollten wir auch das Fehlen von positiven Informationen und Beispielen, die das Potential zur Kursänderung deutlich machen.“ (JBZ 2009, S. 182)

Von den Kulturschaffenden wird die Notwendigkeit betont, sich nicht mit den gegebenen Umständen abfinden zu wollen und gegen Passivität, „Wurschtigkeit“ oder auch Ohnmacht mit künstlerischen Mitteln anzugehen. Wir denken, dass es diesen Mut, diese Zivilcourage und Widerstandsfähigkeit (engl. *„resilience“*) braucht, um den Weg Richtung Zukunftsfähigkeit einschlagen zu können.

Die verstärkte Einbindung von Kunst- und Kulturschaffenden in den Dialog über nachhaltige Entwicklung erfordert Formate, die diese Einbindung – ohne Vereinahmung – möglich machen. Denn das in den Gesprächen zum Ausdruck kommende gesellschaftspolitische Engagement ist ein unschätzbares Potenzial in Richtung Zukunftsfähigkeit. Und es gibt Signale von Seiten der Künstler/innen, wie von Bittner. Sie hebt in diesem Zusammenhang die Bedeutung der „emotionalen Nachhaltigkeit“ hervor, die es ermöglichen könnte, die kulturell notwendige Anschlussfähigkeit im Übergang hin zu einer anderen Kultur zu bewerkstelligen:

> „Die verstärkte Einbeziehung von Kulturschaffenden in solche Diskussionen kann zur sinnvollen Vernetzung verschiedener Zugänge, Sichtweisen und Akteure führen. [...] Vor allem die emotionale Dimension könnte verstärkt in den Austausch der jeweils unterschiedlichen ‚Kulturen' [...] eingebracht werden. [...] Daten und Fakten sind zwar wichtig, sie reichen aber offensichtlich nicht aus, um einen grundlegenden Wandel in Richtung Nachhaltigkeit zu bewirken. Was ganz offensichtlich zu kurz kommt, ist die unmittelbare Wirkung persönlicher Betroffenheit. Ob Kunst-Erfahrung diese Lücke zumindest ein Stück weit schließen könnte, wäre zu diskutieren und – noch viel wichtiger – in der Praxis zu erproben.“ (JBZ 2009, S. 189f.)

Und Messner ergänzt:

> „[...] der Kopf allein ist zu wenig für eine nachhaltige Veränderung. Erst wenn der Kopf und der Bauch oder das Herz im Einklang sind, erst dann verändert sich

> vielleicht wirklich etwas in einem Menschen. Nur der Kopf ist viel zu eindimensional." (JBZ 2009, S. 34)

Im Nachhaltigkeitsdiskurs sollte es in Zukunft also verstärkt gelingen – in einem positiven Sinne –, die Gefühle und Emotionen der Menschen anzusprechen und einzubeziehen. Auch Jungk erinnert uns daran, dass wir doch unsere Phantasie, Intuition und Schöpferkraft befreien mögen, „damit ihre Ausstrahlung der Gesellschaft zugute komme" (JBZ 2009, S. 11).

Letztlich wird das Gelingen des kulturellen Wandels für eine nachhaltige Entwicklung ganz entscheidend davon abhängen, wie wir Demokratie organisieren und welche Qualität wir unseren demokratischen Entscheidungsprozessen geben. Es braucht neue institutionelle Arrangements, mittels denen Politik und Bürger/innen an der Aushandlung von Widersprüchen und damit der Zukunftsgestaltung arbeiten können. Sowohl Politik als auch Zivilgesellschaft sind gefordert, ihre Handlungsstrategien und Rollen zu überdenken und anzupassen. Die Positionierung der Zivilgesellschaft ist dabei von entscheidender Bedeutung, da sie die Avantgarde der kulturellen Veränderung ist. Von den zivilgesellschaftlichen Gruppen gehen die neuen kulturellen Impulse aus, die die Akteure der politischen Sphäre letztlich dazu bewegen, ihre Strategien zu ändern:

> „Die Revolution heute kann nur eine Kulturrevolution des Alltags sein; das Private ist politisch. [...] Und vor allem muss die Kommunikation des bürgerschaftlichen Engagements politischer werden: Es muss laut und deutlich gesagt werden, dass man die Dinge macht, damit die Gesellschaft besser wird, als sie ist." (Leggewie/Welzer 2009, S. 227)

Diese Re-Politisierung der Bürger/innen ist der erste Schritte auf dem Weg der Erkenntnis, dass es die Entdeckung des „Faktor Wir" braucht, um kollektiv ins Handeln zu kommen und Zukunftsvisionen über ein gutes Leben zu formulieren: „Indem mit der Idee der Nachhaltigkeit grundsätzlich die Mehrung des Wohles aller Menschen im Zentrum steht, ist Nachhaltigkeit utilitaristisch geprägt, beinhaltet zugleich aber auch, durch die Betonung der Partizipation, einen diskursethischen Ansatz: Die World Commission on Environment and Development postuliert letztlich einen weltweiten herrschaftsfreien Diskurs, in dem eine Einigung auf die zu verfolgenden Ziele stattfindet, in dem ein Konsens darüber hergestellt wird, worin das zu erreichende Wohl aller Menschen besteht" (Di Giulio 2004, S. 60f.).

Das Konzept der nachhaltigen Entwicklung bzw. Zukunftsfähigkeit würde die Möglichkeit eines solchen Such- und Optimierungsprozesses im Hinblick auf unseren Umgang mit Widersprüchen beinhalten bzw. anbieten. Indem kulturelle Grundfragen nach unserem Mensch-, Natur- und Weltbild gestellt werden, könnte der Prozess nachhaltiger Entwicklung bzw. Zukunftsfähigkeit als kulturell-politischer Reflexions-, Diskussions- und Wandlungsprozess verstanden werden. Es geht darum, in einem permanenten, gesamtgesellschaftlich-globalen Diskurs über Grundlagen und Rahmenbedingungen eines guten Lebens zu „verhandeln“ sowie, darauf aufbauend, einen guten Umgang mit Widersprüchen zwischen Ökonomie, Sozialem und Umwelt im Kontext politischer Entscheidungen zu finden.

Wie die großen Erzählungen, etwa die von Wachstum und Fortschritt und die dadurch scheinbar permanent und „automatisch“ erzielbare Steigerung von Freiheit und Glück, wird auch eine Kultur der Zukunftsfähigkeit sich nur dann etablieren können und daran zu messen sein, inwiefern sie einen kulturellen Rahmen und Möglichkeiten bietet, um den Herausforderungen einer widerspruchsgeprägten Welt gewachsen zu sein und mit diesen Widersprüchen besser umzugehen. Mit anderen Worten: Die Kultur der Zukunftsfähigkeit bildet und entfaltet sich, indem sie durch ihre Lösungskompetenz identitäts- und sinnstiftend wirkt, attraktiv ist und Sinn gibt.

Das Prinzip der Zukunftsfähigkeit, also der gerechte Umgang und Ausgleich zwischen gegenwärtigen und zukünftigen Generationen und die damit notwendigen Aushandlungs- und Innovationsprozesse, könnte eine vergleichbare *große* Erzählung sein. Indem die Kultur der Zukunftsfähigkeit den Menschen die Möglichkeit und das Gefühl gibt, an Lösungen von globalen Herausforderungen zu arbeiten und unsere Zukunft gemeinsam zu gestalten, lässt sie eine *kollektive Gestaltungs-Identität* entstehen und könnte für die Menschen, die mit ihren Gestaltungsleistungen und Beiträgen Teil der Lösung werden, in höchstem Maße sinnstiftende Bedeutung haben. Dieses zukunftsgestalterische Zusammengehörigkeitsgefühl wirkt über veränderte kulturelle Praxis und Erfolgs- und Selbstwirksamkeitserfahrungen wieder positiv und stärkend auf die daran beteiligten kulturellen Milieus zurück und macht diese „nach außen“ hin attraktiv. Durch das Beschreiten neuer kreativer Wege und eine veränderte Sichtweise, die über unsere kulturellen Prägungen, Denkmuster, Dogmen und Sachzwänge hinausgeht, erweitert eine gelebte Kultur der Zukunftsfähigkeit den Referenzrahmen unserer derzeit vorherrschenden Kultur und damit auch unserer Realitätswahrnehmung. Die dadurch gewonnenen neuen Einsichten fließen dann wieder in die große Erzählung ein und speisen diese mit neuen Erfahrungen, Wissen, Kompetenzen und Sinn. Dies alles trägt so wiederum zum *selbstverstärkenden Kulturprozess* einer Kultur der Zukunftsfähigkeit bei.

Damit die große Erzählung der nachhaltigen Entwicklung gesellschaftlich relevant werden kann, braucht es den „Anfänger-Geist“:

> „Das stärkste Motiv für die Veränderung von Praxis ist stets – Praxis: Erst die konkrete Erfahrung weckt oder verstärkt die Lust, die Lebenswelt weiter zu verändern, sich mit Gleichgesinnten zu vernetzen und Andersgesinnte zu überzeugen.“ (Leggewie/Welzer 2009, S. 210)

Die Avantgarde einer neuen kulturellen Praxis gelebter Zukunftsfähigkeit braucht die Unterstützung durch förderliche Milieus.

Insgesamt bleibt festzuhalten, dass das Herangehen an unsere großen gesellschaftlichen Probleme und Widersprüche im Sinne unserer Zukunftsgestaltung nicht weniger ist als ein Projekt, in dem wir alle im umfassenden und politischen Sinne *Kultur*-Schaffende sind. Indem wir darüber entscheiden, wie wir leben, entscheiden wir auch über unsere Kultur und die sich darin bietenden Möglichkeiten im Hinblick auf unsere Zukunftsfähigkeit. Den durch unsere Kultur vorgegebenen Referenzrahmen verändern zu wollen macht es erforderlich, (wieder) bei unseren Entscheidungen, kulturellen Deutungsmustern und Prägungen zu beginnen und politisch zu gestalten. Was einerseits bedeutet: „La rivolutione siamo noi."/„Die Revolution sind wir." (Joseph Beuys) – zugleich bedeutet dies aber auch: Die Revolution muss auch *in uns* stattfinden.

Literatur

Di Giulio, A. (2004): Die Idee der Nachhaltigkeit im Verständnis der Vereinten Nationen. Anspruch, Bedeutung und Schwierigkeiten. Münster

Grunwald, A.; Kopfmüller, J. (2006): Nachhaltigkeit. Frankfurt/M., New York

Heintel, P. (2005a): Zur Grundaxiomatik der Interventionsforschung. Präambeln für eine andere Wissenschaft. Klagenfurt (Klagenfurter Beiträge zur Interventionsforschung, Bd. 1)

Heintel, P. (2005b): Widerspruchsfelder, Systemlogiken und Grenzdialektiken als Ursprung notwendiger Konflikte. In: Falk, G.; Heintel, P.; Krainz E. E. (Hg.): Handbuch Mediation und Konfliktmanagement. Wiesbaden, S. 15-33

Heintel, P. (2006): Interventionsforschung. Wissenschaft als kollektive Entscheidung. In: Heintel, P.; Krainer, L.; Paul-Horn, I. (Hg.): Beiträge zur Interdisziplinären Ringvorlesung Interventionsforschung 2003. Klagenfurt, S. 45-58 (Klagenfurter Beiträge zur Interventionsforschung, Bd. 4)

JBZ – Robert-Jungk-Bibliothek für Zukunftsfragen (Hg.) (2009): Die Einübung des anderen Blicks. Gespräche über Kunst und Nachhaltigkeit. Salzburg

Leggewie, K.; Welzer, H. (2009): Das Ende der Welt, wie wir sie kannten. Klima, Zukunft und die Chancen der Politik. Frankfurt/M.

Lösch, B. (2007): Deliberative Politik – Demokratisches Bewusstsein und politisches Handeln. In: Lange, D.; Himmelmann, G. (Hg.): Demokratiebewusstsein. Interdisziplinäre Annäherungen an ein zentrales Thema der Politischen Bildung. Wiesbaden, S. 76-86

Pietschmann, H. (2002): Eris und Eirene. Eine Anleitung zum Umgang mit Widersprüchen und Konflikten. Wien

Schwarz, G. (2001): Konfliktmanagement. Wiesbaden

Wachsen! Über das Geistige in der Nachhaltigkeit

Hildegard Kurt

Beim Weimarer Workshop 2009 stellte ich mein Buch „Wachsen! Über das Geistige in der Nachhaltigkeit“ vor, das unlängst im Mayer Verlag, Stuttgart erschienen ist. Der folgende Text ist die Einführung:

Vom „entweder-oder“ zum „und“

Wassily Kandinsky, damals Meister am Bauhaus in Dessau, veröffentlichte 1927 einen Aufsatz mit dem lapidaren Titel *und.* Wenn auch heute weithin vergessen, dürfte dieser kurze Essay zu den bleibenden Texten des 20. Jahrhunderts zählen. Der Kerngedanke darin lautet: Das 19. Jahrhundert unterlag dem Prinzip des „entweder-oder“. Es hatte sich in der Wissenschaft wie generell der Absonderung verschrieben, der Spezialisierung, der Differenzierung und der Fragmentierung. Wissenschaft, Technik, Kunst, Religion, Wirtschaft, Ethik und Ästhetik – alles wurde voneinander getrennt.

Besonders in den Naturwissenschaften und der Technik führte das Prinzip des „entweder-oder“ zu enormen Erfolgen. Es brachte das hervor, was für uns heute die Insignien des Fortschritts sind. Im Blick auf die Entwicklung der Gesellschaft insgesamt aber entstand daraus, so Kandinsky, ein „Chaos“.

Um dieses Chaos zu überwinden, müsse das 20. Jahrhundert vom „entweder-oder“ zum „und“, von der Analyse zur Synthese übergehen:

> „Der Anfang besteht in der Erkenntnis der Zusammenhänge. Immer mehr wird man sehen können, dass es keine ‚speziellen‘ Fragen gibt, die isoliert erkannt oder gelöst werden können, da alles schließlich ineinander greift und voneinander abhängig ist. Die Fortsetzung des Anfangs ist: weitere Zusammenhänge zu entdecken und sie für die wichtigste Aufgabe des Menschen auszunützen – für die Entwicklung.“ (Kandinsky 1973a, S. 107f.)

Wohlgemerkt bedeutet Entwicklung hier nicht den linear-quantitativen Fortschritt, das „Schneller, Höher, Weiter, Mehr“ (Hans Glauber) der Industriemoderne. Gemeint ist vielmehr die Entfaltung von Humanität – im Individuum und in der Gesellschaft. Die Kunst, für Kandinsky die „Mutter der Zukunft“, sollte dem den Weg bereiten.

Anstatt den Wechsel von der Analyse zur Synthese zu vollziehen, wurde das 20. Jahrhundert eine Zeit zugespitzter gesellschaftlicher Widersprüche bis hin zu industrialisierter Barbarei. Und heute, am Beginn eines Jahrhunderts, das man vielleicht einmal das Jahrhundert der Natur nennen wird, erleben wir das von

Kandinsky diagnostizierte „Chaos" im globalen Maßstab. Weltweit verschärfen sich die sozialen und ökologischen Verwerfungen. Und allerorts machen wir die Erfahrung: Die überkommenen Strukturen tragen nicht mehr, die Denk- und Handlungsmuster der Moderne greifen nicht mehr.

Zugleich aber erstarkt das Gespür dafür, wie existenziell es ist, Inhalte zusammen zu denken, die bislang getrennt voneinander verhandelt wurden. Auch wächst die Bereitschaft zu neuartigen, kreativen Kooperationen und Bündnissen zwischen Partnern, die zuvor kaum oder gar nicht miteinander zu tun hatten. Darin äußert sich jenes „synthetische", verbindende Denken, das Kandinsky für unverzichtbar hielt, wo chaotische, lebensfeindliche Verhältnisse umzuwandeln sind in humane Gesellschaftsformen – human im Sinne von menschenwürdig und wünschenswert.

Ein epochaler Versuch einer solchen Synthese ist das Leitbild „sustainability", im Deutschen Nachhaltigkeit oder Zukunftsfähigkeit, das die UN-Konferenz für Umwelt und Entwicklung, der sogenannte „Erdgipfel", 1992 in Rio de Janeiro weltweit lancierte.

Die gängige Definition für Nachhaltigkeit findet sich im Brundtland-Bericht von 1987, den die Vereinten Nationen in Auftrag gaben. Sie lautet:

> „Nachhaltige Entwicklung ist Entwicklung, die die Bedürfnisse der Gegenwart befriedigt, ohne zu riskieren, dass künftige Generationen ihre eigenen Bedürfnisse nicht befriedigen können." (Hauff 1987, S. 46)

So sehr sich diese Definition durchgesetzt hat, so problematisch bleibt sie. Denn sie fokussiert ganz und einzig auf die Bedürfnisse des Menschen.

Hilfreich wäre es daher, zum Verständnis von Nachhaltigkeit jene Maxime heranzuziehen, die Hans Jonas in *Das Prinzip Verantwortung* prägte: „Handle so, dass die Wirkungen deiner Handlungen verträglich sind mit der Permanenz echten menschlichen Lebens auf Erden" (Jonas 1984, S. 36). Wobei, wie Jonas betont, „echtes" menschliches Leben aus praktizierter Verantwortung für alles Lebendige – über den anthropozentrischen Horizont hinaus – erwächst.

Die Radikalität, die, wenn auch weithin unbenannt, dem Gedanken der Nachhaltigkeit inne wohnt, ließe sich mit dem Grundsatz des Friedensnobelpreisträgers Albert Schweitzer zum Ausdruck bringen: „Ich bin Leben inmitten von Leben, das Leben will." Diese uneingeschränkte Ehrfurcht vor allem Leben, wie sie Schweitzers Jahrzehnte lange Arbeit als Arzt im Tropenhospital von Lambaréné, aber ebenso sein friedenspolitisches Engagement und seine kulturphilosophischen Arbeiten nährte, ist auch Ursprung und Ziel aller wirklichen Zukunftsfähigkeit.

Im Deutschen hat sich für „sustainability" der Begriff Nachhaltigkeit eingebürgert. Er findet sich daher auch in diesem Buch. Doch ist nicht das Synonym „Zukunftsfähigkeit" weitaus angemessener?

„Nachhaltigkeit“, das Wort entstammt der Forstwirtschaft, betont sehr zu Recht die Notwendigkeit, mit vorhandenen Ressourcen schonend und pfleglich umzugehen. Der Begriff „Zukunftsfähigkeit“ hingegen verweist primär auf eine spezifische Fähigkeit des Menschen, die zu schulen und auszuüben heute nicht minder existenziell notwendig geworden sein dürfte:

Anders als alle übrigen Lebewesen sind wir in der Lage, aus der Zukunft heraus zu gestalten. Denn wir können Phänomene nicht nur auf der Grundlage bisheriger Erfahrungen und von bislang Gewesenem wahrnehmen, sondern auch in ihren Potenzialen – in dem, was sie noch nicht sind. Wir können auf die Zukunft hin denken und, bedeutsamer noch, von der Zukunft her. Und in der Art, wie wir das, was noch nicht Wirklichkeit ist, wahrnehmen, für wahr nehmen, formen wir es mit.

Zukunftsfähig sein heißt daher, Orientierung nicht allein aus dem zu beziehen, was faktisch vorliegt, sondern empfänglich zu sein für die Werdekräfte der Welt, die solche Bewusstheit brauchen.

Der „Geist von Rio“

Die menschheitliche Dimension des Leitbildes Zukunftsfähigkeit, auch die daraus entspringende tiefe Schönheit zeigte sich nach dem Erdgipfel in dem, was man Anfang der neunziger Jahre den „Geist von Rio“ nannte.

Bereits der erwähnte Brundtland-Bericht war inspiriert gewesen von einem kosmischen Bild der Welt als Wirkstätte eines neuen, ganzheitlichen Seins. „In der Mitte des 20. Jahrhunderts“, heißt es dort einleitend,

> „sahen wir unseren Planeten zum ersten Mal aus dem Weltall.“ Von dort aber „sehen wir eine kleine und zerbrechliche Kugel, die nicht von menschlichen Aktivitäten und Bauwerken beherrscht ist. Sondern von einem Muster aus Wolken, Ozeanen, grüner Vegetation und Böden. [...] Aus dem Weltall erkennen wir die Erde als einen Organismus, dessen Gesundheit von der Gesundheit aller seiner Teile abhängt.“ (Hauff 1987, S. 1)

Das kollektive Ergriffensein vom Wunder Erde und von der Aufgabe, den Blauen Planeten vor der Verwüstung zu bewahren: Das war es, was den „Erdgipfel“ in Rio zu einem so singulären Ereignis machte. Schien es nicht damals wahrhaftig, als werde nun ein neues Kapitel in der Entwicklung der Menschheit aufgeschlagen? Lag da nicht, zumal wenig zuvor auch die Ost-West-Konfrontation friedlich zu Ende gegangen war, für eine ganz kurze Weile etwas wahrhaft Epochales, so nie da Gewesenes in der Luft?

Für einen kosmischen Atemzug, bildlich gesprochen, schien es, als hätte die Menschheit doch aus dem Grauen des ablaufenden Jahrhunderts gelernt. Als könne es vielleicht wirklich gelingen, weltweit einen Konsens zu schaffen für eine gereifte Zivilisation – eine Zivilisation, die postideologisch wäre und zugleich postkonsumistisch.

Allzu bald aber wurde der „Geist von Rio" verweht vom rauen Wind der wirtschaftlichen Globalisierung.

Unterstützt durch die neuen Kommunikationstechnologien setzte eine Mobilität von Märkten und Finanzen ein, deren rasante Dynamik bis heute anhält. Die ökologischen Verwüstungen nahmen und nehmen derweil im Weltmaßstab ungebremst zu. Neoliberale Tendenzen, fern jeder Kontrolle, förderten einen globalen Wettbewerb, der zusammen mit der Rationalisierung aller Arbeitsbereiche die Kluft zwischen Gewinnern und Verlierern zusehends vertieft – und schließlich die Gewinner selbst in den Abgrund ihrer Gier und Schonungslosigkeit reißt. Die Finanzkrise ist ein Ausdruck davon.

Schließlich zeigt auch das spektakuläre Scheitern des Klimagipfels in Kopenhagen, von manchen vorab zur „wichtigsten Konferenz der Menschheitsgeschichte" erklärt, wie ungemein weit wir derzeit von einem kooperativen Handeln, einem „und" im globalen Maßstab entfernt sind.

Nein. Bislang haben es die Bemühungen um zukunftsfähige Entwicklung kaum vermocht, den grassierenden sozialen und ökologischen Krisen wirksam entgegen zu treten. Einer der Gründe hierfür dürfte sein: Selbst die Verfechter der Nachhaltigkeit unterschätzen oft, wie radikal dieses Leitbild eingefahrene Muster des Denkens und Handelns herausfordert – radikal im Sinne von lateinisch *radix*, „an die Wurzel gehend".

Auf eindrückliche Weise hat dies im Einstein-Jahr 2005 das *Potsdamer Manifest* zum Ausdruck gebracht. Unter Federführung von Hans-Peter Dürr, Physiker und Träger des Alternativen Nobelpreises, und unterstützt von der Vereinigung Deutscher Wissenschaftler erklärt das Manifest mit Blick auf die globalisierte Welt: „Wir müssen lernen, auf neue Weise zu denken." Primär von den Erkenntnissen der Quantenphysik aus beschreiben die Autoren, wie es möglich werden kann, in allen gesellschaftlichen Bereichen – von der Wissenschaft über die Wirtschaft, den Arbeitsmarkt und die internationale Politik bis hin zum Finanzwesen – das „materialistisch-mechanistische Weltbild" der Industriemoderne zu ersetzen durch ein Bild von der Welt als „geistig-lebendiger Kosmos" (Dürr et al. 2006, S. 29).

[...]

Dem Geist der Nachhaltigkeit Raum sein

Der Untertitel dieses Bandes knüpft an Kandinskys Schrift *Über das Geistige in der Kunst* aus dem Jahr 1912 an. Mit der abstrakten Formensprache, als deren

„Erfinder" er gilt, forschte Kandinsky nach jenem immateriellen Urgrund der Welt, wie er kurz darauf auf dem Terrain der Naturwissenschaft mit der Quantenmechanik erahnbar werden sollte.

Wiewohl in zerreißender Spannung mit einem neuen Naturalismus ist inzwischen überall an der Spitze naturwissenschaftlicher Forschung – in der Systemtheorie, der physikalischen Kosmologie, der Entwicklungsbiologie oder in der Bewusstseinsforschung – das einstige Dogma des rationalen Objektivismus Deutungen gewichen, die von einer grundlegenden und letztendlich nicht wissbaren Verbundenheit allen Seins ausgehen.

Immer mehr gelangt die Wissenschaft dabei an Punkte, wo sie mit tradierter Weisheit konvergiert. Wenn etwa der Systemtheoretiker Ervin Laszlo die gesamte Wirklichkeit als eine Einheit erklärt, die durch ein „feines, aber ganz und gar fundamentales ‚Informationsfeld' im Herzen des Universums" geformt und gehalten wird, ist das eine Metapher, die ebenso sehr ins Spirituelle wie ins Wissenschaftliche hinein öffnet und erhellt (Laszlo 2005, S. 224). Entsprechend nennt Laszlo das besagte kosmische Informationsfeld „A-Feld", nach der hinduistischen Vorstellung der Akasha-Chronik, worin alles Wissen und Geschehen der Welt verzeichnet und ablesbar ist.

Vor diesem Hintergrund ist das „Geistige" hier eine im Kandinskyschen Sinne offene Chiffre für ein Denken und Handeln, das über die bloße Ratio hinaus Verbindendes und Verbindlichkeit schafft, und das sich von der Wissenschaft und von der Kunst, aber ebenso auch aus Erfahrungswissen und, natürlich, aus spirituellem Wissen herleiten lässt.

[...]

Zentrale Fragen, um die es im Folgenden gehen wird, sind: Wenn Materie und Energie im Letzten ein nicht auftrennbares Ganzes bilden, wenn mithin die Wirklichkeit sich nicht mehr endgültig „objektivieren" lässt – worauf kann dann Ordnung, Orientierung gründen? Wie können wir Offenheit, ja Nichtwissen zulassen, ohne in Irrationalismen und Fundamentalismen zu verfallen? Ist es möglich, Wissensformen zu entwickeln, die nicht Herrschaftswissen, aber wirksam sind? Wie lässt sich die einseitige Vorherrschaft des technisch-instrumentellen Denkens überwinden, das überall auf der Erde Wertvorstellungen gleichschaltet und Vielfalt bedroht? Wie werden wir in unserer Lebenspraxis der Welt als schöpferischer, unverfügbarer Prozess gerecht? Wie lernen wir, *menschheitlich* zu denken und zu handeln? Und schließlich: Wie lässt sich die Dimension des Geistigen für eine kulturelle Evolution erschließen, die Mensch und Natur gleichermaßen als *Werdende* auffasst?

Damit reihen sich die hier angestellten Erkundungen von der Kulturphilosophie her ein in das auf allen Gebieten stattfindende Forschen nach Wegen heraus aus der Trance eines „kristallinen" Denkens (Joseph Beuys).

Denn ob in der Wissenschaft, der Wirtschaft oder der Politik, ob im Kulturbetrieb oder in der Lebenswelt: Auf allen Feldern fordern die sich zuspitzenden Krisen jeden einzelnen Menschen auf, sich neu auszurichten auf ein freies, verantwortungsvolles und kreatives Denken jenseits von Egoismus, Willkür und von intellektueller Starre. Das ist Entwicklung in dem Sinne, wie Kandinsky sie mit den damaligen Mitteln der Kunst verfocht – als Entfaltung von Humanität. Und es ist jene Kunst, worauf Joseph Beuys mit der anthropologischen Erweiterung des Kunstbegriffs – „jeder Mensch ein Künstler" – zielte.

Zukunftsfähig werden heißt, im eigenen Selbst dem Geist der Nachhaltigkeit Raum zu schaffen, ihm Raum zu *sein*. Und so das soziale Bewusstsein auszuweiten über die Belange des Menschen auf alle übrigen Lebewesen und schließlich auf die Erde – auf den Organismus des Blauen Planeten, der nun zu fiebern beginnt.

Ein transtheoretischer Ansatz

Dieses Buch präsentiert keine in sich geschlossene, systematische Theorie. Deutet doch Vieles darauf hin, dass – namentlich im Horizont der Zukunftsfähigkeit – die Zeit in sich geschlossener Theorien dem Ende zu geht.

Immer mehr Forschende verschiedener Disziplinen begnügen sich nicht mehr damit, primär oder ausschließlich auf der Ebene von Theorien im überkommenen Sinne zu operieren: Theorien zu erstellen, zu vergleichen, zu kritisieren. Sie suchen vielmehr nach einer neuen Wissenschaftlichkeit, die *Netze lebendiger Ideen webt.*

Eine schöne Formulierung hierfür hat der Mathematiker, Biologe und Komplexitätsforscher Brian Goodwin gefunden. Goodwin arbeitet am Schumacher College in Südengland, wo er zusammen mit der University of Plymouth den weltweit ersten Studiengang „Holistic Science" anbietet. Wichtiger, so Goodwin, als die alte Frage nach dem Sinn des Lebens sei es heute geworden, nach dem „Leben des Sinns" zu fragen (vgl. Goodwin 2007).

Das bezieht sich keineswegs auf die Wissenschaft allein. Doch heißt es im Blick auf diese: Wenn unsere Welt zukunftsfähig werden soll, genügt es nicht mehr, Wissenschaft um ihrer selbst willen zu betreiben. Die Wissenschaft darf nicht länger die, wie Carl Friedrich von Weizsäcker es ausdrückte, „Religion unserer Zeit" bleiben. Anstatt der Wissenschaft zu dienen, kommt es heute darauf an, mit ihr dem Schutz und der Entfaltung des Lebendigen zu dienen.

Eine zentrale Frage zukunftsfähiger Wissenschaftlichkeit ist somit: Wie werden aus Info und Input lebendige Ideen? Kernideen oder Ideenkerne, die fruchtbar sein und fruchtbar machen können?

Vor diesem Hintergrund hat sich im Verlauf der vorliegenden Studie eine Methodik herausgebildet, die man „transtheoretisch“ nennen könnte. [...]

Der transtheoretische Ansatz [...] operiert so wenig wie möglich mit Abgrenzungen, um nicht wieder dem alten Schema des „entweder – oder“ zu verfallen. Kann es gelingen, Gedanken zu entwickeln, deren Evidenz eher in sich selbst gründet, anstatt aus der argumentativen Abtrennung von Anderem hervorzugehen?

Darüber hinaus finden die Erkundungen nicht allein auf der intellektuellen Ebene statt. Vielmehr gelten hier auch Kräfte wie das Empfinden, wie Intuition oder Imagination als Quellen von Erkenntnis. Ausgangspunkt, Kompass und Ziel ist mithin die Intelligenz des ganzen Menschen.

Und schließlich wird aus methodischen Gründen eine so weit als möglich positive Sicht auf die Dinge gepflegt. Das ist kein Mangel an Kritikfähigkeit, sondern an Kritikwilligkeit. Denn die „kritische Routine“ (Martin Walser) des Wissenschaftsbetriebes und generell des gesellschaftlichen Diskurses spiegelt und schafft ein mentales Anhaften an eigenen Positionen, das oftmals tieferem Erkennen im Wege steht. Auch wäre es falsch, diese Positivität als affirmative Haltung zu verstehen. Stattdessen ist sie eine Strategie, die hilft, den Blick über das Vorhandene hinaus zu weiten auf das, was sein oder werden könnte. Sie sucht den Denkraum und den Möglichkeitsraum zu öffnen und zu weiten.

Ein dergestalt „transtheoretischer“ Ansatz ist keineswegs atheoretisch. Sondern er entfaltet ein neues Verständnis von Theorie – das zugleich an deren Ursprung ansetzt. *Theoría* bedeutete in griechisch-römischer Zeit „Betrachtung“, mithin jene ruhige, empfängliche Hingabe an Phänomene, wie sie auch Johann Wolfgang von Goethes Naturwissenschaft zugrunde lag. Dazu an späterer Stelle, in „Neue Organe der Wahrnehmung entwickeln“ mehr.

Eine angemessene Form hat diese Methodik im Essay gefunden. Per definitionem geht der Essay über die harten Formen des klassischen Erkenntnisgewinns hinaus. Er bietet Raum für „weiche und integrative Erfahrungsansätze“ (Altner 1991, S. 15). Und darauf kommt es an. Denn wenn die Wirklichkeit, wie etwa das *Potsdamer Manifest* unterstreicht, im Letzten nicht „wissbar“ ist, ist sie doch erfahrbar – und will aus lebendigem Erfahren heraus begriffen werden.

[...]

So verschieden – auch teilweise stilistisch – die Texte sind, berühren sie sich doch alle in einer gemeinsamen Mitte.

Der Nachhaltigkeit eine Seele geben

Was ist diese gemeinsame Mitte? Sie bildet sich aus im Grunde vier Ideenkernen, deren Wurzelgeflecht das gesamte Panorama der Essays durchzieht und

trägt. Da es der Orientierung dienen könnte, hier der Versuch, diese Kernideen in ihrer elementarsten Form zu benennen:
Erstens: Mit dem materialistisch-mechanistischen Denken der Industriemoderne schwand das Gespür für die Wirklichkeit des Geistigen. Damit aber ging auch, in den Worten Carl Friedrich von Weizsäckers, der „Schlüssel zum Wesen des Menschen" verloren (Weizsäcker 1964, S. 15). Charakteristisch für die Industriemoderne ist daher neben ihrer „Naturvergessenheit" (Günter Altner) ebenso die „Selbstvergessenheit" des modernen Menschen. Der Anthropozentrismus ist ein tödlicher Ersatz für den verlorenen Zugang zu jener Mitte im Menschen, worin alles Lebendige und Schöpferische zum Bewusstsein seiner selbst zu gelangen sucht – und wo so alle wirkliche Zukunftsfähigkeit gründet.

Zweitens: Auch im Kontext der Nachhaltigkeit operiert man überwiegend mit einem verkürzten Verständnis vom *anthropos*. Auch hier wird der Mensch oft viel zu einseitig als „Mangel- und Bedürfniswesen" (Arnold Gehlen) betrachtet und viel zu wenig in seiner Dimension als Werdender: in seiner Fähigkeit, innerlich zu wachsen, sich zu entwickeln und zu wandeln. Aber wer anders als der Urheber der gegenwärtigen Fehlentwicklungen könnte oder soll denn diese Fehlentwicklungen überwinden?

Drittens: Starke Impulse für eine Neuentdeckung des Geistigen und damit auch des Menschen kommen, namentlich ab Beginn des letzten Jahrhunderts bezeichnenderweise von den beiden Leitinstanzen der Moderne: von der Wissenschaft und der Kunst. Seit der wirtschaftlichen Globalisierung wird das intensiviert durch teilweise beispiellose Sterbeprozesse in allen Bereichen und Teilen der Welt.

Viertens: Der Weg, um den verlorenen „Schlüssel zum Wesen des Menschen" wiederzufinden, ist Bildung: eine umfassende Menschenbildung über das bloß Kognitive hinaus. Die Pflege und Entfaltung von Humanität als ein Prozess, der beim Kleinkind beginnt und niemals endet, muss zu einem gesellschaftlichen Projekt ersten Ranges werden. Kulturelle Bildung, kontemplative Bildung und, nicht zuletzt, ästhetische Bildung bieten Methoden und Strategien hierfür.

Dieses Buch bewegt sich somit auf einer Linie, die über Denker wie Erich Fromm oder Ernst F. Schumacher zurück reicht bis zur Kulturphilosophie Friedrich Schillers am Beginn dessen, was man die ästhetische Moderne nennt.

In *Haben oder Sein* äußerte Erich Fromm sein Bedauern darüber, dass die kurz zuvor erschienenen Berichte des Club of Rome alias *Die Grenzen des Wachstums* (1972) „in jenem Geist der Quantifizierung, Abstraktion und Entpersönlichung verfasst sind, der so charakteristisch ist für unsere Zeit." Denn das werde keineswegs dem gerecht, was nun notwendig sei. Und er erklärt – die

Hervorhebungen stammen von ihm: „Zum ersten Mal in der Geschichte hängt das *physische Überleben der Menschheit von einer radikalen seelischen Veränderung des Menschen ab"*, von einem „Wandel im ‚Herzen'" (Fromm 1979, S. 20, 21).

Der ebenfalls bereits legendäre Band *Es geht auch anders. Technik und Wirtschaft nach Menschenmaß. Jenseits des Wachstums (Small is Beautiful)* des Ökonomen Ernst F. Schumacher fasst das zentrale Anliegen der hier versammelten Essays so an:

> „Wirtschaft-als-Lebensinhalt ist eine tödliche Krankheit [...], denn unendliches Wachstum passt nicht in die endliche Welt. Dass Wirtschaft nicht Lebensinhalt sein *darf,* ist der Menschheit von allen ihren großen Lehrern gesagt worden; dass sie es nicht sein *kann,* zeigt sich heute. [...] Will man die tödliche Krankheit noch etwas näher beschreiben, so kann man sagen, dass sie einer Sucht ähnelt, wie Alkoholismus oder Rauschgiftsucht. Es ist dabei nicht von entscheidender Bedeutung, ob diese Sucht sich etwas mehr egoistisch oder altruistisch gebärdet, ob sie nur in grobmateriellen oder auch in künstlerisch, kulturell oder wissenschaftlich verfeinerten Genüssen Befriedigung sucht. Gift bleibt Gift, auch wenn es in Silberpapier eingewickelt ist. [...] Wird die geistige Natur – die Kultur des inneren Menschen – vernachlässigt, dann bleibt die Selbstsucht die überwiegende und dominierende Kraft im Menschen, und auf eine derartige Ausrichtung passt ein System der Selbstsucht – wie das kapitalistische – besser als ein System der Nächstenliebe." (Schumacher 1974, S. 37f., 236)

Zuvor hatten Theodor W. Adorno und Max Horkheimer in der *Dialektik der Aufklärung* aufgedeckt, wie das zweckorientierte, rationalistische Denken der Neuzeit die äußere Natur, aber genauso die innere Natur des Menschen unter seine Herrschaft zwingt. Und noch viel früher hatte sich Friedrich Schiller in seinen philosophischen Schriften gegen die Tyrannei einer übermächtigen Ratio aufgelehnt.

Schon um 1800, zu einer Zeit, als mit der Aufklärung und den Wirren der Französischen Revolution bis dato unerschütterliche politische und religiöse Ordnungen ihre Autorität verloren, erklärte Schiller das Herausbilden von Humanität zum höchsten Ziel, dem alle wahre Kultur und Kunst zu dienen hätte. Seine Schrift *Über die ästhetische Erziehung des Menschen* verbindet Ethik und Ästhetik im Konzept der „schönen Seele". Vom Individuum auf die Gesellschaft übertragen benennt Schiller das Ziel solcher ästhetischer Bildung mit einer rhetorischen Frage: Ob nicht die Zeitumstände nachdrücklich auffordern, „sich mit dem vollkommensten aller Kunstwerke, mit dem Bau einer wahren politischen Freiheit zu beschäftigen?" Und er erklärt: „weil es die Schönheit ist, durch welche man zu der Freyheit wandert" (Schiller 2000, S. 9, 11).

Indem Kulturwissenschaft, wie sie hier stattfindet, das Ziel verfolgt, die „Kultur des inneren Menschen“ zu nähren, reiht sie sich ein in die oben skizzierte Linie. Sie verschreibt sich jener „humanistischen Wissenschaft vom Menschen“, die Erich Fromm als Basis „für die angewandte Wissenschaft und Kunst der gesellschaftlichen Rekonstruktion“ anmahnte:

> „*Technische* Utopien, beispielsweise das Fliegen, sind dank der neuen Naturwissenschaft verwirklicht worden. Die *menschliche* Utopie des Messianischen Zeitalters – eine vereinte neue Menschlichkeit, die frei von ökonomischen Zwängen, Krieg und Klassenkampf in Solidarität und Frieden miteinander lebt – kann Wirklichkeit werden, wenn wir das gleiche Maß an Energie, Intelligenz und Begeisterung dafür aufbringen, das wir für unsere technischen Utopien aufwandten.“ (Fromm 1979, S. 167; H.d.V. – H.K.)

Für eine solche Zielsetzung reicht das eher eingegrenzte Verständnis von Kultur, mit dem die Kulturpolitik operiert, nicht aus. Kultur ist hier vielmehr, wie der ganze Mensch lebt und arbeitet, und wie wir leben wollen. Und Nachhaltigkeit oder Zukunftsfähigkeit meint die Aufgabe und Chance, in einem umfassenderen Sinne *Mensch zu werden.*

Die Ton angebenden Strömungen im Diskurs um Nachhaltigkeit befassen sich kaum mit der „Kultur des inneren Menschen“. Stattdessen folgen sie natur- und sozialwissenschaftlichen, wirtschaftlichen, technischen und ordnungspolitischen Prioritäten. All das ist wohlgemerkt absolut wichtig und unverzichtbar. Doch braucht die Nachhaltigkeit auch eine Seele. Denn ganz gleich wie aktiv wir sein mögen: Solange sich das Bewusstsein nicht entwickelt, wird alles Handeln nichts Neues bewirken.

Zur Innenseite der Welt

Nach der Seele der Nachhaltigkeit zu fragen bedeutet mithin keineswegs einen Rückzug in bloße Innerlichkeit. Sondern es eröffnet Wege zur Innenseite der Welt.

„Aufbruch der Klassischen Moderne“, der erste Essay zeichnet nach, wie die historische Avantgarde im frühen 20. Jahrhundert mithilfe der abstrakten Malerei die Ebene des Gegenständlichen zu durchdringen suchte, um zu den formgebenden Lebensprinzipien darunter zu gelangen. Heute fordert der Zustand der Welt dazu auf, sich um der Zukunft alles Lebendigen willen in eben diese Richtung in Bewegung zu setzen: auf dem Grund der materiell-sinnlichen Phänomene in ihrer widerspruchsvollen Vielfalt nach jener – in den Worten des *Potsdamer Manifests* – „prinzipiell nicht auftrennbaren Potenzialität“ zu suchen, in der es kein „entweder-oder“ mehr gibt.

Ob im ökonomischen Totalitarismus der Industriemoderne, ob in ihrer Wissenschaftsgläubigkeit oder im Konsumismus, der mit den „drei C's" – „cars, cattle, chainsaws" (James Lovelock) – den Planeten verwüstet: In all dem zeigt sich, was mit einer Zivilisation geschieht, die das Bewusstsein für die Innenseite der Welt nicht kultiviert. Die Perspektive, um die es hier geht, ist also die einer Versöhnung des Bewusstseins mit der Welt.

Wenn, wie allerorts der Fall, überkommene Strukturen zusammenbrechen, entstehen stetig wachsende Freiräume. Das können Orte der Angst sein. Aber es können auch Lernorte und Möglichkeitsräume für Neues werden: Wo ich beginne, in eigenem Auftrag, aber nicht allein, sondern gerufen und geführt von der Not der Welt ganz hinab an die Wurzeln zu gehen und hinauf zu dem, was seit je mit Leben gemeint gewesen sein mag. Und wo ich ahne, dass es möglich werden kann, die Welt wiederzubeleben. Denn genauso wie ihre Vernichtung das Werk des menschlichen Geistes ist, ist dieser auch Ursprung ihres Gesundens.

So idealistisch ein solcher Ansatz klingen mag – es ist ein realistischer Idealismus. Er wird zunehmend unterstützt von Entdeckungen und Erkenntnissen der Wissenschaft sowie von immer mehr Initiativen überall auf der Welt, deren Zukunft schaffende Kraft darin rührt, dass sie das Faktische nicht mit dem Wirklichen oder Möglichen gleichsetzen. Eine ganze Reihe solcher Ansätze und Praktiken wird im Folgenden porträtiert.

Und dieser Idealismus ist zugestandenermaßen anspruchsvoll. Denn er beruht auf der Prämisse: Der Mensch ist freiheitsfähig und entwicklungsfähig.

Schiller formulierte das im vierten seiner Briefe *Über die ästhetische Erziehung des Menschen* so:

> „Jeder individuelle Mensch, kann man sagen, trägt, der Anlage und Bestimmung nach, einen reinen idealischen Menschen in sich, mit dessen unveränderlicher Einheit in allen seinen Abwechslungen übereinzustimmen, die große Aufgabe seines Daseyns ist." (Schiller 2000, S. 15)

Dieses höhere Selbst ist im Unterschied zum niederen Selbst nicht mehr eigensüchtig, sondern mit der Welt verbunden – und gerade dadurch erst wahrhaft individuell.

Aber zu spüren, dass man im Innersten frei ist, kann lähmen. Liegt darin doch eine Verantwortung, die ich an niemanden delegieren kann. Letztendlich ist niemand anderes als ich selbst verantwortlich für den Zustand meines Bewusstseins – von dem alles abhängt. Und nur ich selbst kann mich wirksam in Entwicklung bringen. Also kann ich es auch versäumen, der Welt so zu begegnen, wie sie es braucht, um aus der „Todeszone" (Joseph Beuys) heraus zu finden.

Die Route zur Innenseite der Welt verläuft zwischen Skylla und Charybdis: zwischen Individualismus und subjektivistischer Willkür auf der einen Seite und Objektivismus, Determinismus auf der anderen.

Wie befähige ich mich, dazwischen eine Passage zu finden? Meine Freiheit zu ergreifen trotz der Untiefen der Widersprüche, des Irrens, der Schwäche, des Scheiterns? Wie finde ich zu einem Tätigsein in der Welt, das auf freier, durchdrungener Individualität basiert und gerade dadurch erst in der Lage ist, verbindend und verbindlich zu wirken, Gemeinsinn und Gemeinschaft zu schaffen? Wie bringe ich die Kraft zu solchen Entwicklungsentschlüssen auf? Wo gibt es „Richtkräfte" (Joseph Beuys) für ein Denken und Handeln, das ebenso schöpferisch wie verantwortlich ist?

Immer wieder, aus verschiedenen Richtungen werden wir im vorliegenden Band an den Punkt gelangen, wo sich zeigt: Das Kultivieren des inneren Menschen ist zu einer überlebenswichtigen gesellschaftlichen Notwendigkeit geworden. Äußere Arbeit muss sich mit innerer Arbeit verbinden. Denn nur so kann es möglich werden, der Welt in ihrer schöpferischen Lebendigkeit zu begegnen – und gerecht zu werden.

Das Geistige in der Nachhaltigkeit praktizieren heißt, jede Wissenschaft, jede Weltanschauung, jede Kunst, jede Religion, aber auch jede Wirtschaftsweise oder jede politische Strategie in dem zu würdigen und zu begrüßen, worin sie jeweils der großen Vernichtung entgegentritt – und zugleich keine dieser Manifestationen des Geistigen zu verabsolutieren.

Eine solche Haltung wurzelt in einer befreienden Bescheidenheit. Denn sie erkennt an, dass es auf immer eine Illusion bleiben muss, mit dem menschlichen Bewusstsein die letzten Rätsel dessen entschlüsseln zu wollen, woraus jenes hervorgeht.

Befreiend ist diese Bescheidenheit deshalb, weil sie sich dem Terror der Allmachtsfantasien entzieht. Weil sie die Ahnung um die „Niemandsrose" (Paul Celan) oder den „Zukunftsvollen" (Thomas Mann), Metaphern des Göttlichen, zulässt. Und weil sie die Wahrheit des Herzens wieder und neu ins Recht setzt.

Sich selbst „aus Liebe zur Sache" (Joseph Beuys) an das schöpferische Werk der Versöhnung und Heilung zu begeben, ist Ausdruck höchster Freiheit und zugleich heute in Reichweite aller. Die Welt wartet darauf, dass diese Freiheit, wie sie sich nun in sämtlichen Bereichen des Lebens und Arbeitens auftut, von immer mehr Menschen ergriffen wird.

Literatur

Altner, G. (1991): Naturvergessenheit – Grundlagen einer umfassenden Bioethik. Darmstadt

Dürr, H.-P.; Dahm, D.; Lippe, R. zur (2006): Potsdamer Manifest 2005. München

Fromm, E. (1979): Haben oder Sein. Die seelischen Grundlagen einer neuen Gesellschaft (2. Aufl.). München

Goodwin, B. (2007): Nature's Due. Healing Our Fragmented Culture. Edinburgh

Hauff, V. (Hg.) (1987): Unsere gemeinsame Zukunft. Der Brundtland-Bericht der Weltkommission für Umwelt und Entwicklung (Brundtland-Bericht). Greven

Jonas, H. (1984): Das Prinzip Verantwortung. Versuch einer Ethik für die technische Zivilisation. Frankfurt/M.

Kandinsky, W. (1973): und. In: Kandinsky, W.: Essays über Kunst und Künstler. Bern, S. 107-108

Laszlo, E. (2005): Zu Hause im Universum. Die neue Vision der Wirklichkeit. Berlin

Schiller, F. (2000): Über die ästhetische Erziehung des Menschen. Stuttgart

Schumacher, E. F. (1974): Es geht auch anders. Technik und Wirtschaft nach Menschenmaß. Jenseits des Wachstums. München

Weizsäcker, C. F. von (1964): Die Tragweite der Wissenschaft. Stuttgart

Interplay: Culture and Sustainability

Summaries

I. Culture in the Context of the Sustainability Debate

Culture and Culturality – Approaches to a Complex Concept

Robert Hauser, Gerhard Banse

As an approach to the two terms of culture and sustainability, the text reflects the term culture and identifies possible relations (and impossible relations) between both terms. Conceptions and understandings of culture are presented to create or offer a basis for the further discussion of "relationships between sustainability and culture". Various uses of the word "culture", which are caused by history, and the broad spectrum covered by this term shall be illustrated. In addition, the authors propose an approach to an adequate understanding of culture taking into account the relations between sustainability and culture. Finally, the article presents first ideas concerning the relationship of culture and sustainability that results from the (identified) understandings, with normative standards being taken into account.

The Cultural Dimension of Sustainability

Jürgen Kopfmüller

This contribution identifies deficits in the relationship between culture and sustainability. On the one hand, cultural aspects are rarely considered by the original sustainability documents (Brundtland report, etc.), scientific concepts, or political strategies. They are hardly filled with contents and are mostly used as an instrument to reach other objectives. On the other hand, sustainability plays a minor role in the cultural sector as well and hardly reflects the complexity of its leitmotif. In contrast, sustainability is frequently reduced to environmental aspects. The paper outlines central elements of the required "culture of sustainable development". In so doing, the focus is on modified structures and behaviors in politics and economy, in science and at the consumers' side. The challenges are big, as "big questions" have to be answered, i.e. defining well-being or the quality of life, with the ultimate objective being the "everyday living" of sustainability as a part of our culture and our life.

Cultural Sustainability – Extending the Magic Triangle to a Magic Quadrangle?

Carsten Stahmer

Each term of culture and sustainability can be interpreted in very differing ways. Thus, combining the two terms to the term cultural sustainability will even multiply the variety of possible meanings. Depending on the chosen definition of cultural sustainability, the role of this type of sustainabilty with regard to the established terms of social, economic and environmental sustainability will be substantially different. If cultural sustainability is generally defined as the way of living of the population or is only related to aesthetical highlights of the respective societies, the concept of cultural sustainability could be treated as important sub-item of social sustainability. If culture is interpreted as intermediary of worlds of dreams and phantasies, the negative by-products of such cultural influence might be so important that culture should be excluded from the bundle of sustainability aims. Instead of the term cultural sustainability it might be useful to use the term culture of sustainability. This term could represent the aim of a society to achieve a positive attitude of the population towards realising long-term intentions of sustainability.

On the Way towards a Sustainable Culture of Decision

Larissa Krainer

Close examination of the term "culture" reveals that it is characterized by contradictions. Hence, it is reasonable to analyze culture firstly on a dialectic and secondly on a process level. The sustainability debate shows that culture tends to be understood as an abstract standard or as that which prevents a sustainable development from being implemented. This leads to new contradictions. This contribution analyzes how culture is understood in various scientific disciplines. Furthermore a conception of culture is proposed which allows for reflection and modification and ways of collective and conscious decision-making for the benefit of sustainability.

Three Steps towards a Culture of Sustainability

Oliver Parodi

This contribution is aimed at presenting elements that have to be observed and implemented on the way towards a culture of sustainability. Although these three steps lead into various directions, they all result in a culture of sustainability. For this purpose, it is required to think about the start and destination of the journey: culture and sustainability. As a first step, the way out of the gap between the spheres of "culture" and "nature" is shown. Culture-induced misbehaviors towards our environment, which have to be readjusted, will be presented. A second step requires the cultivation of technology and tries to establish the concept of a "functioning technology". The third step points into an entirely different direction. In so doing, the focus is on the individual, personal side of sustainability and its relevance to the implementation of a sustainable development.

II. Culture, Sustainability, and How They Are Manifesting Themselves

Fascination of Goods: Material Goods and Their Integration in Daily Life as Expression of Culture

Renate Hübner

"The more the merrier" appears to be a guiding principle or characteristic of our contemporary culture. If we accept that our resources are not infinite or not infinitely open to being changed or substituted, our current culture is not one which can last in the long term, and is therefore a culture without a future. If we accept that we want to have perspectives which will allow future generations to also realise their dreams, visions and desires, this culture has to transform itself into a sustainable one. A cultural change in the direction of sustainable development will require a change in its attitude and handling of goods – for that to happen there must first be clarification of the meaning which material goods have in and for a culture. The way in which meaning develops seems to be a culturally-dependent process, which allocates to the culture the function of connecting meaning and sense. If culture cannot fulfil this function, it is only to be expected that existing meanings will lose their connection to collective reality. Philosophers, theologians, psychologists and artists use terms such as 'empty of meaning', 'loss or lack of orientation', 'boredom' or 'absurdity of existence' to diagnose this loss of meaning, which leads to the loss of reasons for our actions and hence for our existence. Meaninglessness leads to goods and actions losing their context, reducing them just to objects in themselves, no longer conveying any sense of context – a phenomenon which this article aims to approach with the idea of the metaphysical gap.

Technology Matters

Michael Jischa

Technology always has been the decisive driver for social changes. Societies have been successful, if they have combined available resources (rooms for opportunities) with innovative models (values) and appropriate institutions (frame conditions). Forced by the accelerating dynamic of technological changes the impact of technology has grown constantly. The concept of technology assessment can be a tool to answer the central question how to operationalize the ideal model of sustainability. Cultures obviously determine technological progress in various ways, which concerns the interaction between cultural changes and sustainability. Discussions concerning sustainability have been started first in "western" civilisations, so they have to be pioneers in finding answers for the question how to manage sustainability.

Engineering Culture in Industrial Ecology

Susanne Hartard

Industrial ecology is a young interdisciplinary science dealing with metabolisms of a sustainable society and a nature-integrated engineering culture. Disease symptoms of technical systems are their linear orientation and synthetic resource basis as well as the overdimensioning of plants and the associated utilization and amortization needs. New engineering conflicts result from competing uses and impacts of technologies, such as subsidence of the ground after geothermal drilling. An ecologically embedded engineering culture requires resource management based on renewable and recyclable resources, plants with quasi-cyclic properties and zero emission, energy and resource cascades, efficiency, regionality, networking, and a technology mix.

Economic and Socio-Cultural Globalization – Prospects and Conflicts

Jan S. Kowalski, Axel J. Schaffer

There is a widespread consensus that internationalisation is an important factor in economic growth. It is less evident, however, what is the role of increasing globalisation for humans' life satisfaction or happiness. This contribution addresses, in a first step, the question to what extent the internationalisation of markets is accompanied by the parallel internationalisation of socio-cultural life frameworks. Our results seem to confirm rather than to contradict this relation. Thus, the issue arises how to evaluate this finding? It can be shown that the increasing economic and socio-cultural internationalisation does not lead per se to increased happiness or life satisfaction, which is an important element of modern wellbeing indicators. At the same time we cannot confirm the generally accepted threshold argument either. Following this argument happiness levels would rise until a certain level of internationalisation is achieved and stagnate thereafter. However, European countries, for example, recorded increasing happiness (and globalization) levels between 1998 in 2006, although their economic and socio-cultural internationalization reached rather high standards in 1998 already.

Culture and Sustainability in Relationship to the Karlsruhe City Exhibition

Hanna Hinrichs

While planning the Karlsruhe City Exhibition, various ways of interaction of culture and sustainability and their practical impacts become visible. Culture may be understood to be a pillar of sustainability. At the same time, various conceptions of culture and building culture may be in conflict with certain aspects of sustainability. As the city exhibition is to have a sustainable effect, the question arises how cultural changes can be made sustainable and how a culture of discussion of sustainability can be developed. The article does not discuss terms and concepts on a scientific level, but rather tries to make the interaction of culture and sustainability manageable for the practical project.

Sustainability and Compatibility. Conditions and Prospects of High-value Landscapes: the Example of the Historical Villas on Lake Como

Rita Colantonio, Flavio Venturelli

Although the concept of sustainability originates from the field of forestry it has subsequently been adopted by other disciplines with reference to the depletion of non-renewable resources. In the last decades an even broader concept of sustainability has been applied to describe and assess the development of cultural, economic and social interdependence. Thus, sustainability can be considered a key concept in several European directives. Experience has shown that the application of this essential principle to landscape planning requires its adaptation to the case at hand, avoiding common and generally applicable rules and measures. This is particularly true where the design of scenarios for high-value cultural landscapes is concerned. Plans involving such landscapes should be conceived in a way to be compatible with their current economic, ecological and social conditions as well as historical development process. Landscape planning aiming at sustainability should thus include the notion of compatibility. In doing so, the analysis and intervention methodology should take into account the transformations that have taken place over time, whose traces and outcomes are still visible and active, and formulate plans that are compatible with the present state of the landscape. The study at hand is applied to the landscape of the historical villas on Lake Como, one of the more characteristic regions in Europe, where the conflict between current spontaneous uses and the highly visible traces of the past is growing. To address this conflict an integrated analysis, based on ecological, historical and spatial principles, is developed and presented here.

"Culture" in the Systematic Sustainability Assessment Using the Integrated Concept of Sustainable Development

Volker Stelzer

The integrated concept of sustainable development has been used for ten years now in various contexts for the assessment of sustainability. Systematic integrated sustainability assessment is based on the application of fifteen so-called substantial rules. Two of these rules explicitly focus on cultural aspects. One of these rules is the "conservation of cultural heritage and cultural diversity". The other rule is the "conservation of the cultural function of nature". The contribution will present the background of both rules briefly. The main focus, however, is on the application of these rules in concrete projects, such as the systematic integrated sustainability assessment of the activity field "living and building" in Germany and the projects "Energy from Grassland – A Sustainable Development?" and "Risk Habitat Megacity". Finally, the paper closes with a reflection of the rules' application in the discussed projects and outlines further improvement potentials.

III. Culture and Sustainability – Preserving and Shaping

Cultural Heritage: Dilemmas of Preservation and Change

Caroline Robertson-von Trotha

The paper gives a short account of the history of the relevant Cultural Heritage Conventions of the UNESCO. Further it goes into the development of new courses of study in this area in Germany and looks at a research example of "Cultural Heritage and Dynamics of Change". The conventions are discussed critically. The inner dialectics of processes of conservation and change, implicit within the UNESCO Cultural Heritage Programme, are discussed.

Transculturality, Hybridity, and New Ethnicities in Relation to the Annual Topic of "Cultural Diversity" of the UNESCO Decade of Education for a Sustainable Development

Verena Holz

Having in mind the UN convention on Biological Diversity, the discussion on preserving Cultural Diversity has become a key domain in the debate on Sustainable Development. In this context the annual theme 2007 of the UN Decade particularly spotlights the educational perspective. However, in order prevent purely biologistic argumentations, the concepts of biodiversity should not be transferred directly to the sociocultural field. Current approaches of cultural theory rather provide concepts of culture that counteract naturalization of cultural differences. The article analyses the implementation of those concepts in the educational discourses and projects in the scope of the UN Decade.

Culture as a Dimension of an Education Concept for a Sustainable Development

Ute Stoltenberg

Education – reflecting about men's store of knowledge and own experiences – is precondition and part of sustainable development. Its aim is to find out relations between men and nature and relations between the different cultures in the world with a guaranteed future for this planet and to participate in practising steps toward sustainability. Culture – besides of the ecological, economical and social dimension – is to be supposed one of the societal dimensions, in which unsustainable developments, but new conceptions, too, and concrete change as well as the most important protagonists for sustainable development could be identified. Working with culture as a dimension for sustainable development is based on a concept of culture, which allows to discuss men and nature as a relation, which includes all day practises as well as cultural artefacts and the potential of culture as critical awareness, reflection and creative power.

Self-referential Learning: Sustainability and Culture

Wilfried Wittenberg

The epochs "progress", "modernization", or even "sustainable development" no longer include in their way of thinking natural conditions as a general structure. Ignoring this perception leads to the loss of experience and awareness that life in itself – and thus also one's own existence – is imbedded in and maintained by its natural environment. Despite of numerous differing opinions, the original meaning of culture is based on "dealing with the natural economy". Therefore, culture as geared to a concentration on action will, in the course of time, lose its aim and meaning. This is the background against which one has to search for a discourse on "sustainability" taking into account the cause and consequences of oblivion.

Culture and Sustainability within the Network of Every Day Life

Karl H. Hörning

Putting the question of sustainability into the realms of every day life, may demonstrate, how narrowly intertwined cultural and ecological changes can be. The article takes social and cultural practices as its point of departure and proceeds by developing a version of "practice theory", which easily integrates "culture" into the ongoing courses of action. There are two examples, the social practices of dwelling and those of nourishment, which are elaborated in detail. They nicely show the latitude and possibilities for sustainable action in every day life but also point to major obstacles the pressing changes are confronted with. An analysis at this level of practical conduct, clearly requires to establish and promote sustainability as an open process of searching, learning and experiencing that carefully accounts for the cultural and local context in which the changes hopefully occur.

Sustainable Development as Cultural Project and "Great Narrative"

Thomas Haderlapp, Rita Trattnigg

If future shall be kept as open and designable as possible for the next generations, the philosophical question arising is, 'whether we want it the way we have arranged it' (Peter Heintel). Based on a notion of culture as the way we are living, working, and organizing our economic activities, we would like to make the case, that a proactive engagement with various underlying antagonisms and conflicting interests/positions in the world and within ourselves could serve as a clue as to how we can succeed in challenging and modifying our often non-sustainable and culture-determined patterns and conceptions. In this context, culture-creating actors like politics and civil society play a crucial role as well as artists and pioneers of new lifestyles in particular as an avant-garde anticipating a new culture of sustainability.

Growing! On the Spiritual in Sustainability

Hildegard Kurt

At the Weimar Workshop in 2009 I presented my current research project "Growing! On the Spiritual in Sustainability". The subtitle refers to Wassily Kandinsky's book "On the Spiritual in Art" from 1912. "Spiritual" is meant here in the sense of an open code for a way of thinking and acting that extends beyond mere reason to create connectedness and commitment, and is derived as much from science as from art. The project documents a search for clues on a terrain that we can call the return of the spiritual – or perhaps better a turn to the spiritual on a new level: beyond its academisation in the humanities, beyond the dualism of modern age and beyond a romanticising idealism. From the domains of cultural studies and art, this study joins the ranks of research taking place in all fields of knowledge, which aims to find ways out of the trance of "crystalline" thought (Joseph Beuys). The results of the project were published in a book of the same title at Mayer, Stuttgart, recently. Here's the introductory chapter.

Autorinnen und Autoren

Gerhard Banse, Professor Dr. sc. phil., Karlsruher Institut für Technologie (KIT), Institut für Technikfolgenabschätzung und Systemanalyse, Postfach 73640, 76021 Karlsruhe
E-Mail: gerhard.banse@kit.edu

Rita Colantonio, Professor, Università Politecnica delle Marche, Dipartimento SAIFET, Lehrstuhl für Städtebau und Entwerfen II, Via Brecce Bianche, 60131 Ancona, Italien
E-Mail: r.colantonio@univpm.it

Thomas Haderlapp, FH-Ass. Mag., Fachhochschule Salzburg, Zentrum für Zukunftsstudien, Urstein Süd 1, 5412 Puch/Salzburg, Österreich
E-Mail: thomas.haderlapp@fh-salzburg.ac.at

Susanne Hartard, Professor Dr.-Ing., Fachhochschule Trier – Umwelt-Campus Birkenfeld, Lehrstuhl Industrial Ecology, Postfach 1380, 55761 Birkenfeld
E-Mail: s.hartard@umweltcampus.de

Robert Hauser, Dr., Karlsruher Institut für Technologie (KIT), Zentrum für Angewandte Kulturwissenschaft und Studium Generale (ZAK), Postfach 76980, 76049 Karlsruhe
E-Mail: robert.hauser@kit.edu

Hanna Hinrichs, Dr., Karlsruher Institut für Technologie (KIT), Institut Entwerfen von Stadt und Landschaft, Postfach 76980, 76049 Karlsruhe
E-Mail: hanna.hinrichs@kit.edu

Verena Holz, M.A., Leuphana Universität Lüneburg, Institut für Integrative Studien, Scharnhorststraße 1, 21335 Lüneburg
E-Mail: verena.holz@uni-lueneburg.de

Karl Heinz Hörning, Professor em. Dr., RWTH Aachen, Institut für Soziologie, jetzt: Leonhardtstraße 7, 14057 Berlin
E-Mail: k.hoerning@t-online.de

Renate Hübner, Ass.-Professor Dr., Alpen-Adria Universität Klagenfurt, Fakultät für Interdisziplinäre Forschung und Fortbildung (IFF), Institut für Interventionsforschung und Kulturelle Nachhaltigkeit, Sterneckstraße 15, 9020 Klagenfurt, Österreich
E-Mail: renate. huebner@uni-klu.ac.at

Michael Jischa, Professor em. Dr.-Ing., TU Clausthal, Institut für Technische Mechanik, Adolph-Roemer-Straße 2A, 38678 Clausthal-Zellerfeld
E-Mail: michael.jischa@tu-clausthal.de

Jürgen Kopfmüller, Dipl.-Volksw., Karlsruher Institut für Technologie (KIT), Institut für Technikfolgenabschätzung und Systemanalyse, Postfach 73640, 76021 Karlsruhe
E-Mail: juergen.kopfmueller@kit.edu

Jan Kowalski, Professor Dr., Karlsruher Institut für Technologie (KIT), Institut für Wirtschaftspolitik und Wirtschaftsforschung, Postfach 76980, 76049 Karlsruhe
E-Mail: jan.kowalski@kit.edu

Larissa Krainer, Univ.-Professor Mag. Dr., Alpen-Adria Universität Klagenfurt, Fakultät für Kulturwissenschaften. Institut für Medien- und Kommunikationswissenschaft. Universitätsstraße 65-67, 9020 Klagenfurt, Österreich
E-Mail: larissa.krainer@uni-klu.ac.at

Hildegard Kurt, Dr., und. Institut für Kunst, Kultur und Zukunftsfähigkeit e.V. (und.Institut), Koburger Str. 3, 10825 Berlin
E-Mail: h.kurt@und-institut.de

Oliver Parodi, Dr. phil. Dipl.-Ing., Karlsruher Institut für Technologie (KIT), Institut für Technikfolgenabschätzung und Systemanalyse, Postfach 73640, 76021 Karlsruhe
E-Mail: oliver.parodi@kit.edu

Caroline Y. Robertson-von Trotha, Professor Dr., Karlsruher Institut für Technologie (KIT), Zentrum für Angewandte Kulturwissenschaft und Studium Generale (ZAK), Postfach 76980, 76049 Karlsruhe
E-Mail: caroline.robertson@kit.edu

Axel Schaffer, PD. Dr., Karlsruher Institut für Technologie (KIT), Institut für Wirtschaftspolitik und Wirtschaftsforschung, Postfach 76980, 76049 Karlsruhe
E-Mail: axel.schaffer@kit.edu

Carsten Stahmer, Professor Dr., Thorwaldsenanlage 19, 65195 Wiesbaden
E-Mail: carsten.stahmer@uni-bielefeld.de

Volker Stelzer, Dr., Karlsruher Institut für Technologie (KIT), Institut für Technikfolgenabschätzung und Systemanalyse, Postfach 73640, 76021 Karlsruhe
E-Mail: volker.stelzer@kit.edu

Ute Stoltenberg, Professor Dr., Leuphana Universität Lüneburg, Institut für Integrative Studien, Scharnhorststr. 1, 21335 Lüneburg
E-Mail: stoltenberg@uni-lueneburg.de

Rita Trattnigg, Mag., freie Forscherin und Lebensministerium, Abteilung EU-Angelegenheiten – Umwelt, Stubenbastei 5, 1010 Wien, Österreich
E-Mail: rita.trattnigg@lebensministerium.at

Flavio Venturelli, dott., Karlsruher Institut für Technologie (KIT), Institut Entwerfen, Kunst und Theorie, Fachgebiet Bauplanung, Kaiserstraße 12, 76131 Karlsruhe
E-Mail: flavio.venturelli@kit.edu

Wilfried Wittenberg, Dr. rer. nat., Karlsruher Institut für Technologie (KIT), Institut Entwerfen von Stadt und Landschaft, Lehrgebiet Wissenschaftliche Grundlagen der Planung, Postfach 76980, 76049 Karlsruhe
E-Mail: wilfried.wittenberg@kit.edu